〔美〕弗兰克·J.法博齐 (**Frank J. Fabozzi**)
〔美〕弗朗西斯科·A.法博齐 (**Francesco A. Fabozzi**) 著

俞卓菁 译

高级金融学译丛·法博齐精选系列

Finance Textbook **Fabozzi Selected**

机构资产管理基础

FUNDAMENTALS OF INSTITUTIONAL ASSET MANAGEMENT

格致出版社 上海人民出版社

弗兰克·J.法博齐

致我的妻子 Donna，我的孩子 Karly、Patricia 和 Francesco

弗朗西斯科·A.法博齐

致我的母亲和已故的姨母 Lucy

前言

　　本书提供了资产管理的基础知识。19 个章节被划分为六个部分。每一章都从学习目标开始,在每一章末尾都有此章所涵盖的关键要点的全面清单。

　　第一部分解释资产管理所涉及的主要活动(第 1 章)和各种形式的风险(第 2 章)。第二部分的四个章节描述投资工具和资产类别:股票(第 3 章)、债务工具(第 4 章)、集合投资工具和另类资产(第 5 章),以及金融衍生工具(第 6 章)。

　　第三部分涵盖关于投资组合选择和资产定价的理论。关于衡量回报和风险的基础知识是第 7 章的主题。第 8 章涵盖普遍所称的现代投资组合理论,尽管这个理论是 1990 年诺贝尔经济学奖共同获得者哈里·马科维茨(Harry Markowitz)教授在将近 70 年前引进的。这个理论亦称为均值—方差分析,为构建有效投资组合——在给定风险水平下提供最高期望回报率的投资组合——的框架。均值—方差分析的实现并不简单。为取得有效投资组合所采用的优化模型要求对输入信息进行估计,这方面存在一些问题。第 8 章也将解释这些实现问题。第 9 章解释资产定价模型——描述风险的某个度量与期望回报率之间关系的模型——的基础知识。此章涵盖两个最著名的资产定价模型——资本资产定价模型和套利定价理论模型,并简要介绍在实践中通常使用的因子模型。

　　第四部分的五个章节涵盖普通股分析和投资组合管理。股票分析师依赖于财务分析以评估公司的经营业绩和财务状况。第 10 章介绍财务分析工具。第 11 章解释基于现金流量折现模型和相对估值模型对公司股票进行估值的方法。第 12 章和第 13 章涵盖类型广泛的普通股策略。在第 12 章中,我们讨论市场有效性的概念及其对投资策略的意义。此章的剩余部分涵盖在投资者认为市场是价格有效的情况下采取的投资策略。这些策略被称为贝塔(beta)策略。主动式股票投资策略亦称阿尔法(alpha)策略,是第 13 章的主题。在此章中,我们还将描述资产管理人如何实现实际回报率的原因(回报率归因分析)、与投资策略相关的容量问题,以及投资策略回测的基础知识。如何运用股票衍生工具控制普通股投资组合的风险是第 14 章的主题。

　　第五部分的四个章节与债券分析方法和债券投资组合管理有关。第 15 章解释债券是如何定价的,以及从业者使用的各种收益率指标。量化利率风险的衡量标准是第 16 章的主题。此外,我们还将在此章中讨论各种信用风险度量。第 17 章解释债券投资组合策略,包括指数化策略和主动式策略。与股票市场的指数化不同,债券投资组合的指数化相当具有挑战性。为了控制债券投资组合的利率风险和信用风险,衍生工具被加以使用。第 18 章解释并举例说明这些工具以及它们如何被用于控制风险。

多资产基金——资产管理人不仅投资于股票和债券,而且投资于另类资产的基金——已有了相当大的发展。用于管理多资产投资组合的策略是第 19 章的主题,此章构成第六部分。

本书配套册

本书涵盖了机构资产管理的基础知识,附有配套册——由 Frank J. Fabozzi、Francesco A. Fabozzi、Marcos López de Prado 与 Stoyan V. Stoyanov 合著的《资产管理:工具和问题》(Asset Management:Tools and Issues)。此书介绍在资产管理中使用的分析工具,并更深入地解释《机构资产管理基础》涵盖的一些专题。这里我们简要地描述配套册每一章的内容,并解释为何我们基于自身在行业中以及教授本科生和研究生课程的经验,决定在配套册中涵盖这些课题的原因。

第 1 章介绍了资产管理公司。此章描述资产管理公司的特征,它们与财富管理公司的差异,以及传统资产管理公司与对冲基金的差异。主管客户与资产管理公司之关系的文件是投资管理协议。此章描述这种协议的基本条款,附录是一份投资管理协议样本。此章还描述客户希望从资产管理人处得到什么,行业在如何发生变化,以及建立未来的资产管理公司需要什么。

希望成为证券分析师的人士需要理解会计学的基础知识。为了分析公司,股票分析师使用传统的财务报表分析,并伴之以对公司管理层的考察以及对公司在行业中所处地位的经济分析。但理解财务报表对那些定量分析师也是必要的。这是由于公司的基本面因素是从其财务报表构建而来的。然而,盲目地接受公司财务报表中的数字,而未意识到公司可以采用不同的会计处理方法,并且管理层也有使财务报表看上去更具吸引力的自由裁量权,可能会歪曲股票分析师的推荐或在定量模型中使用计算错误的因子度量。在第 2 章中,我们回顾关键财务报表,并解释了在编制财务报表时所作的假设。我们对编制财务报表的机制(即借记和贷记的机制)未作解释。此章对尚未学习过财务会计课程的人士是较好的概述。

投资级债券市场中最大的非政府债券板块是住宅抵押贷款证券板块。因此,任何债券投资组合经理都应熟悉这个板块的产品:房产抵押贷款过手证券、分级偿还房产抵押贷款证券和本息拆离房产抵押贷款证券。在第 3 章中,我们描述这些证券化产品,并解释了如何以及为何创建它们。创建这些产品的机制被称为构建资产池或贷款池,在创建资产支持证券时也会用到这些机制。

第 3 章至第 7 章涵盖在定量资产管理中通常使用的统计学和运筹学工具。第 4 章涵盖金融计量经济学:回归分析、主成分分析法,以及波动率的时间序列模型(ARCH 和 GARCH)。

在资产管理中,投资组合或投资策略的业绩通常取决于多个随机变量的结果,每个变量的变化都会影响可以采取大量可能路径的最终业绩。由于最终结果的多样性使得为了评估风险而评估所有可能结果的组合不切实际,我们采用蒙特卡洛模拟。第 5 章涵盖蒙特卡洛模拟的基本知识,以及数项资产管理应用。

优化模型指出为实现目标而应采取的最佳行动。在资产配置、投资组合构建、投资组合再平衡等大多数资产管理应用中使用的优化模型都是数学规划模型。第 6 章描述在资产管理的优化中使用的各种数学规划模型以及数项应用。

资产管理人依赖于所描述的金融计量经济学工具以识别金融和经济变量之间的关系。这些工具亦被用于识别数据的模式,但这个领域的应用较为有限。然而,机器学习通过使研究者能够利用现代的非线性和高维度的技术,确保能够改变这点。在解释机器学习与金融计量经济学的差异后,第 7 章描述机器学习,此章提供了机器学习工具的简要概观,并解释了其在资产管理中的各种应用。此章还解释了如何开发机器学习策略。这种策略的制定不是一个简单问题,对其的误用可能会导致令人失望的结果。

在经典的资产配置问题(更普遍地被称为现代投资组合理论,由哈里·马科维茨提出)中,方差被用作风险的代表指标。然而,方差对称地惩罚了正数和负数的回报率。在第 8 章中,我们描述对均值—方差分析的延伸,这些延伸通过一个风险度量或一个分散程度的不对称度量捕捉了风险的不对称性,并重点关注与资产配置决策最为相关的特征。这些特征包括捕捉资产回报率的观察值所呈现的偏度和峰度的能力、与极端损失相关性最大的尾部依赖性,以及最重要的一点,即与多元化原则的一致性。由于投资者通常将各种替代风险度量与资产回报率的分布假设结合使用,在第 8 章中,我们回顾应用最为普遍的分布假设,并将重点放在延伸后的框架与均值—方差分析的差异点上。均值—方差分析的每个延伸都与风险/回报比率是一致的,它可被用作风险调整后业绩的度量。

在描述各种金融学理论和各种策略时,卖空和/或使用杠杆是关键。在卖空时能在市场中借取证券,为头寸提供融资以创建杠杆,以及将一个持仓组合用作抵押物以产生增量回报,均属于证券融资和抵押物管理的领域。第 9 章讨论了证券借贷以及在证券融资和抵押物管理中使用的其他工具。此章的重点是股票。通常被用于为债券市场头寸提供资金的回购协议是第 10 章的主题。

第 11 章至第 14 章深入探究定量股票策略。第 11 章讨论实施定量研究时涉及的问题。在此章中,我们描述了开展定量研究的程序、如何将研究转化为可实施的交易策略、与资产管理的定量方法相关的问题、定量研究程序的共同目标,以及在为估计模型选择样本和方法时涉及的问题。

第 12 章接着讨论类型广泛的定量股票策略。此章从描述资产管理的基本面方法与定量方法的差异开始。接着,我们阐述了定量股票策略的分类学,并描述了多因子策略、资产配置策略、因子策略、基于事件的策略、统计套利策略、文本策略、另类数据策略,以及主题/宏观策略。在描述这些策略后,我们解释了开发定量策略的程序,并描述了一个良好的定量投资模型和策略具有的五个特性。

实施股票因子投资时面临的挑战是第 13 章的主题,此章描述对因子研究当前状态的调查。第 14 章描述股票的交易费用和交易成本。尽管我们将在本书的第 13 章中简要描述这些成本,但配套册中的讨论远更全面。

正如本书第 13 章解释的那样,因子模型有两种类型:回报率预测因子模型和风险预测因子模型。配套册的第 15 章和第 16 章展示风险预测因子模型是如何被分别用于股票投资组合管理和债券投资组合管理的。

该书的最后两章讨论回测投资策略的问题和方法。第 17 章描述与回测有关的偏差,并提供三种常用的方法以及每种方法的优势和劣势的概观。重点是前向方法。第 17 章还将描述应向客户披露的关于被提议的投资策略的回测结果的信息。第 18 章的重点是使用蒙特卡洛模拟方法进行回测,以及其相对于其他投资策略回测方法的优势。

鸣谢

我们感谢下列机构和个人提供的协助：

● 第 8 章中举例说明使用均值—方差分析进行资产配置的数据和优化模型来自 Silicon Cloud Technologies 的 Tuomo Lampinen 开发的 Portfolio Visualizer(https://www.portfoliovisualizer.com/)。

● 第 10 章的部分内容来自 Frank Fabozzi 与詹姆斯·麦迪逊大学的 Pamela Peterson 合作撰写的文章。

● 第 11 章关于股票估值模型的部分内容来自 Frank Fabozzi 与詹姆斯·麦迪逊大学的 Pamela Peterson 和印第安纳大学的 Glen Larsen, Jr.合作撰写的文章。

● 第 13 章中的股票风格投资一节来自 Frank Fabozzi 与 Panagora 资产管理公司的 Eric H. Sorensen 合作撰写的文章。

● 道富环球投资管理公司的 Jennifer Bender、贝莱德金融管理公司的 Ananth Madhavan 和 Ron Kahn、Panagora 资产管理公司的 Eric Sorensen,以及 Joseph Cerniglia,提供了对第 13 章的部分内容的反馈和讨论。

● 第 14 章的部分内容来自 Frank Fabozzi 与 Bruce Collins 合作撰写的文章。

Contents

目 录

第四部分　股票分析和投资组合管理

第一部分　资产管理和风险

1

资产管理概观

学习目标

在阅读本章之后,你将会理解:

- 什么是资产管理;
- 机构投资者和个人投资者的差异;
- 资产管理过程中的主要活动:设定投资目标,制定投资政策,选择投资策略,构建和监测投资组合,衡量和评估投资业绩;
- 非负债驱动型投资目标和负债驱动型投资目标的含义;
- 负债的含义;
- 给付确定型养老金计划和缴费确定型养老金计划的差异;
- 什么是基准,以及如何使用基准;
- 什么是资产配置决策,以及不同的资产配置策略;
- 资产类别、传统资产类别和另类资产的含义;
- 发达市场国家、新兴市场国家和前沿市场国家的特征;
- 客户投资理念的含义,以及为何这些理念具有重要性;
- 资产管理人面临的不同类型的投资限制;
- 不同类型的投资策略;
- 为何最广义的投资策略分类是主动式策略和被动式策略;
- 为何假定的市场价格有效性会影响所选择的策略是主动式还是被动式的;
- 投资组合的构建和监测涉及哪些任务;
- 投资组合再平衡的含义;
- 衡量和评估投资业绩所涉及的问题。

资产管理是管理客户资金的过程。通常用于描述这项过程的其他术语有投资管理、投资组合管理和资金管理。因此,管理投资组合的个人被称为资产管理人、投资经理、投资组合经理或资金管理人。我们将在本书中交替使用这些术语。在行业术语中,资产管理人"运营资金"。截至 2019 年第一季度,全球以美元计算的资产管理规模最为庞大的十大资产管理公司为:(1)贝莱德集团(BlackRock,资产管理规模 6.84 万亿美元),(2)先锋集团(Vanguard Group,资产管理规模 5.6 万亿美元),(3)嘉信理财集团(Charles Schwab,资产管理规模 3.7 万亿美元),(4)摩根大通银行(JP Morgan Chase,资产管理规模 1.9 万亿美元),(5)道富环球投资管理公司(State Street Global Advisors,资产管理规模 3.12 万亿美元),(6)富达集团(Fidelity,资产管理规模 3.0 万亿美元),(7)安联投资(Allianz Global Investors,资产管理规模 2.5 万亿美元),(8)太平洋投资管理公司(PIMCO,资产管理规模 1.9 万亿美元),(9)美国纽约银行梅隆公司(BNY Mellon,资产管理规模 1.9 万亿美元),以及(10)东方汇理(Amundi,资产管理规模 1.71 万亿美元)(Lemke,2019)。全球最大的 20 家资产管理公司管理的资产规模总和为 44.9 万亿美元。在前 20 家资产管理公司中,有 12 家将总部设于美国纽约,3 家设于法国,2 家设于瑞士,2 家设于德国(Fischer,2019)。

资产管理过程要求投资者理解各种投资工具及其在金融市场中估值和交易的方式,以及各种为了满足客户的投资目标,可用于选择应纳入投资组合的投资工具的策略。

投资者可被分类为个人投资者或机构投资者。个人投资者被称为散户投资者。他们是资产所有人,可以进行直接投资或使用机构投资者的服务。机构投资者包括养老基金(私人的和公共的)、保险公司(财产和灾难险、人寿险和健康险)、捐赠基金和基金会、经注册的投资公司(共同基金/开放式基金和封闭式基金)、存款机构(商业银行、储蓄贷款社和信用合作社),以及对冲基金。金融投资顾问是为个人投资者提供投资事务建议的咨询师。客户为高净值个人的金融投资顾问被称为财富经理。《华尔街日报》(The Wall Street)每年都会颁布领先财富管理公司的榜单。2019 年,以美元计算前五名的公司为:(1)美国银行全球财富与投资管理公司(Bank of America Global Wealth & Investment Management,资产管理规模 1.35 万亿美元;在 750 多家分支机构中拥有 20 000 名财富经理),(2)摩根士丹利财富管理公司(Morgan Stanley Wealth Management,资产管理规模 1.26 万亿美元;在 600 家分支机构中拥有 15 600 多名财富经理),(3)摩根大通私人银行(J.P. Morgan Private Bank,资产管理规模 7 740 亿美元;在 48 家分支机构中拥有 1 300 名财富经理),(4)富国银行(Wells Fargo,资产管理规模 6 040 亿美元;在 1 468 家分支机构中拥有 15 000 名财富经理),以及(5)瑞银财富管理公司(UBS Wealth Management,资产管理规模 6 010 亿美元;在 208 家分支机构中拥有 7 100 名财富经理)。

本书的目的是描述资产管理的过程,并聚焦于机构投资者的策略。然而,基本原理同样适用于个人投资者。

在本章中,我们提供资产管理过程的概观,并通过这个概观展开本书各部分及此后各章的布局。

在实践中,机构投资者的投资组合管理通常是由一个投资组合管理团队完成的。团队成员所参与的资产管理过程包括以下五项主要活动:

(1)设定投资目标;

(2)制定投资政策;

(3)选择投资策略;

（4）构建和监测投资组合；

（5）衡量和评估投资业绩。

这是一个循环过程，因为业绩评估可能会导致投资目标、投资政策、投资策略和投资组合构成的改变。

设定投资目标

设定投资目标首先要详尽分析基金管理客户的投资目标。尽管我们可能认为机构投资者会聘请第三方管理其资金，但情况通常并非如此。大型机构投资者会首先决定是自主管理部分资金（内部管理），还是聘请第三方管理人（外部管理），或是两者的结合。

投资目标的分类

一般而言，我们可以将机构投资者的投资目标划分为两大类别：非负债驱动型目标和负债驱动型目标。顾名思义，第一类机构投资者可以无需考虑满足任何偿付责任而管理其资产。非负债驱动的机构投资者的一个例子是一家受监管的投资公司，该公司包含开放式受监管基金（叫做共同基金）和封闭式受监管基金。图1.1显示了先锋集团管理的共同基金的投资目标，截取自其招股说明书。[①]

第二类包含必须满足合同约定的负债义务的机构投资者。负债是在一个指定的未来日期必须支付的现金支出，以满足某项义务的合同条款。机构投资者同时关心偿付责任的金额和支出时间，因为其资产组合必须产生足够的现金流以满足其已承诺按时支付的款项。以下是两个面临负债的机构投资者的例子：

（1）人寿保险公司拥有类型广泛的投资导向型产品。这种产品之一是保证投资合同（guaranteed investment contract，GIC）。对于这种产品，人寿保险公司保证为客户向其提供的资金支付一个利率。对GIC账户而言，资产管理人的投资目标是赚取比其保证的利率更高的回报率。

（2）养老金计划的发起人提供两种类型的计划。发起人可以是公司、州政府或地方政府。其可以发起两种类型的养老金计划，即缴费确定型计划和给付确定型计划。对于缴费确定型计划，发起人只需向雇员提供指定金额的资金用于投资，雇员然后负责这些资金的投资。计划发起人没有额外的义务。然而，在给付确定型计划的情形下，计划发起人同意在雇员退休后向其支付指定金额的款项。因此，计划发起人对其本身创建了一项负债，在管理给付确定型养老金计划的资产时，资产管理人必须赚取足够的回报以满足那些未来的养老金偿付责任。

一些机构投资者可能会拥有同时含非负债驱动型目标和负债驱动型目标的账户。例如，

---

① 发行人在向公众出售某支证券时，必须向监管机构提交法律文件。在美国，该监管机构为证券交易委员会（Securities and Exchange Commission，SEC）。证券的一种类型为投资公司的股份，我们将在第5章更详尽地描述。

先锋策略型股票基金

投资目标:本基金的目标是提供长期资本增值。

主要投资策略:本基金基于投资顾问对证券相对回报潜力的评估,对中小市值的境内股票进行投资。投资顾问选择其认为能够提供以下两个因素的合适平衡的证券:强劲的增长潜力和相对于其业内同行的合理估值。投资顾问通过使用定量程序评估基金的基准(MSCI美国中小市值 2200 指数,MSCI US Small+Mid Cap 2200 Index)所含的所有证券,并同时寻求维持与该指数相似的风险状况。在正常情况下,至少 80%的基金资产将用于投资股票。

先锋 500 指数基金

投资目标:本基金的目标是使其业绩跟踪衡量大市值股票投资回报率的一个基准指数的表现。

主要投资策略:本基金采用指数化投资方法,旨在跟踪标准普尔 500 指数的表现,标准普尔 500 指数被广泛公认为美国股市表现的基准(由大型美国公司的股票主导)。本基金致力于通过将其所有或实质上所有的资产投资于指数的成分股,并按照与每种股票在指数中的权重大致相等的比例持有该股票,进而复制目标指数。

先锋新兴市场股票指数基金

投资目标:本基金的目标是使其业绩跟踪衡量新兴市场国家公司所发行股票的投资回报率的一个基准指数。

主要投资策略:本基金采用旨在跟踪富时新兴市场全市值含 A 股指数(FTSE Emerging Markets All Cap China A Inclusion Index)的表现的指数化投资方法,该指数由位于全球各地新兴市场的大、中、小市值公司发行的大约 4 027 种普通股构成,是一市值加权指数。基金通过对指数抽样进行投资,这意味着其持有一个广泛多元化的证券组合,整体而言,这个证券组合在关键特征方面都近似于该指数。这些关键特征包括行业权重和市值,以及特定的财务指标,如市盈率和股息率。

先锋富时社会指数基金

投资目标:本基金的目标是使其业绩跟踪一个衡量大中市值股票投资回报率的一个基准指数的表现。

主要投资策略:本基金采用一个旨在跟踪富时社会责任美国精选指数(FTSE4Good US Select Index)的表现的指数化投资方法。该指数的成分股所属的公司均已通过指数发起人(该发起人与先锋是相互独立的)在某些社会和环境标准方面的筛选。该指数为市值加权指数,主要包含已通过在环境、人权、健康和安全、劳工标准和多元化之相关特定标准方面筛选的大中市值美国股票。该指数排除了从事武器、烟草、赌博、酒精、成人娱乐和核能的公司。基金致力于通过将其所有或实质上所有的资产投资于组成指数的成分股,进而复制指数。

图 1.1 摘自共同基金的招股说明书摘要

一家人寿保险公司可能会拥有一个 GIC 账户(正如以上解释的那样,是具有负债驱动型目标的产品)和一个可变年金账户。在可变年金账户中,投资者向人寿保险公司支付单笔款项或一系列款项,人寿保险公司进而做到以下两点:(1)对其收到的款项进行投资,以及(2)在某个未来日期向投资者支付款项。人寿保险公司支付的款项取决于保险公司资产管理人的投资业绩。尽管人寿保险公司确实拥有偿付责任,但它不保证支付任何指定金额的款项。

基准

无论投资目标的类型如何,为了评估资产管理人的投资业绩,我们将制定一个基准。在某些情形下,基准的确定相当简单。在负债驱动型目标的情形下,基准通常是一个回报率目标。例如,加州公共雇员养老基金(CalPERS)具有负债驱动型目标,并将其基准设定为 7%的回报率。[①]伴随基准的是对投资组合的回报率设定可允许的波动性。正如我们将在后面的章

---

① 见 Saret、Zhan 和 Mitra(2017)。波士顿学院的退休研究中心开展的一项公共养老基金研究报告称,截至 2015 年,普通的公共养老金计划的长期目标回报率为 7.6%,比 2001 年的目标回报率 8%有所下降(见 Munnell 和 Aubry,2016)。

节中解释的那样,投资组合回报率的波动性是用回报率的标准差衡量的。这是波动性的统计度量。CalPERS 的目标基准为 7%,波动率不超过 13%。

在非负债驱动型目标的情形下,基准通常是资产投向所属的资产类别。例如,我们将在本章后面描述主要的资产类别。这种资产类别之一是大市值股票。该资产类别有数个基准,客户和资产管理人会共同决定采用哪个基准。

确定基准并非总是那么简单。如今,受监管的投资公司已创建了投资于多个资产类别的基金。这些基金被称为多资产基金(第 19 章的主题),其回报率目标通常基于某个绝对回报率之上。

通常情况下,资产管理公司或外部顾问会与客户合作确定基准。

制定投资政策

资产管理过程中的第二项主要活动是制定政策准则,以满足投资目标。制定政策的起点是资产配置决策。也就是说,我们必须对如何在后文即将描述的主要资产类别之间分配投资资金作出决策。

为了充分理解资产配置决策的重要性,我们简要地回顾两项考察了历史业绩和资产类别组合的重大研究。Brinson、Hood 和 Beebower(1986)考察了美国养老金计划在 1974—1983 年间的投资业绩。他们发现,大约 94% 的平均回报率差异可以由资产组合解释。Ibbotson 和 Kaplan(2000)的一项研究发现,大约 90% 的回报率可以由资产组合解释,从而证实了 14 年前开展的那项研究的结果。后续的研究进一步证实了资产配置决策的关键重要性。

在本节中,我们首先描述资产类别,然后解释资产配置策略。

资产类别

资产配置策略涉及将投资组合资金配置给不同的资产类别。但什么是资产类别呢?在实践中,资产类别是根据该资产类别中各成员共有的投资特征确定的。这些投资特征包括:(1)影响该资产类别价值的主要因素;(2)类似的风险和回报特征;(3)共有的法律或监管架构。基于这种定义资产类别的方法,我们可以用资产期望回报率的相关性考察资产类别。同一资产类别中的资产的期望回报率相关性将会很高。相比之下,两个资产类别之间的期望回报率相关性将会很低。

资产类别也会基于其交易所在的资本市场的类型进行划分。全球资本市场被划分为发达、新兴(发展中)和前沿(前新兴)资本市场。两个特征区分了这三个资本市场,[1]即一个国家的经济发展程度及其资本市场的发展程度。一个国家的经济发展程度主要是指其人均收入

---

① "What is the Difference between a Developed, Emerging, and Frontier Market?", May 11, 2012, http://www.nasdaq.com/article/what-is-the-difference-between-a-developed-emerging-and-frontier-market-cm140649.

和增长率潜力。发达市场国家的特征是人均收入水平较高,但增长潜力较低。其资本市场的发展程度是指其市值规模、流动性水平,以及支持性监管机构和法律机构的发展程度。这些特征会影响其市场中投资的增长潜力、风险和流动性。发达市场国家大多位于北美、西欧和大洋洲。

新兴市场国家亦称发展中市场国家,它们拥有发达国家的一些特征,但并非全部。Loucks、Penicook 和 Schillhorn(2008:340)对新兴市场的定义如下:

> 新兴市场的发行人依赖于国际投资者以获取资本。新兴市场不能在国内为其财政赤字融资,因为国内资本市场发展水平不足,本地投资者不能或不愿出借资金给政府。尽管新兴市场的发行人在信用风险方面存在很大差异,但对国外资本的依赖性是这个资产类别最基本的特征。

发展中市场国家包括巴西、俄罗斯、印度和中国(作为一个整体,通常被称为金砖四国,BRIC);还有葡萄牙、爱尔兰、意大利、希腊、西班牙(PIIGS),以及其他国家。中国和印度是两个最大的发展中市场国家。

前沿市场国家或前新兴市场国家的特征是:其经济发展速度落后于发展中市场国家。前沿市场的一个特征是缺乏透明度和信息。因此,它们在证券是否于市场中被合理定价方面存在显著差异。有 29 个国家被纳入由前沿国家组成的市场指数。[1]

伴随资产类别命名而来的是能够量化资产类别表现的晴雨表——风险、回报,以及与不同资产类别的回报率的相关性。这个晴雨表被称为"基准指数""市场指数",或简称为"指数"。一个例子是标准普尔 500 指数。我们将在后面的章节中描述许多其他指数。投资者也通常使用这些指数评估他们聘请管理其资产的专业投资经理的业绩。

不同的资产类别

在发达市场国家,主要资产类别为:(1)现金等价物,(2)股票(普通股),(3)债券,以及(4)实物资产。惯例是将现金等价物、股票和固定收益证券称为传统资产类别。那些不属于传统资产类别的资产类别包括实物资产,如房地产和商品,以及对冲基金。非传统资产类别被称为另类资产。

从一个美国投资者的视角而言,我们可以按以下方法对三个传统的主要资产类别进行延伸,以创建其他资产类别:

(1)现金等价物:这个资产类别包含具有低风险、低回报特征的证券。属于这个资产类别的证券为美国国债、商业票据、大额存单,以及银行承兑汇票。

(2)股票资产类别:股票或普通股的大类通常基于下列因素进行划分:

- 公司规模;
- 股票呈现的是成长股还是价值股的特征;
- 股票是由国内公司还是外国公司发行的;

---

[1] 这些国家包括阿根廷、巴林、孟加拉国、布基纳法索、贝宁、克罗地亚、爱沙尼亚、几内亚比绍、科特迪瓦、约旦、肯尼亚、科威特、黎巴嫩、立陶宛、哈萨克斯坦、毛里求斯、马里、摩洛哥、尼日尔、尼日利亚、阿曼、罗马尼亚、塞尔维亚、塞内加尔、斯洛文尼亚、斯里兰卡、多哥、突尼斯和越南。

- 股票是由公众公司还是私人公司发行的。

公司的规模是用其市值衡量的,市值等于每股公司普通股的市场价值与发行在外的普通股股数的乘积。例如,2020 年 1 月,IRobot 公司拥有大约 2 827 万股发行在外的普通股,当时的股价大约为每股 54.78 美元。①将 2 827 万乘以 54.78 美元得出了 IRobot 公司大约 15.5 亿美元的市值。

我们可以基于市值采用以下股票资产类别,尽管并非所有的金融投资顾问或资产管理人都会同意市值的这些切点值:

- 超大市值股票(市值超过 2 000 亿美元);
- 大型股(市值 100 亿—2 000 亿美元);
- 中型股(市值 20 亿—100 亿美元);
- 小型股(市值 3 亿—20 亿美元);
- 微型股(市值 5 000 万—3 亿美元);
- 极微型股票(市值低于 5 000 万美元)。

基于上述市值分类,IRobot 是一种小型股。

在实践中,市值大于或等于 100 亿美元的股票被称为大型股,因此包含了超大市值股票。同样,在实践中,市值低于 20 亿美元的股票被划分为小型股,因此包含了微型股和极微型股。因此,IRobot 将被分类为一种小型股。

我们也根据所谓的"成长型"和"价值型"的特征对股票进行分类。尽管在给定每股的市场价格和发行在外的股数后,公司的市值很容易确定,但我们如何定义"价值型"和"成长型"股票? 我们将在第 13 章中描述如何做到这点。

(3) 债券资产类别:对美国债券(亦称固定收益证券)而言,有以下资产类别的划分:(1)美国政府债券,(2)公司债券,(3)美国市政债券(即州政府和地方政府发行的债券),(4)住宅抵押贷款支持证券,(5)商业房产抵押贷款证券,以及(6)资产支持证券。根据发行人的信用评级(我们将在第 2 章中讨论信用评级),上述资产类别中的数个又可以被进一步细分。例如,对公司债券而言,投资级(即高信用品质)公司债券和非投资级(即投机品质)公司债券被当作两个独立的资产类别进行对待。

资产配置策略

我们可以将资产配置策略划分为两个类别:(1)战略资产配置,(2)动态资产配置。

战略资产配置策略

战略资产配置策略可以被大致描述为一种长期资产配置决策,在该决策中,投资者致力于评估最有前景获得丰厚的长期回报以实现投资目标的合适的长期"常态"资产组合。战略资产配置策略的关键是对资产管理人获许投资的每个资产类别制定固定的配置比例。在评估战略资产配置策略时,投资者将会考虑风险容忍度、每个资产类别的回报潜力、与每个资产

---

① 关于公司发行在外的股票股数的信息可见 Yahoo! Finance(https://finance.yahoo.com/)的"Statistics"栏目。在该栏目中也显示了市值。

类别相关的各种风险、每一对资产类别的回报率相关性,以及资本市场状况。第 18 章将描述开展这项分析所用到的工具。

在实践中,战略资产配置策略允许资产管理人对每个资产类别的配置在较窄范围内偏离指定比例。例如,假设战略资产配置策略指定将 55% 的资产投资于股票。随着每天价格的变化,投资组合对股票的配置比例可能会偏离 55%。战略资产配置策略可以允许 2% 的偏离范围,因此投资组合对股票的配置可以在 53% 至 57% 之间。一旦实际的投资组合位于这个范围之外,资产管理人必须采取行动,通过购买股票(如果投资组合对股票的配置低于这个范围)或出售股票(如果投资组合对股票的配置高于这个范围),将投资组合对股票的配置恢复至合规状态。

例如,正如前面提到的那样,CalPERS 制定了 7% 的目标回报率,波动率不超过 13%。2018 年,CalPERS 的理事会基于资本市场状况和相关风险,选择了他们认为会实现其投资目标的以下战略资产配置计划:50% 投资于全球股票,28% 投资于固定收益证券,13% 投资于实物资产,8% 投资于私募股权,1% 保持流动性。在这项资产配置的新闻发布会中,CalPERS 表明:"在制定决策时,理事会评估了 CalPERS 团队成员、外部养老金和投资顾问提交的建议,以及来自雇主和雇员利益相关团体的意见。"[①]

采取战略资产配置策略的投资者可能不允许资产管理人偏离指定的固定资产组合(或突破某个特定资产类别的界限)。因此,由于一旦资金被配置到各个资产类别后,资产组合不允许发生任何变化,因而战略资产配置策略是一种被动式资产配置策略。然而,投资者可能会允许资产管理人偏离对某个资产类别的固定配置,以通过从既定资产类别获取的短期收益增强期望回报。这个资产配置策略被称为战术资产配置。投资者可以基于我们在本书中描述的多种策略,实现其认为存在的短期收益。战术资产配置不是一个单一、定义明确的策略。战术配置策略的制定涉及许多变化和细微的差异。由于该策略的目的是寻求短期的回报增强机会,它被称为一种主动式资产配置策略。这种资产配置策略的风险是投资组合可能会遭受相当大的短期损失,从而导致战略资产配置策略不能实现投资目标。

动态资产配置策略

对战略资产配置策略的一个批评是:它仅在投资期起始时考虑资本市场状况,从而无法适应资本市场状况的变化。与战略资产配置策略相比,在动态资产配置策略中,资产组合(即在不同资产类别间的配置)会随着资本市场状况的变化机械性地发生改变。此外,与战略资产配置策略不同,每个资产类别没有事先设定的固定配置比例。资产管理人可以基于对每个资产类别的表现的预期随意改变资产组合。资产管理人会将资金移出预期表现较差的资产类别,并投入那些预期表现最佳的资产类别。当然,投资组合的业绩是由资产管理人评估每个资产类别的未来表现的技能决定的。此外,动态资产配置策略的交易成本要高于战略资产配置策略,因为需要对投资组合开展再平衡以从各资产类别的预期表现获利。

与战术资产配置策略相同,动态资产配置策略是一种主动式资产配置策略。这两种主动

---

① "CalPERS Selects Asset Allocation for Investment Portfolio", December 18, 2017, http://www.calpers.ca.gov/page/newsroom/calpers-news/2017/asset-allocation-selected-for-investment-portfolio.

式资产配置策略的差异在于:战术资产配置策略要求资产管理人回归至战略资产配置策略规定的固定配置;而采取动态资产配置策略的资产管理人则没有资产类别所必须遵守的固定配置。

客户的投资理念

客户的投资理念——其价值观和优先考虑——为投资组合的管理提供了基础,并为决策提供了准则。投资理念还会引导客户选择与其理念最为一致的资产管理人。在一项基于已发布的投资理念的调查中,Slager 和 Koedijk(2007)发现,投资理念有三个基本要素:"(1)对资本市场(可利用的无效性、风险/回报关系、资产定价与投资期的关系)的清晰认识;(2)能力强大的机构(成本效益、机构特有的价值观);(3)对影响投资的社会问题(可持续投资、公司治理)的看法。"①

例如,CalPERS 的管理委员会于 2013 年 9 月采用了 10 项投资理念。图 1.2 显示了这些投资理念。尽管图 1.2 没有显示,但每项投资理念都附有数个可执行的声明(被视为子理念),这些声明提供了对实施理念的深入见解。例如,让我们考虑投资理念 7("CalPERS 只有在我们坚信会得到风险回报时才会承担风险")。四项子理念如下所示:

● 承担风险的前提是有回报溢价预期;CalPERS 的目标是为所承担的风险获取最大化的回报。

● 市场不是完全有效的,但在支付成本后无效性可能会难被加以利用。

● 在我们不能坚信或缺乏可证明的证据显示我们能够通过主动式管理增加价值时,CalPERS 将采用指数跟踪策略。

● CalPERS 应相对一个由公开交易、被动式管理的资产组成的参考投资组合衡量其投资业绩,以确保长期而言,主动式风险在总基金水平上获得补偿。

投资理念 1:负债必定影响资产结构
投资理念 2:长期的投资期限是一项责任,也是一项优势
投资理念 3:CalPERS 的投资决策可以反映更广泛的利益相关者的观点,只要它们与基金对其成员和受益人的信托责任是一致的
投资理念 4:长期价值的创造需要有效管理三种形式的资本:金融资本、实物资本和人力资本
投资理念 5:CalPERS 必须明确表达其投资目标和业绩度量,并确保它们的执行具有清晰的问责制
投资理念 6:战略资产配置是投资组合风险和回报的主要决定因素
投资理念 7:CalPERS 只有在我们坚信会得到风险回报时才会承担风险
投资理念 8:成本十分重要,需要有效管理
投资理念 9:CalPERS 面临的风险是多面性的,不能通过诸如波动率或跟踪误差等度量完全捕捉
投资理念 10:实现 CalPERS 的总体目标和步骤目标需要强大的流程、团队合作以及深厚的资源

图 1.2 CALPERS 管理委员会采用的 10 项投资理念

资料来源:CalPERS Beliefs. Our Views Guiding us into the Future. https://www.calpers.ca.gov/docs/board-agendas/201702/pension/item7-01.pdf.

图 1.3 显示了另一家公共雇员养老基金——密苏里州雇员养老基金(MOSERS)——的四项投资理念。

---

① 有关投资理念的更多阐述可见 Koedijk 和 Slager(2011)。

● 投资组合的构建应首先关注风险的配置和平衡;驱动投资组合回报的因素是风险的配置。尽管投资回报获得了公众的广泛关注,但理解和平衡不同资产别的风险会在既定的风险水平下提高回报的持续稳定性,从而使雇主的缴费率变得更为稳定。回报是最终产品,而风险是要素成分。

● 多元化投资至关重要,因为未来是不可预知的。可靠的多元化投资需要我们在根本上理解驱动风险和回报的经济因素。MOSERS 的政策投资组合建立在我们对未来如何知之甚少的前提下。因此,理性的做法是构建一个能够抵御各种经济环境的投资组合。

● 每项投资都应在来自贝塔的潜在回报(市场回报)和来自阿尔法的潜在回报(增值回报)的背景下被加以考察;尽管分离这两个不同的回报成分并非总是可能的,但我们还是应该竭尽全力区分它们。贝塔是预期可以通过被动投资于某个特定资产类别赚取的回报,或得到的风险溢价补偿。对贝塔的敞口可以廉价购得,并且时间跨度可以很长,贝塔回报应该是正数并对应于与既定资产类别相关的风险。相比之下,阿尔法是通过资产管理人有能力选取比整体资产类别表现更佳的特定投资产生的回报。阿尔法是一个零和游戏。

无论回报的来源如何,重要的是我们必须基于有意识地在投资组合中纳入一定数量的贝塔敞口和一定数量的阿尔法敞口的决策,来构建投资组合。通过有意识地在投资组合中选择这种平衡,工作人员将能更好地管理投资组合的风险并确保实现风险—回报组合的最优化。

● 在短期经济周期导致市场驱向极端情况时灵活地适时改变投资组合,以使其偏离风险平衡的原组合,是一项重要的投资组合管理工具。由于经济的周期性特征,在既定的时间框架下,资产类别或投资策略可能相对其他类别或策略更具吸引力,也可能不如后者。因此,配置政策的边际灵活性为基金提供了在审慎的风险约束下从该周期性获利的机会。在某个特定资产类别的估值极为有利的情况下,修正投资组合的边际配置可能是合理的,从而利用估值有吸引力的机会,而避免基金暴露于额外风险敞口。

图 1.3　MOSER 的投资理念

资料来源:https://www.mosers.org/Investments/Investment-Policy/Investment-Beliefs。

投资限制

在制定投资政策时,我们必须考虑以下因素:

● 客户的约束;

● 监管限制;

● 税务考虑。

客户的约束

客户施加约束的例子为指定资产管理人可以投资的证券类型,以及指定投资于特定资产类别或特定发行人的集中度上限或下限的限制条件。如今,客户对特定公司和行业投资施加的最普遍的限制是责任投资。根据最小环境因子(E)、社会责任因子(S)和公司治理因子(G),未满足一个或多个上述标准的公司名单将因非经济原因被排除在投资候选对象之外。我们将在第 13 章中描述责任投资,亦称环境、社会和治理(environmental, social, and governance,ESG)投资。

当目标是使业绩达到某个特定市场或定制化基准的表现时,资产管理人可以偏离基准的一些关键特征的程度可能会受到限制。例如,我们将在本书中讨论用以量化不同类型的风险的特定投资组合风险度量。三个重要的例子是适用于任何类型的资产类别的跟踪误差风险、适用于普通股投资组合的以贝塔衡量的市场风险,以及适用于债券投资组合的久期。这些投资组合风险度量提供了对投资组合在影响其业绩的关键因子——在投资组合贝塔情形下的整体市场和在投资组合久期情形下的总体利率水平——发生变化时风险敞口的估计。

通常,客户不会为风险敞口水平设定具体的数值。相反,客户限定条件的形式可能是风险敞口水平的上限或风险度量相对于基准风险的可允许范围。例如,客户可以将投资组合的久期限定为客户指定的基准＋0.5 或－0.5。因此,假如客户设定的基准久期为 4,那么资产管理人可以有权自主决定构建久期在 3.5 至 4.5 之间的投资组合。

监管限制

监管限制有多种类型。这些限制涉及对可允许投资的资产类别的限制以及投资集中度上限。投资集中度上限是对投资组合所包含的投资工具的最大敞口的限制。它可以是对某个资产类别、市场的某个板块、一家公司或一个国家的最大风险敞口。此外,在制定资产配置决策时,我们必须考虑客户的监管机构可能会对客户施加的风险资本要求。对存款机构和保险公司而言,监管要求的法定资本金额与该机构所投资的资产的质量有关。例如,对受监管的投资管理公司(如共同基金)而言,监管机构对其可以使用的杠杆量(即借款金额相对于权益的比例)的程度设有限制。

税务考虑

税务考虑有数个原因十分重要。首先,某些机构投资者(如养老基金、捐赠基金和基金会)可豁免联邦所得税。因此,其所投资的资产类别不会是那些具有税收优惠的投资。其次,一些税收因素必须被纳入投资政策。例如,尽管养老基金可能会被免税,但其所投资的某些资产或使用的某些投资工具的收益可能需要纳税。

选择投资策略

选择与客户或机构的投资目标和投资政策准则一致的投资策略是资产管理过程中的另一项重大活动。投资策略最宽泛的分类是主动式策略和被动式策略。

主动式策略利用可得的信息和预测技术寻求超越一个简单多元化的投资组合的业绩。对所有主动式策略至关重要的是对已知会影响资产类别表现的因子的预期。例如,对于主动式普通股策略,这可能会包含对未来的盈利、股息或市盈率的预测。对于主动式管理的债券投资组合,预期可能会涉及对未来利率和板块利差的预测。涉及外国证券的主动式投资组合策略可能会要求对本土的利率和汇率进行预测。

被动式策略仅涉及极少的预期信息输入,而是依赖多元化来匹配某个市场指数的表现。实质上,被动式策略假设市场会有效地将所有可得信息反映在证券交易价格中。在主动式策略和被动式策略这两个极端之间,涌现了数个兼具两者要素的策略。例如,投资组合的核心部分可能是被动管理的,而其余部分则是主动管理的。

考虑主动式策略与被动式策略区别的一个有用方法是根据资产管理人开展的以下三项活动划分:(1)投资组合的构建(决定要买入和卖出的证券),(2)证券的交易,(3)投资组合的监测。一般而言,主动管理的资产管理人将其大部分时间投入投资组合的构建。相比之下,采取被动式策略的资产管理人在这项活动上投入的时间较少。

在债券领域,有数个策略被划分为结构性投资组合策略。结构性投资组合策略旨在实现某些必须对外支付的预定偿付责任的业绩。这些策略通常在试图匹配从投资组合获取的资金与未来必须支付的偿付责任时采用,因此被称为负债驱动型策略。

在给定主动式管理和被动式管理两种选择的情况下,我们应该选择哪个? 答案取决于:(1)客户对市场"价格有效"程度的看法,(2)客户的投资理念,(3)客户的风险容忍度,以及(4)客户的负债结构(如有)。

市场价格有效性是指在根据与策略相关的风险以及与实施该策略相关的交易成本进行调整后,资产管理人赚取比被动式策略更高的回报的难度。我们将在第 11 章中讨论不同形式的价格有效性及其对客户的投资策略选择的意义。

制定主动式策略

资产管理人制定主动式策略并提交给客户或潜在客户。本书描述了各种类别的主动式策略。在制定投资组合策略时,资产管理人将受到投资理念的引导。

在将这些策略提交给客户或潜在客户,甚至是提交给资产管理公司的高级管理层前,资产管理团队必须使用历史回报数据检验这些策略。对潜在策略的检验被称为回测(backtesting)。回测有多种方法和统计陷阱,在第 13 章中有简要描述,本书配套册的第 17 章和第 18章对之有更详尽的描述。

构建和监测投资组合

一旦选择投资组合策略后,资产管理人必须选择在投资组合中纳入哪些资产。资产管理过程的这项重要活动涉及以下方面:
- 产生现实合理的回报预期和预测;
- 构建有效的投资组合;
- 监测、控制和管理风险敞口;
- 管理交易成本和交易费用。

为了产生现实合理的回报预期,资产管理人可以使用我们在本书中描述的几种工具。主动型资产管理人将会寻求识别定价错误的证券或市场板块。然后,这些信息被用作构建有效投资组合的输入信息。有效投资组合的定义为:在既定风险水平下提供最高期望回报,或等价而言,在既定的期望回报水平上具有最低风险的投资组合。我们在这里不能提供回报和风险的具体含义。随着我们对资产管理的理解不断深入,我们将能量化这些术语的含义。

一旦投资组合构建完毕后,资产管理人必须监测投资组合,以确定在既定的现行市场环境和投资组合中资产信息的情况下,投资组合的风险敞口可能发生了何种变化。现有的投资组合可能不再有效,因此资产管理人可能需要进行投资组合再平衡以产生有效的投资组合。

交易成本对投资业绩具有关键影响。与管理投资组合相关的成本不仅限于证券交易的经纪费用。我们将在第 13 章简要描述这些成本,并在配套册的第 14 章更详尽地对之进行讨论。资产管理人不仅必须在构建初始投资组合时考虑交易成本,而且在必须进行投资组合再平衡时也对此加以考虑。投资组合的再平衡意味着资产管理人改变投资组合的持仓。

衡量和评估业绩

投资业绩的衡量和评估涉及两项活动。第一项活动是业绩衡量,它涉及恰当地计算资产管理人在某个时间段(被称为"评估期")内实现的回报率。这可能看似是一项简单的计算,但正如我们将在第 7 章中看到的那样,我们在开发计算投资组合回报率的方法时必须解决几个重要的问题。不同的方法可能会导致相当迥异的结果,从而使我们难以比较不同资产管理人的相对业绩。

第二项活动是业绩评估,它涉及两个问题:(1)确定资产管理人是否通过实现比既定基准更佳的业绩,提供了增值服务,以及(2)确定资产管理人如何实现所计算的回报率。例如,在本书第三部分,我们描述了股票投资组合经理可以采用的几种策略。资产管理人是通过择时、买入价值低估的股票、买入低市值的股票、增加特定行业的权重,还是通过其他方法实现回报的? 对业绩结果进行分解以解释实现这些业绩的原因被称为业绩归因分析(performance attribution analysis)。此外,业绩评估还要求我们确定资产管理人是凭借技能还是靠运气实现了优秀的业绩(即提供了增值服务)。

关键要点

- 资产管理是管理资金的过程。
- 投资者可以被划分为个人投资者(散户投资者)和机构投资者。
- 机构投资者包括养老基金、保险公司、捐赠基金和基金会、经注册的投资公司、存款机构,以及对冲基金。
- 资产管理过程中的五项重要活动包括:设定投资目标、制定投资政策、选择投资策略、构建和监测投资组合,以及衡量和评估投资业绩。
- 设定投资目标的起点是对资金客户的投资目标进行详尽分析。
- 机构投资者的投资目标被划分为非负债驱动型目标和负债驱动型目标。
- 为了评估资产管理人的业绩,我们必须设定一个基准。
- 对于负债驱动型目标,基准通常是一个回报率目标;对于非负债驱动型目标,基准通常是资产投资的资产类别。
- 制定政策以满足投资目标的起点是资产配置决策(即投资资金应如何被分配至主要的资产类别)。
- 实证研究一致证实了资产配置决策对投资业绩的关键重要性。
- 资产类别的划分基础是资产类别的成员共有的投资特征:(1)影响该资产类别价值的主要因子;(2)类似的风险和回报特征;(3)共有的法律或监管架构。
- 基于定义资产类别的投资特征,我们可以根据其期望回报率的相关性来考察资产类别。

在同一资产类别中的资产期望回报率的相关性将会很高,而两个不同资产类别的期望回报率的相关性将会很低。

- 资产类别还可基于其交易所在的资本市场的类型划分:发达资本市场、新兴(发展中)资本市场和前沿(前新兴)资本市场。

- 区分不同资本市场的两个特征是一个国家的经济发展程度及其资本市场的发展程度。

- 在发达市场国家,主要的资产类别为:(1)现金等价物,(2)股票(普通股),(3)固定收益产品(债券和贷款),以及(4)实物资产。

- 惯例是将现金等价物、股票和固定收益产品称为传统资产类别;不属于传统资产类别的资产类别包括房地产和商品等实物资产,以及对冲基金。

- 非传统资产类别被称为另类资产。

- 股票或普通股这一资产大类可基于以下因素划分:公司的规模、股票是呈现成长股还是价值股的特征、股票是由国内公司还是国外公司发行的,以及股票是属于公众公司还是私人公司的。

- 公司的规模是以其市值衡量的,市值等于每股公司普通股的市场价值与发行在外的普通股股数的乘积。

- 对美国债券(亦称"固定收益证券")而言,有以下资产类别的划分:(1)美国政府债券,(2)公司债券,(3)美国市政债券(即州和地方政府发行的债券),(4)住宅抵押贷款债券,(5)商业房产抵押贷款证券,以及(6)资产支持证券。

- 两种类型的资产配置策略为战略资产配置和动态资产配置。

- 一般而言,战略资产配置策略是一种长期资产配置决策,投资者寻求评估一个最有前景提供长期丰厚回报以实现投资目标的合适的长期"常态"资产组合。

- 战略资产配置策略的关键在于为资产管理人获许投资的每种资产类别设定固定的配置比例。

- 在实践中,战略资产配置策略允许资产管理人对每种资产类别的配置在较窄范围内偏离指定比例。

- 在战术资产配置策略中,投资者允许资产管理人偏离对某一资产类别的固定配置比例,以通过短期收益提高该资产类别的预期回报。

- 与战略资产配置策略相比,在动态资产配置策略中,对不同资产类别的配置会随着资本市场状况的变化机械性地发生改变;与战略资产配置策略不同,每个资产类别没有事先设定的固定配置比例。

- 在采用动态资产配置策略时,资产管理人可以基于对每个资产类别表现的预期随意改变资产组合,将资金移出预期表现较差的资产类别,并投入预期表现最佳的资产类别。

- 客户的投资理念为投资组合管理提供了基础,客户的价值观和优先考虑为决策制定提供了准则。

- 投资理念会引导客户选择与其理念最为一致的资产管理人。

- 在制定投资政策时,客户施加的限制、监管限制和税务因素必须被纳入考虑。

- 最广泛的投资策略分类是主动式策略和被动式策略。

- 主动式策略利用可得的信息和预测技术寻求超越一个简单多元化的投资组合的业绩。

- 对所有主动式策略至关重要的是对已知会影响资产类别表现的因子的预期。

- 被动式策略仅涉及极少的预期信息输入,相比主动式策略而言,它依赖于多元化投资以匹配某个市场指数的表现。
- 被动式策略假设市场会将所有可得的信息有效反映在证券的交易价格中。
- 在主动式策略和被动式策略这两个极端之间,涌现了一些兼具两者要素的策略。
- 结构性投资组合旨在实现某些必须对外支付的预定偿付责任的业绩。
- 结构性投资组合策略通常在试图匹配从投资组合获取的资金与未来必须支付的偿付责任时采用,因此被称为负债驱动型策略。
- 客户在决定是采用主动式还是被动式管理策略时考虑的因素包括:(1)对市场"价格有效"程度的看法,(2)投资理念,(3)风险容忍度,以及(4)负债的结构(如有)。
- 市场价格有效性意味着我们难以在根据与策略相关的风险以及与实施该策略相关的交易成本进行调整后,获得比被动式策略更高的回报。
- 在向客户或潜在客户提交任何策略前,资产管理人必须使用历史回报数据对该策略进行检验。
- 回测是检验潜在策略的程序。
- 一旦选定投资组合策略后,投资组合的构建涉及资产管理人选择在投资组合中纳入哪些具体资产。
- 为了构建投资组合,资产管理人需要生成现实合理的回报预期和预测。
- 主动型资产管理人寻求识别定价错误的证券或市场板块,并将这项信息用作输入信息以构建有效的投资组合。
- 有效投资组合的定义为:在既定风险水平下提供最高预期回报,或等价而言,在既定预期回报水平上具有最低风险的投资组合。
- 一旦投资组合构建完毕后,资产管理人必须监测投资组合,以确定在既定的现行市场环境和投资组合资产信息的情况下,投资组合的风险敞口可能发生了何种变化。
- 交易成本对投资业绩具有关键影响。
- 与管理投资组合相关的成本不仅限于证券交易的经纪费用,资产管理人不仅必须在初始构建投资组合时考虑这些成本,而且在必须进行投资组合再平衡时也需要考虑。
- 投资业绩的衡量和评估涉及运用恰当的回报率计算来衡量业绩,并评估取得该业绩的原因。
- 我们在开发计算投资组合回报率的方法时必须解决数个重要的问题,因为不同的方法可能会导致相当迥异的结果,从而使我们难以比较不同资产管理人的相对业绩。
- 业绩评估涉及两个问题:(1)确定资产管理人是否通过实现比既定基准更佳的业绩,提供了增值服务,以及(2)确定资产管理人是如何实现所计算的回报率的。
- 业绩归因分析涉及对业绩结果进行分解以解释实现该业绩的原因。

参考文献

Brinson, G. P., R. Hood, and G. L. Beebower, 1986. "Determinants of portfolio performance," *Financial Analysts Journal*, July/August: 133—136.

Fischer, M. S., 2019. "World's top 20 biggest asset managers: 2019," *ThinkAdvisor*. Available at https://www. thinkadvisor. com/2019/08/07/worlds-top-20-biggest-asset-managers-2019/?slreturn=20200115114729.

Ibbotson, R. G. and P. D. Kaplan, 2000. "Does asset allocation policy explain 40%, 90%, or 100% of performance?" *Financial Analysts Journal*, January/February: 26—33.

Koedijk, K. and A. Slager, 2011. *Investment Beliefs: A Positive Approach to Institutional Investing*. London: Palgrave MacMillan.

Lemke, T. 2019. "The 10 largest investment management companies worldwide," *The Balance*. Available at https://www. thebalance. com/which-firms-have-the-most-assets-under-management-4173923.

Loucks, M., J. A. Penicook, and U. Schillhorn, 2008. "Emerging markets debt," in *The Handbook of Finance*, Vol.1, F. J. Fabozzi(ed.). Hoboken, NJ: John Wiley & Sons, pp.339—346.

Munnell, A. H. and J-P. Auby, 2016. "The funding of state and local pensions: 2015—2020," Center for Retirement Research at Boston College, *State and Local Pension Plans*, No.50, June: 1—14.

Saret, J. N., B. Zhan, and S. Mitra, 2017. "Investment return assumptions of public pension funds," *Pension & Investments*, March 23. Available at https://www. pionline. com/article/20170323/ONLINE/170319953/investment-return-assumptions-of-public-pension-funds.

Slager, A. and K. Koedijk, 2007. "Investment beliefs," *Journal of Portfolio Management*, 33(3):77—84.

2

不同类型的投资风险

学习目标

在阅读本章后,你将会了解:

- 风险的一般含义;
- 风险与不确定性的区别;
- 系统性风险与非系统性风险的差异;
- 系统性风险与不可分散风险的关系,以及非系统性风险与特质风险/可分散风险的关系;
- 投资风险的含义以及不同类型的投资风险:价格风险、信用风险、通货膨胀风险、流动性风险和外汇汇率风险;
- 风险因子的含义;
- 什么是市场贝塔,以及它与价格风险的关系如何;
- 债券久期衡量的对象以及它与债券的价格风险的关系如何;
- 不同形式的信用风险/对手风险。

在本书中,我们将使用"风险"一词。在互联网上搜索"风险"一词,显示的结果超过了4 200万条。在投资方面,客户通常将风险视为相对预期得到负面结果的可能性。正如我们将会看到的,这个风险的定义过于笼统。在这里,我们将解释各种类型的投资风险,后续章节将会展开进一步讨论。

风险和不确定性

让我们从区分"风险"和"不确定性"的含义开始。尽管这两个术语通常可以交替使用,但两者存在差异。正如我们将在讨论资产管理人如何构建投资组合时看到的那样,他们依赖于其对一些因子的观点,这些因子预期会影响待纳入其投资组合的候选资产的表现。在形成这些对可能结果的观点时,资产管理人可以运用概率论领域的知识来量化与潜在结果相关的风险。也就是说,我们假设资产管理人能够以概率的形式表达他们的观点。基于概率是如何推演得出的,经济学家对风险和不确定性进行了区分。

Knight(1921)认为"风险"适用于决策结果不可预知的决策制定,但决策者可以相当精确地量化与决策可能产生的每个结果有关的概率。Knight 称之为"可测风险"或"严格意义上的风险"。Knight 将"不确定性"视为下列情形:决策者不能获悉为得出所有与潜在结果相关的概率所需的全部信息。他称这种情况为"不可测的不确定性"或"真正的不确定性"。如今,我们称之为"奈特氏不确定性"。[①]

Knight 给出的一个例子应能帮助我们理解其对风险与不确定性的区分。考虑一个装有红球和黑球的缸瓶。我们要求两个人从缸瓶中抽出一个球。由于第一个人没有任何关于缸瓶中红球数量和黑球数量的信息,她也许会假设抽出任意一种颜色的球的概率是相等的。与第一个人不同,第二个人知道缸瓶中红球的数量是黑球的三倍。由于这项信息,第二个人知道在缸瓶内的每四个球中,有三个是红色的,因此抽到红球的概率为 75%,抽到黑球的概率为 25%。根据 Knight 的观点,第二个人面临着风险,而第一个人面临的是不确定性。

我们可以将这个例子放在投资决策的背景下。考虑一个正在评估两家可能被纳入投资组合的公司的分析师。第一家公司成立于 1950 年,是一家上市公司,已向美国证券交易委员会提交信息,并且自其上市起就有交易信息。第二家是一家尚未产生可观收入的初创公司。在以未来价格表现评估这两家公司的前景时,分析师可能会从风险的角度看待对上市公司所作的决策,并从不确定性的角度看待对私营公司的决策。

长久以来,众多经济学家一直在争论风险与不确定性的区分在决策制定中是否重要。一些经济学家主张两个概念是相同的,而其他经济学家则主张这一区分十分关键。对资产管理人而言,有强大证据显示两者的区分在决策制定中是重要的。这项证据来自 2008—2009 年的全球金融危机。这场导致大衰退的危机有几个原因。然而,市场观察者认为导致这场金融危机的主要因素之一在于:用于管理金融机构风险的统计模型未能就未来的金融困境提出预警。金融机构的管理层似乎相信,他们拥有足够的统计模型来衡量风险,从而可以防止金融系统的重大崩溃。也就是说,金融机构的管理层未能认识到他们处理的情形涉及"奈特氏不确定性"。

黑天鹅和不确定性

最近,其他形式的不确定性也变得广为人知。在这些形式的不确定性中,事件在其发生前甚至未被考虑为可能会发生的结果。第一种形式是"已知的未知"与"未知的未知"的区分。

---

①   Keynes(1921)对风险和不确定性作了类似的区分。他认为,有可以计算的风险,也有另一种他称之为"不可简化的不确定性"的风险。Keynes 认识到在有些决策中,我们不能计算风险,因为如果要做到这点,我们必须依赖于完全没有概率论依据的对未来的假设。

第二种是黑天鹅型事件的概念。

"已知的未知"与"未知的未知"的概念因美国国防部部长唐纳德·拉姆斯菲尔德（Donald Rumsfeld）得到普及，他在 2002 年 2 月 12 日的新闻发布会上对有关缺乏相关证据表明伊拉克政府与向恐怖组织提供大规模杀伤性武器有关联的问题进行了应答。[①]他的回答如下：

> 我对记者报道某些事情尚未发生总是感到很有趣，因为我们知道，世界上有已知的已知，即我们知道我们知道的事情。我们还知道世界上有已知的未知，即我们知道有些事情是我们未知的。但我们还有未知的未知——我们不知道我们不知道的事情。

Taleb（2005，2010）普及了"黑天鹅事件"这一术语，该术语描述了影响重大、难以预测且罕见的事件，它们超出了基于在金融市场、技术和科学领域发生的历史事件形成的正常预期范围。在资产管理的背景下，"影响重大的事件"意味着该事件对一项投资、交易头寸或投资组合具有重大的经济影响。黑天鹅事件对资产管理人是一个意外，即便在事件已经发生后，资产管理人也会提供解释来为其发生编造借口。这与"奈特氏不确定性"相关联，黑天鹅事件被认为并不存在。

总风险、系统性风险和非系统性风险

为了估计资产的公允价值以及该资产的价值会如何随着时间变化，我们必须确定驱动（即影响）资产估值的因子。由于这些因子会影响资产估值，它们被称为风险因子。然而，为便于我们的讨论，我们简称其为"因子"。

一般而言，风险可被划分为两个类别：系统性风险和非系统性风险。系统性风险是影响一个资产类别中所有资产估值的风险。这些风险亦称共同风险因子。其中一些因子预计会影响所有的资产类别。例如，2019 年春季，市场担心与中国的潜在贸易摩擦可能会对美国公司的盈利产生影响。这些担心压低了大多数公司的股价，尽管美国的经济显示出强劲增长，而且公司报告的盈利也好于股票分析师的预期。在后面的章节中，我们将讨论普通股和债券的系统性因子。

除了系统性风险外，有一些因子对特定资产的发行人来说可能是独特的。这一风险被称为非系统性风险。非系统性风险被赋予的其他名称有"特质风险"（idiosyncratic risk）、"公司特有风险"（company-specific risk）和"独特风险"（unique risk）。对于一家公司而言，特质风险的例子可以是雇员的罢工、摧毁了主要生产厂房并且未经保险的自然灾害、重大海外生产设施被所在国家的政府征收，或对公司发起的专利侵权的法律诉讼。

多元化投资、总风险、系统性风险和非系统性风险

关于资产定价的理论是第 9 章的主题。这些理论认为，在资产定价运行有效的金融市场

---

① 尽管拉姆斯菲尔德普及了这些术语，但项目管理领域的人士对术语"已知、已知的未知和未知的未知"的风险是十分熟悉的。见 Wideman（1992）。

中,投资者应仅为接受系统性风险获得补偿。也就是说,在这类市场中,资产的价格仅包含了对系统性风险的补偿。对此的解释是:风险的另一个成分(即非系统性风险)可以通过构建多元化的投资组合来消除。与非系统性风险不同,投资者不能通过构建多元化的投资组合消除系统性风险。由于系统性风险的这个特征,它们亦称"不可分散风险",非系统性风险亦称"可分散风险"。也就是说,我们拥有以下关系式:

$$总风险＝系统性风险＋非系统性风险$$
$$系统性风险＝共同风险＝不可分散的风险$$
$$非系统性风险＝特质风险＝独特风险＝可分散风险$$

研究者在过去 50 年中收集了大量实证证据支持总风险、系统性风险和非系统性风险之间的关系,以及其对多元化投资的影响。[1]在投资组合理论(我们将在本书第二部分说明)中,我们将看到股票的总风险是由该股票的回报率的标准差来衡量的(我们将在第 7 章说明计算方法)。同样,投资组合的总风险是由投资组合回报率的标准差来衡量的。

实证研究计算了对于随机选取的普通股,由不同家数的公司的普通股构成的投资组合的总风险。从随机构建的投资组合计算得出的结果是投资组合回报率的平均标准差。这些研究显示,随着投资组合持有的股票个数的增加,总风险将会下降。逐渐增加股票个数通常会消除非系统性风险,从而仅剩下系统性风险。

这些研究主要发现,关于多元化投资对普通股投资组合的风险的影响的结果如下:

● 平均回报率与投资组合中的股票个数无关,但回报率的标准差会随着持有股票个数的增加而下降。

● 当投资组合由大约 20 种随机选择的普通股构成时,投资组合的总风险水平将会下降至仅剩下系统性风险。

● 对单个股票而言,系统性风险对总风险的比率平均大约为 30％。

● 平均而言,大约 40％的单一证券风险可以通过建立由 20 种随机选取的股票构成的投资组合来消除。进一步的多元化降低风险的效果将会迅速下降。当所持证券个数增加至 10 种以上时,风险改善程度十分轻微。

● 多元化投资组合的回报率与市场表现十分一致,系统性风险对总风险的比率超过 90％。

主要的投资风险

现在,让我们关注投资者面临的可能会导致业绩低于预期的主要投资风险。这些风险包括(1)价格风险,(2)信用风险,(3)通货膨胀风险,(4)流动性风险,以及(5)外汇汇率风险。在这里,我们简要地描述各种风险,后面的章节将会进一步对之进行讨论。此外,通过理解这些

---

[1] 首项此类研究是由 Wagner 和 Lau(1971)开展的。

风险,我们可以理解为何被称为金融衍生产品的金融工具能被用于控制每种风险。

价格风险

资产价格会随着时间发生变化。价格风险是资产价格会发生不利变化的风险。无论价格是上涨还是下跌,投资者的价格风险敞口都取决于投资者的头寸。投资者可以持有资产的多头头寸或空头头寸。多头头寸是指投资者持有资产或正在考虑买入资产。持有多头头寸的投资者会从资产价格的上涨中获益,但在资产价格下降时则会蒙受损失。

在空头头寸中,投资者已卖出或计划卖出一项其并不拥有的资产。持有资产空头头寸的投资者将在资产价格下降时获益。尽管卖出其并不拥有的资产(被称为"做空")可能听上去像是一种非法行为,但在金融市场中并非如此。事实上,能够做空是金融市场的一个关键方面,因为它使资产价格能够反映其真实价值。后面的章节将会更多地讨论做空在金融市场中的角色,以及希望做空的投资者可以利用的机制。在这里重要的是,对空头头寸而言,价格风险是价格将会上涨的风险。

考虑苹果公司(股票代码为 APPL)在 2019 年 4 月 23 日至 2019 年 5 月 3 日期间以下三个选定日期的价格变化:

2019 年 4 月 23 日　207.48 美元

2019 年 4 月 30 日　200.67 美元

2019 年 5 月 3 日　211.75 美元

假设投资者于 2019 年 4 月 23 日以每股 207.48 美元的价格购买了苹果公司的股票。投资者面临的价格风险是每股价格将会跌至 207.48 美元以下。2019 年 4 月 30 日,苹果公司的交易价格为 200.67 美元,假如在那天卖出股票,将会导致每股 6.81 美元的损失。

假设投资者预期苹果公司的股价将会下跌,于是在 2019 年 4 月 30 日以每股 200.67 美元的价格卖空了股票。数日后,投资者发现价格在持续上涨,并在此时预期价格还会进一步上涨。由于这个观点,投资者决定于 2019 年 5 月 3 日通过以每股 211.75 美元的价格买入苹果公司的股票并用买入的股票填平空仓,来对空头进行平仓。由于投资者以每股 200.67 美元的价格卖出股票并以每股 211.75 美元的价格买入了股票,因此将蒙受每股 11.08 美元的亏损。

从上述例子中,我们可以清晰地看到,价格风险是资产价格发生不利变化的风险。根据投资者的不同头寸,这可能是由资产价格的上涨导致的,也可能是由资产价格的下跌导致的。多头头寸的价格风险是价格将会下跌的风险;空头头寸的价格风险是价格将会上涨的风险。尽管我们在例子中以普通股为例,但价格风险适用于任何资产。

为了理解价格风险产生的原因,我们必须理解哪些因子会导致资产的价格发生变化。因此,为了确定价格风险,我们必须至少定性地理解哪些因子会影响资产的价格。在实践中,为了实施投资组合策略或构建投资组合,资产管理人必须能够量化每个因子对资产表现的影响。由于资产管理人识别的因子会驱动资产价格变化,因此资产管理人必须开发一个将资产价格的敏感度与因子联系起来的模型。这类模型被称为资产定价模型。在给定资产定价模型后,资产管理人可以衡量资产价格对每个因子的风险敞口。也就是说,资产可能没有单一的价格风险度量,而对于资产管理人认为会影响资产价格的每一个因子都有一个价格风险度量。资产对一个因子的风险敞口被称为其因子贝塔。因子贝塔是用结合资产历史回报率数据的多种统计模型估计的。这些因子贝塔是系统性因子的度量,第 13 章将会对之进行讨论。

一个常见的因子贝塔是市场贝塔。它衡量了股票价格对"总体市场"变化的敏感度。对普通股而言,总体市场意味着普通股市场。我们将在第 3 章中讨论各种股市指数。通常,标准普尔 500 指数被用作股市的代表指标。有关股票的市场贝塔的信息可以在 Yahoo!Finance 上找到。例如,下面是 2019 年 5 月 3 日三家公司的普通股的市场贝塔值:

沃尔玛	0.66
3M 公司	1.09
Facebook	1.30

我们对市场贝塔的解释如下:它是股票价格对股市变化的敏感度。考虑沃尔玛的市场贝塔值为 0.66,总体市场由标准普尔 500 指数作为代表指标。0.66 的市场贝塔值意味着如果标准普尔 500 指数的数值变动 1%,那么沃尔玛股票的价格变动将近似为 0.66%。因此,如果标准普尔 500 指数变动 5%,沃尔玛股票的价格将大约变动 3.3%(5%×0.66)。相比之下,如果标准普尔 500 指数变动 5%,这将对 Facebook 的股价变动产生更大的影响。Facebook 的价格将变动 6.5%(5%×1.30)。

仅有少数公司的市场贝塔值是负数。市场贝塔值等于 1 意味着股票的价格变化通常与总体市场一致。我们有时称股票对于总体市场是中性的。贝塔值大于 1 的公司股票被称为进取型股票;贝塔值是正数、但小于 1 的公司股票被称为防御型股票。[1]

一旦我们知道投资组合中个股的市场贝塔值后,投资组合的贝塔值可以用所持股票的贝塔值的加权平均进行计算。

债券的价格风险

债券也有价格风险敞口。有几个因子会影响债券的价格,我们将在第 15 章中详尽讨论,在这里我们考察利率水平的变化是如何与特定发行人的债券的定价相关的。一般而言,如果利率发生变化,债券的价格将会以相反方向变化。债券价格对利率变化的敏感度的定量度量被称为久期,我们将在第 16 章中说明如何计算这个度量。我们对这个度量的解释如下:它是在利率变化 100 个基点的情况下,债券价格的近似百分比变化。[2]久期为 5 的债券意味着如果利率变化 100 个基点,债券的价格将大致变化 5%。在利率变化 200 个基点的情况下,债券的价格将大致变化 10%。与普通股投资组合的市场贝塔相同,债券投资组合的久期是投资组合中各债券久期的加权平均。

为了帮助资产管理人控制投资组合或单个资产的价格风险,有多种金融工具可被加以运用。这些金融工具被称为衍生工具,我们将在后面的章节中描述用于控制价格风险的衍生工具。

---

[1] "进取型股票"和"防御型股票"这两个术语亦被用于描述公司股票的其他特征。

[2] 一个基点等于 0.01%。因此,100 个基点等于 1%。50 个基点的变化等于 0.5%,150 个基点的变化等于 1.5%。

信用风险

信用风险是指交易的一方不履行合同义务将会使另一方或双方受到不利影响的情形。

对手风险是指交易的另一方(叫做对手)不能履行合约规定的义务的风险。资产管理人有多种交易使其暴露于对手风险敞口中。让我们用两个例子说明对手风险。第一个例子来自一种叫做证券借贷的交易,第二个例子来自衍生工具交易。

证券借贷是一个更为宽泛的领域——证券融资领域的一部分。为了说明证券借贷,假设资产管理人 A 于 2019 年 4 月 30 日以每股 200.67 美元的价格卖空了 10 000 股苹果公司的股票。这意味着在未来某个时间,资产管理人 A 必须向其经纪人交付 10 000 股苹果公司股票以结清空头合约。资产管理人 A 可以借取 10 000 股股票,我们将在这里假设股票是从拥有这些股票并愿意出借它们的资产管理人 B 处(来自另一家资产管理公司)借取的。为了简化交易,我们假设证券借贷协议要求资产管理人 A 向资产管理人 B 支付当时 10 000 股苹果公司股票的价值,即 2 006 700 美元,以作为向资产管理人 A 出借 10 000 股的抵押物。我们还假设协议允许资产管理人 B 要求资产管理人 A 在一经资产管理人 B 请求后即刻返还股票。几天后,在 2019 年 5 月 3 日,苹果公司的股票价格上升到了 211.75 美元,因此,假设资产管理人 B 认为这是卖出 10 000 股股票的良机。资产管理人 B 会与资产管理人 A 联系,要求返还股票。假如资产管理人 A 出于某个原因不能返还股票,那么将会发生什么呢?尽管资产管理人 B 拥有从资产管理人 A 处获得的 2 006 700 美元,但他并不拥有股票。10 000 股苹果公司股票的市场价值如今为 2 117 500 美元。由于资产管理人 A 未能履约返还 10 000 股苹果公司股票,资产管理人 B 蒙受了 110 800 美元(= 2 117 500 美元 − 2 006 700 美元)的损失。

在对手风险的第二个例子中,我们假设在 2019 年 4 月 23 日,资产管理人 C 与资产管理人 D 达成交易,双方同意以下条件:资产管理人 C 在协议签订时向资产管理人 D 支付 10 000 美元,资产管理人 D 同意允许资产管理人 C 在 2019 年 5 月 3 日以每股 209 美元的价格向其购买 10 000 股苹果公司股票。正如第 14 章将解释的那样,这笔交易是一种特殊类型的衍生工具,即期权。(在交易时,苹果公司的股票价格为每股 207.48 美元。)因此,假如苹果公司股价上升至每股 209 美元以上,这份协议将使资产管理人 C 获益。无论在 2019 年 5 月 3 日苹果公司的股价将会发生什么样的变化,资产管理人 C 都为签订协议放弃了 10 000 美元。2019 年 5 月 3 日,苹果公司的股价为每股 211.75 美元。这笔交易将为资产管理人 C 产生如下利润:资产管理人将以每股 209 美元的约定价格从资产管理人 D 处买入 10 000 股苹果公司股票。这将要求其支付 2 090 000 美元。资产管理人 C 购买 10 000 股苹果公司股票的总成本将为 2 100 000 美元,这是需要用以购买股票的 2 090 000 美元与其为在 2019 年 4 月 30 日签订协议向资产管理人 D 支付的 10 000 美元之和。10 000 股苹果公司股票在 2019 年 5 月 3 日的价值为 2 117 500 美元,从而产生了 17 500 美元的利润。然而,假设当资产管理人 C 要求资产管理人 D 履行其在协议中的义务时,这个对手没有经济能力履约。资产管理人 C 将损失 17 500 美元的利润。这就是对手风险。注意,在这个例子中,仅资产管理人 C 面临着对手风险。这是由于一旦资产管理人 D 在协议起始时获得了 10 000 美元的款项,他就不必担心资产管理人 C 是否履约。

上述简化类型的衍生工具交易是资产管理人经常使用的交易类型。我们将要看到的是,衍生工具被划分为两个类别:交易所交易的衍生工具和场外(OTC)衍生工具。在交易所交易的衍生工具中,对手是执行衍生工具交易的有组织的交易所。因此,在资产管理人加入的衍生工具交易中,一旦交易完成,交易所即成为对手。从历史上看,尚未出现过交易所不能履行其义务的情况。因此,对于在交易所交易的衍生工具而言,对手风险被认为是极低的。在我们的上述第二个例子中,资产管理人 C 极有可能使用在交易所交易的衍生工具,而不是将资产管理人 D 当作交易对手,因为后者将使自身暴露于资产管理人 D 的对手风险敞口中。

与交易所交易的衍生工具相比,场外衍生工具可能会使交易一方或双方暴露于显著的对手风险敞口中,正如我们可以从上述第二个例子中看到的那样。凸显对手风险的至关重要性的对手风险案例是 2008 年 9 月大型金融机构雷曼兄弟控股公司(Lehman Brothers Holding Inc.)的破产。该公司是一家大型投资银行,在涉及衍生工具的多笔私人交易中担任了对手方。它的破产导致其无法履行衍生工具交易中的义务。

另一种类型的对手风险是违约风险。当借款人不能履行按时还本付息的合同义务时,这种风险就会发生。资金的出借人被称为债权人,它暴露于对手风险中,因为借款人(被称为债务人)可能会无法履行其义务。借贷协议包括贷款、票据和债券。例如,当个人从银行借款购买住宅时,借贷安排使贷款银行暴露于违约风险中——借款人不能偿还贷款的风险。当苹果公司于 2013 年 4 月发行 170 亿美元的债券时,这些债券的购买者(债权人)面临违约风险,即苹果公司无法支付利息并无法在债券到期时偿还本金的风险。

为了量化违约风险,投资组合团队的成员可以对发行人或对手履行义务的能力开展财务分析,或者也可以从独立的第三方获得这项信息。这种类型的分析被称为信用分析。大多数大型机构投资者的投资组合团队都设有专门的小组,对投资组合经理正在考虑投资或已经建有头寸的债务开展信用分析。同一小组会评估当前对手和潜在未来对手的信用资质。不能自行开展信用分析的资产管理人(在不同程度上)采用信用评级机构提供的违约风险评估意见,这些机构开展信用分析并以信用评级的形式表达其评估意见。

三家大型评级机构为标准普尔公司、穆迪投资者服务公司和惠誉评级公司。在所有评级体系中,高评级这一术语意味着信用风险很低,或相反地说,未来偿还债务的概率很高。穆迪用符号 Aaa 表示等级最高的债券,标准普尔和惠誉则采用符号 AAA。次高等级的债券由符号 Aa(穆迪)或 AA(标准普尔和惠誉)表示。所有评级体系都用 A 表示第三个等级。其下三个等级分别为 Baa 或 BBB、Ba 或 BB,以及 B。此外,还有 C 等级。穆迪用 1、2 或 3 在每个级别中对信用资质进行更精细的划分,而标准普尔和惠誉则用加号和减号实现同样的目的。评级为 3A(AAA 或 Aaa)的债券被称为优质债券,2A(AA 或 Aa)债券为高品质债券,单 A 级债券被称为中上等级债券,3B 债券为中等等级债券。评级更低的债券被认为具有投机成分或明显具有投机性。评级属于前四类的债券被称为投资级债券。评级低于前四类的债券被称为非投资级债券、高收益率债券或垃圾债券。因此,债券市场可被划分为两个板块:投资级市场和非投资级市场。

流动性风险

资产的一个重要特征是其流动性。然而,它并没有一致公认的定义。数项研究将流动性定义为投资者在短时间内以低成本交易资产并且不对该资产的价格产生重大不利影响的能力。于是,资产的流动性风险可被定义为当资产管理人执行该资产的交易时,交易时的市场状况将会使成本提高,且交易的执行价格将受到重大不利影响的风险。

资产的流动性十分重要,因为它使资产管理人能够灵活地开展投资组合再平衡以实施投资策略。看待资产流动性的一个方式是:在资产管理人希望立即卖出资产,而不是开展高成本和费时的搜索以找到愿意支付更高价格的买方的情况下,持有该资产的投资组合可能会产生的潜在损失。根据资产管理人希望卖出或买入资产的数量,资产的流动性程度可能会有所不同。尽管资产管理人在交易少量资产时可能会发现流动性良好,但如果涉及大量资产,情况可能会有所不同。也就是说,资产在少量交易时可能具有流动性,但在大量交易时则不具有流动性。

通货膨胀风险

客户会关心在就通货膨胀率进行调整后实现的回报率。例如,假设在忽略通货膨胀影响的情况下,资产管理人取得的一年期回报率为7%。这个所取得的回报率被称为名义回报率。然而,名义回报率未能表示客户购买力的增长幅度。一个更好的表示购买力增长幅度的指标是实际回报率,它是名义回报率与以某个通货膨胀指数衡量的实际通货膨胀率之差。在美国,我们通常使用消费价格指数。实际回报率为负数的风险,或等价地说,所赚取的名义回报率低于通货膨胀率的风险,被称为"通货膨胀风险"。

资产类别使客户暴露于不同程度的通货膨胀风险敞口中。从过去来看,我们已发现投资者在股票和房地产中的通货膨胀风险敞口要小于在债券中的通货膨胀风险敞口。由于每个资产类别都对通货膨胀风险具有不同的风险敞口,根据对各个资产类别的配置不同,由不同资产类别组成的投资组合将会有不同的通货膨胀风险敞口。

外汇汇率风险

金融工具的现金流可以任何货币(如美元、欧元、日元、英镑)为单位。货币可能不是投资者的本国货币。例如,美国投资者可能会投资法国政府发行的债券,该债券的利息和本金是用欧元偿还的。当现金流的货币单位不同于投资者的本国货币时,投资者在本质上承担了两种风险。第一种风险是:投资者暴露于资产的价格风险敞口中。投资者的第二种风险敞口是:作为现金流单位的货币的价值可能会相对投资者的本国货币发生贬值。假如投资者持有多头头寸,就会存在当投资者获取现金流时,汇率发生变化,从而投资者会获得更少单位的本国货币的风险。这种风险被称为外汇汇率风险或货币风险。

大多数货币都是可兑换货币。这意味着货币可以被自由兑换成另一种货币。然而,存在外国政府可能会防止其货币被完全兑换成可兑换货币的风险。这项风险被称为可兑换性风险,因此它是与投资于现金流非以投资者的本国货币为单位的资产相关的风险。

关键要点

- "风险"一词在资产管理中可以有多种含义。

- 影响资产价值的风险可被划分为系统性风险和非系统性风险。
- 系统性风险或共同风险因子是影响一个资产类别中所有资产估值的风险。
- 系统性风险亦称不可分散风险，因为它们不能通过多元化来消除。
- 非系统性风险是发行人独有的风险，因此亦称独特风险。
- 由于投资组合的非系统性风险可以通过多元化来消除，因此它亦称可分散风险。
- 广义而言，投资风险是指一项投资或投资策略实现的结果要低于投资者预期的概率。
- 投资风险包括价格风险、信用风险、通货膨胀风险、流动性风险和外汇汇率风险。
- 价格风险是指根据投资者的头寸情况，因资产价格的上涨或下跌导致的资产价格发生不利变化的风险：多头头寸的价格风险是价格将会下跌，而空头头寸的价格风险是价格将会上涨。
- 信用风险包含违约风险和对手风险。
- 信用评级机构评估债务工具发行人的信用风险，并以评级形式表示其评估意见。
- 风险因子（或简称为因子）是影响资产价格的变量。
- 资产定价模型是说明因子如何影响资产价格的模型。
- 有了资产定价模型后，我们可以衡量资产价格对每个因子的风险敞口，这亦称资产的因子贝塔。
- 市场贝塔是与股票或投资组合如何对股市变化做出反应相关的价格风险的度量。
- 债券的久期表明了其价格对利率变化的敏感度。
- 通货膨胀风险亦称购买力风险，是所赚取的实际回报率低于通货膨胀率的风险；也就是说，通货膨胀风险是赚取负实际回报率的风险。
- 资产的流动性风险是指当投资者执行资产交易时，现行市场状况使得成本升高，并且交易的执行价格将受到重大不利影响的风险。
- 外汇汇率风险亦称货币风险，是指支付现金流所采用的货币（即外汇）将相对投资者的本国货币发生贬值的风险。

参考文献

Keynes, J. M., 1921. *Treatise on Probability*. New York：MacMillan.

Knight, F., 1921. *Uncertainty, Risk, and Profit*. New York：Houghton Mifflin.

Taleb, N. N., 2005. *Foolishness by Randomness：The Hidden Role of Chance in Life and in the Markets*. New York：Random House.

Taleb, N. N., 2010. *The Black Swan：The Impact of the Highly Improbable*, 2nd edition. New York：Random House.

Wagner, W. H. and S. Lau, 1971. "The effect of diversification on risk," *Financial Analysts Journal*, November-December：2—7.

Wideman, R. M., 1992. *Project and Program Risk Management：A Guide to Managing Project Risks and Opportunities*. Newtown Square, PA：Project Management Institute.

第二部分　投资工具

3

股票基础知识

学习目标

在阅读本章后,你将会理解:
- 权益所有权的含义;
- 基于市值和成长型/价值型划分的子资产股票类别;
- 股票的交易场所;
- 不同类型的另类交易系统;
- 什么是交易前透明度和交易后透明度;
- 为何投资者会使用另类交易系统;
- 多种交易委托单、卖空和保证金交易等交易机制;
- 适应机构交易者的交易安排,如大宗交易和程序交易;
- 监管市场波动性(交易限制和断路器)、卖空和内幕交易的联邦法规;
- 股市指数扮演的角色,以及它们是如何构建的;
- 各种类型的股市指数:国家指数、区域指数和全球指数;
- 三个构建股市指数的方法;
- 股市指数在资产管理中的运用。

为了筹集资金开展业务经营,公司发行各种金融工具。它们可以是权益证券或债务工具。权益证券代表了对公司的所有者权益。与权益证券相比,债务工具是公司发行人的债务,这是下一章的主题。权益证券使证券持有人有权分享公司的利润,这些利润以股息的形式被分配给持有人。假如公司破产清算,投资者有权按比例分享公司的剩余权益。

权益证券被划分为两个类别:普通股和优先股。这两种形式的权益证券的差异在于它们可以参与公司利润分配的程度不同,并且在公司清算的情形下赋予两者的资产分配的优先顺序也不同。通常,优先股持有人有权获得固定的股息,他们在普通股持有人可以获得股息前优先获得固定股息。我们将在本章后面讨论优先股。尽管从技术上来说优先股是权益的一种形式,但它被称为优先级公司债券,并且被视为固定收益证券市场的一部分。

在本章中,我们将描述不同的股票子资产类别、美国的股票交易场所、个人投资者和机构投资者使用的交易机制和交易安排,以及股票市场指数。

股票资产类别

在第 1 章中,我们解释了股票(或普通股)是三个传统的资产类别之一。基于公司的一些基本特征,普通股可以进一步被划分为子类别。在股票市场用以创建子资产类别的两个基本特征是公司的规模和公司的价值型/成长型特征。

规模分类建立于公司的市场价值(或市值)基础之上。这个度量是通过将股票的市场价格与发行在外的股数相乘计算的。正如第 1 章解释的那样,在美国,我们基于市值划分子资产类别,三大主要类别为大型股、中型股和小型股。

第二个分类方法基于公司的股票是具有价值股特征还是成长股特征之上。在这里,我们难以解释构成价值和成长的元素是什么——它远不如基于市值的分类那么简单。这种分类起源于所称的投资风格,它是我们将在第 13 章中讨论的一个主题。有两个风格得到了市场参与者的公认:价值型投资和成长型投资。价值型投资是指识别价值被低估的股票并建立这些股票的头寸的投资方法。股票属于这个类别(价值股)的公司是基于公司的基础财务信息划分的。我们将在第 13 章中讨论这点。成长型投资是指投资于股价的增长速度预计会高于总体市场平均增长速度的公司。被认为具有这种特征的公司股票叫做成长型股票。

股票市场

在过去 60 年中,股票交易市场发生了重大变化。这除了市场监管机构强制执行的变化外,还有两个原因。第一个原因是市场交易被大型机构投资者,而不是散户(个人)投资者或小型投资者所主导。这被称为股票市场的"机构化",对股票交易系统的设计具有重要意义,因为机构投资者提出的要求不同于个人投资者的要求。

股票交易方式发生重大变化的第二个原因在很大程度上是计算机技术发展的创新。正是这个原因使得股票交易的本质主要是用计算机生成委托单。因此,美国证券交易委员会(SEC)前女主席玛丽·乔·怀特(Mary Jo White)称股票交易为"算法交易",称股票市场为"算法市场"。这与股票市场先前的运行方式(被称为"手工市场")形成了鲜明对比。

在 2001 年以前,股票的价格以一美元的八分之一或三十二分之一为单位。2000 年,SEC 允许股票以美分为单位进行交易。允许价格以美分递增被称为"十进制化"。

美国的股票交易场所

不同的股票交易场所可以按照股票是否在交易所上市的情况来考察。根据联邦证券法律，被交易的股票有两种类别。第一类是在交易所交易股票，亦称"上市"股票。第二类被交易的股票叫做场外股票(OTC股票)。这些股票亦称非在交易所交易的股票或非上市股票。

每个交易场所都以交易前透明度和交易后透明度的方式提供信息。交易场所的交易委托单账簿提供了交易前透明度。交易委托单账簿是交易场所就某种股票收到的交易委托单的清单。尽管这项信息对市场参与者是有帮助的，因为它表明了这种股票的流动性和市场深度(即它提供了市场透明度)，但有一些机构交易者更倾向于不披露这项信息。我们将在后面讨论其中的原因。交易后透明度是对已在交易场所执行的交易的信息披露。

上市股票的交易所市场

交易所市场是由使用交易所的设施和系统开展上市股票交易的会员组成的物理场所。股票如需在交易所上市，必须符合交易所规定的条件。即便是在上市后，如果公司的股票未能满足交易所的条件，交易所也可以将股票退市。

美国有区域性股票交易所和全国性股票交易所。纽约证券交易所是在美国交易上市股票的主要全国性股票交易所，我们将很快对之进行讨论。

四家区域性交易所是波士顿股票交易所、芝加哥股票交易所、太平洋证券交易所和费城股票交易所，这些交易所的规模小于全国性股票交易所。在区域性股票交易所上市的公司主要包括(1)不能满足全国性股票交易所上市条件的公司，或(2)可以满足全国性股票交易所上市条件，但选择不上市的公司。尽管如今十分罕见，但有一些公司同时在全国性股票交易所和区域性股票交易所上市，它们被称为"双重上市股票"。

纽约证券交易所。

纽约证券交易所(New York Stock Exchange, NYSE)是一家交易上市股票的主要全国性交易所。NYSE的会员于交易大厅的指定位置(叫做交易台)进行交易，即所谓的在集中的连续拍卖市场开展交易。交易台由经纪人占据，这些经纪人代表了其希望交易(买入或卖出)在交易台交易的股票的客户。一个交易台可能会进行多家公司的股票的交易。在交易台上，有一个人(叫做专业会员)是每只股票的做市商。专业会员对其开展的股票拍卖程序必须能够维持一个有序的市场，并且专业会员必须在为自有账户交易前优先执行公众委托单。

非上市股票的交易市场

场外市场是非上市股票的市场，它由两个市场组成。第一个是纳斯达克证券市场(Nasdaq Stock Market)，这是一家在SEC注册的交易非上市股票的全国性证券交易市场。尽管纳斯达克市场被称为非上市股票的市场，但如果公司的股票需要在纳斯达克上市，必须满足特定的"上市条件"。尽管如此，在交易所交易的股票被称为"上市"股票，但在纳斯达克证券市场交易的股票则被称为是"非上市"股票。场外市场的第二个部分是真正非上市股票(不在纳斯达克证券市场交易的股票)的市场。这个市场被称为三板市场。

纳斯达克证券市场有三个层次。它们是纳斯达克全球精选市场、纳斯达克全球市场和纳斯达克资本市场。尽管所有层次的公司治理条件是相同的,但在各个层次上市的财务和流动性条件有所不同。纳斯达克全球精选市场的财务和流动性条件比其他两个层次更为严格。在市值方面,纳斯达克全球精选市场包含大型股,纳斯达克全球市场包含中型股,纳斯达克资本市场包含小型股。

在本质上,纳斯达克是一个将地理位置分散的做市参与者联接起来的电信网络。报价由纳斯达克电子报价系统提供。与 NYSE 不同,纳斯达克市场没有中央交易大厅。因此,纳斯达克的功能可被恰当地描述为电子"虚拟交易大厅"。有超过 4 100 家公司的股票在纳斯达克系统中交易。有超过 500 家交易商为买入和卖出纳斯达克股票提供竞价。交易商亦称做市商,他们有义务为大多数股票持续公布确定的双边报价、及时报告交易,并且随时准备好对其报价执行交易。

另类交易系统

另类交易系统(alternative trading system,ATS)是由 SEC 监管的交易场所,作为交易所交易以外的选择和盘后交易场所。电子通信网络和配对网络是两种类型的 ATS。

(1) 电子通信网络。

电子通信网络(electronic communication network,ECN)显示反映实际委托单的报价,并为 ECN 会员提供了一个匿名输入委托单的途径。ECN 提供了透明度、匿名性、自动化服务和更低的交易成本,以及关于委托单的交易前透明度和关于已执行交易的交易后透明度。由于后一原因,我们称 ECN 为亮池市场(light pool markets,或 LIT 市场)。这不同于不提供交易前透明度的股票交易场所。后者被称为暗池,我们马上会讨论这点。然而最近,一些 ECN 正在转为暗池,而一些暗池则开始提供交易前透明度(即它们正在转为亮池)。

机构投资者和散户投资者、做市商和经纪交易商是 ECN 的用户。他们可以使用下一节描述的不同类型的委托单。ECN 会公布 ECN 和委托单,以供其他用户查看。然后,ECN 会匹配委托单以完成交易的执行。通常,交易双方是互相匿名的。在公开披露的交易执行报告中,ECN 被识别为交易对手方。

ECN 收取服务费用。该费用包括向交易的一方支付返佣(根据该方是在 ECN 的委托单账簿中增加还是减少了流动性),并向对手收取费用。流动性是增加还是减少取决于一方提交的委托单的类型。我们将在下一节中描述不同类型的委托单。增加流动性的委托单的一个例子是不可立即执行的限价委托单,而可以立即执行的市价委托单会从 ECN 的委托单账簿中减少流动性。ECN 会根据交易量的大小,以更高返佣或更低费用的形式向用户提供激励。

(2) 配对网络。

希望通过使用计算机直接匹配买方和卖方进行"配对"交易的机构投资者可以使用配对网络。在配对网络中,这种类型的 ATS 成批处理汇集的委托单,以在预定时间予以执行。不同配对网络的交易前透明度也有所不同。不提供交易前透明度(即不公开显示委托单)的配对网络是暗池。然而,有一些暗池正在向交易前透明度的方向转移,或是已经实现了交易前透明度。下一节将讨论在暗池交易中可提交的委托单的类型。

尽管暗池的交易后透明度是必需的(因为联邦监管法规规定在暗池中执行的交易被当作场外交易,从而所要求披露的信息少于 NYSE 交易),但交易前透明度的缺乏意味着暗池为机构投资者带来了多种好处。第一个好处是,委托单中所包含的信息泄露较少。信息泄露对机构投资者至关重要的原因是,所执行的交易可能是其自营交易策略的一部分。机构投资者将会担忧所公开的委托单可能会向竞争者提供有关其策略的信息。第二个好处是,它消除了经纪交易商和其他交易者在大额委托单前执行交易,以利用交易可能导致的价格变化的风险。这被称为抢先交易,将会导致交易成本高于未公开显示委托单的情况。第三个好处是,它会降低市场冲击成本,我们将在本章后面讨论这种成本。最后,通过避免使用经纪交易商作为交易中介,佣金将不会高于在暗池方式所提供的对手之间直接交易中需要支付的金额。

根据每笔委托单允许的最低交易规模,暗池被划分为大宗交易导向暗池(block-oriented dark pool)和流动的流动性池(streaming liquidity pool)。前者对每笔委托单设定最低规模,如5 000股,而后者对任何委托单都没有最低规模限制。除了交易规模外,暗池还有其他特征,如暗池的所有者、获许在暗池中交易的机构类型、价格和委托单的发现、流动性的水平和类型、系统的易接近性,以及流动性伙伴的存在。

交易的执行

大量另类股票交易场所的存在导致了一个可最贴切地被描述为分散的股票市场。这使得委托单的处理变得十分复杂。因此,理解在向经纪人提交委托单后,委托单如何执行的程序是至关重要的,因为经纪人最终执行委托单的方式会影响交易的执行价格。这进而会影响交易的总有效成本。

经纪人在收到委托单后,必须决定如何执行交易。也就是说,经纪人必须决定使用哪个交易场所执行该委托单。在选择交易场所时,经纪人有义务寻找能够使客户委托单合理获得"最佳执行"的场所。也就是说,经纪人会评估哪个交易场所将为客户提供最优惠的条件。

经纪人在选择交易场所,为客户委托单获得最佳执行时,会评估三个关键因素。第一个因素是在交易单提交时,经纪人是否能获得比市场报价更佳的价格。这被称为"价格改善"。第二个因素是委托单事实上可在既定交易场所执行的概率。执行速度是经纪人考虑的第三个因素。这在使用市价委托单(后面将解释这点)提交委托单时十分重要,因为在迅速变化的市场中,委托单执行的任何延迟都可能会导致执行价格劣于在经纪人收到委托单时的市场价格。

客户可以选择不赋予经纪人对交易场所的选择决策权,而是指示经纪人在某个特定的交易场所执行委托单。经纪人在这种情形下可以为交易收取费用。在客户不指定交易场所的情况下,经纪人对发送委托单至哪个场所的决策如下。对于在交易所上市的股票,经纪人有三个选择:(1)发送委托单至股票上市所在的交易所,(2)发送委托单至区域性交易所,或(3)下单给一家随时准备好以公开报价执行委托单的公司(这类公司被称为第三方做市商)。如果委托单涉及在纳斯达克交易的非上市股票,经纪人可以将委托单发送给纳斯达克市场上的一家做市商。

区域性股票交易所、第三方做市商和许多纳斯达克做市商都试图引导经纪人将委托单发送至其交易场所。他们通过向经纪人支付一笔费用(被称为委托单流量付款)做到这点,付款金额取决于所发送委托单的交易股数。如果客户知晓和准许,这种做法是被允许的。在账户开立时,经纪人会从客户那里获得授权。经纪公司必须每年并在确认每笔交易时通知客户其是否获取委托单流量付款。

经纪人在发送委托单时还有两个其他选择。第一个是使用 ECN。第二个是将委托单"内部化"。这涉及经纪人将委托单发送至经纪人所在公司的一个可以执行该委托单的部门，被称为"委托单的内部化"，亦泛称为楼上市场。发送至内部的委托单是用公司的自有库存实现的。

交易机制

在本节中，我们将描述股票交易涉及的主要特征。在下一节中，我们将讨论针对处理机构投资者的交易需求发展起来的交易安排。

委托单的类型和交易的优先顺序规则

当投资者希望买卖一股普通股时，他必须告诉经纪人委托单的执行价格和条件。最简单的一种委托单是市价委托单，即以在市场中可以获得的最佳价格执行的委托单。假如股票是在有组织的交易所上市和交易的，那么最佳价格将受到交易所的以下规则的保证：当买卖交易的一边有多个委托单同时抵达市场时，具有最佳价格的委托单将得以优先执行。因此，提供更高价格的买方将比提供更低价格的买方更为优先，要求更低价格的卖方则比要求更高价格的卖方更为优先。

我们还需要另一个交易所交易的优先顺序规则以处理收到具有相同价格的多个委托单的情形。通常，执行这种委托单的优先顺序是根据委托单的抵达时间确定的——最先到达的委托单将最先得以执行——尽管一些规则可能会赋予某些类型的市场参与者优先于其他希望以同一价格交易的市场参与者的权利。例如，交易所的委托单可以被划分为公众委托单和为其自有账户交易的会员公司（包括非专业会员和专业会员）的委托单。交易所规则要求公众委托单优先于为其自有账户交易的会员公司的委托单。

市价委托单的风险在于：在投资者提交委托单和委托单得以执行的时间间隔内可能会发生不利的价格变化。为了避免这种风险，投资者可以提交指定执行交易的价格门槛的限价委托单。限价买单规定了股票只可以指定或更低的价格买入。限价卖单规定了股票可以指定或更高的价格卖出。限价委托单的主要劣势在于：根本无法保证它能被执行，指定价格可能是达不到的。在抵达市场时不能执行的限价委托单被记录为未执行的限价委托单，它们由在股票交易所工作的证券专业会员进行维持管理。这些未执行的特定股票的限价委托单是在限价委托单账簿中维持管理的。

限价委托单是一种条件性委托单：它仅在市场可以达到限定价格或一个更佳的价格时才能得以执行。另一种条件性委托单是止损委托单，它规定委托单必须在市场达到一个指定价格后才能执行，并且委托单在这时变成市价委托单。止损买单规定委托单必须在市场上升至指定价格，即交易价格或竞买价格达到或高于指定价格后才能执行。止损卖单规定了委托单必须在市场价格下跌至指定价格以下后——即交易价格或竞卖价格达到或低于指定价格后——才能执行。当投资者不能持续关注市场时，止损委托单十分有用。通过让市场的变化启动交易，止损委托单可以保全股票头寸的利润，并将头寸的损失最小化。在止损卖单（买单）中，指定价格低于（高于）的股票市场现价。在限价卖单（买单）中，指定价格高于（低于）股票的市场现价。

止损委托单有两个相关风险。股价有时会出现突然的价格变化，因此股价的变化方向可能是相当暂时的，从而导致股票的过早交易。此外，一旦股价达到指定价格后，止损委托单即变为市价委托单，因此具有前面提到的市价委托单的执行价格的不确定性。

止损限价委托单是止损委托单和限价委托单的混合，它是一种指定一个价格限制的止损委托单。与在股价达到止损价格时变成市价委托单的止损委托单不同，止损限价委托单在股价达到止损价格时变为限价委托单。止损限价委托单可被用以缓冲止损委托单的市场冲击。投资者可以限定在止损委托单被激活后可能的执行价格。与限价委托单相同，股票在委托单被激活后可能永远无法达到限定的价格，从而使止损限价委托单不能达到止损委托单的一个目的——保全利润或限制损失。

投资者还可以输入触及市价委托单（market-if-touched order）。这种委托单在股价达到指定价格时变为市价委托单。触及市价买单在市场下跌至既定价格时变为市价委托单，而止损买单则在市场上升至既定价格时变为市价委托单。同样，触及市价卖单在市场上升至指定价格时变为市价委托单，而止损卖单则在市场下跌至既定价格时变为市价委托单。我们可以将止损委托单看作是为在可接受的价格水平（而不指定具体价格）退出现有头寸设计的委托单，并将触及市价委托单看作是为在可接受的价格水平（而不指定具体价格）加入一个头寸设计的委托单。

投资者可以提交在每日的交易开盘或收盘时段买入或卖出股票的委托单。开盘委托单指定交易只能在当日的开盘时段执行，收盘委托单指定交易只能在当日的收盘时段执行。

投资者可以输入包含委托单撤销条款的委托单。执行或取消委托单（fill-or-kill order）在抵达交易场后必须立即得以执行，否则将立刻被取消。委托单可以指定委托单的有效期限——一天、一周、一个月或在交易日内的某个时间以前。敞开式委托单（open order）或在撤销前有效的委托单（good-till-canceled order）在投资者明确终止委托单之前一直有效。

委托单也按其金额分类。整股（round lot）通常为 100 股股票。零股（odd lot）被定义为小于整股的股数。

保证金交易

投资者可以借取现金购买证券，并将证券用作抵押品。投资者将股票本身用作抵押品借取资金购买股票的交易叫做用保证金融资购买股票。投资者通过借取资金创建了金融杠杆。为购买额外股票而借取的资金将由经纪人提供，经纪人则从银行获得资金。银行为这些资金向经纪人收取的利率被称为短期放款利率（call money rate，亦称经纪人贷款利率）。经纪人向借取资金的投资者收取短期放款利率外加一笔服务费用。

经纪公司并不能随意向投资者出借资金用于购买证券。联邦证券法律禁止经纪人出借高于证券市值一定比例的资金。初始保证金要求是投资者必须以权益形式支付的证券总市值的一定比例，剩余部分是从经纪人那里借取的。美联储负责设定初始保证金要求，并变更该要求以作为一项经济政策工具。股票和债券有不同的初始保证金要求。

美联储还规定了维持保证金要求。这是投资者保证金账户中的权益占总市值的最低比例。假如投资者的保证金账户下跌至最低维持保证金以下（这会在股价下跌时发生），投资者就必须追加保证金。投资者会从经纪人那里收到指定投资者必须在其保证金账户中提供多少额外现金的保证金追缴通知。假如投资者无法追加保证金，那么经纪人将有权出售投资者账户中的证券。

为了举例说明维持保证金要求，假设投资者以每股 120 美元的价格买入了 100 股股票，总成本为 12 000 美元。假设初始保证金比例为 50%，维持保证金比例为 25%。初始保证金要求投资者必须提供 6 000 美元（12 000 美元的 50%）的现金或某种其他可接受的形式的权益。投资者必须借款支付 12 000 美元股票购买价款中的剩余部分（6 000 美元）。股价要下跌至 80 美元以下才会低于维持保证金。为了理解其原因，以保证金购买的 100 股股票的价值将为 8 000 美元（80 美元×100）。由于贷款为 6 000 美元，账户中的权益为 2 000 美元（8 000 美元－6 000 美元），或账户价值的 25%（2 000 美元/8 000 美元＝25%）。假如股票价格下跌至 80 美元以下，投资者必须存入更多的权益才能使权益比例恢复至 25% 的水平。

机构投资者的交易安排

随着机构投资者交易的增加，为更好地满足机构投资者需求的交易安排应运而生。机构投资者的需求包括以较低的佣金和较小的市场影响开展大额交易和股票群的交易。这已导致了对机构投资者通常需要的特定类型委托单的特殊执行安排的发展：(1)要求执行大量股数的某种既定股票的交易的委托单，以及(2)要求尽可能在同一时间执行大量不同股票的交易的委托单。前一类交易叫做大宗交易（block trade）；后者叫做程序交易（program trade）。大宗交易的一个例子是希望购买 15 000 股宝洁公司股票的共同基金。程序交易的一个例子是希望在交易日结束时（收盘时）购买 100 家公司的股票的养老基金。

为适应这两类机构交易而发展起来的机构安排是大型证券公司的交易部门和其他机构投资者的网络的发展，这些机构通过电子显示系统和电话互相联系。这个网络是楼上市场。楼上市场的参与者通过以下两种方式扮演着关键角色：(1)为市场提供流动性，使此类机构交易得以执行，以及(2)开展有助于整合分散的股市的套利活动。

大宗交易

在 NYSE，大宗交易被定义为至少 10 000 股既定股票的交易。由于执行大量的大宗交易委托单为 NYSE 的专业会员系统带来了压力，因此处理这些委托单的特殊程序已被发展起来。通常，机构客户与经纪公司的销售人员联系，表明他希望提交大宗交易委托单。接着，销售人员将委托单提交给经纪公司的大宗交易执行部门。注意，销售人员不将待执行的委托单提交至交易所（股票可以在这里交易）或（在非上市股票的情形下）试图在纳斯达克系统中执行委托单。大宗交易执行部门的销售交易员与其他机构取得联系，以试图找到愿意承当委托单另一方的一家或多家机构。也就是说，他们在寻找过程中利用楼上市场执行大宗交易委托单。假如他们能够做到这点，那么委托单的执行将得以完成。

假如销售交易员不能找到足够的机构接受整笔大宗交易，那么大宗交易委托单的剩余部分将被交给公司的做市商。接着,做市商必须决定如何处理大宗交易委托单的剩余部分。他有两个选择。第一,经纪公司可以建立该股票的头寸,并用其自有账户购买股票。第二,他可使用与之竞争的做市商的服务执行先前未得以完全执行的委托单。在前一种情形下,经纪公司投入了其自有资本。

程序交易

程序交易涉及同时购买和出售大量品种的股票。这种交易亦称一篮子交易,因为实际上一"篮子"股票发生了交易。NYSE 将程序交易定义为任何买入或卖出由至少 15 种股票组成、总价值在 100 万美元以上的一篮子股票的交易。机构投资者可能希望使用程序交易的例子包括:(1)将新的现金配置到股票市场,(2)实施将投资于债券市场的资金转移至股票市场的决策(或反之亦然),以及(3)由于投资策略的变化而对股票投资组合的构成进行再平衡。例如,一个共同基金投资组合经理可以通过单笔程序交易迅速地将整个股票投资组合的资金移入或移出股市。所有这些策略都与资产配置相关。机构投资者可能需要执行程序交易的另一个原因是实施指数化策略,我们将在第 12 章中描述这种策略。

机构投资者的程序交易有几种佣金安排可以选择,其中每个安排都有多种变化形式。选择一种佣金安排需要考虑的因素(除了佣金成本外)包括不能实现最佳执行价格的风险,以及被要求执行程序交易的经纪公司会利用其对程序交易的了解从交易产生的预期价格变化中获益——换言之,他们将抢先交易——的风险。从交易商的角度来看,程序交易可以两种方式开展,即以代理人和以委托人的方式开展。一种中间类型的程序交易——代理激励安排——是另一种选择。以代理方式执行的程序交易涉及由投资者完全根据各家经纪公司提交的佣金投标价格(用美分/股表示)选择经纪公司。

被选中的经纪公司作为机构投资者的代理人,尽其最大努力以取得最佳价格。这种交易具有较低的显性佣金。对投资者而言,代理程序交易的劣势在于:尽管其佣金可能是最低的,但由于冲击成本和被邀请对佣金投标的经纪公司可能会抢先交易,执行价格也许并非最佳价格。投资者预先知道其支付的佣金,却不知道交易将得以执行的价格。

与代理方式有关的是代理激励安排。其中,投资者为程序交易中的股票组合建立一个基准投资组合价值。程序交易中的每个"品种"(即具体股票)的价格是由前一天末的价格或前一天的平均价格确定的。假如经纪公司可以在下一个交易日执行交易,以获得比基准投资组合价值更佳的结果——在涉及卖出的程序交易中为更高的价值,在涉及买入的程序交易中为更低的价值——那么经纪公司将获得指定佣金外加一笔预先确定的额外报酬。在这种情形下,投资者事先不知道佣金,也不能确切知道执行价格,但能够有对价格将优于门槛水平的合理预期。

假如经纪公司不能实现基准投资组合价值,程序交易安排的变化形式将会起到作用。一个安排也许会规定经纪公司仅获得先前协定的佣金。另一个安排也许涉及与经纪公司共同承担不能实现基准投资组合价值的风险。也就是说,假如经纪公司不能实现基准投资组合价值,那么它必须消化一部分损失。在这些共担风险的安排中,经纪公司用其自有资本承担了风险。经纪公司必须接受的风险共担程度越大,其收取的佣金就越高。

经纪公司还可以选择以委托人的方式执行交易。在这种情形下,交易商将投入其自有资本买入或卖出投资组合,并立即完成投资者的交易。由于交易商承担了市场风险,因此将收取更高的佣金。为委托人方式的交易定价的关键因素为：流动性特征、绝对美元价值、交易性质、客户特征，以及市场波动性。在这种情形下，投资者预先知道交易的执行价格，但必须支付更高的佣金。

为了尽可能减少抢先交易的可能性，机构投资者通常使用其他类型的程序交易安排。他们仅向经纪公司提供投资组合关键参数的综合统计信息，而不是具体的股票名称或数量。接着，几家经纪公司为整个投资组合(亦称盲目组合)以美分/股的价格单位投标，并向客户保证以收盘价格(被称为市场收盘价)或某个日间价格执行交易。注意，这是一种委托人方式的交易。

算法交易

在传统上，股票执行的委托单是由在交易部门为投资经理或有权决定执行何种交易的决策者具体执行交易的交易员安排的。交易员被认为拥有"市场信息和头脑"，这使他们开展交易的成本和市场冲击能够比在较不正式的基础上自行开展交易的投资组合经理更低。

这些交易员的效率通常由评估执行的服务机构衡量，交易员通常基于其效率获得部分报酬。但有些观察者认为，交易员为了将其报酬最大化，可能会具有不同于投资组合经理的激励，并且不会将投资组合经理的目标最优化——这被称为代理效应。此外，一些人认为，与人工交易相比电子系统可以更有效地进行交易。

由于科技和定量技术的进步以及监管的变化，电子交易系统已经发展起来，以补充或代替人工交易员和其交易部门。这种交易被称为算法交易。

算法交易是一种相对较新的交易技术，其中，整体交易(买入或卖出)是以一系列小额交易，而不是单笔大额交易用电子系统开展的。这些交易通过计算机开展，计算机基于最近的价格变化是表明市场当时会接受待执行的交易，还是会导致价格向与预定的待执行价格相反的方向发生显著变化，来作出交易或不交易的决策。算法交易还使交易员能够隐藏其意图。

算法的出现和广泛使用主要归因于科技和监管。科技要素是通过改进的定量方法用速度更快和更廉价的技术系统执行交易。算法交易的一个子集是高频交易。交易员运用高频交易获利于在市场中周期性存在的极其细微的价格差异。

软美元安排

投资者通常基于谁将以最低的交易成本最好地执行一笔特定交易，以及谁将在一段时期内提供附加服务(如研究)，来选择其经纪交易商。正如前面解释的那样，经纪交易商也可以用"软美元"从投资者那里"购买"委托单流量。在这种情形下，经纪交易商在不收取显性费用的情况下向投资者提供研究或电子服务等服务，以换取投资者的委托单流量。这些服务通常是从第三方获取的，投资者在其他情况下将必须为这些服务向第三方支付"硬美元"。当然，投资者需为交易执行服务向经纪交易商支付费用。

根据这种关系，投资者优先将其委托单发送至软美元关系中指定的经纪交易商，并且无需为研究或其他服务支付"硬钞"或真正的货币。这种做法被称作为辅助性研究支付"软美元"(即提交其委托单流量)。例如，客户A优先将其委托单流量提交给经纪交易商B(通常是在一段指定时期，如一个月或一年内的指定金额的委托单流量)，并为这些交易执行服务向经纪交易商支付费用。经纪交易商 B 又转而为提供给客户 A 的一些研究服务支付费用。通常，研究提供商是一家独立的公司，如公司 C。因此，软美元是指投资者通过佣金渠道、而不是通过直接付款，向经纪交易商或第三方支付的资金。

这对经纪交易商的不利之处在于：其必须为客户的委托单流量（向研究提供商）支付硬美元。这对客户的不利之处在于：他们不能自由地为其所有交易"逐家比选"出扣除佣金后的最佳买入价和最佳卖出价，而是必须与特定的经纪交易商完成协定金额的交易量。此外，研究提供商也许会给予经纪交易商一个优惠价格。因此，软美元关系中的每个参与者都拥有一定好处，但也有不利之处。

SEC 为分析软美元安排的适当性提供了一个三步检验法。首先，该安排项下的特定产品或服务必须具有合格的研究或经纪服务的资质。其次，判断该安排项下的产品或服务是否真正在顾问的投资决策责任中提供了合法和恰当的协助。最后，判断在给定经纪交易商提供的产品或服务的价值的情况下，客户所支付的佣金是否合理。

联邦证券法律制定的交易法规

联邦证券法律制定了影响交易的法规。这些法规涉及市场波动性、卖空和内幕交易。

市场波动性规则

市场波动性规则涉及交易限制和断路器。

交易限制规则。

*交易限制（或价格限制）*规定了市场价格指数水平不能跌破的价格下限。假如这种情况发生，交易将被强制终止，至少是在指定时期内在指定价格（价格限制）以下终止交易。这种暂停交易的目的是"使市场得以喘息"，至少镇定市场的情绪。价格限制有两种不同的类型：断路器和交易上下限。

断路器是指在市场严重下跌期间暂时停止交易。制度采用两种类型的断路器处理剧烈的市场波动：全市场断路器和单一股票断路器。全市场断路器规则是根据市场波动性水平实施的。交易可以暂时停止，或在极端的市场波动情况下，市场可以在交易时段的正常终止时间前收盘。单一股票断路器规则涉及所称的"涨停板/跌停板"规则。涨停板/跌停板规则的目的是防止单个股票的交易在指定的价格区间外执行。这个价格区间被规定为股票平均价格上下的一个百分比水平，平均价格是用最近前 5 分钟的交易时段计算的。如果股票交易价格超出价格区间以外，并且不能在 15 秒内回到区间以内，这将会导致 5 分钟的交易暂停。

卖空规则

卖空是指卖出投资者并不拥有的证券。卖空证券的投资者预期价格将会下跌，从而投资者可以在一个未来日期以低于证券卖空价格的价格买入证券。只有在投资者以操纵市场为目的进行卖空时，卖空才是非法的。这种市场操纵的一个例子是投资者以压低股票价格，从而引诱其他投资者买入或卖出该股票为目的开展一系列交易。

SEC 制定了关于卖空的规则。这些规则包括另类报升规则（alternative uptick rule）和适用于所谓"裸"卖空的交易的规则。SEC 认识到卖空可能会有益于股票市场效率的提升，但也有可能会对股市产生潜在不利影响,因此采用了另类报升规则。为了防止进一步压低在一天内下跌超过 10% 的股票的价格,该规则规定一旦 10% 的下限被触发后,那些持有股票的投资者可以优先于卖空者卖出股票。

尽管卖空机制涉及借取被卖空的股票以填平空仓,但有一些卖空交易不涉及借取股票或进行及时借取股票以便与买方交割被卖空的证券的安排。这被称为裸卖空,并不一定违反 SEC 的规则。然而,在裸卖空中,存在卖空者也许不能交割其卖空的股票的可能性。如果卖空者不能在指定的交割日交付股票,"交割失败"将会发生。由于这个原因,SEC 对经纪人/交易商设置了特定要求,以处理与交割失败的交易相关的问题。一个关键的要求被称为"圈定要求"(locate requirement),它要求经纪人/交易商在执行交易前,有合理的理由相信卖空者可以借取股票用于在交割日进行交付。在执行卖空交易前,经纪人/交易商必须以书面文件记录这一点。

内幕交易规则

SEC 将非法内幕交易活动描述为"在对证券拥有重大非公开信息的情况下,违背受托人责任或其他信托和信任关系"的证券交易。[1]有关内幕交易的法律是由司法意见形成的。因此,内幕交易活动没有法律定义,而是必须根据联邦证券法律的反欺诈条款(主要是《1934 年证券交易法》的 10(b)部分)对个案进行逐案确定。

内幕人员和非法内幕交易的例子包括公司官员、董事和雇员在获悉重大、保密的公司发展信息后,对其公司的股票进行交易。内幕交易违规还延伸至其他从拥有重大非公开信息的个人("泄密人")获得信息提示的个人("信息领受人")。[2]

股市指数

股市指数为评估资产管理人的业绩提供了基准。一般而言,股市指数的涨跌模式相当类似。但是,这些指数并非在任何时候都以完全相同的方式变化。指数变化的差别反映了其构建方式的不同。在指数构建中有以下三个因素要考虑:(1)指数的标的样本所代表的股票范围,(2)指数中所包含的股票的相对权重,以及(3)计算指数中所有股票平均指数水平的方法。

美国股市指数

股市指数中包含的股票必须以一定比例组合起来,并且每种股票都必须被赋予一个权重。三个主要的加权方法为:(1)按股票所属公司的市值(即股数乘以每股价格)加权;(2)按

---

[1] 见 SEC 网站:http://www.sec.gov/answers/insider.htm。
[2] 注意,内幕人员开展的交易并非都是违法的。只要交易活动不是基于重大的非公开信息,公司内幕人员可以合法买入或卖出其公司的股票。

股票价格加权;(3)每种股票等量加权,无论其价格或公司的市值如何。除了最常被大众媒体引用的道琼斯工业平均指数(DJIA)外,所有被专业投资者最广泛使用的指数都是按市值加权的。DJIA 是价格加权平均指数。

股市指标可以被划分为三类:(1)股票交易所基于在该交易所交易的所有股票创建的指数;(2)由主观选择纳入指数的股票的机构创建的指数;(3)基于客观度量(如公司的市值)选择股票的指数。

第一类包含纽约证券交易所综合指数,它反映了在 NYSE 交易的所有股票的市值。尽管纳斯达克不是一个交易所,但纳斯达克综合指数属于这种类型,因为该指数代表了在纳斯达克系统中交易的所有股票。

第二类中最常用的两个股市指标是 DJIA 和标准普尔 500 指数。DJIA 是由 30 家规模最大并且最被广泛持有的美国工业公司构成。包含在该平均指数中的公司是由《华尔街日报》的出版商道琼斯公司选择的。标准普尔 500 指数代表了选自两个主要的全国性股票交易所和场外市场的股票。在任何既定时点的指数中的股票都是由标准普尔公司的一个委员会决定的,该委员会可能会不定期地增加或删除个股或整个行业的股票。目的是捕捉一个范围十分广泛的经济指标所反映的当前总体股市状况。

一些指数代表了股市的绝大部分,而其他指数则代表了某个市场板块,如技术、能源(主要是石油和天然气)或金融。此外,由于股票投资风格的概念已在投资界被广泛公认,人们早前对股票风格投资的接受已使所发布风格指数的创建和激增。风格意味着投资重点是成长股还是价值股,或是小型股、中型股还是大型股。在本章前面,我们列举了对市值的不同划分。对成长股和价值股的比较而言,成长股这一术语适用于具有高盈利增长预期的公司的股票。对成长股投资者而言,股票的现有价格不如公司未来的基本面重要。也就是说,随着公司持续提高未来盈利和改善现金流状况,股票预计将会升值。相比之下,价值型策略涉及对出于某种原因价值被市场低估的股票进行投资。

在第三类指数中,我们有 Wilshire 指数和 Russell 指数。Wilshire 指数是由威尔逊联合公司(Wilshire Associates)创建的,并与道琼斯公司联合进行发布。Russell 指数是由法兰克·罗素公司(Frank Russell Company)创建的。被纳入这些指数的股票的标准完全是公司的市值。最全面的指数是 Wilshire 5000,它目前包含了 6 700 多种股票,高于其创建时的 5 000 种。Wilshire 4500 包含除标准普尔 500 股票以外的 Wilshire 5000 中的所有股票。因此,Wilshire 4500 中的股票拥有的市值低于 Wilshire 5000 中的股票。Russell 3000 包含了 3 000 家市值最大的公司。Russell 1000 仅限于其中最大的 1 000 家公司,Russell 2000 则含有剩余较小的公司。

国家、区域和全球股票指数

股市指数有个体国家的指数、区域股市指数和全球股市指数。在美国,新闻机构和金融咨询服务公司会创建指数。在这里,我们仅提供主要指数的概观。

国家股市指数

前面描述的股票指数是指在美国交易的股票。在这里,我们简要地介绍一些主要发达国家的非美国国家股市指数。

（1）英国。

英国的主要交易场所是伦敦证券交易所（London Stock Exchange，LSE）。目前已基于精选的 LES 股票创建了几个市场价值指数，这些指数均由《金融时报》创建。这些指数被称为富时指数（FTSE index），是金融时报股票指数（Financial Times Stock Exchange）的缩写，别称为"Footsie"。FTSE 100 指数是使用最广泛的指数。它包含英国最大的 100 家公司的股票，这 100 家公司的市值总和占所有英国股票的市值的绝大部分。

其他指数为 FTSE 350 指数（它综合了英国最大的 350 家公司）、FTSE 小型股指数和 FTSE 全股票指数（它汇集了英国最大的股票和 FTSE 小型股指数中的股票）。

（2）德国。

在德国，主要的德国股市指数为 Deutscher Aktienindex，简称 DAX，是由法兰克福股票交易所（Frankfurter Pierbörse，FWB）创建的。FWB 通常被称为法兰克福证券交易所。DAX 30 指数由在 FWB 上市的交易最为活跃的 30 种股票组成。德国报纸《法兰克福汇报》（*Frankfurter Allgemeine Zeitung*，FAZ）亦创建了一个被广泛使用的德国股市指数，其中包括在 FWB 上市的前 100 家最大的公司。

（3）法国。

在法国，主要的股票交易都在巴黎泛欧交易所（Euronext Paris）发生，其前身为巴黎证券交易所（Paris Bourse）。泛欧交易所使用的电子交易系统是 Cotation Assistée en Continu，简称 CAC，翻译为"连续辅助交易系统"。该交易所创建的使用最为广泛的股市指数叫做 CAC 40 指数，包含了在该交易所交易的 40 家最大的法国公司（以市值衡量）。

（4）日本。

日本的主要股票交易所是东京证券交易所（Tokyo Stock Exchange，TSE）。根据市值，在该交易所交易的公司被划分为三个板块。第一个板块包含规模最大的公司，第二个板块包含中等规模的公司。Mothers 板块是 TSE 的第三个板块，包含初创公司。"Mothers"板块的名称是"高成长型股票和新兴股票的市场"（market of the high-growth and emerging stocks）的首字母缩略词。使用最为广泛的股市指数为日经 225 股票平均指数，它包含了 TSE 第一个板块中最大的 255 家公司。这个指数的计算方法与 DJIA 相同，是由日本顶级金融刊物《日本经济新闻》（*Nihon Keizai*）的出版商创建的。

（5）中国。

中国股票市场有三个主要的交易所：香港交易所（SEHK，港交所）、上海证券交易所（SSE，上交所）和深圳证券交易所（SZE，深交所）。上交所和深交所是中国内地的两家交易所。中国的大多数大型股都是大型国有企业。股票分为上市股票和非上市股票。中国的股市指数完全基于上市股票（即在一家交易所上市的股票）。上市股票由大约 50% 的国企和 50% 的民企股票组成。

在三家中国股票交易所上市和交易的股票有三种类型：A 股、B 股和 H 股。对于在上交所和深交所上市的每一家公司，有两类股票在市场上交易：A 股和 B 股。A 股主要是在中国境内的投资者之间交易的，以人民币报价。B 股主要是在国际投资者之间交易的，根据交易所的不同，以美元或港币报价。

中国的主要股票指数为恒生指数（HSI）、上证综合指数、深证成分股指数和沪深 300 指数。恒生指数是一个在港交所交易的市值加权股市指数,其包含的 50 家公司约占在该交易所上市所有公司市值的 58%。上证综合指数是一个跟踪在上交所上市的所有 A 股和 B 股的价格表现的市值加权指数。深交所的主要指数——深圳综合指数(深证成分股指数)——是在该交易所交易的 500 种股票的指数。沪深 300 指数由中证指数有限公司创建,是在两家内地股票交易所上市的 300 种 A 股股票的市值加权指数。标准普尔中国 500 指数包含 500 家规模最大并且最具流动性的中国公司。

区域股市指数

有一些股市指数能够衡量全球不同地区(欧洲、亚洲和拉丁美洲)的股市表现。

(1) 欧洲。

对于欧洲,指数提供商斯托克公司(STOXX Ltd.)创建了两个使用广泛的区域股市指数:欧洲斯托克 50 指数(EURO STOXX 50)和斯托克欧洲 600 指数(STOXX Europe 600)。欧洲斯托克 50 指数由欧元区内在各大板块领先的 50 家超级蓝筹公司(规模最大且最具流动性的股票)组成。斯托克欧洲 600 指数包含来自 17 个欧洲国家(不仅限于欧元区内)的公司。该指数中的 600 家公司包含大型股公司和小型股公司。标准普尔创建了含有 350 种欧洲股票的标准普尔 350 指数。FTSE 发布了一系列欧洲的区域股市指数。

(2) 亚洲。

标准普尔和道琼斯为亚洲地区创建了指数。标准普尔亚洲 500 指数包含了在中国香港、新加坡、韩国和中国台湾的股票交易所交易的公司。道琼斯亚洲顶尖 50(Dow Jones Asian Titans 50)指数包含了 25 家日本蓝筹公司和亚洲的 25 家非日本公司。道琼斯还创建了一个小型股指数——道琼斯亚太区小型股全股市指数。FTSE 为东南亚创建了两个指数:FTSE/ASEAN 和 FTSE/ASEAN 40。

(3) 拉丁美洲。

标准普尔拉丁美洲 40 指数含有来自五个拉美国家(巴西、智利、哥伦比亚、墨西哥和秘鲁)的 40 家蓝筹公司。该指数所包含的 40 家公司约占拉美国家市值总额的 70%。

全球股市指数

两家主要的全球股市指数提供商为摩根士丹利资本国际公司(Morgan Stanley Capital International,MSCI)和《金融时报》。

(1) MSCI 全球股市指数。

MSCI 为在全球各地公开交易的股票建立的数据库已被用于创建 28 000 多个指数。MSCI 创建了一系列用于代表全球整体市场和多个区域的股市指数。MSCI 还基于发达市场和新兴市场中的公司创建指数。

MSCI ACWI 指数(MSCI All Country World Index,MSCI 含所有国家全球指数)包含了发达市场和新兴市场。从这一指数剔除新兴市场可得出 MSCI 全球指数(MSCI World Index),它由 23 个发达市场组成。对于除美国和加拿大外的发达市场创建的指数为 MSCI 欧洲、大洋洲和远东指数(MSCI Europe,Australasia,and the Far East Index,MSCI EAFE)。该指数包含 21 个发达市场。MSCI EAFE 指数有 5 个:MSCI EAFE 大型股指数(70% 的规模最大的公司)、MSCI EAFE 标准指数(85% 的规模最大的公司)、MSCI 可投资市场指数

（99％的规模最大的公司）、MSCI 中型股指数（由 71％至 85％百分位区间的公司组成）和 MSCI EAFE 小型股指数（由 85％至 99％百分位区间的公司组成）。

MSCI 新兴市场指数包含新兴市场的大型股和中型股。该指数含有大约 830 家公司，约占 24 个新兴市场市值的 85％。对前沿国家创建的指数为 MSCI 前沿市场指数，涵盖了这些前沿国家中大约 99％的市值。

（2）《金融时报》全球股市指数。

与 MSCI 相同，《金融时报》也创建了一系列叫做 FTSE 全球股票指数系列的全球股市指数。这个系列包括全球各地大约 7 400 家不同的公司。它包含 FTSE 环球指数、FTSE 除美国外环球指数、FTSE 发达市场指数、FTSE 新兴市场指数、FTSE 全球全市值指数、FTSE 全球小型股指数，以及 FTSE 全球小型股指数系列。FTSE 含金砖四国环球指数包括来自巴西、俄国、印度和中国的规模最大且最具流动性的公司。

股市指数的问题

股票市场指数有两个问题。第一个问题是指数是如何构建的，第二个问题是如何在资产管理中运用指数。

构建股市指数的方法

我们可以用三个方法构建股市指数。方法是指确定指数中的每种股票被赋予的权重的规则。指数构建者采用的三个方法为市值加权、等量加权和价格加权。

市值加权简单地将每种股票的权重设定为其市值占指数中所有股票的市值总和的比例。例如，考虑标准普尔 500，这是一个市值指数。截至 2019 年 1 月，市值约为 23 万亿美元。与此同时，苹果公司的市值大约为 7 119 亿美元。苹果当时在标准普尔 500 指数中的权重大约为 3.1％（7 119 亿美元/23 万亿美元）。标准普尔 500 指数中市值排名最靠前的 10 种股票约占整个指数的 20％。大多数股市指数都采用市值加权方法。

在构建指数的等量加权方法中，每种股票的权重是根据指数中的股票数目设定的。因此，对于含 W 种股票的指数，每种股票的权重都是 $1/W$。一些指数提供商即使在有市值加权指数的情况下，也会创建一个等量加权指数。例如，标准普尔 500 指数有一个等量加权的版本，即标准普尔等权重指数。该指数有 500 种股票，[①]每种股票的权重都为 1/500，或 0.2％。因此，尽管苹果公司的规模很大，但它在指数中与蒂芙尼公司具有相同的权重，后者在标准普尔 500 市值加权指数中的权重大约为 0.05％。

最后，价格加权方法以每种股票的价格进行加权。指数中每种股票的价格首先被相加。假设股票价格总和为 X 美元，一种个股的价格为 x 美元。那么，该股票被赋予的权重为 x 美

---

① 由于数家公司有两级股票，该指数实际上含 505 个股票代码。例如，Alphabet 是谷歌的母公司，它在标准普尔 500 指数中有两种股票，A 级股票 GOOGL 和 C 级股票 COOG。

元/X 美元。这个方法没有任何经济意义。我们在这里提到这个方法的原因是，它被用于构建道琼斯工业平均指数。从过去来看，这是该指数于 1986 年 5 月发布以来一直采用的构建方式。

股市指数在资产管理中的运用

股市指数被用作评估资产管理人业绩的基准。通常，客户会选择一个资产管理人同意用于衡量业绩的比较基准。当客户聘请资产管理人匹配某个指数时，该策略被称为指数化策略或贝塔策略。我们将在第 12 章中讨论这些策略。代表板块或子板块的股市指数被用作共同基金经理和交易所交易基金（第 5 章中描述的集合投资工具）经理的基准，从而为资产所有者提供对股市的不同板块或子板块具有敞口的投资工具。当客户聘请资产管理人来实现在扣除管理费后优于指数的业绩时，所采用的策略被称为主动式策略或阿尔法策略，它们是第 13 章的主题。

对市值加权指数的一个主要批评是：它们由大型公司主导。这种对大市值的倾斜降低了对成长潜力巨大、价格可能会显著升值的相对较新的公司的敞口。因此，其他股市指数已经发展起来。我们将在第 12 章讨论聪明贝塔（smart beta）的策略时进一步对之进行讨论。

关键要点

- 权益证券代表了对公司的所有者权益。
- 权益证券持有人有权在公司以股息的形式分配利润时，获取公司的利润。
- 权益证券包括普通股和优先股。
- 由于优先股在公司分派股息和清算时有权优先于普通股获得分配，这种形式的权益证券被称为优先级公司证券。
- 在股票市场中用于创建子资产类别的两个基本特征是公司的规模和价值型/成长型特征。
- 导致股票市场结构发生重大变化的因素包括：(1)因股市投资者从散户（个人）投资者转向大型机构投资者导致的股市机构化，(2)政府对市场的监管的变化，以及(3)主要由计算机技术发展带来的创新。
- 股市从由散户投资者主导转变为由机构投资者主导，已使股票交易系统重新设计，以适应机构投资者所要求采用的交易类型。
- 美国的股票交易通常在全国性证券交易所或另类交易系统上开展。
- 不同类型的股票交易场所可按照股票是否在交易所上市，被划分为交易所交易的股票（亦称"上市"股票）和场外（非上市）股票。
- 交易场所对股票供求信息的披露被称为交易前透明度，是以股票的买入—卖出差价衡量的。
- 美国交易上市股票的主要交易所是 NYSE，交易是由一个专业会员（每种股票的做市商)于指定地理位置,在一个集中的连续拍卖市场完成的。

- 专业会员被要求开展拍卖程序,并为一种或多种指定股票维持一个有序的市场。
- 场外市场是非上市股票的市场,由两个市场组成:(1)交易非上市股票的纳斯达克股票市场(在 SEC 注册的全国性证券交易市场),以及(2)交易真正非上市的股票(即非在纳斯达克股票市场交易的股票)的场外市场,它被称为三板市场。
- 另类交易系统(ATS)被用作一个交易所交易以外的选择和盘后交易场所。
- 电子通信网络(ECN)和配对网络是两种类型的 ATS。
- ECN 显示反映实际委托单的报价,并为用户提供一种匿名提交委托单的方式。
- ECN 同时提供了委托单的交易前透明度和已执行交易的交易后透明度,被称为亮池市场。
- 配对网络是一种将委托单汇集起来以在指定时间执行的 ATS,不同配对网络的交易前透明度也有所不同。
- 暗池是不提供交易前透明度的配对网络。
- 配对网络中公众委托单的缺失(即无交易前透明度)为机构投资者提供了数个好处:它们能够减少对委托单所含信息的泄露、避免大额委托单的抢先交易,并降低市场冲击成本。
- 在决定到何处执行客户的委托单时,经纪人有义务寻找可为客户委托单合理获得的"最佳执行"。
- 经纪人在评估使用哪个交易场所获得最佳执行时,会考虑以下因素:(1)是否能获得比提交委托单时的市场报价更佳的价格,(2)委托单将得以执行的可能性,以及(3)执行速度。
- 当经纪人将委托单发送至其公司的一个部门以执行委托单时,委托单的内部化就会发生。
- 美国股票市场被称为分散的市场,因为既定股票的一些委托单的处理方式与其他委托单不同。
- 投资者可以提交不同类型的委托单以便在股票市场开展交易。
- 最常见的委托单类型是市价委托单——必须以最佳价格立即执行的委托单。
- 其他类型的委托单(如止损委托单和限价委托单)仅在市场价格达到委托单指定的价格后才会被执行。
- 由于机构投资者通常提交金额较大和包含大量品种(指定股票)的委托单,为适应这些投资者,特殊的交易安排已发展起来。
- 大宗交易是不低于 10 000 股既定股票,或市场价值不低于 200 000 美元的交易。
- 程序交易(篮子交易)涉及同时交易大量品种的股票。
- 用保证金融资购买股票是指投资者借取用于购买股票的部分资金,并将股票本身作为贷款抵押物的交易。
- 在保证金交易中,投资者为购买额外股票借取的资金是由经纪人提供的,投资者为借取资金向经纪人支付短期放款利率(经纪人贷款利率)。
- 机构投资者已为提交将交易相关成本最小化的交易委托单开发了计算机自动化程序——用于这个目的的计算机程序被称为算法交易。
- 高频交易是算法交易的一个子集,交易员利用在市场中周期性存在的极其细微的价格差异获利。

- 经纪交易商可以用"软美元"从投资者那里"购买"委托单流量。

- 在购买委托单流量时，经纪交易商向投资者免费提供研究或电子服务等服务，这些服务通常来自第三方。

- 交易限制或价格限制规定了由机构指令导致的在一段指定时期内终止交易［至少是在价格低于指定价格（价格限制）］时，市场价格指数水平不能跌破的价格下限。

- 断路器——在市场严重下跌时交易突然暂停的情况——有两种类型：全市场熔断机制和单一股票熔断机制。

- SEC 采用了两个处理卖空的规则：另类报升规则和裸卖空规则。

- 采用另类报升规则的原因是在股票价格于一个交易日内比前一个交易日的收盘价格下跌超过 10％的情况下，限制卖空者进一步驱动股票价格的下跌。

- 裸卖空是指不涉及借取股票的卖空交易，或没有安排借取股票以及时与买方交割被卖空股票的卖空方式，风险是卖空者不能交付被卖空的股票。

- SEC 将非法内幕交易活动描述为"在对证券拥有重大非公开信息的情况下，违背受托人责任或其他信托和信任关系"的证券交易。

- 内幕交易的构成是在联邦证券法律的反欺诈条款下，对个案进行逐案确定的。

- 股市指数中包含的股票必须以一定的比例组合起来，每种股票都必须被赋予一个权重。

- 股市指数可被划分为三个类别：(1)股票交易所创建的指数，它们包含在交易所交易的所有或部分股票，(2)由一个委员会主观地选择在指数中纳入何种股票的指数（如标准普尔500 指数），以及(3)完全基于股票市值选择纳入何种股票的指数。

- 股市指数有个体国家的指数、区域股市指数和全球股市指数。

- 我们可以用多种方法构建股市指数。

- 市值加权将每种股票的权重设定为其市值占指数中所有股票的市值总和的比例。

- 在构建指数的等量加权方法中，每种股票的权重是基于指数中的股票品种数目确定的。

- 价格加权方法涉及先将指数中所有股票的价格相加起来，然后基于股票价格相对于指数中所有股票价格总和的比率设定每种股票的权重。

- 股市指数被用作评估采取指数化策略或主动式股票策略的资产管理人的业绩的基准。

4

债务工具的基础知识

学习目标

在阅读本章后,你将会理解:

- 债务工具的关键特征:到期值、票面值、息票率、偿还债务工具的条款、赋予债务工具持有人的期权、货币单位和契约条款;

- 债务工具的交易场所;

- 什么是投资级和非投资级债务工具;

- 什么是利率风险,以及如何衡量利率风险;

- 什么是赎回风险和提取还款风险;

- 债券市场的主要板块:(1)国债市场,(2)联邦机构证券市场,(3)公司债券市场,(4)市政债券市场,(5)资产支持证券市场,以及(6)非美国债券市场;

- 美国财政部所发行的证券类型;

- 两类发行证券的联邦机构;

- 什么是公司债券和银行贷款;

- 免税市政债券和应纳税市政债券;

- 不同类型的已发行市政债券;

- 证券化的含义;

- 不同类型的证券化产品;

- 不同类型的联邦机构住宅抵押贷款证券:过手证券、分级偿还房产抵押贷款证券和本息拆离房产抵押贷款证券;

- 非美国债券:主权债券、超国家债券和全球债券;

- 欧洲债券市场;

- 不同类型的债券指数。

用最简单的术语表示，债务工具是一个主体承诺在指定的未来日期支付一笔特定金额的金钱的经济义务。付款由两部分组成：借款本金的偿还和利息。承诺支付本息的主体被称为证券的发行人或借款人。债务工具包括债券和银行贷款。

债务工具的特征

债务工具的关键特征是期限、票面值、息票率、偿还债务工具的条款、赋予债券持有人的期权、货币单位和契约条款。在债券协议中，规定所有这些重要债券条款的法律合同为债券契约。

期限

与永续的普通股不同，债务有一个到期日。发行人承诺按约履行债务的年限被称为债券距到期日的期限（term to maturity）。债券的到期日是指债务停止存在的日期，发行人在此时将通过偿还所借资金赎回债券。我们在描述债券时，总是会指明债券的到期日。例如，对债券的描述可能会表明"于 12/15/2030（2030 年 12 月 15 日）到期"。

债券市场的惯例是将债券"距到期日的期限"简称为"期限"。尽管债券的到期日可能听上去像是一个固定的日期，但债券契约可能会包含赋予发行人或债券持有人改变债券期限的权利的条款。这些条款（将在本章后面描述）包括赎回条款、回售条款、转换条款和加速偿债基金条款。

债务工具市场以债务工具距到期日的期限被划分为短期、中期和长期工具。这项分类有些任意，不同的市场参与者会采取不同的分类方法。一个常见的分类方法是：短期债券具有 1 至 5 年的期限，中期债券具有 5 至 12 年的期限，长期债券具有超过 12 年的期限。通常，债券的期限不会超过 30 年。当然，也可能会有例外。例如，华特迪士尼公司于 1993 年 7 月发行了期限为 100 年的债券，田纳西流域管理局则于 1993 年 12 月发行了期限为 50 年的债券。

除了表明债券持有人可以预期获取利息付款的时间段和距离借款本金得以全额偿还的年限外，还有两个重要原因使得债务工具距到期日的期限十分重要。第一个原因是，债务工具提供的收益率与期限相关。在任何既定时点，债务工具的收益率与期限之间的关系（叫做利率期限结构）表明了债务工具持有人投资不同期限的债务工具是如何获得补偿的。第二个原因是，随着市场利率的变化，债务工具的价格会在其期限内发生波动。债务工具的价格波动程度与其期限相关。更具体而言，假设所有其他因素不变，债务工具的期限越长，因既定利率变化导致的价格波动性就越大。我们将在第 16 章中讨论债务工具的基本分析时，更详尽地讨论这点。

票面值

债务工具的票面值是发行人同意在到期日向债务工具持有人偿还的金额。这个金额亦称本金、面值、赎回值或到期值。

由于债务工具有不同的票面值,惯例是将债务工具的价格作为票面值的一个百分比进行报价。数值 100 意味着票面值的 100%。例如,假如债务工具的票面值为 1 000 美元并且以 850 美元的价格出售,那么我们称其售价为 85。假如票面值为 100 000 美元的债务工具以 106 000 美元的价格出售,我们称该债务工具的售价为 106。

息票率

发行人同意每年支付的年利率被称为息票率。债务工具在其期限内每年向债务工具持有人支付的利息金额叫做息票,是通过将息票率乘以债务工具的票面值确定的。例如,息票率为 6%、票面值为 1 000 美元的债务工具将每年支付 60 美元的利息。

我们在描述债务工具时,会在说明到期日的同时说明息票率。例如,"5.5s of 2/15/2034"意味着债务工具的息票率为 5.5%,到期日为 2034 年 2 月 15 日。

对于在美国发行的债券,通常惯例是发行人每半年度付款支付两次息票。房产抵押贷款证券和资产支持证券(我们后面将描述的两种债务工具)通常每月支付利息。对在美国以外的一些市场发行的债务工具而言,息票付款仅每年支付一次。

除了表明债务工具持有人在其期限内可以预期获得的息票付款外,息票率还会影响债务工具的价格对市场利率变化的敏感度。假设其他因素保持不变,息票率越高,因市场利率变化导致的价格变化幅度就越小。我们将在第 16 章中说明这点。

一些证券的息票率会根据一个指定的计划逐渐递增。这些证券被称为递升债券(step-up notes),因为息票率会随着时间逐渐"递升"。例如,一种 5 年期的递升债券可以设定前 2 年的息票率为 5%,后 3 年的息票率为 6%。或者,递升债券可以要求前 2 年的息票率为 5%,第 3 年和第 4 年的息票率为 5.5%,第 5 年的息票率为 6%。当变化(或递升)仅发生一次(像我们的第一个例子中那样)时,债券被称为单次递升债券。当息票率多次上升(像我们的第二个例子中那样)时,债券被称为多次递升债券。

并非所有的债务工具都定期支付息票利息。顾名思义,零息票债务工具不定期支付息票利息。相反,零息票债务工具的持有人在到期日实现利息。投资者赚取的利息总额为到期值与买入价之差。例如,假如一个投资者以 63 的价格买入了零息票债务工具,那么其在到期日实现的利息总额将为 37,即票面值(100)与支付的买入价(63)之差。某些投资者喜欢零息票债务工具的原因是,它们排除了我们后面将要讨论的一种风险——再投资风险。零息票债务工具的劣势在于:每年赚取的应计利息必须纳税,尽管实际的现金并未得以支付。

一些债务工具的息票利息会在延迟一定的年数后支付。也就是说,债务工具在延迟期内不支付息票利息,然后在某个指定日期开始支付,直至期满。这些债务工具被称为延付利息证券(deferred interest securities)。

附息票证券的利率在该债务工具的期限内不必是固定不变的。一些债务工具的利率是可变的。这些债务工具被称为浮动利率证券。事实上,另一个划分债务市场的方法是固定利率市场和浮动利率市场。浮动利率证券受到诸如存款机构(商业银行、储蓄贷款社和信用社)之类的机构投资者的欢迎,因为它们能够更好地与这些机构的筹资成本(通常也是浮动利率债务）相匹配。

浮动利率证券的利率在指定日期调整，这些日期被称为息票重设日。新的息票率有一则公式，它被称为息票重设公式，其通用形式如下：

$$息票重设公式 = 参考利率 + 利差报价$$

利差报价是发行人同意支付的超出参考利率的额外金额。利差报价不必一定是正数，它也可以从参考利率中扣除。

浮动利率证券可能会对在重设日支付的最高息票率设定限制。这个最高息票率被称为上限。由于上限限制了息票率的上升，上限对债务工具持有人而言是一个不利特征。浮动利率证券也可能会有最低息票率，它被称为下限。这个特征对债务工具持有人而言是有利的。

尽管大多数浮动利率证券的参考利率都是一个利率或利率指标，但有些债券的情况并非如此。参考利率可以是某个金融指标（如标准普尔 500 指数的回报率），也可以是非金融指标（如商品价格或消费价格指数）。

通常，浮动利率证券的息票重设公式使息票率随着参考利率的上升而递增，并且随着参考利率的下降而递减。一些债券的息票率与参考利率呈反向变化。这种债券被称为反向浮动利率债券（inverse floaters）或逆浮动利率债券（reverse floaters）。

应计利息

债务工具向其持有人名册中的投资者支付息票利息。因此，假如投资者在两个息票付款日期间卖出了债务工具，并且买方持有债务工具至下一个息票付款日，那么在该时期内赚取的全部息票利息都将被支付给债务工具的买方，因为买方成了名册中的持有人。债务工具的卖方放弃了在上一笔息票付款日至债务工具卖出日期间的利息。这段时期内由卖方赚取，但却由买方获得的利息金额被称为应计利息。在美国和许多其他国家，买方必须为应计利息向卖方支付补偿。买方向卖方支付的金额为债务工具价格的协定价格与应计利息之和。这个金额叫做全价。不包含应计利息的债券协定价格被称为净价。

我们称买方必须向卖方支付应计利息的债务工具为含息交易（cum-coupon）。假如卖方放弃下一笔息票，我们称债务工具为除息交易（ex-coupon）。在美国，债务工具总是含息交易的。在美国以外的其他一些债务市场，债券在息票日前的一段时期内是除息交易的。

买方必须向卖方支付应计利息的规则也有例外。最重要的例外情形是发行人未履行定期还款的承诺。在这种情形下，我们称发行人违约了。在此情况下，债务工具的售价不包含应计利息，我们称之为以平价交易。

偿还债务工具的条款

债务工具的发行人同意在既定的到期日偿还本金。发行人可以同意在到期日一次性全额偿还借款本金。也就是说，发行人在到期日前不必支付任何本金还款。这种债务工具被称为具有子弹型到期日（bullet maturity）。

由贷款池支持的债务工具（房产抵押贷款证券和资产支持证券）通常具有一个偿还本金

的计划。这种债务工具被称为摊还证券。对于众多贷款,偿还计划的设计使得在最后一笔贷款的还款支付后,所有的借款金额都得以完全偿还。摊还特征的另一个例子是附有偿债基金条款的债务工具。这个债券偿还条款可被设计成在到期日前清偿全部债券,或是安排在到期日前仅偿还部分债券。

债务工具可以附有赎回条款,该条款赋予了发行人在既定的到期日前收回全部或部分债券的选择权。一些债券规定发行人必须定期收回预定金额的债券。下面讨论这些条款。

赎回条款和再融资条款

发行人一般希望获得在既定的到期日前收回债务工具的权利,因为他们认识到,在未来某个时点,总体利率水平下跌至债券息票率以下的幅度可能会足以使赎回债券并代之以息票率更低的债券在经济上更为有利。这项权利对债券持有人而言是一个劣势,因为他们获取的收入必须以更低的利率再投资。因此,希望将这项权利包含在债券发行文件中的发行人必须在出售债券时通过提供更高的息票率,或等价而言,通过接受更低的价格来向投资者支付补偿(相对不纳入该项权利而言)。

发行人在既定的到期日前收回债券的权利被称为赎回条款,或更广泛地被称为赎回权。附有这种条款的债务工具被称为可赎回债券。如果发行人执行这项权利,我们称发行人"赎回债券"。发行人为收回债券必须支付的价格被称为赎回价格。债券可能没有单一的赎回价格,而是有一个赎回计划,该计划根据发行人何时执行赎回债务工具的选择权制定赎回价格。

在债务工具发行时,发行人有可能在数年内不能赎回债券。在这种情形下,我们称该债务工具附有延迟赎回权。债务工具可被首次赎回的日期叫做首个赎回日。然而,并非所有债券都附有延迟赎回权。假如债券没有任何针对提前赎回的保护,那么它就被称为当前可赎回债券。但即便是当前可赎回的,大多数新的债务工具也会受到禁止某些类型的提前赎回的限制。最常见的限制是在一定年限内禁止为债务工具进行再融资。为债务工具再融资是指用通过发售新债券获得的资金赎回债券。

赎回保护比再融资保护远更绝对。尽管在一些情形下绝对(或完全)的赎回保护可能存在某些例外,但它仍对防止过早和投资者不希望发生的赎回提供了比再融资保护更大的保证。再融资限制仅防止了利用特定资金来源(即通过以更低的资金成本出售其他债券获得的收入)进行的赎回。债券持有人仅在利率下降时得到保护,借款人可以获得成本更低的资金用于偿还债券。

债务工具可以被全额(整个债券)赎回或部分赎回。在债券被部分赎回时,具体待赎回的债务工具是随机选择或按比例确定的。一般而言,赎回计划会使得首个赎回日的赎回价格高于票面值,并且赎回价格随着时间逐渐下降至票面值。债券可以票面值赎回的首个日期被称为首个票面值赎回日。赎回计划中的赎回价格被称为常规赎回价格或一般赎回价格。

提前还款条款

由贷款支持的摊还证券附有一个本金偿还计划。然而,个体借款人通常拥有在预定的本金还款日前偿还全部或部分贷款的选择权。任何在预定日期前偿还的本金都被称为提前还款。借款人提前还款的权利被称为提前还款选择权。

在本质上,提前还款选择权与赎回权相同。然而,与赎回权不同,前者没有根据借款人何时偿还债务制定的赎回价格。通常,贷款提前偿还所取的价格为票面值。

偿债基金条款

债券契约中包含的偿债基金条款要求发行人必须每年收回一定比例的债券。通常,偿债基金的分期付款金额在每个时期都是相同的。少数债务工具可能会允许浮动的定期还款,还款金额根据债券契约中规定的某些指定情形发生变化。偿债基金条款的所谓目的是降低信用风险。这种债务偿还条款可被设计成在到期日前清偿所有债务工具,或可以安排在债券期限结束前仅偿还部分债务。假如仅是部分得以偿还,剩余部分被称为具有气球期限(balloon maturity)。许多债券契约都包含允许发行人有权收回金额比预定的偿债基金偿还计划规定的还款金额更高的债券的条款。这被称为加速偿债基金条款。

赋予债券持有人的期权

债券工具可以赋予债券持有人和发行人对另一方采取某种行动的期权。在债务工具中内嵌的一种最常见的期权是前面讨论的赎回权。这种期权是赋予发行人的。有两种期权可被赋予债务工具的持有人:回售债券的权利和将债券转换为发行人普通股的权利。

附有回售条款的债务工具赋予了其持有人在指定日期以既定价格回售该债务工具(即强制发行人赎回债务工具)的权利。附有这种条款的债务工具被称为可回售债务工具。既定价格叫做回售价格。通常,假如债务工具是以票面值或接近于票面值发行的,那么它可以票面值回售。对零息票债务工具而言,回售价格低于票面值。回售条款给债务工具持有人带来的好处是:如果发行日期后市场利率高于债务工具的息票率,那么债券持有人可以强制发行人以回售价格赎回债券,并以更高的现行利率对回售收入进行再投资。

可转换债务工具赋予了债券持有人将债务工具交换为既定数量的发行人普通股的权利。这个特征使债券持有人能够利用发行人普通股的有利价格变动。可交换债务工具使债券持有人能够将债券交换为一家不同于债券发行人的公司的既定数量的普通股。

货币单位

发行人可用任何货币向债券持有人偿还本息。对于在美国发行的债务工具,发行人通常用美元支付息票利息和偿还本金。然而,没有任何因素强制发行人用美元偿还本息。在债务工具发行时,发行人可以用某个其他指定货币偿还本息。例如,可以用欧元或日元进行还款。

用美元向债券持有人偿还本息的债券被称为美元计价债券。非美元计价债券的本息还款不是以美元为单位的。一些债券的息票付款和本金还款是以不同货币为单位的。具有这个特征的债券叫做双重货币债券。

一些债券赋予发行人或债券持有人选择本息还款所用货币的权利。这个选择权有效赋予了拥有货币选择权利的一方从有利的汇率变动中获利的机会。

契约条款

契约条款对借款人业务经营的数个重要方面制定了规则。这些条款会保护债券持有人，因为它们意在限制可能会增加债券持有人面临的信用风险的某些发行人行为。

交易场所

与可以在交易所或场外市场交易的普通股不同，债务工具的主要二级市场是场外市场。投资者关心的一个因素是市场的透明度。在美国，金融业监管局（Financial Industry Regulatory Authority，FINRA）的报告系统——交易报告和合规引擎（Trade Reporting and Compliance Engine，TRACE）——要求所有属于 FINRA 会员的经纪交易商必须在 SEC 批准的一组规则下，向 TRACE 报告特定债券的交易。在每个交易日收盘时，监管机构会对特定类型的债券的市场活动发布市场综合统计数据。所提供的收盘概况信息包括：(1)交易的证券数量和总票面金额，(2)涨幅、跌幅、最近 52 周的最高价和最低价，以及(3)当日最活跃的 10 种投资级债券、高收益率债券和可转换债券。

传统的公司债券交易的场外市场是通过电话进行的，并且由经纪交易商的交易部门组成，这些交易部门建立公司债券的自有账户头寸，以执行其客户的买入和卖出委托单。这种传统的债券交易方式已经出现转变，转向了电子交易。电子债券交易占公司债券交易的三分之一以上。在场外市场用电子交易相比传统的公司债券交易的益处是：(1)电子交易能够为市场提供流动性，(2)电子交易能够加强价格发现（尤其是对于流动性较差的市场），(3)电子交易使用了新技术，以及(4)电子交易能够提升交易和投资组合管理的效率。作为这些益处的一个例子，投资组合经理可以在网站上输入买卖委托单，用这些委托单进行交易，然后对这些委托单进行清算。电子债券交易系统有五种类型：拍卖系统、配对系统、交易商间系统、客户至交易商系统和单一交易商系统。

与债务工具投资相关的风险

债务工具可以使投资者暴露于以下一种或多种风险敞口：(1)利率风险，(2)赎回风险和提前还款风险，(3)信用风险，(4)流动性风险，(5)汇率风险或货币风险，(6)通货膨胀风险或购买力风险。我们在第 2 章中考察了后四种风险。因此，我们在这里仅描述前两种风险。

利率风险

典型债务工具的价格与利率呈反向变化。也就是说，当利率上升时，债务工具的价格将会下跌;当利率下降时,债务工具的价格将会上升。

价格与利率变化或市场收益率变化呈现这种逆相关的原因如下。假设投资者 X 以票面值(100 美元)购买了一种息票率为 6% 的 20 年期虚拟债券。该债券的收益率为 6%。①假设在投资者购买了这种债务工具后,立即发生了两件事情。第一,市场利率上升到了 6.50%,从而假如一个投资者希望购买类似的 20 年期债务工具,那么为了以票面值发行该债务工具,发行人将必须支付 6.50% 的息票率。第二,假设投资者 X 希望卖出这种债务工具。在试图卖出这种债务工具的过程中,投资者 X 将不能找到愿意为息票率 6% 的债务工具支付票面值的投资者。原因在于:任何希望购买这种债务工具的投资者都可以获得息票率高出 50 个基点(6.5%)的类似 20 年期债务工具。投资者能做什么? 投资者不能强制发行人将息票率变更为6.5%。投资者也不能强制发行人将债务工具的期限缩短至使新投资者愿意接受 6% 的息票率的时间长度。投资者唯一能做的是调整债务工具的价格,这样在新的价格水平下,买方能够实现 6.5% 的收益率。这意味着价格必须向下调整至一个低于票面值的水平。新价格必须是 94.446 9 美元。尽管我们在例子中假设初始价格为票面值,但原理适用于任何买入价格。无论投资者为债务工具支付的价格是多少,市场利率的上升将导致债务工具价格的下降。

假设市场利率并非上升至 6.5%,而是下降至 5.5% 的水平。投资者将极其乐意以票面值购买息票率为 6% 的 20 年期债券。然而,投资者 X 意识到市场仅向投资者提供了以票面值购买息票率为 5.5% 的类似债务工具的机会。因此,投资者 X 将提高债券价格,直至其提供 5.5% 的收益率。这个价格为 106.019 5 美元。

由于债务工具的价格会随着市场利率波动,因此投资者面临的风险是假如市场利率上升,投资组合中持有的债务工具的价格将会下跌。这个风险被称为利率风险,是债券市场中投资者面临的一项主要风险。

影响利率风险的债务工具特征

债务工具价格的利率风险依赖于其期限和息票率,以及所有内嵌的期权(赎回和回售条款)。我们在下面总结了债务工具在期限、息票率和利率水平方面的特性:

(1) 特性 1:对于既定的期限和初始收益率,债务工具的息票率越低,其价格对市场利率变化的敏感度就越高。

(2) 特性 2:对于既定的息票率和初始收益率,债务工具的期限越长,其价格对市场利率变化的敏感度就越高。

(3) 特性 3:对于既定的息票率和期限,利率水平越低,债务工具价格对市场利率变化的敏感度就越高。

我们在第 16 章描述债务工具的分析方法时,将会说明这些特性。除了债务工具的两个特征(期限和息票率)以外,债务工具的价格还依赖于所有内嵌的期权(如赎回条款)。我们将在后面解释赎回风险时讨论这点。

衡量利率风险

投资者会有兴趣估计债务工具价格对市场利率变化的敏感度。最常见的用于近似价格

---

① 在第 15 章中,我们将解释如何在给定息票率和期限的情况下计算债务工具的收益率。

变化百分比的度量是久期。久期给出了在利率变化 100 个基点(1 个百分点)的情况下,近似的价格变化百分比。例如,假设债务工具的久期为 4。这意味着假如市场利率变化 100 个基点,那么债务工具的价格将大约变化 4%。对于 50 个基点的变化,这种债务工具的价格将大约变化 2%(4%除以 2)。

第 16 章将进一步解释久期的概念及其度量。

(1) 赎回风险和提前还款风险。

正如前面解释的那样,债券可能会含有允许发行人在到期日前收回或赎回全部或部分债券的条款。从债券持有人的角度来看,赎回条款有以下不利之处:

- 不能确定债务工具的现金流模式。
- 由于发行人会在利率下降时赎回债务工具,债券持有人暴露于再投资风险中。这是债券持有人在债券赎回时不得不以更低的利率对赎回收入进行再投资的风险。
- 由于可赎回债务工具的价格相对于发行人有权赎回债券的赎回价格而言,不会上涨多少,因此这种债务工具的资本升值潜力将会降低。

由于投资者面临的这些劣势,我们称可赎回债务工具使投资者暴露于赎回风险中。同样的劣势适用于可以提前还款的债务工具。在这种情形下,该风险被称为提前还款风险。

债券市场的板块

美国债券市场是全球最大的债券市场。债券市场的主要板块为:(1)国债市场,(2)联邦机构证券市场,(3)公司债券市场,(4)市政债券市场,(5)资产支持证券市场,以及(6)非美国债券市场。

美国国债

美国财政部发行的证券叫做财政证券,或称国债。由于它们具有美国政府的完全承诺和信用支持,全球各地的市场参与者都认为其几乎没有任何信用风险。因此,国债的利率被当作基准、无违约风险的利率。可供出售的国债有两种类型:固定本金证券和通货膨胀挂钩证券。这些证券是通过一个常规预定的拍卖程序发行的。

美国财政部发行两种类型的固定本金证券:折价证券和息票证券。折价证券叫做短期国债(treasury bills);息票证券叫做中期国债(treasury notes)和长期国债(treasury bonds)。

财政部发行的证券类型

短期国债以低于票面值的折扣价发行,没有息票率,并以票面值到期。一般而言,短期国债可以不超过 2 年的期限发行。美国财政部通常仅发行特定期限的短期国债,其惯例是发行期限为 4 周、13 周、26 周和 52 周的短期国债。

美国财政部以息票证券的形式发行初始期限等于或大于 2 年的证券。息票证券是以近似于票面值的价格发行的,在固定本金证券的情形下,以票面值到期。它们不可赎回。中期国债是原始期限在 2 年以上,但不超过 10 年的息票证券。美国财政部发行 2 年期、5 年期和 10 年期的中期国债。原始期限大于 10 年的财政证券叫做长期国债。美国财政部发行 30 年期债券。

美国财政部发行的提供通货膨胀保护的息票证券,通常被称为通货膨胀保值证券 (treasury inflation-protected securities,TIPS)。它们的做法是根据通货膨胀率增加或减少本金,从而在证券到期时,投资者就能获得经过通货膨胀调整后的本金和原始本金两者中的较高者。美国财政部发行 5 年期、10 年期和 20 年期的 TIPS。TIPS 的运作机制如下。债券的息票率被设定为固定利率,与固定本金证券一样,这个利率是通过拍卖程序确定的。这个息票率被称为实际利率,因为它是投资者最终赚取的超出通货膨胀率的利率。用于衡量通货膨胀率的通货膨胀指数为非按季节性调整的美国城市所有城镇消费者所有物价平均指数 (CPI-U)。

国债是通过拍卖程序发行的。最新拍卖的每个期限的财政息票证券被称为新上市债券 (on-the-run issues)或最新息票债券(current coupon issues)。在最新息票债券之前拍卖的财政息票证券被称为落市债券(off-the-run issues),其流动性不如新上市债券,因此提供的收益率要高于相应的新上市国债。

本息拆离国债

美国财政部不发行零息票中期国债或长期国债。然而,由于市场对几乎无信用风险的零息票工具的需求,私人部门使用一种叫做息票拆离(coupon stripping)的程序创建了这种证券。

为了举例说明这个程序,假设一家交易商公司为创建零息票国债头寸,购买了 20 亿美元息票率为 5% 的 10 年期固定本金中期国债。来自这种中期国债的现金流为 20 笔 5 000 万美元的半年度利息付款(20 亿美元乘以 0.05,再除以 2)和距今 10 年后 20 亿美元的本金还款。由于美国财政部会对这种中期国债支付 21 笔不同的款项,该交易商发行了代表对每笔款项的一次性付款索偿权的证券,这种证券实际上即为零息票国债。由特定付款(无论是息票付款还是本金还款)支持的证券的到期值取决于美国财政部对标的国债支付的金额。在我们的例子中,20 种零息票国债的到期值都为 5 000 万美元,由本金支持的零息票国债的到期值为 20 亿美元。零息票国债的到期日与对应的美国财政部付款日相同。

零息票国债是在美国财政部的注册本息证券分离交易(separate trading of registered interest and principal of securities,STRIPS)计划下创建的,以使特定国债的本息拆离更为便利。

联邦机构证券

联邦机构证券可以按发行人的类型——联邦政府关联机构和政府资助企业——分类。为信贷市场的某些板块提供信用支持的联邦机构发行两种类型的证券:信用债券和房产抵押贷款证券。我们在这里考察前一种类型,本章的下一节将讨论后一种类型。

联邦关联机构是联邦政府的分支,它们一般不直接在市场中发行证券。联邦关联机构包括美国进出口银行、田纳西流域管理局、商品信贷公司、农民住宅管理局、综合服务管理局、政府国民房产抵押贷款协会、海洋管理局、私人出口融资公司、乡村电气化管理局、乡村电话银行、中小企业管理局和华盛顿大都市区交通局。

除了田纳西流域管理局和私人出口融资公司发行的证券外,这些证券都具有美国政府的完全承诺和信用支持。近年来发行证券的联邦关联机构是田纳西流域管理局。

政府资助企业(government-sponsored enterprise, GSE)是受到公开特许的私有主体。它们是由国会设立的,目的是降低经济中某些被认为重要到值得获得资助的借贷部门的资金成本。GSE 直接在市场中发行证券。目前,有五家 GSE 发行信用债券:房地美、房利美、联邦住宅贷款银行系统、联邦农场信贷系统和联邦农业房产抵押贷款公司。房利美、房地美和联邦住宅贷款银行负责为住宅领域提供信贷。联邦农业房产抵押贷款公司为农业房产抵押贷款提供类似的功能。联邦农场信贷银行系统对农业经济领域的信贷市场负责。

除了农场信贷金融援助公司发行的证券外,GSE 证券不像国债那样具有美国政府的完全承诺和信用支持。因此,购买 GSE 证券的投资者暴露于信用风险中。然而,对房利美和房地美的救助计划使其部分债务工具得到了美国财政部的支持。

公司债务

公司债务工具可被划分为债券和银行贷款。它们还根据发行人所处的行业分类:公用事业、交通、工业、银行和金融公司(非银行)。在这五个大类中,我们通常进行更精细的划分,以创建更同质化的分类。例如,公用事业被细分为电力公司、天然气输配公司、供水公司和通信公司。交通公司被进一步细分为航空、铁路和货车运输公司。工业公司是包罗万象的类型,在投资特征方面是最为混杂的分类,因为这个类别包含了所有类型的制造业、商品销售业和服务业公司。

公司债券

公司债券市场可被划分为投资级板块和投机级板块。后一个板块——指非投资级债券板块、高收益率债券板块和垃圾债券板块——包括评级机构的评级低于投资级的债券(即标准普尔和惠誉的评级为 BBB-或 BBB-以下,穆迪的评级为 Baa3 或 Baa3 以下)。它们也可以未经评级,但并非所有未经评级的债券都是投机级的。

有数种类型的发行人属于非投资级债券板块。其中包括:(1)原始发行人,(2)"堕落天使",(3)重组,以及(4)杠杆收购公司。原始发行人也许是缺乏许多根基稳健的公司所拥有的资产负债表和利润表实力,但通常前景光明的年轻的成长型公司。这些公司亦称风险投资公司、成长型公司或新兴市场公司,其债券通常是附随一个预测未来财务实力的故事发售的。此外,也有一些根基稳健的营业公司,它们的财务状况既不能达到投资级公司的实力,也不具有濒临破产公司的缺陷。

"堕落天使"指的是那些此前债务评级为投资级的公司,它们遭遇了困难时期,资产负债表和利润表的指标都发生了恶化。它们也许处于违约状态,或濒临破产。在这种情况下,投资者关心的是债券在重组或清算(无论是在破产法院内裁定或是庭外调解)中的重组或清算价值。一些人士称这些债券为"特殊情形"债券。多年以来,这些公司在艰难时期陷入了困境;一些公司恢复了元气,另一些则没有。通用汽车公司和福特汽车公司就是"堕落天使"的例子。标准普尔在 1954—1981 年期间对通用汽车公司的评级为 AAA,在 1971—1980 年期间对福特汽车公司的评级为 AA。2005 年 8 月,穆迪将两家汽车制造商的评级下调至垃圾债地位。

重组和杠杆收购公司是为了实现股东价值最大化刻意增加债务负担的公司。股东也许是一个现有公众群体,公司向其支付特殊的非常红利,资金来自借款和资产的出售。公司在支出现金后,净值将会下降,杠杆会上升,导致现有债务的信用评级被下调。由于公司财务实力不佳,新发行的债券被认定为垃圾债券。在杠杆收购(LBO)中,一个新的私人股东群体拥有并管理公司。债券的发行目的也许是从银行和机构投资者那里收回因杠杆收购融资导致的其他债务。

(1)公司债券的担保。

公司债券可以是有担保或无担保的。在有担保债券的情形下,发行人可以抵押不动产(如房地产)或动产(如设备),以使所发行证券的评级高于发行人的整体信用评级。在抵押债券(mortgage bond)中,发行人赋予了债券持有人对抵押资产的留置权。留置权是一种出售抵押财产以完成对债券持有人未尽债务的合法权利。

一些公司不拥有固定资产或其他不动产,因此不能提供任何东西抵押给债券持有人作为担保。相反,它们拥有其他公司的证券。这些公司是控股公司,其他公司为子公司。为了满足债券持有人对证券的需求,发行人赋予了投资者对股票、票据、债券或其拥有的其他任何类型的金融资产的留置权。这些资产被称为抵押物(或动产),这些资产担保的债券叫做担保信托债券(collateral trust bond)。

信用债券没有具体财产的抵押担保,但这并不意味着债券持有人对发行人的财产没有索偿权。信用债券的持有人拥有作为一般债权人对发行人未为担保其他债务进行特定抵押的所有资产的索偿权。他们甚至在抵押资产的价值高于为履行抵押资产所担保的债权人的债务所需金额的情况下,对抵押资产拥有索偿权。次级信用债券是在公司破产的情况下,对资产和利润的索偿权劣后于有担保债券、信用债券以及一般债权人(通常如此)的债务。

(2)可转换债券。

可转换债券(convertible bond)赋予了债券持有人将债券转换为发行人预定股数的普通股的权利。债券持有人通过执行可转换债券的期权获得的普通股股数被称为转换比率。转换特权可以延伸至可转换债券的整个或部分期限,指定的转换比率也可能随着时间发生变化。它总是根据股票分拆和股利按比例调整的。在可转换债券发行时,发行人实际上赋予了债券持有人以下列价格购买普通股的权利:可转换债券的票面值/转换比率。

这个价格在招股说明书中被称为既定的转换价格。几乎所有的可转换债券都可出发行人赎回。通常,债券有一个禁止赎回的时期(即自发行时间起的一个不可赎回可转换债券的时期)。一些债券设有允许发行人在股票达到一定价格时,在禁止赎回期内赎回债券的临时赎回特征。可转换债券的赎回价格计划在发行时指定。通常,赎回价格会随着时间下降。

回售权赋予了债券持有人要求发行人在指定日期以预定价格赎回债券的权利。一些可转换债券是可回售的。回售权可以被划分为"硬性"回售权和"软性"回售权。在硬性回售权中,发行人只能用现金赎回可转换债券。而在软性回售权的情况下,发行人可以选择用现金、普通股、次级票据或三者的组合赎回可转换债券。

银行贷款

作为发行证券的一个替代选择,公司可以通过向银行借款筹集资金。银行向公司借款人发放的贷款实行浮动利率。银行贷款有两种类型:投资级贷款和杠杆贷款。顾名思义,投资级贷款是向信用评级为投资级的公司借款人发放的银行贷款。发起银行在贷款组合中持有这些贷款,因此机构投资者通常没有机会参与这些类型的贷款。第二种向公司发放的贷款为杠杆贷款。这些贷款是向信用评级低于投资级的公司发放的。这些贷款可向机构投资者出售。

银团贷款

银团贷款是由一群银行(或银团)向借款人提供资金的贷款。需要一群银行参与的原因是:公司借款人寻求的借款金额可能过于庞大,超过了任何一家出借人能够承受的对该借款人的信用风险敞口的水平。因此,寻求在贷款市场,而不是通过发行证券筹集大量资金的公司借款人会采用银团贷款。银团贷款可能会包含使用一个证券化程序(将在本章后面描述)创建分级偿还贷款抵押债券(collateralized loan obligation,CLO),因此是公司银行贷款市场的一个重要部分。

银团贷款被称为优先级银行贷款,因为其还本付息优先于次级出借人(债券持有人)。银团贷款通常被设计成根据一个预定的计划进行摊还,并在一个指定年限后开始偿还本金。

银团贷款可在二级市场交易,或被证券化以创建 CLO。银团贷款和交易协会(Loan Syndication and Trading Association,LSTA)一直是商业贷款作为一种资产类别的主要倡导者。

市政债券

市政债券的发行人包括自治市、郡、镇和镇区、学区,以及特殊服务体系地区。包含在自治市类别中的有城市、乡村、自治市镇,以及获得州特性的一体化城镇。特殊目的服务体系地区(或简称为特别区)是为促进某个地理区域的经济发展或相关服务而创建的政治分部。特别区提供公用事业服务(供水、排污和排水)和消防服务。公共机构包括官方权力机构和委员会。

市政证券有免税和征税两种。"免税"意味着市政证券的利息可以免交联邦所得税。市政证券的免税适用于利息收入,而不是资本利得。这种免税可能会延伸至州和地方层面的税收,也可能不会如此。州税待遇取决于:(1)产生利息收入的债券是"州内债券"还是"州外债券";(2)投资者是个人还是公司。州级的利息收入税收待遇各不相同。

大多数已发行的市政证券都是免税的。市政证券被通称为免税证券,尽管征税的市政证券也已有发行并在市场中交易。

市政债券的类型

市政债券的结构基本上有两种类型:税收支持债券和收入债券。

税收支持债券(tax-backed debt obligation)由某种形式的税收收入提供担保。覆盖面最广的税收支持债券是普通责任债券。普通责任债券的担保包括无限税收普通责任债券和有限税收普通责任债券。担保更强的形式是无限税收普通责任债券,因为它是由发行人的无限征税能力（公司和个人所得税、销售税和财产税）担保的，并被称为是由发行人的完全承诺和信用担保的。有限税收普通责任债券是一种有限的税收担保，因为对这类债券而言，发行人为维持债券所能征收的税率具有法定上限。

收入债券（revenue bond）是我们在市政债券市场中看到的第二种基本类型的证券结构。这些债券是为由完工项目本身产生的收入担保的企业融资发行的，或是发行人为一般公共目的融资，用先前曾属于普通基金的税收和收入资源向债券持有人提供抵押担保发行的。收入债券可以按融资类型进行分类。这些包括公用事业收入债券、交通收入债券、住宅收入债券、高等教育收入债券、医疗收入债券、海港收入债券、体育馆和会议中心收入债券，以及工业发展收入债券。

一些市政证券具有特殊的证券结构。这些包括保付债券和经保险的债券。发行人也许会发现对债券进行再融资是有利的。通常，再融资会在原始债券被第三方保管或由具有美国政府担保的直接债务作为抵押物时发生。这种债券被称为保付债券。假如这种债券是与美国政府担保的证券一起被纳入保管的，那么它们几乎没有任何信用风险，因此是最安全的市政债券。经保险的债券由一家商业保险公司的无条件担保提供信用增级。市政债券的保险商通常是主营担保业务的单一业务保险公司。尽管在 2007 年以前，几乎半数的市政债券都是经过保险的，但自 2008 年起，经保险的债券的发行量非常少。

资产支持证券

资产支持证券（asset-backed security，ABS）是一种由贷款池或应收账款池支持的债务工具。ABS 亦称证券化产品。创建资产支持证券的程序被称为证券化。我们在这里仅简要描述证券化的一般原理，然后简要描述类型广泛的证券化产品。在本书配套册的第 3 章中，我们举例说明了证券化程序，并提供了产品和产品估值方法的更多细节。

证券化程序

我们将举例说明如何创建证券化产品。假设高级医疗设备公司制造高质量的医疗设备。尽管该公司的销售部分收取现金，但大部分销售都来自分期付款销售合同。（分期付款销售合同是指向医疗设备购买者发放贷款，购买者同意在一个指定时期内向高级医疗设备公司偿还借款加利息。）借款人购买的医疗设备为贷款的抵押物。我们假设贷款的期限都为 5 年。

我们将假设高级医疗设备公司拥有超过 2 亿美元的分期付款销售合同。我们还进一步假设公司希望筹集 2 亿美元。公司的首席财务官决定不发行 2 亿美元的公司债券，而是通过证券化筹集这笔资金。为了做到这点，高级医疗设备公司将设立一个被称为特殊目的载体（special purpose vehicle，SPV）的法律主体。

在我们的例子中，所设立的 SPV 叫做高级医疗设备资产信托（SMEAT）。接着，高级医疗设备公司向 SMEAT 出售 2 亿美元的贷款。高级医疗设备公司将从 SMEAT 获取 2 亿美元的现金，即其希望筹集的资金金额。SMEAT 通过出售由 2 亿美元的贷款支持的证券获得 2 亿美元。这些证券是我们前面提到的 ABS。在证券化的招股说明书中，这些证券通常被称为"凭证"。

在证券化中有一个交易结构。这是指对于所创建的证券，规定了损失在结构中的证券之间是如何分配的、每月的利息在结构中的证券之间是如何分配的,以及本金还款在结构中的证券之间是如何分配的规则。这些规则被称为结构的"瀑布"。

让我们考察一些不同类型的结构。在最简单的结构中,假设 SMEAT 发行了三个债券级别:A、B 和 C。这些债券级别通常被称为差级债券(tranches)。回想一下,应收账款的总额为 2 亿美元,所出售的债券级别的票面额也是同样的金额。假设债券级别 A 的票面值为 1.6 亿美元,债券级别 B 为 3 000 万美元,债券级别 C 为 1 000 万美元,那么支持这笔证券化的应收账款池的损失分配规则如下:

- 应收账款池的损失先被分配至债券级别 C,最高为 1 000 万美元(该债券级别的票面额)。
- 然后,应收账款池超过债券级别 C 吸收的 1 000 万美元损失的后续损失被分配至债券级别 B,最高可达 3 000 万美元(该债券级别的票面额)。
- 最后,一旦应收账款池的损失超过 4 000 万美元,剩余损失将由债券级别 A 吸收。

在借款人偿还本金后,本金的分配规则如下:

- 向债券级别 A 分配所有收到的本金,最高为其票面额(1.6 亿美元)。
- 一旦债券级别 A 得到 1.6 亿美元票面额的全额清偿后,所收到的本金被分配至债券级别 B,最高为 3 000 万美元的票面值。
- 最后,在债券 B 全额清偿后,所有额外的本金都被支付给债券级别 C。

注意,在这个结构中,债券级别 C 以 1 000 万美元为限,为债券级别 A 和债券级别 B 提供了防范应收账款池损失的信用支持。此外,债券级别 B 在债券级别 C 提供的信用支持外,以额外的 3 000 万美元为限,为债券级别 A 提供了防范应收账款池损失的信用支持。由于这个原因,我们称债券级别 B 和债券级别 C 为次级债券。由于债券级别 C 是最先吸收损失的,它被称为最先损失债券。由于债券级别 A 未为其他两个债券级别提供信用支持,它被称为优先级债券。这个结构本身被称为优先—次级结构。

每个债券级别都会获得一个信用评级。优先级债券将获得最高的信用评级,两个次级债券级别将获得较低的信用评级。更具体而言,债券 B 获得的信用评级将低于债券级别 A,但高于债券级别 C,因为债券级别 C 为债券级别 B 提供了信用支持。

证券化产品的类型

有多种类型的资产已得到证券化。证券化产品由两种类型的资产支持:非房地产应收账款/贷款和房地产抵押贷款。非房地产应收账款/贷款覆盖了种类广泛的证券化产品,最大的板块为信用卡应收账款 ABS、汽车贷款应收账款 ABS、学生贷款 ABS 和 CLO。迄今为止,房地产资产(即房地产贷款)的证券化是最大的板块。

已得到证券化的两种房地产抵押贷款是住宅抵押贷款和商业房产抵押贷款。用前者创建的证券叫做住宅抵押贷款证券(RMBS),用后者创建的叫做商业房产抵押贷款证券(CMBS)。RMBS 又可进一步被划分为联邦机构 RMBS 和私人发行机构(或非联邦机构)MBS。

联邦机构 RMBS 由三家政府相关主体发行,形成了迄今为止最大的投资级债券市场板块。私人发行机构 RMBS 是由其他任何主体发行的。由于私人发行机构 RMBS 具有信用风险,它们要求用信用增级为防范该笔交易的标的资产池的违约风险提供某种形式的信用保护。信用增级机制在 ABS 交易中是十分典型的。在联邦机构 ABS 的情形下,信用增级是政府担保或政府发起的企业提供的担保。

由于联邦机构 RMBS 的规模,我们将在下文中提供对其的简要描述。它们不仅构成了证券化产品市场的最大板块,而且还在整个投资级债券市场中稳定地占据了至少三分之一份额。在根本上,不熟悉这个市场的债券投资组合经理将会处于劣势。由于这些证券的复杂性,RMBS 板块(尤其是私人发行机构 RMBS 板块)是债券投资组合经理有机会增强回报的投资领域。

联邦机构 RMBS

住宅抵押贷款是由某项特定房地产抵押物担保的贷款,借款人有义务支付一系列预定的还款。房产抵押贷款的利率叫做票据利率(note rate)。联邦机构 RMBS 的基本单位是资产池。资产池最普遍的共同点是:它们集合了大量具有类似(但不完全相同)特征的住宅抵押贷款——在票据利率、期限、信用资质、贷款余额和住宅抵押贷款设计类型等特征方面具有共性的贷款。

将具有共同特征的住宅抵押贷款群体转换为 RMBS 是用两个机制之一完成的。满足吉利美、房利美和房地美三家发行人承贷准则的贷款是作为联邦机构贷款池证券化的。尽管吉利美(政府国民房产抵押贷款协会)是美国政府的一家机构,附有美国政府的完全承诺和信用,但房利美和房地美是政府资助企业。虽然存在这个区别,但这三家发行人发行的 RMBS 都被称为联邦机构 RMBS,我们将在这里概述不同类型的联邦机构 RMBS。联邦机构 RMBS 有三种类型:过手证券、分级偿还房产抵押贷款证券和本息拆离 RMBS。

第二个机制是不满足联邦机构贷款池条件的住宅抵押贷款的证券化,这些是非联邦机构 RMBS 或"私人发行机构"RMBS。这些类型的证券没有联邦机构的担保,但通过数项机制之一进行了信用增级。[①]

在描述三种类型的联邦机构 RMBS 前,让我们先描述住宅抵押贷款的现金流特征,因为任何 RMBS 的投资者都会获得这些现金流。尽管抵押人可以从多种类型的房产抵押贷款中进行选择,但我们将采用最常见的房产抵押贷款设计:等额还款、固定利率的房产抵押贷款,因为我们在这里的目的是理解房产抵押贷款的基本现金流特征。等额还款、固定利率的房产抵押贷款(或简称为等额还款房产抵押贷款)设计背后的基本思路是,借款人在一个协定时期(叫做房产抵押贷款的期限)内支付还款。因此,在贷款期末,贷款将全部摊还。

对于等额还款房产抵押贷款,每月的房产抵押贷款还款由两个部分组成:(1)相当于年固定利率的 1/12 与前一个月的月初未偿房产抵押贷款余额的乘积的利息,以及(2)未偿房产抵押贷款余额(本金)的部分还款。

每月的房产抵押贷款还款与代表利息的还款部分之差等于用以降低未偿贷款余额的金额。月还款的设计使得在贷款的最后一笔预定月还款得以支付后,未偿贷款余额等于零(也就是说,房产抵押贷款被全额偿还)。因此,用于支付利息的月还款部分逐月下降,而用于降低房产抵押贷款余额的部分则逐月上升。其原因是:房产抵押贷款余额随着每月的还款下降,其利息也会下降。由于每月的还款是固定的,因此,每月用于减少本金的还款部分将会越

① 一种类型的非联邦机构 RMBS 是次级 RMBS,正是在这个证券化产品领域发生的问题导致了始于 2007 年夏季的次贷危机。

来越大。

对于抵押权人而言,其从房产抵押贷款获得的现金流不同于抵押人支付的现金流。这是由于贷款必须支付的服务费和担保费。每笔房产抵押贷款都必须被加以服务。因此,无论房产抵押贷款的设计如何,房产抵押贷款的月现金流都可以被分为三个部分:(1)服务费和担保费,(2)扣除这两笔费用后的利息付款,以及(3)预定的本金还款(被称为摊还)。

我们不能假设抵押人不会在预定的到期日前偿还任何部分的房产抵押贷款余额。超出预定本金还款的还款叫做提前还款。提前还款的发生有数个原因。首先,借款人会在出售住宅时全额偿还房产抵押贷款余额。其次,当市场利率下降至贷款的票据利率以下时,借款人可能会有经济上的动机清偿贷款。这个提前偿还房产抵押贷款的原因被称为再融资。再次,在借款人不能履行房产抵押贷款债务的情况下,房产将被没收和出售。来自房产出售的收入被用于清偿房产抵押贷款。最后,假如房产因火灾毁损或其他经过保险的灾难发生,保险收入将被用于清偿房产抵押贷款。

提前还款的影响是:房产抵押贷款的现金流是不确定的,这是指现金流的金额和发生时间是不确定的。因此,在忽略违约的情形下,抵押权人知道只要贷款处于未偿状态,他就会在每月的预定日期获取利息和本金还款。在房产抵押贷款的到期日,投资者将收回出借的金额。抵押权人不知道的——即不确定性——是房产抵押贷款将在多长时间内保持未偿状态,从而本金还款的发生时间也难以确定。

现在,我们描述三种类型的联邦机构 RMBS:联邦机构过手证券、联邦机构分级偿还房产抵押贷款证券和联邦机构本息拆离 RMBS。

(1)联邦机构房产抵押贷款过手证券。

在联邦机构房产抵押贷款过手证券(或简称为联邦机构过手证券)中,来自房产抵押贷款池的月现金流是按比例分配给投资者的。可分配给投资者的月现金流由三个部分组成:(1)扣除服务费和担保费后的利息,(2)定期计划的本金还款(摊还),以及(3)提前还款。

如前所述,投资者估计现金流的难点在于提前还款。正如本章前面解释的那样,这项风险叫做提前还款风险。提前还款的估计或预测不仅在为联邦机构过手证券进行定价和评估利率风险时是至关重要的,而且对于所有住宅 RMBS 都是如此。交易商公司和大型资产管理公司已为做到这点开发了模型,即提前还款模型。这些模型超出了我们的讨论范围。

这里的关键是,由于存在提前还款风险,现金流是不确定的。通常,投资者估测这种不确定性的方法是基于不同的提前还款假设来计算 RMBS 的平均期限。例如,我们对一个投资者正在考虑购买的联邦机构过手证券给出以下假设条件。

假设的提前还款速度	平均期限
非常迅速的其他还款	2 年
迅速的提前还款	4 年
中等速度的提前还款	11 年
缓慢的提前还款	18 年
非常缓慢的提前还款	22 年
无提前还款	26 年

参考上表,投资者看到在不同提前还款速度假设下的平均期限在一个大范围内变动。这

种联邦机构过手证券的投资者持有的是短期投资(如 2 年)还是非常长期的投资(如 22 年)？投资者并不知道。因此,投资者必须意识到提前还款风险的影响。尽管联邦机构 RMBS 没有信用风险,但提前还款风险十分显著。交易商在认识到这点后,开发了下一类联邦机构 RMBS 产品,即联邦机构分级偿还房产抵押贷款证券,这种产品在结构中的不同债券级别之间重新分配提前还款风险。

(2)联邦机构分级偿还房产抵押贷款证券。

分级偿还房产抵押贷款证券(collateralized mortgage obligation, CMO)是由联邦机构过手证券池支持的证券。联邦机构 CMO 的构建使得该产品具有平均期限不同的数个级别的债券持有人,从而机构投资者可以选择最适合其需求和想要取得的提前还款风险敞口程度的平均期限范围。在 CMO 中,来自标的过手证券池的本金还款被用于根据招股说明书规定的优先次序偿还各级别的债券。

尽管我们不解释在 CMO 结构中创建的类型广泛的债券级别或差级债券,但我们将提供少量例子,以说明它们是如何创建(构建)的,以及它们是如何相对于创建它们的标的联邦过手证券改变其投资特征的:接续还本债券、计划摊还债券和支持级债券。[1]

最简单的 CMO 结构是接续还本结构。在构建联邦机构 CMO 时,仅对本金和利息的分配进行了规定。(没有对违约和逾期情形的规定,因为还款是由吉利美、房利美和房地美担保的。)假设 CMO 包含四个债券级别,即 A、B、C 和 D,以下是来自抵押物的利息和本金的分配规则:

- 利息的分配规则:根据月初的未偿本金余额向各级债券分配每月的利息。
- 本金的分配规则:将每月的所有本金(即常规预定的本金还款和提前还款)都先分配至 A 级债券,直至其完全得到清偿为止。在 A 级债券的票面额完全清偿后,将所有的月本金还款都分配至 B 级债券,直至其完全得到清偿为止。在债券 B 的票面额完全清偿后,将所有的月本金还款都分配至 C 级债券,直至其票面额完全得到清偿为止。最后,在债券 C 完全清偿后,将所有的月本金还款都分配至 D 级债券。

这些是简单但强大的规则,因为它们在四个债券级别间重新分配了提前还款风险。记住,提前还款风险是不能被消除的。它只能在不同的债券级别间重新分配。例如,A 级债券在大范围的提前还款速度假设下得出的平均期限也许是 6 个月—4 年。尽管平均期限仍有可变性,但可变程度远低于联邦机构过手证券。因此,一个考虑购买短期 RMBS 的投资者将对购买期限在 2—26 年之间变化的过手证券感到担忧。相比之下,A 级债券更具吸引力。让我们考察一个对长期 RMBS(如至少 15 年期)感兴趣的投资者。假设 D 级债券的平均期限为 14—22 年。尽管这个债券级别的平均期限有很大的变化范围,但它仍是比过手证券更佳的投资,因为如果提前还款十分迅速,过手证券的平均期限可能会短至 2 年。

计划摊还债券(planned amortization class, PAC)可以降低某些债券级别(PAC 债券)的平均期限变化程度,但同时会增加非 PAC 债券(叫做支持级债券)的平均期限的变化程度。让我们假设结构中有三级 PAC 债券和一种支持级债券。利息的支付规则与在接续还本 CMO 中相同。但是,本金的支付规则有所不同。其原因是,本金还款计划是在两个提前还款速度下生成的。本金的分配规则如下:

---

[1] 对不同类型的 CMO 债券级别的更详尽描述见 Fabozzi、Bhattacharya 和 Berliner(2011)。

● 本金的分配规则:根据计划每月将本金分配至 A 级债券。将任何超过当月预定金额的抵押物本金还款都支付给 D 级债券。在 A 级债券的票面额完全得到清偿后,每月根据预定还款计划将本金还款支付给 B 级债券。将任何超过每月预定金额的抵押物本金还款都支付给 D 级债券。在 B 级债券的票面额完全得到清偿后,每月根据预定还款计划将本金支付给 C 级债券。将任何超过每月预定金额的抵押物本金还款都支付给 D 级债券。在债券 C 得以完全清偿后,将每月的本金还款支付给债券 D。

这个关于每月本金还款的规则达到的作用是:假如实际提前还款大致处于用以创建 A 级、B 级和 C 级债券的 PAC 本金计划的两个提前还款速度之间,那么投资者将能知道平均期限为多长。也就是说,其提前还款风险低于接续还本 CMO,并且无疑远低于过手证券。由于提前还款风险不能消除,但可被重新分配,PAC 债券(A、B 和 C)是如何从更低的提前还款风险中获益的? 这必须来自该结构中的支持级债券(D)。总体来说,支持级债券具有显著的提前还款风险。例如,其平均期限可能会在 1 年至 28 年之间!

(3)联邦机构本息拆离房产抵押贷款证券。

过手证券按比例将标的房产抵押贷款池的现金流分配给投资者。RMBS 本息拆离房产抵押贷款证券(本息拆离 MBS)是通过将本息从按比例分配改变为非均等分配创建的。在最普通的本息拆离房产抵押贷款证券中,所有的利息都被分配至一类证券——纯利息证券,所有的本金都被分配至另一类证券——纯本金证券。投资于这些证券的根本原因是:投资者可以在房产抵押贷款投资组合的管理中将之用作对冲工具,或是因其巨大的利率风险将之用于投机目的。

非美国债券

非美国债券是由国家政府及其下属机构、超国家主体和公司(非金融和金融公司)发行的。

主权债券

主权债券是由一个国家的中央政府发行的债券。美国以外最大的政府债券市场是日本政府债券市场,其后是意大利、德国和法国市场。

如前所述,在美国政府债券市场中,利息付款和本金还款可被分离并当作独立的证券出售。许多欧洲政府债券也被加以拆离以创建零息票证券。主权政府也发行通货膨胀挂钩债券。通货膨胀挂钩债券的最大非美国发行人为英国,其后是法国。这些债券(在欧洲被普遍称为挂钩债券)通常与国家的某个消费价格指数挂钩。

信用评级机构对主权债券进行信用评级,其评级被称为"主权评级"。评级机构为制定评级考虑的两大类因素是经济风险和政治风险。前一个类别是对政府履行债务的能力进行评估。评级机构在评估经济风险时同时开展定量和定性分析。政治风险是对政府履行债务的意愿的评估。政府可能会具备偿付能力,但却没有偿付意愿。政治风险是基于对影响政府经济政策的经济和政治因素的定性分析来评估的。

评级机构对每个国家政府评定两个评级。第一个是对本地货币债券的评级,第二个是对外汇债券的评级。区别这两类债券的原因是:从过去来看,违约频率根据债券的货币单位有所不同。具体而言,以外汇为货币单位的债券违约频率更高。本地货币债券与外汇债券的违约率存在差异的原因是：假如政府愿意提高税收并管控其国内金融体系，那么就可以产生足够的本地货币以履行其本地货币债务。外汇债券的情况则并非如此。国家政府必须购买外汇以履行其外汇债务，因而在汇率方面拥有的控制权较小。因此，如果本地货币相对作为债券货币单位的外汇发生重大贬值，国家政府履行这些债务的能力将会受到影响。

超国家债券

超国家主体是由两个或多个中央政府通过国际条约建立的。创建超国家主体的目的是促进成员国的经济发展。超国家机构的两个例子是国际复兴开发银行（通常被称为世界银行）和美洲开发银行。

全球债券市场

从既定国家的视角来看，全球债券市场可被划分为内部债券市场和外部债券市场。

（1）内部债券市场。

内部债券市场可被分为两个市场：国内债券市场和外国债券市场。国内债券市场是指在该国境内注册的发行人发行债券的场所，并且这些债券后续在这个市场交易。

一个国家的外国债券市场是没有在该国境内注册的发行人发行债券和交易债券的场所。例如，在美国，外国债券市场是非美国主体发行债券并随后交易债券的市场。在美国的外国债券市场交易的债券又被称为"扬基债券"。在日本，由非日本主体发行并随后在日本债券市场交易的日元债券是日本的外国债券市场的一部分。由非日本主体发行的日元债券又被称为"武士债券"。英国的外国债券被称为"猛犬债券"，荷兰的外国债券被称为"伦勃郎债券"，西班牙的外国债券被称为"斗牛士债券"。

（2）外部债券市场。

外部债券市场通常被称为离岸债券市场，或更普遍地被称为欧洲债券市场，包含有以下三个显著特征的债券：(1)由一个跨国财团承销；(2)在发行时同时向多个国家的投资者发售；(3)在单个国家以外的司法辖区发行。

根据债券计价所用的货币单位，欧洲债券市场被划分为不同板块。例如，如果欧洲债券是以美元为货币单位的，它被称为欧洲美元债券。以日元为货币单位的欧洲债券被称为欧洲日元债券。欧洲债券的发行人包括国家政府及其下属机构、公司（金融公司或非金融公司）和超国家主体。

欧洲债券有五种类型的结构：普通债券、次级票据、浮动利率票据、可转换债券和资产支持证券。普通欧洲债券是传统的固定利率息票债券。它们不附担保发行，通常是由高质量的主体发行的。在次级票据中，债券持有人的权利劣后于其他债权人的权利。此外，还有附本章前面描述的多种类型的息票重设公式的浮动利率欧洲债券。

债券指数

美国债券市场指数数不胜数。债券指数是基于指数中所含债券的下列一个或多个特征划分的:(1)指数包含的债券板块;(2)行业;(3)指数中所含债券的期限;(4)指数中所含债券的信用评级。最常用的债券指数均为市值加权的。[1]

有几家指数提供商已创建宽基指数。最常用的美国债券市场宽基指数最初是由如今已经倒闭的雷曼兄弟(Lehman Brothers)公司开发的。2008 年 11 月,雷曼兄弟将其债券指数出售给了巴克莱(Barclays)公司,后者如今拥有叫做彭博巴克莱(Bloomberg Barclays)指数的债券指数。最受欢迎的宽基指数是彭博巴克莱美国综合债券指数,它包含 6 000 多种债券。这个指数仅包含投资级债券。

一般而言,宽基债券指数提供商也会创建板块指数。例如,彭博巴克莱生成下列板块指数:巴克莱美国国债指数、巴克莱美国政府相关债券指数、巴克莱美国联邦机构债券指数、巴克莱美国公司债券指数、巴克莱美国证券化债券指数、巴克莱美国 MBS 指数、巴克莱美国 ABS 指数,以及巴克莱美国 CMBS(仅限于《雇员退休收入保障法案》允许的投资)指数。所有这些指数都仅包含投资级债券。

彭博巴克莱提供的行业债券指数为彭博巴克莱美国工业债券指数、彭博巴克莱美国公用事业债券指数和彭博巴克莱美国金融机构债券指数。在期限方面,彭博巴克莱基于国债的期限创建了一个指数。这包括彭博巴克莱美国 1—3 年期国债指数、彭博巴克莱美国 3—7 年期国债指数、彭博巴克莱美国 7—10 年期国债指数、彭博巴克莱美国 10—20 年期国债指数,以及彭博巴克莱美国 20 年期以上国债指数。

上述彭博巴克莱债券指数都仅包含投资级债券。一些机构已创建了含非投资级(即高收益率)公司债券的公司债券指数。彭博巴克莱美国高收益率债券指数就是这种指数的一个例子。

尽管彭博巴克莱创建的债券指数为机构投资者和交易所交易基金所使用,但还存在其他指数提供商,如美国银行美林固定收益指数(洲际交易所美国银行美林债券指数)。

关键要点

- 债券市场可以按照债务工具的期限进行分类:短期(1—5 年)、中期(5—12 年)和长期(大于 12 年)。
- 除了表明债务偿还的最终日期外,到期日还由于以下原因十分重要:(1)债务工具提供的收益率与期限相关;(2)债务工具的价格波动性程度与期限相关。
- 债务工具的票面值是发行人同意在到期日向债务工具持有人偿还的金额。
- 由于债务工具具有不同的票面值,惯例是将债务工具的价格作为票面值的一个百分比进行报价。
- 息票率是发行人同意每年支付的年利率。
- 债务工具可以具有固定利率或浮动利率。

---

[1] 正如对于以市值加权的指数那样,一些人士对使用市值加权债券指数的恰当性提出了批评,因此研究者已提出替代方案。见 Goltz 和 Campani(2011)以及 Siegel(2003)。

● 对于浮动利率债务工具,我们在特定日期(息票重设日)按照息票重设公式指定的方式对利率进行调整。

● 一些债务工具的息票率为零;它们不定期支付息票利息,零息票债务工具的持有人在到期日实现利息。

● 允许发行人在到期日前偿还债务工具的条款为赎回条款和再融资条款、提前还款条款和偿债基金条款。

● 可赋予债券持有人的期权为回售条款和转换条款(即将债券转换为普通股)。

● 发行人可以用任何货币向债券持有人偿还本息。

● 与可以在交易所或场外市场交易的普通股不同,债务工具的主要二级市场为场外市场。

● 债务工具可能会使投资者暴露于以下一种或多种风险敞口中:(1)利率风险,(2)赎回风险和提前还款风险,(3)信用风险,(4)流动性风险,(5)汇率风险或货币风险,以及(6)通货膨胀风险或购买力风险。

● 典型债务工具的价格与利率呈反向变化。也就是说,当利率上升时,债务工具的价格将会下跌;当利率下降时,债务工具的价格将会上升。

● 对持有债务工具的投资者而言,利率风险是假如利率上升,其价格将会下跌,这是投资者面临的主要风险。

● 利率风险有三个特性:(1)对于既定的期限和初始收益率,债务工具的息票率越低,其价格对市场利率变化的敏感度就越高;(2)对于既定的息票率和初始收益率,债务工具的期限越长,其价格对市场利率变化的敏感度就越高;(3)对于既定的息票率和期限,利率水平越低,债务工具价格对市场利率变化的敏感度就越高。

● 久期是债务工具价格对市场利率变化敏感度的度量;该度量给出了在利率变化100个基点的情况下,近似的价格变化百分比。

● 对债券持有人而言,附有允许发行人在到期日前收回或赎回全部或部分债券的条款的债务工具有三个不利之处:(1)不能确定现金流模式,(2)存在再投资风险,以及(3)当利率下降时,资本升值潜力将会减小。

● 债务市场的主要板块为:(1)国债市场,(2)联邦机构证券市场,(3)公司债券市场,(4)市政债券市场,(5)资产支持证券市场,以及(6)非美国债券市场。

● 美国财政部发行两种类型的固定本金证券:折价证券和息票证券。折价证券叫做短期国债;息票证券叫做中期国债和长期国债。

● TIPS由美国财政部发行,是提供通货膨胀保护的息票证券。

● 交易商已通过息票拆离程序创建了零息票国债;由此创建的证券被称为STRIPS国债。

● 联邦机构证券包括联邦相关机构和政府资助企业。

● 公司债工具可被划分为债券和银行贷款。

● 公司债券市场可被划分为投资级债券板块和非投资级债券板块。

● 非投资级板块包含评级机构的评级低于投资级的债券(即标准普尔和惠誉的评级为BBB-或BBB-以下,穆迪的评级为Baa3或Baa3以下)。

● 公司债券可以是有担保或无担保的。在有担保债券的情形下,发行人可以抵押不动产(如房地产)或动产(如设备),以在发行人的整体信用水平之上提供更高的安全性。

● 在抵押债券中,发行人赋予了债券持有人对抵押资产的留置权。

- 信用债券没有特定的财产抵押担保,但这不意味着债券持有人对发行人的财产没有索偿权;债券持有人拥有作为一般债权人对发行人未为担保其他债务进行特定抵押的所有资产的索偿权。
- 可转换债券赋予了债券持有人将债券转换为发行人预定股数的普通股的权利。
- 向公司发放的银行贷款有两种类型:(1)向信用评级为投资级的公司发放的投资级贷款;(2)向信用评级低于投资级的公司发放的杠杆贷款。
- 市政债券由自治市、郡、镇和镇区、学区,以及特殊服务体系地区发行。
- 尽管市政债券有免税和征税的,但大多数市政债券都是免税的。
- 免税意味着利息可免征联邦所得税;市政证券的免税适用于利息收入,而不是资本利得。
- 市政证券结构基本上有两种类型:税收支持债券和收入债券。
- 税收支持债券由某种形式的税收收入担保;覆盖面最广的税收支持债券是普通责任债券。
- 收入债券是为由完工项目本身产生的收入担保的企业融资发行的,或是发行人为一般公共目的融资用先前曾属于普通基金的税收和收入资源向债券持有人提供抵押担保发行的。
- ABS 是由贷款池或应收账款池支持的债务工具,通常被称为证券化产品。
- ABS 是通过证券化程序创建的。
- 证券化产品由两种类型的资产支持:非房地产应收账款/贷款和房地产抵押贷款。
- 非房地产应收账款/贷款覆盖了类型广泛的证券化产品,最大的板块为信用卡应收账款 ABS、汽车贷款应收账款 ABS、学生贷款 ABS 和 CLO。
- 房地产资产(即房地产贷款)的证券化是迄今为止最大的板块。
- 两类已得以证券化的房地产抵押贷款为住宅抵押贷款和商业房产抵押贷款。
- 从房地产抵押贷款创建的证券为 RMBS 和 CMBS。
- RMBS 可进一步被划分为联邦机构 RMBS 和私人发行机构(非联邦机构)RMBS。前一个证券化产品市场板块不仅是规模最大的板块,还是投资级债券市场的一大板块。
- 联邦机构 RMBS 从符合这些证券的三家发行人(吉利美、房利美和房地美)制定的特定承贷标准的贷款创建而来。
- 吉利美(政府国民房产抵押贷款协会)是美国政府的一家机构,附有美国政府的完全承诺和信用,而房利美和房地美是政府资助企业。
- 三种类型的联邦机构 RMBS 为联邦机构过手证券、联邦机构分级偿还房产抵押贷款债券和本息拆离联邦机构 RMBS。
- 投资于联邦机构 RMBS 的主要风险是因提前还款导致的现金流的不确定性。
- 在联邦机构过手证券中,每月来自房产抵押贷款池的现金流被按比例分配给投资者,这使投资者暴露于显著的提前还款风险敞口(在不同提前还款速度下的平均期限差异显著)中。
- CMO 是由过手证券池支持的证券。联邦机构 CMO 的构建使得该产品具有平均期限不同的数个级别的债券持有人,从而机构投资者可以选择最适合其需求和想要取得的提前还款风险敞口程度的平均期限范围。
- 尽管提前还款风险不能消除,但它可以基于利息和本金的分配规则被重新分配给 CMO 中不同级别的债券。

- 接续还本 CMO 结构是最简单的 CMO 类型,各级债券被依次偿还,从而导致平均期限的变化程度更易被机构投资者接受。
- 计划摊还 CMO 是另一种类型的 CMO 结构,可以降低某些债券级别(PAC 债券)的平均期限变化程度,但同时会增加非 PAC 债券(叫做支持级债券)的平均期限变化程度。
- 与按比例将标的房产抵押贷款池的现金流分配给投资者的过手证券不同,联邦机构本息拆离房产抵押贷款证券是通过将本息从按比例分配改变为非均等分配来创建的。
- 在最普通的本息拆离 MBS 中,所有的利息都被分配至一类证券——纯利息证券,所有的本金都被分配至另一类证券——纯本金证券。
- 纯利息证券和纯本金证券具有显著的利率风险。
- 非美国债券是由国家政府及其下属机构、超国家主体和公司(非金融和金融公司)发行的。
- 从既定国家的视角来看,全球债券市场可被划分为内部债券市场和外部债券市场。
- 内部债券市场可被分为两个市场:国内债券市场和外国债券市场。
- 国内债券市场是在该国境内注册的发行人发行债券和债券交易的场所;一个国家的外国债券市场是没有在该国境内注册的发行人发行债券和债券交易的场所。
- 外部债券市场通常被称为离岸债券市场,或更普遍地被称为欧洲债券市场。
- 债券指数是基于指数中所含债券的下列一个或多个特征划分的:(1)指数包含的债券板块,(2)行业,(3)指数中所含债券的期限,以及(4)指数中所含债券的信用评级。
- 最常用的债券指数均为市值加权的。

参考文献

Fabozzi, F. J., A. K. Battacharya, and W. S. Berliner, 2011. *Mortage-Backed Securities: Products, Structuring, and Analytical Techniques: Second Edition*. Hoboken, NJ: John Wiley & Son.

Goltz, F. and C. Campani, 2011. *Review of Corporate Bond Indices: Construction Principles, Return Heterogeneity, and Fluctuations in Risk Exposures*. EDHEC-Risk Institute Publication.

Siegel, L. B., 2003. *Benchmarks and Investment Management*. Charlottesville, Virginia: The Research Foundation of the Association for Investment Management and Research.

5

集合投资工具和另类资产

学习目标

在阅读本章后，你将会理解：

- 集合投资工具和投资于这种工具的原因；
- 什么是投资公司，以及投资公司的不同类型：开放式基金（共同基金）和封闭式基金；
- 资产净值（NAV）是如何计算的；
- 什么是交易所交易基金（ETF）；
- ETF 与封闭式基金的异同；
- 投资者使用 ETF 份额的情况；
- 什么是对冲基金，以及对冲基金的不同类型；
- 对冲基金的一般特征；
- 不同类型的商品投资和进行商品投资的不同原因（对自然资源公司的股票的间接投资、商品共同基金和商品期货）；
- 私募股权的含义，以及投资者如何通过风险投资基金取得对这种另类资产的敞口；
- 风险投资基金的结构和投资者作出的投资承诺；
- 什么是商业房产，以及商业房产的不同类型；
- 商业房产市场的四个板块：私募商业房产股权市场、公募商业房产股权市场、私募商业房产债务市场和公募商业房产债务市场；
- 投资于商业房产的原因；
- 投资于私募商业房产股权的各种工具；
- 不同类型的房地产投资信托；
- 什么是商业贷款；
- 投资于私募商业房产债务和公募商业房产债务的途径；
- 什么是商业房产抵押贷款证券。

在第 3 章和第 4 章中,我们讨论了股票和债务工具。在本章中,我们将介绍集合投资工具和另类资产。集合投资工具(collective investment vehicles)是指汇集投资者的资金,然后将这些资金投资于特定的资产和资产类别。通过投资于集合投资工具间接持有证券的三个主要好处在于:通过多元化投资降低风险、专业的资产管理和可能的税收优惠待遇。

集合投资工具包括投资公司、交易所交易基金、对冲基金、风险投资基金和房地产投资信托。作为投资工具,资产管理人可能会认为它们具有吸引力,因为它们使资产管理人能够取得对某个资产或某一资产类别的敞口。在本章中,我们将描述各种集合投资工具。

除了集合投资工具外,我们还将描述另类资产。传统的资产类别包括股票(第 3 章的主题)和债券(上一章的主题)。另类资产包括商品、私募股权和商业房产。

我们从对投资公司、ETF 和对冲基金的介绍开始。这些集合投资工具使投资者能够获得对另类资产的投资途径。细分行业 ETF 和对冲基金使投资者能够获得对商品和商业房产的投资途径。房地产投资信托是另一种投资于商业房产的集合投资工具。为了投资于私募股权,风险投资基金是投资者使用的集合投资工具。

投资公司

投资公司包括开放式基金、封闭式基金和单位信托。投资公司向公众出售股份并将收入投资于多元化的证券投资组合。投资公司的每股股份的价值叫做资产净值(net asset value, NAV)。开放式基金的投资者承担的两类成本为股东销售费用和基金的年运营费用。投资公司的类型十分广泛,它们投资于不同的资产类别并具有不同的投资目标。

投资公司的类型

投资公司有三种类型:开放式基金、封闭式基金和单位信托。

开放式基金(共同基金)

开放式基金通常被称为共同基金,是主要由股票、债券和货币市场工具组成的证券投资组合。共同基金有几个重要的方面:

第一,共同基金的投资者按比例持有总体投资组合的份额。

第二,共同基金的资产管理人管理投资组合,即买入一些证券并卖出其他证券(这个特征不同于单位投资信托,后面将讨论这点)。

第三,投资组合的每股股份的价值或价格(即 NAV)等于投资组合的市场价值减去共同基金的负债,再除以共同基金投资者持有的股数。也就是说:

$$NAV = \frac{投资组合的市场价值 - 负债}{未偿股数}$$

例如,假设一个未偿股数为 2 000 万股的共同基金持有市场价值为 3.15 亿美元的投资组合，并拥有 1 500 万美元的负债。NAV 为：

$$NAV = \frac{315\ 000\ 000\ 美元 - 15\ 000\ 000\ 美元}{20\ 000\ 000} = 15.00\ 美元$$

第四，基金的 NAV 或价格每日仅确定一次，是在每日收盘时确定的。例如，股票共同基金的 NAV 是根据当日的股票收盘价格确定的。

第五（这一点十分重要），基金在一天内的所有新增投资和提款都是以收盘 NAV 定价的（在当日收盘后或非营业日新增的投资以下一日的收盘 NAV 定价）。

假设一天内的新增投资大于提款额，那么基金的总股数将会上升，反之亦然。这是此类基金被称为"开放式"基金的原因。例如，假设在一天开始时共同基金投资组合的价值为 100 万美元，基金没有负债，并且未偿股数为 10 000 股。于是，基金的 NAV 为 100 美元。假设当天有 5 000 美元被存入了基金，并有 1 000 美元的提款，投资组合中所有证券的价格都保持不变。这意味着基金为存入的 5 000 美元发行了 50 股股份（因为每股为 100 美元），被提取的 1 000 美元则赎回了 10 股股份（也是因为每股为 100 美元）。于是，新发行的净股数为 40。因此，在当日收盘时，基金共有 10 040 股股份，基金的总价值将为 1 004 000 美元。NAV 仍为 100 美元。

假设投资组合中证券的价格发生了变化，那么投资组合的总规模和 NAV 都会变化。在前例中，假设当日投资组合的价值翻倍至 200 万美元。由于存款和提款都是以当日收盘 NAV（在投资组合的价值翻倍后，它如今为 200 美元）定价的，5 000 美元的存款将增加 25 股股份（5 000 美元/200 美元），1 000 美元的提款将使股数减少 5 股（1 000 美元/200 美元）。因此，在当日收盘时，基金共有 10 020 股，NAV 为 200 美元，基金价值将为 2 004 000 美元（注意，10 020 股×200 美元的 NAV 等于 2 004 000 美元，即投资组合的价值）。

总体而言，共同基金的 NAV 会因投资组合中证券的价格涨跌而升降。基金的股数则因基金的净存款或净提款而增加或减少。基金的总价值同时因这两个原因上升或下降。

封闭式基金

封闭式基金的股份与公司普通股的股份十分相似。封闭式基金的新股份最初是由基金的承销商发行的。在新股份发行后，股数将保持不变。这是此类基金被称为"封闭式"基金的原因。在初始发行后，基金公司不再像在开放式基金中那样出售或购买基金股份。股份将在二级市场交易，交易场所为交易所或场外市场。

投资者可以在初始发行时（正如以下讨论的那样）或之后在二级市场购买股份。股份只在二级市场出售。封闭式基金股份的价格是由这些基金交易所在市场的供求决定的。因此，交易封闭式基金股份的投资者必须在购买和出售股份时支付一笔经纪佣金。

封闭式基金的 NAV 计算方式与开放式基金的相同。但是，封闭式基金股份的价格是由供求决定的，因此价格可以低于或高于每股资产净值。我们称以低于 NAV 的价格出售的股份为"折价交易"，而以高于 NAV 的价格交易的股份则为"溢价交易"。

因此，开放式基金与封闭式基金有两个重要差别。首先，开放式基金的股数会发生变化，因为基金发起人会向投资者出售新股份，并从股份持有人手中购买现有股份。其次，通过这种做法，股份价格永远等于基金的 NAV。相比之下，封闭式基金拥有固定的未偿股数，因为基金发起人不会赎回股份或向投资者出售新股份(除了在新基金承销时)。因此,基金股份的价格将由市场中的供求决定,可能会高于或低于 NAV,就像前面讨论的那样。尽管价格与 NAV 的偏离通常十分令人费解,但在某些情形下,我们很容易理解溢价或折价的原因。例如,股份的价格可能会因基金拥有庞大的内嵌纳税义务,从而投资者为未来的纳税义务折减股份价格而低于 NAV。(我们将在本章后面讨论这个纳税义务问题。)基金的杠杆和由此产生的风险也许是股份交易价格低于 NAV 的另一个原因。基金股份的交易价格可能会高于 NAV,因为该基金提供了相对便宜的渠道,并对其他国家的股票进行专业管理,而中小投资者不能很容易地获取这些股票的信息,或对于他们来说,交易难度较大或成本过高。

根据《1940 年投资公司法》,封闭式基金仅能筹集一次资本。它们进行首次公开发行(IPO),然后股份在二级市场交易,就像公司股票那样(如前所述)。股数在 IPO 时固定;封闭式基金不能增发股份。事实上,许多封闭式基金都在不增发股份的情况下通过杠杆负债筹集更多资金。

封闭式基金的一个重要特征是:初始投资者承担了基金股份发行时的高额承销费用。基金经理必须投资的收入等于股份的初始购买者支付的总额减去所有发行费用。这些费用一般包括支付给向公众销售股份的零售经纪公司的销售费用或佣金。佣金是促使零售经纪商向其零售客户推荐这些股份的强大激励,但也促使投资者避免在基金初始发行时购买这些股份。

正如本章后面将要解释的那样,ETF 对共同基金和封闭式基金都形成了威胁。ETF 在本质上是混合型的封闭式工具,它们在交易所交易,交易价格通常十分接近于 NAV。

由于封闭式基金的交易与股票相似,因此投资者购买或出售封闭式基金的费用也与买卖股票的交易成本相同。一种明显的成本是股票经纪人的佣金。股票交易市场的买入—卖出价差也是一种成本。

单位信托

单位信托与封闭式基金相似,因为单位凭证的份数是固定的。单位信托通常投资于债券。它们与专门投资于债券的共同基金和封闭式基金有许多方面的不同。第一,单位信托的投资组合不发生主动债券交易。一旦发起人(通常为经纪公司或债券承销商)组建了单位信托并将之交付给受托人后,受托人就持有所有债券,直至它们被发行人赎回为止。通常,受托人可以出售投资组合中的债券的唯一情形是发行人的信用品质发生了急剧下降。因此,信托的运营费用要显著低于共同基金或封闭式基金发生的费用。

第二,单位信托具有固定的终止日,而共同基金和封闭式基金则没有。第三,与共同基金和封闭式基金的投资者不同,单位信托的投资者知道投资组合由特定的债券组合组成,并不担心受托人会改变投资组合。尽管单位信托在欧洲十分常见,但它们在美国较为罕见。

所有单位信托都收取一笔销售佣金。单位信托的初始销售费用在 3.5% 至 5.5% 之间。除了这些费用外,投资者还间接支付了发起人为信托购买债券所发生的费用。也就是说,在经纪公司或债券承销公司组建单位信托时,信托为购买每种债券支付的价格还包含了交易商的价差。假如投资者出售单位信托,那么通常也需要支付一笔佣金。

基金的销售费用和年运营费用

共同基金的投资者承担了两种费用。第一种是股东费,它通常被称为销售费用。对于证券交易,这种费用叫做佣金。这笔费用是在特定交易(如认购、赎回或交换)中从投资者那里收取的"一次性"费用。销售费用的类型与基金的销售方式相关。

第二种费用是基金的年运营费用,它通常被称为开支比率(expense ratio),包括基金的费用开支,其中最大的部分为投资管理费。这笔费用是每年收取的。管理费亦称投资顾问费,是投资顾问为管理基金的投资组合收取的费用。

其他费用主要包括:(1)托管(保管基金的现金和证券)费;(2)过户代理人(现金和证券在证券的买方和卖方之间的过户、基金红利分配的过户等)费用;(3)独立公共会计师费用;(4)董事费用。

根据投资目标划分的基金类型

基金发起人为满足投资者的各种投资目标创建了共同基金。一般而言,共同基金有股票基金、债券基金、货币市场基金和另类投资基金。在每个类别中,又有若干个子类别的基金。此外,还有纯美国基金、国际基金(不含美国证券)和全球基金(同时包括美国证券和国际证券)。

基金亦分被动型基金和主动型基金。被动型(或指数化)基金的设计目的是复制一个市场指数(第12章讨论了这些指数)。另一方面,主动型基金则试图通过积极地交易基金的投资组合以取得超越市场指数的业绩。基金还有许多其他类别,正如以下讨论的那样。按照SEC和《1940年法案》的要求,每个基金的销售说明书都必须载明其目标,正如下文讨论的那样。

股票基金是根据以下特征区分的:
- 投资组合中股票的平均市值(大型股、中型股和小型股)。
- 风格(成长型、价值型和混合型)。
- 行业领域——"行业基金"专门投资于某个板块或行业,如科技、医疗和公用事业。

债券基金是按投资组合中债券的发行人信用资质(如美国政府债券、投资级公司债券和高收益率公司债券)和债券的期限(或久期,分为长期债券、中期债券和短期债券)区分的。还有一种债券基金叫做市政债券基金,其利息收入可免交联邦所得税。

交易所交易基金

人们已对共同基金提出了两项批评。首先,由于共同基金(开放式基金)只能在收盘(即交易日结束)时定价,希望交易共同基金的投资者只能在交易日收盘时以收盘价格开展交易。也就是说,由于没有日间价格,共同基金在交易日收盘前是不允许交易(即购买和出售)的。

其次，从投资者的视角来看，共同基金是一个低效的税收结构：基金现有股东的赎回可能会触发保留在基金中的股东实现应纳税的资本利得（或损失）。

与共同基金不同，由于封闭式基金在交易所上市，它们能够在交易日全天进行交易。这不意味着对共同基金的第一项批评不适用于封闭式基金。这是由于封闭式基金所含的投资组合的 NAV 与封闭式基金的市场价格通常存在差异，在某些情形下差异十分显著。当 NAV 高于基金的市场价格时，我们称其为"折价交易"；当 NAV 低于基金的市场价格时，我们称其为"溢价交易"。

因此，共同基金和封闭式基金都有 NAV，但后者在交易所交易，所以在交易日可全天获得市场价值。这使投资者能使用卖空和运用封闭式基金的杠杆等交易策略。相比之下，共同基金的股份总是以等同于 NAV 的价格交易，因为在每个交易日结束时，发起人总会以 NAV 发行新的基金股份或赎回未偿基金股份。

创建一个结合共同基金（开放式基金）和封闭式基金的有利特征的投资工具将会十分理想。也就是说，拥有一个可以像股票（封闭式基金也同样如此）那样在交易日全天以等同于连续可知的 NAV 的价格（也就是说，价格相对 NAV 不是溢价或折价的）进行交易的投资工具将会十分理想。具有这两个特征的投资工具是存在的：交易所交易基金（exchange-traded fund，ETF）。与共同基金相同，ETF 需要一个发起人。除了为启动 ETF 提供种子资金并开展 ETF 的广告和营销外，发起人（或提供商）必须做到以下几点：

- 开发或选择一个 ETF 的投资组合试图与之匹配业绩的指数。
- 聘请一家关键参与机构——授权参与人（下面将解释其功能）。
- 管理投资组合。

开放式基金的另一个特征是：它们在交易日全天是以十分接近其 NAV 的价格交易的。是什么机制强制 ETF 的市场交易价格与投资组合的 NAV 十分接近？这是通过以下方式完成的。委托代理人在 ETF 的股份价格和 NAV 之间开展套利活动，以使两个价值保持相等。该代理人被称为授权参与人（authorized participant），其做法是在 ETF 的价格低于 NAV 时，买入价格较低的 ETF 并（以 NAV）卖出价格较高的标的投资组合，或反之亦然。授权参与人开展的这种套利活动通常会将 ETF 的价格维持在十分接近（或等于）NAV 的水平。在实践中，授权参与人的数量不止一家。授权参与人主要是与 ETF 提供商签有契约协议的大型机构交易者。

为了使套利机制奏效，ETF 投资组合的成分和 NAV 必须是已知的，投资组合必须在交易日全天连续交易。当投资组合是一个已知指数（如标准普尔 500 指数）时，这个要求是符合的。例如，对于标准普尔 500 指数，指数中的 500 种股票都十分具有流动性，其价格和指数值在交易日全天都有连续报价。这个套利程序不适用于典型的主动式管理共同基金，因为基金投资组合的成分在交易日全天不是已知的。原因在于：共同基金仅被要求每年向公众披露四次基金的持仓情况，并且仅在投资组合报告日的 45 天后披露。

因此，ETF 适用于指数，而不是典型的主动管理型共同基金。最初的 ETF 是建立在知名的股票和债券指数上的，包括美国和国际指数。随后又出现了基于覆盖面较窄的行业指数（包括金融、医疗、工业、自然资源、贵金属、科技、公用事业、房地产和其他领域）的 ETF。继此之后出现的是基于新的和覆盖面通常较窄的指数的 ETF，这些指数是为 ETF 特别设计的。从业者如今在努力开发基于主动管理型基金的 ETF。

ETF 的用途

ETF 通过被动管理型或主动管理型 ETF,为机构投资者和个人投资者提供了取得对资产类别和行业的敞口的低成本途径。ETF 可被用于改变对美国市场资产类别的敞口,通过使用基于非美国基准指数的 ETF,还可避免与创建对非美国市场的敞口相关的托管费用和交易费用。

一个希望改变对某个市场板块的敞口的主动型投资组合经理,可以通过使用一个被动管理型 ETF 做到这点。例如,考虑一个试图取得超越标准普尔 500 指数的业绩的主动型股票投资组合经理,他希望通过增加对股票市场的某个板块(投资组合经理认为这个板块的表现将优于其他板块)的敞口来实现这点。也就是说,投资组合经理希望增加对这个板块的敞口的权重。他可以通过使用一个合适的 ETF 做到这点。为了使这个例子更加具体,假设投资组合经理希望增加标普 500 指数中医疗板块的权重。这可以通过购买下列行业 ETF 之一实现:先锋(Vanguard)医疗 ETF、iShares 美国医疗 ETF 或医疗精选行业 SPDR 基金。

由于 ETF 是在交易所交易的,我们可以用保证金融资购买 ETF 份额,并且可以卖空 ETF 份额。这意味着它们可被投资组合经理用于创建杠杆,或被用于降低对指数的敞口。此外,投资组合还可以使用为建立股票头寸可用的各类委托单(如止损委托单和限价委托单),第 3 章讨论了这些委托单。

对冲基金

在本节中,我们将描述对冲基金。对冲基金没有被普遍公认的定义。就我们的目的而言,我们可以用以下文字描述对冲基金的特征。对冲基金的管理人使用类型广泛的交易策略和技术以试图获取更高的回报。对冲基金采用的策略可以包括以下一项或多项(后面的章节将更详尽地讨论它们):(1)利用杠杆或使用借取的资金;(2)卖空;(3)套利,或同时买入和卖出具有关联性的金融工具,以实现价格的暂时失调带来的利润;(4)风险控制,即利用衍生工具降低损失风险。显而易见的是,对冲基金不开展对冲,这意味着它们不试图消除风险。事实上,它们愿意承担可观的风险,但会持续监测这些风险并利用衍生工具控制风险。

对冲基金的管理费结构是一笔基于所管理资产的市场价值确定的固定费用加上正回报的一部分。后者是基于业绩的报酬,被称为激励费(incentive fee)。

在评估对冲基金时,投资者对资产管理人实现的绝对回报而不是相对回报感兴趣。投资组合的绝对回报即实现的回报。相对回报是实际回报与某个基准(或指数)的回报之差。在评估资产管理人管理对冲基金的业绩时采用绝对回报、而不是相对回报,与用于评估资产管理人管理本章讨论的其他类型的投资组合的业绩的标准有很大不同。

对冲基金的类型

我们可以用多种方法划分对冲基金的类型。Anson(2006)提议采用以下四个大类:市场定向对冲基金、公司重组对冲基金、趋同交易对冲基金和机会主义对冲基金。

- 市场定向对冲基金:基金经理保留了部分"系统性风险"敞口。在市场定向对冲基金类别中,存在采取下列策略的对冲基金:股票多空策略、股票市场时机选择和卖空。
- 公司重组对冲基金:对冲基金经理对投资组合进行定位以利用预期的重大公司事件的影响。这些事件包括兼并、收购或破产。
- 趋同交易对冲基金:对冲基金经理试图识别价格和/或收益率的潜在失调,这些价格和/或收益率预期会回到或"趋同"于假定的关系。对冲基金经理对投资组合进行定位以从趋同中获益。
- 机会主义对冲基金:在这种类型的基金中,相对其他类别的对冲基金,对冲基金经理拥有最广泛的授权。他可以对股票或货币进行特定的对赌,或建立多元化的投资组合。一种属于这个类别的对冲基金是全球宏观对冲基金。该类基金的对冲基金经理基于对全球任意一个市场的宏观经济因素的考虑,进行机会主义的投资。对冲基金经理依据其对利率变化、汇率走向、货币政策和宏观经济指标的预测,建立庞大的头寸。对冲基金还投资其他对冲基金,作为其持仓的一部分。也就是说,对冲基金之基金的投资组合包含对其他对冲基金的权益。对冲基金经理会在认为某些对冲基金策略将优于其他策略时,战术性地在不同对冲基金策略间重新配置资本。

商品

商品代表了一种另类资产类别,其特点是异质性。商品的质量未经标准化;每种商品都有其具体的特性。为商品分类的一个常见方法是区分软商品和硬商品。硬商品包含能源、贵金属和工业金属板块。软商品通常是以消费为目的、依赖于天气的易腐农产品,如谷物、大豆或牲畜。

商品投资与传统资产类别有很大不同。商品是实物资产——主要是消费品,而不是投资品。它们具有内在价值,在工业制造或消费中提供了效用。

此外,由于在任何既定时期,商品仅可以有限地获得,因此其供应是有限的。例如,尽管可再生商品(如谷物)可以几乎没有限制地生产,但其年产量是受到严格限制的。此外,某些商品的供应具有很强的季节性因素。尽管金属几乎可以全年开采,但农产品(如大豆)依赖于收获周期。

商品市场投资的支持者论证,商品被认为是投资者对传统投资组合进行多元化的一个有效途径。商品的多元化好处是双重的。首先,商品投资的回报通常与股票和债券的回报呈现低相关性(有时甚至是负相关)。其次,商品的回报与通货膨胀率呈现高度的正相关。因此,在价格上涨期间,作为实物资产的商品可以有效地发挥对冲通货膨胀的功能。

尽管商品回报与股票和债券的回报呈现低相关性,但一般而言,当市场下跌时,商品的价格也会下降。然而,由于商品是一种具有异质性的另类资产,商品市场的具体板块可能会有截然不同的表现。事实上,一些商品板块可能会与股票和债券的回报呈负相关。

商品市场投资

直接投资商品的最明显方式是在现货市场(亦称即期市场)购买实物商品。然而,资产管理人可运用几种金融工具参与商品市场:

- 对自然资源公司的股票进行间接投资;
- 商品共同基金;
- 商品期货。

商品类股票

资产管理人可建立商品类股票的头寸(多头或空头)。商品类股票是指自然资源类股票,其大部分盈利来自买卖实物商品。总体来说,"商品类股票"这一术语不能被清晰地加以区分。它由与商品相关的上市公司(即勘探、开采、提炼、制造、交易或向其他公司供应商品的公司)组成。这种对商品的间接投资(如购买石化类股票)不足以替代直接投资。

投资者并不能通过投资这种股票取得对商品的直接敞口,因为上市的自然资源公司都有其自身的特征和内在风险。它们会通过适当的对冲来限制其商品产品的敞口。一项研究显示,这些特定行业的股票与商品价格仅略微相关,因此商品类股票的价格不能完全反映标的市场的表现(见 Georgiev,2005)。其原因在于:商品类股票具有与价格相关的其他因素,如公司的战略定位、管理质量、资本结构(债务/权益比率)、对公司的预期和信用评级、利润增长、对风险的敏感度,以及信息透明度和信息可信度。

股票市场还会对可能影响公司价值的预期发展呈现出迅速和更为明智的反应。因此,还存在不同于纯商品投资的其他影响商品类股票价格的因素。此外,自然资源公司还受到因人为或技术故障、内部规章或外部事件导致的运营风险的影响。

商品基金

与投资商品类股票相比,投资者可以主动地投资商品基金。商品基金是集合投资工具的一个例子。它提供了以较低的交易成本获得多元化益处的机会。商品基金在管理风格、配置策略、地理位置和期限上的投资范围、货币单位以及投资行为方面各有不同。商品基金有主动型基金和被动型基金(即跟踪指数的基金)。

在以指数为导向的投资中,资产管理人可以取得对商品或单个商品板块的敞口。这种投资可以通过下列两种金融产品低成本地实现:基于商品指数的 ETF 和与商品指数密切关联的商品指数凭证。我们在本章前面讨论了 ETF。商品指数凭证构成了可以由银行迅速且相当低成本地发行的合法债务。凭证的期限通常被限定为一个固定日期。但是,也存在开放式凭证。商品 ETF 相对于凭证的一个优势是没有发行人的信用风险。

商品期货

在第 6 章中,我们将讨论衍生工具。它包含两种基本产品:期货合约和期权。期货合约是在有组织的交易所交易的工具,它使投资者能够在未来买入或卖出"某样东西"。可以在未来买入或卖出的"某样东西"被称为"标的资产"。我们将在下一章中看到所有不同类型的标的资产。标的资产为商品产品的期货合约叫做商品期货。商品期货的投资者可以在无需满足与直接购买商品产品相关的物流和存贮要求的情况下,从标的商品的价格变化中获利。期货头寸的优势在于其极大的灵活性,以及期货头寸的杠杆性质,因为建立头寸的资本要求,即"初始保证金"较低。初始保证金仅为标的商品价值的一个比例,它在这些投资中赋予了投资者杠杆。此外,期货市场还具有流动性程度高和交易成本低廉的特征。投资者可以通过持有多头头寸或空头头寸,从上涨和下跌的市场中获利。

在第 6 章中,我们将讨论建立期货合约头寸的机制,我们将看到投资者必须准备好在初始保证金以外投入更多的资本。投资者必须提供的额外金额被称为"变动保证金"。如果投资者在期货合约向不利于投资者的方向变化的情况下不能交付变动保证金,那么将会导致执行期货合约交易的交易所对头寸进行平仓。

私募股权

私募股权为未在交易所上市,从而不能通过公开股票市场筹集资本的公司提供了长期权益基础。私募股权提供了用于帮助私人公司成长和成功的营运资本。它是一个长期投资过程,需要耐心的尽职调查和勤勉的监督。

在这里,我们的重点是最知名的私募股权类别:风险投资。风险投资是指在公司上市前,向处于不同发展阶段的公司提供权益融资,因此潜在投资者暴露于公司可能会破产的高度风险中。风险投资家在这些公司仍然被私人持有的时候,通过购买高优先级股权的方式,为这些高风险、缺乏流动性和未经检验的创意提供融资。风险投资家只有在预期能从其努力获得合理的回报时,才会愿意投资于产品未经检验的新风险企业,并承担缺乏流动性的风险。

风险投资家在行业中有两个角色。从投资者那里筹集资金只是第一部分。第二部分是将这些资本投资于初创公司。风险投资家不是被动型投资者。一旦他们投资于某家公司后,就会以提供咨询或担任公司董事的形式来承担积极的角色。他们监督公司的进展,实施对企业家和管理层的激励计划,并制定公司的财务目标。除了提供管理见解外,风险投资家通常有权雇用或开除主要管理者,包括创始人。他们还为初创公司联系咨询公司、会计师、律师、投资银行家,以及(最重要地)可能会购买初创公司的产品的其他企业。

通常,风险投资公司会专门对处于一个或多个业务发展阶段的初创公司进行投资,或专门投资于某个行业。初创公司所处的阶段为前期阶段、扩张阶段和收购/控股权收购阶段。

风险投资基金

为了获取投资于初创公司的资金,风险投资公司需要从个人投资者和机构投资者那里筹集资本。投资者不投资风险投资公司,而是投资该公司管理的一个特定基金,这种基金被称为风险投资基金。投资者可以通过风险投资基金投资私募股权。与本章讨论的其他集合投资工具的投资者不同,风险投资基金的投资者必须在一个长时期(通常为至少 10 年)内承诺投入资本。风险投资公司以两种方式赚取费用:管理费和风险投资基金所赚取的利润的一定比例。

有限合伙公司是用以创建风险投资基金的典型法律结构。有限合伙公司分为普通合伙人和有限合伙人。风险投资公司是风险投资基金的普通合伙人。普通合伙人负责管理基金，这意味着对风险投资基金所投资的公司组合进行评估和选择。基金的所有合伙人都在有限合伙公司成立时，承诺投入具体的投资金额。

有限合伙人签署承诺函，责成其在收到请求时投入现金。风险投资公司在投资者履行其承诺协议的条款后，获得现金用于投资。在普通合伙人提出出资要求前，有限合伙人不必投入现金。有限合伙人的出资被称为"践行"承诺，是由普通合伙人提出"资本请求"做到的。普通合伙人会在风险投资基金管理团队识别其希望投资的初创公司时提出资本请求。资本承诺不仅由有限合伙人做出，亦由普通合伙人（风险投资公司）做出。由于风险投资公司投入了其自有资本，投资者的利益与风险投资公司的利益是一致的。风险投资基金的收入和资本利得在合伙人层面不必纳税，而是被传递给投资者，投资者需要纳税。

商业房产

房地产是包含土地、在土地上建造的建筑（即楼房）以及所有位于该房产的自然资源的财产。房地产被划分为住宅房产或商业房产。住宅房产包含一至四户的房产。尽管个人和一些投资者也许会购买住宅房产作为投资，但这通常不是购买原因。商业房产包含产生收入的房产。主要的商业房产类型为多户住宅、公寓楼、办公楼、工业房产（包括仓库）、购物中心、酒店、医疗设施（如老年人居住护理设施）和林地。

在本节中，我们将讨论如何把商业房产用作投资渠道。

投资于商业房产的原因

有几个支持在投资者的投资组合中纳入商业房产的原因。[1]一些实证研究考察了这些被提出的原因是否能获得支持。

第一，这个非传统的资产类别通过将对预期事件和非预期事件具有不同反应方式的资产类别组合起来，使投资者能够降低投资组合的风险。就实际上来说，商业房产是投资组合多元化和降低风险的工具。在未讨论构建有效投资组合的概念——第 8 章的主题——的情况下，这意味着在所有的投资候选对象中，对于既定的风险水平，在投资组合中纳入商业房产将会比不包含商业房产具有更高的预期回报。正如第 8 章解释的那样，其原因是商业房产与其他资产类别的回报具有低相关性。一些研究发现，房地产与股票、房地产与债券，以及房地产与现金的回报相关性使得房地产成为良好的多元化工具。

第二，一些实证研究报告称，即便是在就金融工具投资的风险作出调整后，商业房产也产生了具有吸引力的回报。

---

[1]　这些是 Hudson-Wilson、Fabozzi 和 Gordon（2003）给出的论证。

第三,商业房产据称能够提供对非预期通货膨胀或通货紧缩的对冲。对房地产为何是通货膨胀对冲工具的解释是:假如通货膨胀率高于预期通货膨胀率,房地产产生的回报将会对这个意外作出补偿,从而帮助抵消投资组合中的其他资产对超额通货膨胀的负面反应。问题在于这点是否对于所有的房产类型(即办公楼、仓库、零售和公寓)都得到实证支持。一项研究得出结论:尽管私募股权房地产是十分有用的部分通货膨胀对冲工具,但不同房产类别的通货膨胀对冲能力的程度是不一致的[见 Hudson-Wilson、Fabozzi 和 Gordon(2003)]。

论证投资者应该在一个平衡的投资组合中纳入商业房产的第四个原因是,该资产类别是投资领域的一个重要部分。因此,不将投资组合的任何资金配置给商业房产在理论上是没有理由的。

投资于商业房产的最后一个原因是:它为投资组合带来强劲的现金流。投资者对定期分配现金的需求各有不同。一些投资者的目标是生成比基准回报率更高的投资组合回报率,因此其对强劲现金流的需求不如对需要现金流以满足偿付责任的投资者那么重要。对于需要现金流以满足偿付责任的投资者而言,呈现强劲现金流的资产类别具有重要的吸引力。一项研究分析了商业房产的相对收入回报率,并将之与债券和股票的回报率进行了比较。他们发现,对于投资者来说,房地产是一种远为上乘的稳定收入来源。对于寻求以已实现收入而非未实现资本增值的形式赚取更大部分的投资组合总回报率的投资者而言,房地产实现这个目标的机会要大得多。

商业房产市场的板块

商业房产市场被划分为四个板块:(1)私募商业房产股权板块,(2)公募商业房产股权板块,(3)私募商业房产债务板块,以及(4)公募商业房产债务板块。我们将在下面描述每个板块,以及投资者如何取得对每个市场的敞口。

私募商业房产股权

在私募商业房产股权市场中,投资者拥有对商业房产的权益敞口,但不涉及使用公开交易的投资工具。资产管理人对私募商业房产股权市场的敞口可以通过两种途径实现:直接购买房地产和私募房地产投资信托。

房地产投资信托(real estate investment trust, REIT)是一种集合投资工具,它被划分为私募 REIT 或公募 REIT。私募 REIT 不在交易所交易,也不在 SEC 注册。公募 REIT 在交易所交易,因此必须在 SEC 注册。REIT 又可被进一步划分为股权 REIT 和债务 REIT。希望取得对私募商业房产股权市场的敞口的资产管理人,会通过投资于私募股权 REIT 做到这点(假如受到允许的话)。

公募商业房产股权

公募商业房产股权市场通过使用公开交易的集合投资工具提供了对房地产的敞口。该集合投资工具有三种类型:公募股权 REIT、房地产运营公司(REOC)和 ETF。

股权 REIT 可被划分为多元化 REIT、行业 REIT 和特殊型 REIT。顾名思义,多元化 REIT 投资于所有的四大类商业房产。行业 REIT 的持仓限定于特定的商业房产类型。行业

REIT 有办公楼 REIT、工业 REIT、零售 REIT、寄宿 REIT、住宅 REIT、医疗 REIT、自助存储 REIT 和林地 REIT。特殊型 REIT 投资于一个独特的房产类型组合，这些类型未被包含在主要的 REIT 房产类型中，例如加油站、高尔夫球场、赛车场和影院。

我们有 REIT 指数可用于评估这个商业房产市场板块的表现。最常用的 REIT 指数为 MSCI 美国 REIT 指数（MSCI US REIT）和道琼斯股权全 REIT 指数（Dow Jones Equity ALL REIT）。REOC 投资于房地产，并向公众发行在交易所交易的股票。然而，REOC 与 REIT 有两个区别。首先，REOC 在其可以投资的房地产投资类型方面比 REIT 具有更大的灵活性。其次，REOC 会对公司产生的收益进行再投资，而不是像 REIT 那样将收益分配给股东。

私募商业房产债务

私募商业房产债务以基金和/或混合工具持有的直接发放的商业抵押贷款或完整贷款（即未被证券化的单笔商业房产抵押贷款）的形式持有。商业房产抵押贷款是对产生收入的房产发放的房产抵押贷款。

商业房产抵押贷款使出借人暴露于信用风险敞口中。在商业房产抵押贷款中，出借人依赖于借款人的偿还能力，假如还款未能偿付，出借人对借款人没有追索权。也就是说，商业房产抵押贷款是无追索权贷款。这意味着出借人只能依靠作为抵押的、产生收入的房产来偿付利息和本金。由于这项信用风险，出借人依赖于多种度量来评估信用风险。对潜在信用风险的两个最常用的度量是债务维持比率（debt-to-service coverage）和贷款/房价比率（loan-to-value ratio）。

对于住宅抵押贷款而言，只有附提前还款罚金的房产抵押贷款才为出借人提供了对提前还款风险的一些保护。在商业房产抵押贷款中，赎回保护可以采取下列形式：提前还款锁定、提前还款罚金点数、收益率维持费用和废止契约。提前还款锁定是禁止借款人在一段指定时期（叫做锁定期）内支付任何提前还款的合同条款。锁定期可以是 2 年至 10 年。在锁定期后，赎回保护的形式通常是提前还款罚金点数或收益率维持费用。提前还款罚金点数是借款人希望进行再融资时必须支付的预定罚金点数。例如，5—4—3—2—1 是常见的提前还款罚金点数结构。收益率维持费用的设计目的是使借款人不更加倾向于提前还款。收益率维持费用亦称提前赎回补偿费用，使得仅为了取得更低的房地产抵押贷款利率而进行的再融资不具有经济意义。在废止契约的做法中，借款人向服务商提供足够的资金，以投资于复制房地产抵押贷款在无提前还款的情况下产生的现金流的国债券投资组合。

商业房产抵押贷款通常是"气球贷款"，它们要求在贷款期末支付一笔大额的本金还款。借款人因下列原因不能支付气球还款的风险叫做气球风险：借款人不能在气球还款日安排再融资或出售房产以产生足够资金用于偿还气球贷款余额。由于出借人会在贷款方案调整期内延长贷款的期限，气球风险亦称展期风险。

公募商业房产债务

公募商业房产债务包括投资于房产抵押贷款债务的 REIT 和商业房产抵押贷款证券（CMBS）。投资于房产抵押贷款债务的 REIT 仅占 REIT 市场的一小部分。CMBS 是一种通过第 4 章描述的证券化程序创建的债务工具。也就是说，CMBS 是我们在下文中将要讨论的证券化产品。

贷款发起人可以完整商业贷款的形式或通过在 CMBS 交易中进行结构设计,出售多种类型的商业贷款。CMBS 是由一笔或多笔商业房产抵押贷款支持的证券。在 CMBS 中,几乎所有规模(低至 100 万美元,高至 2 亿美元的单一房产贷款)的贷款都可被证券化。

在美国,与第 4 章描述的住宅 MBS 相同,CMBS 可由吉利美、房利美、房地美和私人主体发行。吉利美、房利美和房地美发行的所有证券都与其为住宅提供融资的宗旨一致。这包括由疗养院项目和医疗设施支持的证券。吉利美发行的证券具有联邦住宅管理局(Federal Housing Administration)的支持——经保险的多户住宅贷款。这些贷款叫做项目贷款。吉利美用这些贷款创建项目贷款过手证券。这些证券可以由完工项目的单笔项目贷款或多笔项目贷款提供支持。房地美和房利美从获得批准的出借人手中购买多户住宅贷款,并将之保留在其资产组合中或用作证券的抵押物。这与这两个主体对其收购的单户住宅抵押贷款的做法并无不同。尽管由吉利美、房利美和房地美支持的证券构成了住宅抵押贷款证券(RMBS)市场中最大的板块,但迄今为止,由私人主体发行的证券构成了 CMBS 市场最大的板块。

CMBS 是由新发起的或有一定账龄的商业房产抵押贷款支持的。大多数 CMBS 都由新发起的贷款支持。CMBS 可按贷款池的类型划分。第一类 CMBS 由单个借款人支持的贷款组成。通常,这类 CMBS 是由大型房产(如区域性商场或办公楼)支持的。此类 CMBS 的投资者为保险公司。第二类 CMBS 由多家借款人的贷款组成。这是最常见的 CMBS 类型,由多种类型的房产支持。由多个借款人的商业房产抵押贷款支持的最普遍的交易形式是导管交易。这些交易由投资银行创建,投资银行与房产抵押贷款银行约定了一种导管安排,由后者专门为证券化(即创建 CMBS)发起商业房产抵押贷款。房产抵押贷款银行利用投资银行提供的资本发起和发放贷款。一些多借款人 CMBS 交易将导管交易中包含的贷款与一笔大额(或"巨额")贷款组合起来。这些 CMBS 交易叫做融合交易或混合交易。融合类交易主导了美国的 CMBS 市场,并且是美国以外的 CMBS 市场的一个重要(但非主导)部分。

关键要点

- 集合投资工具是通过汇集资金创建的产品。
- 通过投资于集合投资工具,投资者可以获得基金净资产的权益。
- 集合投资工具的 NAV 是资产的市场价值减去其负债,再除以未偿股数。
- 相对于对资产和资产类别进行直接投资,集合投资工具的优势在于更佳的投资组合多元化、更高的流动性、专业的管理技能和可能的税收优惠待遇。
- 资产管理人是集合投资工具的管理人,也是其投资者。
- 当资产管理公司管理集合投资工具时,公司会通过管理费和(可能的)激励费获取报酬。
- 投资公司是向公众出售股份,并将收入投资于多元化证券投资组合的集合投资工具,每股股份代表了标的证券投资组合的一定比例的权益。
- 投资公司可进一步被划分为开放式基金(亦称共同基金)和封闭式基金。

- 投资者可以选择具有多种不同投资目标的类型广泛的基金。
- 交易所交易基金(ETF)是克服了开放式共同基金的两个主要缺陷——共同基金交易只能在交易日收盘时定价和税收效率低下——的集合投资工具。
- 与开放式基金相同,ETF 基于 NAV 交易;但与开放式基金不同,它们像股票那样交易。
- ETF 的资产管理人负责管理投资组合,以尽可能接近地复制基准指数的回报。
- 对冲基金(一种集合投资工具)没有普遍公认的定义,但它们在寻求产生更高的回报方面有一些共同特征:利用杠杆、卖空、套利和风险控制。
- 尽管在对这些主体的描述中含有"对冲"这一术语,但它们不完全对冲其头寸。
- 对冲基金可被分类为市场定向基金、公司重组基金、趋同交易基金和机会主义基金。
- 风险投资公司为初创公司提供融资,专长于某些行业和初创公司的某些融资阶段。
- 风险投资公司创建风险投资基金,并为此寻找投资者。风险投资基金的投资者承诺投入特定金额的资金,但只有在风险投资公司按照承诺函的约定发出资本请求时,投资者才需要提供现金。
- 风险投资基金采用的法律结构为有限合伙公司。
- 风险投资基金的资本承诺不仅由外部投资者作出,还由风险投资公司本身作出,从而使外部投资者的利益与风险投资公司的利益保持一致。
- 商品代表一种另类资产类别,其特点是异质性。
- 商品的质量是非标准化的,因为每种商品都有其具体的特性。
- 划分商品的一个常见方法是区分硬商品(包含能源、贵金属和工业金属板块)和软商品(包含农业领域依赖于天气的易腐商品)。
- 商品市场投资的支持者论证,商品被认为是投资者对传统资产类别投资组合进行多元化的一个有效途径,因为其回报率与股票和债券市场呈现低相关性(有时为负相关),并与通货膨胀率呈现高度的正相关。
- 尽管资产管理人直接投资商品的方式是在现货(即期)市场购买实物商品,但他们可以使用数种金融工具参与商品市场:对自然资源公司股票的间接投资、商品共同基金和商品期货。
- 主要的商业房产类型为多户住宅、公寓楼、办公楼、工业房产(包含仓库)、购物中心、酒店、医疗设施(如老年人居住护理设施)和林地。
- 商业房产市场有四个板块:(1)私募商业房产股权市场,(2)公募商业房产股权市场,(3)私募商业房产债务市场,以及(4)公募商业房产债务市场。
- 投资商业房产的原因是:(1)在多元化的投资组合中降低投资组合风险,(2)生成超过无风险利率的绝对回报,(3)对非预期的通货膨胀或通货紧缩进行对冲,(4)构成合理地反映总体投资领域的投资组合的一部分,以及(5)为投资组合生成强劲的现金流。
- 房地产投资信托(REIT)是一种集合投资工具,它们是公开交易的股票,代表了对标的房地产池的权益。与封闭式基金相同,其市场价格可以不同于 NAV。
- 私募商业房产股权作为个体资产或在混合工具(如私募 REIT)中由投资者持有。
- 公募商业房产股权可被设计为房地产投资信托或房地产运营公司,两种主体都向公众发行可在交易所交易的股份。
- 一些交易所交易基金可被用于取得对公募商业房产股权板块的敞口。

- 股权 REIT 可被划分为多元化 REIT、行业 REIT 和特殊型 REIT。
- 商业房产抵押贷款是为产生收入的房产发放的无追索权房产抵押贷款，出借人面临信用风险敞口。
- 商业房产抵押贷款的赎回保护包括提前还款锁定、废止契约、提前还款罚金点数和收益率维持费用。
- 公募商业房产债务包括商业房产抵押贷款证券和商业房产抵押贷款债务的 REIT。
- CMBS 是由商业房产抵押贷款支持的证券化产品，交易的基础是向单个借款人发放的贷款、向多个借款人发放的贷款（叫做导管交易），或导管交易中包含的贷款与一笔大额或（"巨额"）贷款的组合（叫做融合交易或混合交易）。

参考文献

Anson，M. J. P.，2006. *Handbook of Alternative Assets：Second Edition*，Hoboken，NJ：John Wiley & Sons.

Georgiev，G.，2005. "Benefits of commodity investment：2005 update," Center for International Securities and Derivatives Markets. Available at http://www.starkresearch.com/resources/documents/commodities/2005%20benefitsofcommodities.pdf.

Hudson-Wilson，S.，F. J. Fabozzi, and J. N. Gordon，2003. "Why real estate?" *Journal of Portfolio Management*，29(5):12—25.

6

金融衍生工具基本知识

学习目标

在阅读本章后,你将会理解:

- 期货合约和远期合约的基本特征;
- 期货合约与远期合约的区别;
- 期货合约和远期合约头寸的风险/回报关系,以及它为何被称为线性收益衍生工具;
- 期货/远期合约的理论价格是如何确定的;
- 互换的基本特征;
- 互换与远期合约的关系,以及互换为何是线性收益衍生工具;
- 期权的基本特征;
- 看跌期权与看涨期权的区别;
- 期货合约与期权合约的区别;
- 期权头寸的风险/回报关系,以及期权为何被称为非线性收益衍生工具;
- 期权价格的基本组成部分;
- 影响期权价格的因素;
- 上限合约和下限合约的基本特征;
- 上限合约和下限合约为何在经济上等价于一个期权组合;
- 为何上限合约和下限合约是非线性收益衍生工具。

衍生工具,或简称为衍生品,是价值在根本上从标的股票、股指、债券、外汇和商品等现货市场工具的表现衍生而来的合约。衍生工具有三大类别:(1)期货合约和远期合约,(2)期权,以及(3)互换。衍生工具在交易所或场外(OTC)市场交易。也就是说,有在交易所交易的衍生工具和场外衍生工具之分。在交易所交易的衍生工具为标准化合约。场外衍生工具相对于在交易所交易的衍生工具的一个优势是:它们为资产管理人的投资策略实施提供了定制化的解决方案。事实上，场外衍生工具获得成功的一个关键原因即为其可灵活地创建各种收益结构。在交易所交易的衍生工具与场外衍生工具的一个关键区别是：前者具有交易所的担保，而后者则是担任交易对手的一个非交易所主体的义务。因此，场外衍生工具的用户受到信用风险（或对手风险）的影响。

在本章中，我们仅解释三类衍生工具（期货/远期合约、期权和互换）的基本特征。衍生工具可被用于控制风险，或是在投资策略中增强投资组合的回报。尽管我们在这里对衍生工具的描述是一般化的，但衍生工具可具体被划分为以下类别：股票衍生工具、利率衍生工具、信用衍生工具、商品衍生工具和货币衍生工具。我们在第 14 章和第 18 章中讨论如何使用衍生工具时，将描述所采用的具体合约。

期货合约和远期合约

期货合约和远期合约是具有类似结构和风险/回报特征的衍生工具。正如下文解释的那样，期货是在交易所交易的产品，而远期合约是场外产品。

期货合约

期货合约（futures contract）是买方和买方签订的协议，其中买方同意在一个指定的时期末以指定价格接受"某件东西"，卖方同意在一段指定时期末以指定价格交付"某件东西"。当然，在期货合约签订时，没有任何买卖发生。签订合约的双方同意在一个指定未来日期买入或卖出特定数量的特定物品。当我们谈论合约的"买方"和"卖方"时，我们只是采用了期货市场的语言，用合约当事方未来的义务称呼他们。

让我们仔细考察期货合约的关键要素。合约双方同意在未来交易的价格被称为期货价格（futures price）。双方必须执行交易的指定日期被称为最后结算日（settlement date）或交割日（delivery date）。双方同意交换的"某件东西"被称为标的资产（underlying）。我们再次表明，期货合约是在交易所交易的金融工具。

为了说明这点，假设期货合约的标的资产是 XYZ 资产，交割日为三个月以后。我们进一步假设本杰明购买了这份期货合约，石红则出售了这份期货合约，他们同意在未来交易的价格为 100 美元。于是，100 美元为期货价格。在交割日，石红将向本杰明交付 XYZ 资产，本杰明将向石红支付 100 美元的期货价格。

当投资者通过购买期货合约在市场中建立头寸时，我们称投资者持有期货多头头寸。相反，假如投资者的初始头寸是出售期货合约，那么我们称投资者持有期货空头头寸。

期货合约的买方在期货价格上升时实现利润；而期货合约的卖方在期货价格下降时实现利润。例如，假设在本杰明和石红建立期货合约头寸的一个月后，XYZ 资产的期货价格上升到了 120 美元。于是，作为期货合约的买方，本杰明可以出售期货合约并实现 20 美元的利润。实质上，在交割日，他已同意以 100 美元的价格购买 XYZ 资产，然后可以在市场中以 120 美元的价格出售 XYZ 资产。作为期货合约的卖方，石红将蒙受 20 美元的损失。假如期货价格下降至 40 美元并且石红以 40 美元的价格买回合约,那么她将实现 60 美元的利润,因为她同意以 100 美元的价格出售 XYZ 资产并且如今可以 40 美元的价格购买该资产。本杰明将蒙受 60 美元的损失。因此,如果期货价格下降,期货合约的买方将蒙受损失,而期货合约的卖方将盈利。

平仓

大多数金融期货合约的交割日在 3 月、6 月、9 月和 12 月。这意味着在合约交割月份的预定时间,合约会停止交易,交易所将为合约的交割确定结算价格。例如,假设在 1 月 4 日,本杰明购买了在当年 3 月的第三个周五交割的期货合约,石红则出售了该种期货合约。于是,在这个日期,本杰明和石红必须履约——本杰明同意以 100 美元的价格购买 XYZ 资产,石红则同意以 100 美元的价格出售 XYZ 资产。交易所会为该指定日期确定期货合约的交割价格。例如,假如交易所确定交割价格为 130 美元,那么本杰明已同意以 100 美元的价格购买 XYZ 资产并可以 130 美元的价格交割头寸,因此将实现 30 美元的利润。石红则将蒙受 30 美元的损失。

假设本杰明和石红在 1 月 4 日不签订于 3 月交割的期货合约,他们可以选择在 6 月、9 月或 12 月进行交割。交割日最近的合约被称为临近期货合约(nearby futures contract)。次近期货合约(next futures contract)是交割日紧接在临近期货合约之后的期货合约。交割日最靠后的合约被称为最远期货合约(most distant futures contract)。

期货合约的当事方在平仓方面有两个选择。第一,头寸可以在交割日前平仓。就此目的,当事方必须对相同的合约建立一个相抵头寸。对期货合约的买方而言,这意味着出售同等数量的相同期货合约;对期货合约的卖方而言,这意味着购买同等数量的相同期货合约。相同合约意味着合约具有相同的标的资产和交割日。例如,假如本杰明在 1 月 4 日购买了交割日在 3 月的 XYZ 资产的期货合约并希望在 2 月 14 日平仓,他可以出售交割日在 3 月的 XYZ 资产的期货合约。同样,假如石红在 1 月 4 日出售了交割日在 3 月的 XYZ 资产的期货合约并希望在 2 月 22 日平仓,她可以购买交割日在 3 月的 XYZ 资产的期货合约。交割日在当年 6 月的 XYZ 资产的期货合约不同于交割日在当年 3 月的 XYZ 资产的期货合约。

另一个选择是等到交割日。在这个时候,购买期货合约的当事方接受标的资产的交付;出售期货合约的当事方则通过以协定价格交付标的资产交割头寸。对于将在后面章节中描述的一些期货合约,它们只能用现金交割。这种合约被称为现金交割合约(cash settlement contract)。

一个衡量合约流动性的有用统计数据是已经签订但尚未平仓的合约数量。这个数据叫做合约的未平仓量(open interest)。交易所为在该交易所交易的每种期货合约提供未平仓量数据的报告。

清算所的角色

与每家期货交易所关联的是清算所。清算所执行数项功能,其中之一是保证交易双方将会履约。由于清算所的存在,双方不必担心采取相反交易的另一方的财务实力和诚信。在初始执行委托单后,双方的关系即告终止。交易所为每笔出售交易担任买方,并为每笔购买交易担任卖方。因此,双方可以随意平仓而不涉及原始交易的对手方,也不必担心对手方可能会违约。

保证金要求

投资者在最初建立期货合约的头寸时,必须按照交易所的规定为每笔合约存入最低金额的保证金。这个金额叫做初始保证金,投资者为了合约必须存入这笔资金。初始保证金可以采取附息证券的形式,如美国短期国债。初始保证金被存入账户,这个账户中的金额被称为投资者的权益(investor's equity)。随着期货合约的价格在每个交易日收盘时发生变化,投资者头寸中权益的价值也会发生变化。

在每个交易日收盘时,交易所会确定期货合约的"结算价格"。结算价格不同于收盘价格,后者是证券当日最后一笔交易(无论该笔交易在当日何时发生)的价格。相比之下,结算价格是交易所认为代表了交易日收盘时的交易的价格数值。交易所用结算价格对投资者的头寸进行逐日盯市(即基于最新市场价格记录投资者头寸的价值),从而在交易日收盘时,头寸的任何收益或损失都被迅速反映在投资者的权益账户中。[①]

维持保证金是指在投资者被要求存入额外的保证金前,投资者的权益头寸可能因不利的价格波动而下跌的最低水平。维持保证金要求是一个低于初始保证金要求的美元金额。它规定了在投资者被要求提供额外的保证金前,投资者的权益账户可以减少达到的下限。

追加存入的保证金叫做变动保证金,是为了将账户中的权益恢复至初始保证金的水平所需要的金额。与初始保证金不同,变动保证金只能是现金,而不能是付息证券。投资者可以提取账户中的超额保证金。假如被要求存入变动保证金的期货合约当事方未能在 24 小时内做到这点,清算所将对其期货头寸进行平仓。变动保证金必须是现金。

选择使用期货合约的资产管理人需要理解的关键点是:他必须准备好现金以满足变动保证金要求。许多有成功潜力的投资策略都因资产管理人不能满足追加保证金的要求而被迫终止。

期货的杠杆特征

在建立期货合约头寸时,当事方无需提供全额投资资金。相反,交易所仅要求其投资初始保证金。为了理解其含义,假设本杰明有 100 美元并希望投资于 XYZ 资产,因为他认为其价格将会上升。如果 XYZ 资产的售价为 100 美元,他可以在现货市场(在购买商品后即交付商品的市场)购买一个单位的资产。其收益将依赖于一个单位的 XYZ 资产的价格变动。

假设执行 XYZ 资产的期货合约交易的交易所仅要求 5% 的初始保证金,在本例中为 5 美元。于是,本杰明可以其 100 美元的投资购买 20 份合约。(本例忽略了本杰明可能需要资金支付变动保证金的事实。)其收益将取决于 20 个单位的 XYZ 资产的价格变动。因此,他可以采取杠杆使用其资金。杠杆程度等于 1/保证金比例。在本例中,杠杆程度等于 1/0.05 或 20。尽管在期货市场可以取得的杠杆程度根据不同合约会有所变化(因为不同合约的初始保证金要求也各有不同),但在期货市场可实现的杠杆显著高于现货市场中的杠杆。

---

① 尽管像第 3 章解释的那样,以保证金融资购买证券也有初始保证金和维持保证金,但保证金的概念对于证券和期货有所不同。当我们以保证金融资购买证券时,证券价格与初始保证金的差额是从经纪人那里借取的。所购买的证券被用作贷款的抵押物,投资者支付利息。对期货合约而言,初始保证金实质上被当作"诚信"金,它表明投资者将会履行合约中的义务。通常,投资者不借取资金。

最初,在期货市场可取得的杠杆也许意味着市场仅有利于希望对价格变化进行投机的市场参与者。情况并非如此。我们将会看到,期货市场可被用于降低价格风险。如果没有期货交易可能包含的杠杆,使用期货降低价格风险的成本对许多市场参与者来说将会过高。

远期合约

与期货合约相同,远期合约(forward contract)也是在一个指定的未来时期末以指定价格交割标的资产的协议。期货合约是关于交割日期(或月份)和可交割物的质量的标准化协议,并且在有组织的交易所交易。远期合约则有所不同,它们通常是非标准化的(即每份合约的条件都是由买方和卖方单独协商的),也没有清算所,其二级市场通常不存在或交易十分稀少。与作为在交易所交易的衍生工具的期货合约不同,远期合约是一种场外衍生工具。

由于在远期合约中,不存在清算所为交易对手的履约提供担保,因此远期合约的当事方暴露于对手风险(即交易对手方不能履约的风险)敞口中。期货合约会在每个交易日收盘时被逐日盯市。因此,期货合约可能会受到期间现金流的影响,因为在价格发生不利变化时清算所可能会要求追加保证金,在价格发生有利变化时合约当事方可能会提取现金。远期合约可以被逐日盯市,也可以不采取这种做法。

当交易双方是两家信用资质良好的主体时,双方可能会同意不对头寸进行逐日盯市。然而,假如一方或双方对另一方的对手风险感到担忧,那么头寸可能会被逐日盯市。因此,当远期合约被逐日盯市时,它们也与期货合约一样会发生期间现金流。当远期合约不被逐日盯市时,将不存在期间现金流。

除了上述区别外,我们对期货合约的描述也同样适用于远期合约。

期货合约和远期合约的定价

在使用衍生工具时,市场参与者应理解如何为这些工具估值的基本原理。尽管为在现货(即期)市场中交易的金融工具进行估值已有多种模型,但所有衍生工具模型的估值都是基于套利原理的。

在本质上,这涉及开发一个策略或交易,这个策略或交易是构建一个由标的资产的头寸(即衍生工具合约的标的资产或工具)和借取资金或出借资金构成的头寸组合,以生成与衍生工具相同的现金流状况。于是,这个头寸组合的价值等同于衍生工具的理论价格。假如衍生工具的市场价格偏离理论价格,那么套利活动将会推动衍生工具的市场价格向理论价格靠拢,直至套利机会消除。

在制定捕捉错误定价的策略时,我们必须作出某些假设。当这些假设在现实世界不能得到满足时,理论价格只能是近似值。此外,在对为推导理论价格所必需的基础假设进行详尽考察后,我们可以看到应如何调整定价公式来为具体的合约估值。

在这里,我们展示了期货合约和远期合约的理论价格。这些合约的定价十分相似。假如两种合约的标的资产相同,那么定价差异是由于合约特征的差异(定价模型必须对此作出处理)。因此,我们这里展示的是期货合约的基本定价模型。"基本"指我们是从特定合约的标的资产的繁冗细节进行外推的。衍生工具书籍描述了如何推导期货合约和远期合约的理论价格，以及与将基本定价模型应用于一些较受欢迎的期货合约相关的问题。

期货的理论价格可被证明为：

期货理论价格＝现货市场价格＋现货市场价格×（融资成本－现货收益率）

在这则基本的定价公式中，"融资成本"是借取资金的利率，"现货收益率"是从对资产的投资获得的支付（以现货价格的一个比例表示）。

例如，假设标的资产的现货价格（亦称即期价格）为 100 美元，融资成本为 3％，现货收益率为 4％。于是，期货的理论价格为：

100 美元＋[100 美元×（3％－4％）]＝99 美元

注意，根据融资成本与现货收益率的差异，期货价格可以高于或低于现货价格。融资成本与现货收益率之差被称为净融资成本（net financing cost）。表示净融资成本的一个更常用的术语为持有成本（cost of carry）。正数的持有成本意味着现货收益率超过了融资成本。注意，尽管融资成本与现货收益率之差为负值，但我们称持有成本为正数。负数的持有成本意味着融资成本超过了现货收益率。以下总结了持有成本对期货价格与现货价格之差的影响：

正持有成本	期货价格将相对现货价格折价出售
负持有成本	期货价格将相对现货价格溢价出售
零	期货价格将等于现货价格

在期货合约的交割日，期货价格必须等于现货市场价格。原因在于：已经到达交割日的期货合约等价于现货市场交易。因此，随着交割日的临近，期货价格将收敛至现货市场价格。期货理论价格的公式清晰地显示了这个事实。随着交割日的临近，融资成本趋向于零。同样，可以通过持有标的资产赚取的收益率也趋向于零。因此，持有成本趋向于零，期货价格趋向于现货市场价格。

互换

互换是涉及两个对手方的协议，要求每个对手方定期交换付款。所交换的付款金额是基于某个预定本金（叫做名义金额或名义本金）确定的。每个交易对于向另一方支付的金额等于协定的定期利率乘以名义金额。双方交换的现金付款仅限于协定的付款，而不包括名义金额。

为了举例说明互换，考虑以下互换协议，双方在未来五年内每年交换一次付款。互换的两家对手为一家资产管理人和一家银行。互换的名义金额为 1 亿美元。在未来五年内，资产管理人同意每年向银行支付 4％的利率，银行同意向资产管理人支付基于某个参考利率的利率。因此，资产管理人将每年向银行支付 400 万美元（4％×1 亿美元）。银行向资产管理人支付的金额取决于必须交换付款时的参考利率。例如，假如参考利率为 3％，银行将向资产管理人支付 300 万美元（3％×1 亿美元）。

在这个阶段,我们难以理解为何资产管理人会希望使用互换。然而,某些类型的互换普遍被资产管理人用于控制投资组合风险,正如第 18 章将要解释的那样。与此同时,对互换经济原理的理解诠释了它为何是一种广受欢迎的衍生工具。

互换的经济原理

假如我们仔细考察互换,将能看到它不是一种新的衍生工具。相反,它可以被分解为一揽子我们已经讨论过的衍生工具。为了理解这点,考虑上例中资产管理人与银行开展的互换。在未来五年内,资产管理人同意每年向银行支付 4% 的年利率,而银行则同意每年向资产管理人支付参考利率。由于名义金额为 1 亿美元,资产管理人同意支付 400 万美元。或者,我们可以在下文中重新表述这笔交易。在未来五年中,银行同意每年向资产管理人交付"某件东西"(参考利率),并接受 400 万美元的付款。这项安排也可被重新表述如下:双方签订了多个远期合约。一方同意在未来的某个时间交付某件东西,另一方同意接受交割。我们称双方有多个远期合约的原因是,这份协议要求在未来五年每年交换付款。

尽管互换也许不过是一揽子远期合约,但由于几个原因,它不是一种多余的合约。首先,在许多远期合约和期货合约的市场中,最长的期限通常不能达到典型互换的期限。其次,互换是一种在交易上效率更高的工具,这意味着交易主体可以在单笔交易中有效地建立等价于一揽子远期合约的收益结构。而每笔远期合约都必须被单独协商。最后,某些类型的互换比许多远期合约具有更高的流动性,尤其是长期的远期合约。

互换的类型

互换是基于互换付款的特征分类的。五种类型的互换包括利率互换、利率/权益互换、权益互换和货币互换。在名称中含有"互换"一词的第五种衍生工具为"信用违约互换",但它实际上是一种期权类型的工具,我们将在第 18 章中介绍。

在利率互换中,双方基于一个指定的利率基准互换以相同货币为单位的付款。例如,一个对手方可以支付固定利率,而另一方可以支付浮动利率。这个浮动利率通常被称为参考利率。

在利率/权益互换中,一方基于参考利率交换付款,而另一方则基于某个股票指数的收益率交换付款。付款采用相同的货币。

在权益互换中,双方基于某个股票指数交换以相同货币为单位的付款。最后,在货币互换中,双方同意基于不同的货币互换付款。

期权

在期权合约中,期权卖方赋予了期权买方在指定日期或指定日期前以指定价格购买或出售标的资产与卖方进行交易的权利。指定价格被称为敲定价格(strike price)或执行价格(exercise price），指定日期被称为到期日（expiration date）。期权卖方用这项权利换取特定金额的资金，这笔资金叫做期权权利金（option premium）或期权价格（option price）。期权卖方亦称期权的立权方，而期权买方为期权持有人。期权所含的资产为标的资产。标的资产可以是单个股票、股票指数、债券，或甚至是另一种衍生工具（如期货合约）。期权立权方赋予期权持有人两项权利之一。假如该权利是购买标的资产，期权被称为看涨期权（call option）。假如该权利是出售标的资产，期权被称为看跌期权（put option）。

期权还可以根据它何时可被买方执行进行分类。这被称为执行风格（exercise style）。欧式期权（European option）只可以在期权的到期日执行。相比之下，美式期权（American option）可以在到期日或到期日前的任何时候执行。可以在到期日前，但只能在指定日期执行的期权叫做百慕大期权或大西洋期权。

交易条款由合约单位表示，大多数合约的交易条款都是标准化的。期权持有人以开仓交易加入合约。随后，期权持有人可以选择执行期权或出售期权。持有人出售现有期权是一笔平仓交易。

让我们用一个例子说明基础的期权合约。假设迭戈以 3 美元（期权价格）购买了附有下列条款的美式看涨期权：

- 标的资产为一个单位的资产 ABC。
- 执行价格为 100 美元。
- 到期日为距今三个月后。

在到期日前的任何时候（含到期日），迭戈可以决定从该期权的立权方那里购买一个单位的资产 ABC，他将为此支付 100 美元。如果情况不利于迭戈执行期权，他不会执行期权——我们将很快解释他如何判断情况何时有利。无论迭戈是否执行期权，他为之支付的 3 美元将由期权的立权方保留。如果迭戈购买了看跌期权而不是看涨期权，那么他将能够以 100 美元的价格将资产 ABC 出售给期权的立权方。

期权买方可能会损失的最高金额为期权价格。期权卖方可能会实现的最大利润也是期权价格。期权买方拥有很大的上行收益潜力，而期权卖方则有很大的下行风险。我们将在本节后面考察期权头寸的风险/回报关系。

期权与期货合约的区别

注意，与期货合约不同，期权合约的一方没有执行交易的义务——具体而言，期权买方拥有执行交易的权利，而不是义务。期权卖方确实具有履约义务。在期货合约的情形下，买卖双方都具有履约义务。当然，期货买方不向卖方支付款项以使其接受义务，但期权买方则向卖方支付期权价格。因此，这些衍生工具合约的风险/回报特征也有所不同。在期货合约的情形下，合约买方将在期货合约的价格上升时实现 1 美元对 1 美元的收益，并在期货价格下降时蒙受 1 美元对 1 美元的损失。期货合约卖方的情况则相反。由于这个关系，我们称期货合约和远期合约具有"线性收益"。由于互换不过是一揽子远期合约的头寸，互换也是线性收益衍生工具。

期权则不提供这种对称的风险/回报关系。期权买方可以损失的最大金额是期权价格。尽管期权买方保留了所有的潜在利益，但收益总是必须减去期权价格的金额。卖方可以实现的最大利润为期权价格,这可以大幅抵消下行风险。由于这个特征,我们称期权具有非线性收益。

期货和期权的收益类型的区别极其重要,因为资产管理人可以运用期货防范对称风险,并运用期权防范不对称风险。

挂牌期权与场外期权

与其他金融工具相同,期权可以在有组织的交易所或场外市场交易。在交易所交易的期权被称为挂牌期权或在交易所交易的期权。在场外市场交易的期权叫做场外期权或交易商期权。挂牌期权的优势如下:首先,合约的执行价格和到期日是标准化的。其次,与期货合约相同,由于挂牌期权的可互换性,在交易执行后,买方与卖方的直接联系即被切断。在期权市场中,与执行期权交易的交易所关联的清算所履行了与在期货市场中相同的功能。最后,挂牌期权的交易成本比场外期权低。

在许多情形下,希望使用期权管理风险的资产管理人需要量身定制的期权,因为标准化的挂牌期权不能满足其目标,场外期权的更高成本反映了这种量身定制期权的成本。尽管场外期权的流动性不如挂牌期权,但这种期权的使用者通常不关心这点。场外期权的爆发式增长显示,投资组合经理认为这些产品服务于重要的投资目的。

期权的风险和回报特征

现在,让我们举例说明四种基础期权头寸的风险和回报特征:
- 购买看涨期权(看涨期权多头)。
- 出售看涨期权(看涨期权空头)。
- 购买看跌期权(看跌期权多头)。
- 出售看跌期权(看跌期权空头)。

我们在例子中将 XYZ 资产用作标的资产。这些例子假设每个期权头寸都被持有至到期日,而未被提前执行。此外,为了简化例子,我们假设每份期权的标的资产是一个单位的 XYZ 资产,并忽略交易成本。

购买看涨期权

假设我们有一种在 1 个月后到期、执行价格为 100 美元的基于 XYZ 资产的看涨期权。期权价格为 3 美元。假设 XYZ 资产的现行价格或即期价格为 100 美元。损益将取决于 XYZ 资产在到期日的价格。在图 6.1 中,实线显示了购买看涨期权在到期日的损益状况。假如资产价格上升至执行价格以上,看涨期权购买方将会获益。假如 XYZ 资产的价格等于 103 美元,看涨期权购买方将盈亏平衡。最高损失为期权价格。假如资产价格上升超过 103 美元,那么看涨期权购买方将有很大的上行收益潜力。

我们值得比较一下看涨期权购买方的损益状况与持有一份 XYZ 资产多头头寸的投资者的损益状况。这个头寸的收益取决于 XYZ 资产在到期日的价格。图 6.1 中的虚线提供了这项比较。这项比较清晰地展示了期权可以改变投资者的风险/回报状况的方式。XYZ 资产

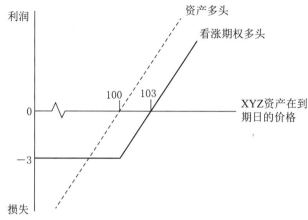

图 6.1　看涨期权多头和资产多头在到期时的损益状况

的价格每上升 1 美元,持有 XYZ 资产多头头寸的投资者就会实现 1 美元的利润。然而,随着 XYZ 资产价格的下跌,投资者也会相应地蒙受同样幅度的损失。假如价格的跌幅超过 3 美元,那么 XYZ 资产的多头头寸将蒙受 3 美元以上的损失。相比之下,看涨期权多头头寸将损失限制在 3 美元的期权价格以下,但保留了上行收益潜力(收益将比 XYZ 资产的多头头寸少 3 美元)。那么哪个选择更好,是购买看涨期权还是购买资产? 答案取决于投资者希望实现的目标。

我们还可以用这个虚拟看涨期权说明期权在投机方面的好处。假设投资者强烈预期 XYZ 资产的价格将在 1 个月后上涨。在 3 美元的期权价格水平,投机者可以用每投资的 100 美元购买 33.33 份看涨期权。假如 XYZ 资产的价格上升,投资者将实现与 33.33 个单位的 XYZ 资产相关的价格升值。然而,投资者用相同的 100 美元仅能购买一个单位售价为 100 美元的 XYZ 资产,从而只能在 XYZ 资产的价格上升时,实现与一个单位的资产相关的价格升值。现在,假设 XYZ 资产的价格在一个月后上涨到了 120 美元。看涨期权多头头寸将会产生 566.50 美元[(20 美元×33.33)−100 美元]的利润,或在 100 美元的看涨期权投资上赚取 566.5% 的回报率。XYZ 资产的多头头寸将产生 20 美元的利润,在 100 美元的投资上仅赚取了 20% 的回报率。

这个杠杆的增加吸引了投资者在希望对价格变化进行投机时使用期权。然而,这个杠杆也有缺陷。假设 XYZ 资产的价格在到期日保持在 100 美元的水平不变。在这种情形下,看涨期权多头头寸将损失 100 美元的全部投资,而 XYZ 资产的多头头寸将不产生任何损益。

出售看涨期权

为了举例说明期权出售方的头寸,我们使用与上述说明购买看涨期权的例子中相同的看涨期权。看涨期权空头(即看涨期权出售方的头寸)在到期日的损益状况是看涨期权多头(看涨期权购买方的头寸)损益状况的镜像。也就是说,看涨期权空头在 XYZ 资产的任何既定到期日价格水平的利润都等于看涨期权多头的损失。因此,看涨期权空头可以产生的最高利润为期权价格。最高损失则没有上限,因为它是 XYZ 资产在到期日或到期日之前达到的最高价格减去期权价格;这个价格可以无限高。我们可以在图 6.2 中看到这点,它显示了看涨期权空头的损益状况,以及看涨期权多头在到期日的损益状况。

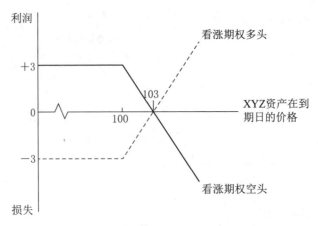

图 6.2　看涨期权空头和看涨期权多头在到期日的损益状况

购买看跌期权

为了举例说明看跌期权多头,我们假设一种还有 1 个月到期、执行价格为 100 美元的基于一个单位 XYZ 资产的虚拟看跌期权。假设看跌期权的售价为 2 美元,XYZ 资产的价格为 100 美元。这个头寸在到期日的损益取决于 XYZ 资产的价格。假如资产价格下跌,看跌期权购买方将会获益。

图 6.3 显示了看跌期权多头在到期日的损益状况。与所有期权多头头寸相同,损失被限制在期权价格以下。然而,利润潜力很大:假如 XYZ 资产的价格下跌至零,看跌期权多头将会产生最高理论利润。让我们将这个利润潜力与看涨期权购买方的利润潜力进行比较。看涨期权购买方的最高理论利润不能被事先确定,因为它取决于 XYZ 资产在期权到期日或到期日之前可以达到的最高价格。

为了看到期权是如何改变投资者的风险/回报状况的,我们再次将之与 XYZ 资产的头寸进行比较。我们将看跌期权多头与 XYZ 资产的空头进行比较,因为假如资产价格下跌,这个头寸也将获益。图 6.3 显示了对两个头寸的比较。尽管建立资产空头头寸的投资者面临着全部的下行损失风险和上行收益潜力,但建立看跌期权多头头寸的投资者则在保留上行收益潜力(相当于期权价格)的同时,仅面临着有限的下行损失风险(等于期权价格)。

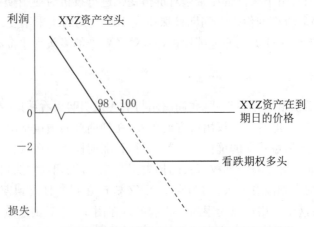

图 6.3　看跌期权多头和资产空头在到期日的损益状况

出售看跌期权

看跌期权空头的损益状态是看跌期权多头的镜像。这个头寸实现的最高利润为期权价格。假如标的资产的价格下跌,那么最高理论损失可能会十分严重;假如资产价格一直下跌至零,损失将等于执行价格减去期权价格。图 6.4 显示了看跌期权空头和看跌期权多头在到期日的这种损益状况。

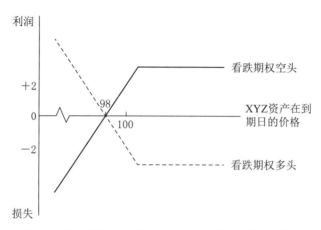

图 6.4   看跌期权空头和资产多头在到期日的损益状况

期权头寸损益状况的总结

作为总结,购买看涨期权和出售看跌期权能使投资者在标的资产的价格上涨时获利。购买看涨期权赋予了投资者无限的上行收益潜力,但将损失限制在期权价格以下。出售看跌期权将利润限制在价格以下,但在标的资产的价格下跌时未提供任何保护,最高损失在标的资产的价格下跌至零时发生。

购买看跌期权和出售看涨期权能使投资者在标的资产的价格下跌时获利。购买看跌期权赋予了投资者上行收益潜力,最高利润在标的资产的价格下跌至零时实现。然而,损失被限制在期权价格以下。出售看涨期权将利润限制在期权价格以下,但在标的资产的价格上涨时未提供任何保护,最高损失在理论上是无限的。

期权价格

与期货合约和远期合约相同,期权的理论价格也是基于套利原理推导而来的。但是,期权的定价不像期货合约和远期合约的定价那样简单。在这里,我们仅说明期权价值的基本成分和影响期权价值的因素。应用最普遍的期权定价模型是 Black 和 Scholes(1973)提出的布莱克—斯科尔斯期权定价模型(Black-Scholes option pricing model)。

期权价格的基本成分

期权的理论价格由两个成分组成:内在价值和超出内在价值的额外溢价。

(1)内在价值。

期权的内在价值是期权在被立即执行的情况下具有的经济价值。假如立即执行期权不会产生任何正数的经济价值,那么内在价值为零。在给定标的资产的价格和执行价格的情况下,期权的内在价值很容易计算。对看涨期权而言,内在价值等于标的资产的现行市场价格减去执行价格的差额。假如这个差额是正数,那么内在价值等于这个差额;假如这个差额为零或负数,那么内在价值等于零。例如,假如看涨期权的执行价格为 100 美元,标的资产的现行价格为 109 美元,那么内在价值为 9 美元。也就是说,执行期权并同时出售标的资产的期权购买方将以 100 美元从期权出售方那里购买标的资产,并从标的资产的出售实现 109 美元,从而获取 9 美元的净收益。

当期权具有正数的内在价值时,我们称之为实值期权(in-the-money)。当看涨期权的执行价格高于标的资产的市场价格时,它不具有内在价值,我们称之为虚值期权(out-of-the-money)。执行价格等于标的资产市场价格的期权被称为平值期权(at-the-money)。平值期权和虚值期权的内在价值都为零,因为执行这些期权无利可图。对于执行价格为 100 美元的看涨期权,当标的资产的市场价格高于 100 美元时,看涨期权为实值期权;当标的资产的市场价格低于 100 美元时,看涨期权为虚值期权;当标的资产的市场价格等于 100 美元时,看涨期权为平值期权。

对看跌期权而言,内在价值等于标的资产的市场价格低于执行价格的差额。例如,假如看跌期权的执行价格为 100 美元,标的资产的市场价格为 95 美元,那么内在价值为 5 美元。也就是说,执行看跌期权并同时购买标的资产的看跌期权购买方将实现 5 美元的净收益。他将以 95 美元在市场中购买标的资产,并以 100 美元的价格将之出售给看跌期权出售方。对于执行价格为 100 美元的看跌期权,当标的资产的市场价格低于 100 美元时,期权为实值期权;当标的资产的市场价格超过 100 美元时,期权为虚值期权;当标的资产的市场价格等于 100 美元时,期权为平值期权。

我们在表 6.1 中总结了这些关系。

表 6.1　期权的内在价值

	看涨期权	看跌期权
如果资产价格＞执行价格		
内在价值	资产价格—执行价格	零
行业术语	实值期权	虚值期权
如果资产价格＜执行价格		
内在价值	零	执行价格—资产价格
行业术语	虚值期权	实值期权
如果资产价格＝执行价格		
内在价值	零	零
行业术语	平值期权	平值期权

（2）时间溢价。

期权的时间溢价亦称期权的时间价值,是期权的市场价格超出其内在价值的差额。时间溢价由波动性成分和杠杆成分组成。波动性成分的表现形式为:期权购买方预期在到期日前的某个时候,标的资产市场价格的变化将会提高期权所赋予的权利的价值。由于这个预期,期权购买方愿意支付超出内在价值的溢价。杠杆成分是标的资产的持有成本,对于看涨期权是正数,对于看跌期权则是负数。

看涨期权和看跌期权的波动性成分都是正数。例如,假如在标的资产的市场价格为 104 美元时,执行价格为 100 美元的看涨期权的价格为 12 美元,那么这种期权的时间溢价为 8 美元(12 美元减去 4 美元的内在价值)。假如标的资产的市场价格不是 104 美元,而是 95 美元,那么这种期权的时间溢价将为 12 美元,因为期权没有内在价值。在所有其他因素相等的情况下,期权的时间溢价将随着距到期日时间的延长而上升。

期权购买方可以用两种方式实现期权头寸的价值。第一种方式是执行期权。第二种方式是在市场中出售期权。在上述的第一个例子中,由于执行期权将仅产生 4 美元(内在价值),而出售期权将产生 12 美元,因此以 12 美元出售看涨期权将会更好。正如这个例子显示的那样,期权的执行将导致其立即损失所有的时间溢价。我们必须指出的是,在某些情形下,期权可在到期日前执行。这些情形取决于投资者在到期日实现的总收入在以下哪种情况下更高:(1)持有期权至到期日,(2)执行期权并在到期日前对收到的现金收入进行再投资。

影响期权价格的因素

下列六个因素将会影响期权的价格:

- 标的资产的市场价格;
- 期权的执行价格;
- 期权距到期日的时间;
- 标的资产在期权期限内回报率的预期波动率;
- 期权期限内的短期无风险利率;
- 标的资产在期权期限内预期获得的现金付款。

每个因素的影响依赖于:第一,期权是看涨期权还是看跌期权;第二,期权是美式期权还是欧式期权。表 6.2 总结了上述各个因素对看跌期权和看涨期权的价格的影响。在这里,我们将简要地解释为何这些因素具有这些特定的影响。前述知名的布莱克—斯科尔斯期权定价模型包含了前五个因素。

表 6.2 影响期权价格的因素的总结

因　　素	因素的上升对下列期权价格的影响	
	看涨期权价格	看跌期权价格
标的资产的市场价格	上升	下降
执行价格	下降	上升
期权距到期日的时间	上升	上升
资产回报率的预期波动率	上升	上升
短期无风险利率	上升	下降
预期获得的现金付款	下降	上升

- 标的资产的市场价格:期权价格会随着标的资产价格的变化而变化。对于看涨期权来说,随着标的资产价格的上升(所有其他因素保持不变),期权价格将会上升。看跌期权的情况则相反:随着标的资产价格的上升,看跌期权的价格将会下降。
- 执行价格:执行价格在期权期限内是固定不变的。假如所有其他因素不变,那么执行价

格越低,看涨期权的价格就越高。对于看跌期权来说,执行价格越高,期权的价格也越高。

● 期权距到期日的时间:期权在到期日即不再具有价值。假如所有其他因素不变,期权距到期日的时间越长,期权价格就越高。这是由于随着距到期日的时间的缩短,标的资产的价格发生上涨(对看涨期权购买方而言)或下跌(对看跌期权购买方而言)的剩余时间也会减少,因而标的资产发生有利价格变化的概率也会降低。因此,随着期权距到期日的剩余时间的缩短,期权的价格将逐渐接近于其内在价值。

● 标的资产在期权期限内回报率的预期波动率:假如所有其他因素不变,标的资产回报率的预期波动率(以标准差衡量)越高,期权购买方愿意为期权支付的价格就越高,期权出售方要求的价格也会更高。这是由于预期波动率越高,标的资产的价格在到期日前的某个时间向有利于期权购买方的方向变化的概率就越大。

● 期权期限内的短期无风险利率:购买标的资产需要投资资金。购买基于相同数量的标的资产的期权可以使投资者拥有标的资产价格与期权价格之差额,并以至少不低于无风险利率的利率对这笔资金进行投资。因此,假如所有其他因素保持不变,短期无风险利率越高,购买标的资产并将其持有至期权到期日的成本就越高。因此,短期无风险利率越高,期权相对于直接购买标的资产就越具有吸引力。因而,短期无风险利率越高,期权的价格就越高。

● 标的资产在期权期限内预期获得的现金付款:标的资产的现金付款——普通股的红利和债券的利息——通常会使看涨期权的价格下降,因为现金付款使得持有标的资产比持有期权更具吸引力。对看跌期权而言,标的资产获得的现金付款通常会使期权价格上升。

上限合约和下限合约

上限合约和下限合约是一方在预先收取一笔费用(期权费)后,同意在指定参考利率不同于预定水平时向另一方作出补偿的衍生工具。在指定参考利率不同于预定水平时获取付款并为签订协议支付费用的一方被称为购买方。同意在指定参考利率不同于预定水平时支付款项的一方被称为出售方。

假如出售方同意在指定参考利率超过预定水平时向购买方支付款项,该协议被称为上限合约(cap)。假如出售方同意在指定参考利率降低至预定水平以下时向购买方支付款项,该协议被称为下限合约(floor)。

指定的参考利率可以是一个特定利率(如 LIBOR)、某个国内或国外股市指数[如标准普尔 500 指数或 FTSE 100 指数(英国股市指数)]的回报率,或是汇率(如美元兑欧元的汇率)。预定水平被称为执行利率。与互换相同,上限合约和下限合约都基于一个名义金额。

一般而言,上限合约的出售方在指定日期向购买方支付的款项是由指定参考利率与执行利率的关系确定的。假如前者大于后者,那么出售方将向购买方支付以下金额:

名义金额×(指定参考利率的实际值-执行利率)

假如指定参考利率低于或等于执行利率,那么出售方不向购买方支付任何款项。

在下限合约中,出售方在指定日期向购买方支付的款项是由执行利率与指定参考利率的

关系确定的。假如指定参考利率低于执行利率,那么出售方将向购买方支付以下金额:

$$名义金额×(执行利率-指定参考利率的实际值)$$

假如指定参考利率高于或等于执行利率,那么出售方不向购买方支付任何款项。

让我们举例说明下限合约。假设资产管理人与一家银行签订了名义金额为5 000万美元的三年期下限合约。下限合约的条款规定,假如在未来三年内每年12月31日的标准普尔500指数的回报率低于3%,那么银行(下限合约的出售方)将向资产管理人支付3%(执行利率)与标准普尔500指数实现的回报率(指定参考利率)之差。购买方同意每年向银行支付的费用为300 000美元。银行在未来三年内的每年12月31日基于当年标准普尔500指数的表现向资产管理人支付的金额如下。假如标准普尔500指数的实际回报率低于3%,那么银行(下限合约的出售方)将支付:

$$\$5 000万×(3\%-标准普尔500指数的实际回报率)$$

假如在下限合约的第一年,标准普尔500指数的实际回报率为1%,那么银行将向资产管理人支付100万美元。假如标准普尔500指数的实际回报率高于或等于3%,则彼时银行不支付任何款项。

上限合约和下限合约的经济原理

在上限合约或下限合约中,购买方会预先支付一笔费用。这笔费用代表了购买方可以损失的最高金额和协议出售方可以赚取的最高金额。只有上限合约或下限合约的出售方才负有履约义务。上限合约的购买方将在指定参考利率上升超过执行利率时获益,因为出售方必须向购买方支付补偿。下限合约的购买方将在指定参考利率下降至执行利率以下时获益,因为出售方必须向购买方支付补偿。

在本质上,这些合约的收益与期权收益相同。购买上限合约与购买看涨期权具有相似的收益。看涨期权购买方预先支付一笔费用,并在期权到期日的标的资产的价值(或等价地说,指定参考利率)高于执行价格时获益。同样,购买下限合约与购买看跌期权具有相似的收益。看跌期权购买方预先支付一笔费用,并在期权到期日的标的资产的价值(或等价地说,指定参考利率)低于执行价格时获益。期权出售方仅有权获得期权价格。上限合约和下限合约的出售方仅有权获取费用。

因此,上限合约和下限合约可被简单地看作一揽子期权,因此这些衍生工具具有非线性收益。

关键要点

- 在期货合约和远期合约中,买方(多方)同意在交割日接受标的资产的交付,卖方(空方)同意在交割日交付标的资产,交易价格为期货价格。
- 期货合约是在交易所交易的产品,远期合约为场外产品。

- 在期货合约中,双方都必须提交初始保证金。
- 在每个交易日,期货合约双方的头寸被逐日盯市,假如头寸中的权益下降至维持保证金以下,当事方必须追加(变动)保证金。
- 与期货交易所关联的清算所保证期货合约双方将会履行义务,因此对手风险极低。
- 远期合约与期货合约不同,因为远期合约的当事方暴露于对手方不履约的风险敞口中,而且由于二级市场交易稀少或根本不存在,对远期合约进行平仓可能较为困难。
- 期货合约的买方(卖方)在期货价格上升(下降)时实现利润,期货合约的买方(卖方)在期货价格下降(上升)时蒙受损失。
- 期货合约和远期合约是线性收益衍生工具。
- 期货合约和远期合约为投资者提供了很大的杠杆。
- 在互换中,双方同意定期交换付款。
- 在互换中交换的付款的美元金额是基于名义金额确定的。
- 互换提供了一揽子远期合约的风险/回报特征,因此是线性收益衍生工具。
- 期权赋予了期权买方在既定日期(到期日)前以既定价格(执行价格)购买标的资产(在看涨期权中)或向期权出售方(立权方)出售标的资产(在看跌期权中)的权利。
- 期权价格(期权权利金)是期权购买方向期权出售方支付的金额。
- 期权有不同的执行风格:美式期权允许期权购买方在到期日前的任何时候(含到期日)执行期权,欧式期权只能在到期日执行。
- 期权购买方不会蒙受超出期权价格的损失,并拥有全部的上行收益潜力;期权出售方能够实现的最大收益为期权价格,但暴露于全部的下行风险中。
- 由于期权的收益特征,它被称为非线性收益衍生工具。
- 交易商创建的期权(或场外期权)是为满足机构投资者的需求量身定制的。
- 内在价值和时间溢价是期权价格的两个成分。
- 内在价值是期权在立即执行时具有的经济价值(除非期权的立即执行不能产生正数的经济价值,在这种情形下,内在价值为零)。
- 时间溢价是期权价格超出内在价值的金额。
- 有六个因素会影响期权的价格:(1)标的资产的市场价格;(2)期权的执行价格;(3)期权距到期日的时间;(4)标的资产回报率的预期波动率;(5)期权期限内的短期无风险利率,以及(6)标的资产预期获得的现金付款。
- 上限合约是出售方同意在指定参考利率超出预定水平(执行利率)时向购买方付款的协议。
- 下限合约是出售方同意在指定参考利率低于预定水平(执行利率)时向购买方付款的协议。
- 指定参考利率可以是一个特定利率、某个股市指数的回报率或汇率。
- 从经济角度来看,上限合约和下限合约等价于一揽子期权,因此是非线性收益衍生工具。

参考文献

Black, F. and M. Scholes, 1973. "The pricing of options and corporate liabilities," *Journal of Political Economy*, 81(3):637—654.

7

衡量回报和风险

学习目标

在阅读本章后,你将会理解:

- 各种计算回报率的方法:算数平均回报率、时间加权回报率和美元加权回报率;
- 什么是复合年均增长率(CAGR);
- 计算子时段回报率的前提假设,以及每个方法的缺陷;
- 如何对回报率进行年化;
- 用以评估业绩的各种风险度量;
- 正态分布,以及关于资产回报率是否遵循正态分布的证据;
- 回报率的标准差作为风险度量的局限;
- 投资风险度量的有利特性;
- 知名的散度度量和安全第一风险度量;
- 如何衡量普通股的市场风险(贝塔);
- 回撤的含义以及回撤风险的度量;
- 跟踪误差如何被用于衡量投资组合相对基准的风险,以及跟踪误差的决定因素;
- 前视跟踪误差与回望跟踪误差的区别;
- 各种风险调整回报度量(回报/风险比率):夏普比率、特雷诺比率、索提诺比率和信息比率。

在评估资产管理人、投资策略或投资工具的业绩时,第一步是计算所实现的实际回报率。本章将解释几种计算实际回报率的方法。业绩评估必须考虑到与任何一项投资相关的风险。尽管我们在第2章中描述了各种类型的风险,但在本章中,我们将解释和举例说明几个量化风险的度量。本书配套册的第8章提供了对如何计算这些风险度量的更详尽的讨论。回报/风险比率综合了投资回报相对于风险的比较。本章末尾描述了四个回报/

风险比率。

衡量回报

在这里,我们将讨论如何评估资产管理人的投资业绩。为了做到这点,我们必须区分业绩衡量和业绩评估。业绩衡量涉及计算资产管理人在某个时间段内实现的回报率,我们称这个时间段为评估期。在发展计算评估期内投资组合回报率的方法时,我们必须考虑几个重要问题。

业绩评估与两个问题有关:(1)确定资产管理人是否通过超越既定的基准提供了增值服务,(2)确定资产管理人是如何实现所计算的回报率的。例如,正如第 13 章解释的那样,股票投资组合经理可以采取几种策略。资产管理人是通过选择市场时机,还是通过买入价值低估的股票、买入低市值股票、增加特定行业的权重等方法实现回报的?为了解释投资结果得以实现的原因而对资产管理人的业绩进行分解的方法称为业绩归因分析。此外,业绩评估还要求确定资产管理人是凭借技术还是靠运气实现了出色的业绩(即提供了增值服务)。

评估资产管理人业绩的起点是衡量回报。这也许看上去相当简单,但有几个实际问题使这项任务变得复杂,因为我们必须考虑投资组合在评估期内支出的所有现金分配。

不同的回报度量

投资组合在评估期(即一年、一个月或一周)内实现的美元回报等于以下两个部分之和:
- 评估期末的投资组合市场价值与评估期初的投资组合市场价值之差;
- 投资组合支出的所有分配。

重要的是,我们必须考虑投资组合向客户或受益人分配的所有本金和收入。

回报率或简单地说,回报表达了美元回报占评估期初市场价值金额的比例。因此,回报率可被看作在保持投资组合的初始市场价值完好不变的情况下,在评估期末可以提取的金额(表示为投资组合初始价值的一部分)。

用等式的形式,投资组合的回报率可被表示为:

$$R_P = \frac{MV_1 - MV_0 + D}{MV_0} \tag{7.1}$$

其中,R_P 为投资组合的回报率,MV_1 为投资组合在评估期末的市场价值,MV_0 为投资组合在评估期初的市场价值,D 为投资组合在评估期内向客户做出的现金分配。

为了举例说明回报率的计算,假设普通股投资组合的资产管理人拥有以下信息:投资组合在评估期初和评估期末的市场价值分别为 2 500 万美元和 2 800 万美元,在评估期内,客户从投资收入获得了 100 万美元的分配。因此:

$$MV_1 = 28\,000\,000\ \text{美元};MV_0 = 25\,000\,000\ \text{美元};D = 1\,000\,000\ \text{美元}$$

于是：

$$R_P = \frac{28\,000\,000\ 美元 - 25\,000\,000\ 美元 + 1\,000\,000\ 美元}{25\,000\,000\ 美元} = 0.16 = 16\%$$

式(7.1)衡量回报时做出了三个假设。第一个假设是，在评估期内发生，但未分配给客户的股息或利息中流入投资组合的现金，被再投资于投资组合。例如，假设在评估期内，投资组合获得了 200 万美元的股息。这个金额被反映在投资组合的期末市场价值中。

第二个假设是，假如投资组合有现金分配，那么要么现金分配是在评估期末发生的，要么以现金形式持有所分配的资金，直至评估期末。在我们的例子中，客户获得了 100 万美元的分配。但分配是何时发生的？为了理解为何分配的发生时间是重要的，考虑两个极端情形：(1)分配是在评估期末作出的，正如式(7.1)假设的那样，(2)分配是在评估期初作出的。在第一种情形下，资产管理人可以使用 100 万美元在整个评估期内进行投资。相比之下，在第二种情形下，资产管理人失去了在评估期结束前对资金进行投资的机会。因此，分配的发生时间将会影响回报率，但式(7.1)未考虑这点。

第三个假设是，客户未向投资组合注资。例如，假设在评估期内的某个时间，客户向资产管理人交付了额外的 150 万美元用于投资。因此，投资组合在评估期末的市场价值（在我们的例子中为 2 800 万美元）将反映 150 万美元的现金注资。式(7.1)未反映投资组合的期末价值受到客户所注入的现金的影响。此外，这笔现金流入的发生时间也会影响所计算的回报率。

因此，尽管运用式(7.1)对投资组合所作的回报率计算可以在任何时间长度内进行评估，如 1 天、1 个月、5 年，但从实践角度而言，这个方法所作的假设限制了其应用。评估期越长，违背假设的可能性就越大。例如，假如评估期为 5 年，那么投资组合向客户进行多笔分配，以及客户对投资组合注入多笔资金的可能性将会极大。因此，由于计算所做的基础假设（所有的现金支出和流入都是在期末做出和获得的），对一个长时期（如果长于数个月）进行的回报率计算不会十分可靠。

违背假设不仅使我们难以比较两个资产管理人在某个评估期内的回报率，而且对评估不同时期的业绩也没有帮助。例如，式(7.1)不会给出用以比较 1 个月评估期和 3 年评估期的业绩的可靠信息。为了开展这项比较，回报率必须以每个时间单位表达，如每年。

处理这些实践问题的方法是计算较短时间单位（如一个月或一个季度）内的回报率。我们称这个回报率为子时段回报率。为了得出评估期的回报率，计算子时段回报率的平均值。因此，假如评估期为 1 年，我们计算 12 个月回报率（月回报率为子时段回报率），然后计算其平均值以得出 1 年期回报率。假如我们需要 3 年期回报率，那么可以计算 12 个季度回报率（季度回报率为子时段回报率），然后计算其平均值以得出 3 年期回报率。我们可以用后面描述的简单程序将 3 年期回报率换算为年回报率。

我们在实践中可以用三个方法计算子时段回报率的平均值：

- 算术平均回报率；
- 时间加权回报率（亦称复合增长率和几何回报率）；
- 美元加权回报率。

表 7.1 并排比较了这些方法。我们在下面解释其含义和局限。

表 7.1　三个计算子时段回报率平均值的方法

方　　法	含　　义	局　　限
算术平均(平均值)回报率	在保持投资组合初始市场价值完好不变的情况下,可以在每个子时段期末提取的金额(表示为投资组合初始市场价值的一个比例)的平均值	在子时段回报率差异较大的情况下会高估总回报率 假设初始市场价值保持完好不变
时间加权(几何)回报率(复合增长率)	投资组合初始市场价值在评估期内的复合增长率	假设所有收益都用于再投资
美元加权回报率(内部回报率)	使子时段现金流(加上期终市场价值)总和的现时价值等于投资组合初始市场价值的利率	受到客户注资和提款(超出资产管理人的控制范围)的影响

算术平均(平均值)回报率

算术平均回报率或回报率的算术平均值是子时段回报率的未加权平均值。一般公式为:

$$R_A = \frac{R_{P1} + R_{P2} + \cdots + R_K}{K} \tag{7.2}$$

其中,R_A 为算术平均回报率,R_{Pk} 为按照式(7.1)计算的投资组合在子时段 k 内的回报率,$k=1,\cdots,K$,K 为评估期内的子时段个数。

例如,考虑下列每月的投资组合价值以及对应的投资组合月回报率,投资额为 1 000 美元:

月(k)	投资组合期末价值(美元)	投资组合月回报率(%)
1	1 040.00	4.0
2	1 102.40	6.0
3	1 124.45	2.0
4	1 101.96	−2.0

因此,$R_{P1}=0.04$,$R_{P2}=0.06$,$R_{P3}=0.02$,$R_{P4}=-0.02$,$K=4$:

$$R_A = \frac{0.04 + 0.6 + 0.02 + (-0.02)}{4} = 0.025 = 2.5\%$$

使用算术平均回报率有一个重要问题。为了理解这个问题,假设投资组合的初始市场价值为 2 800 万美元,在随后两个月的每个月末,市场价值分别为 5 600 万美元和 2 800 万美元。我们还假设在这两个月,投资组合没有现金分配或来自客户的现金流入。于是,运用式(7.1),我们得出第一个月的子时段回报率(R_{P1})为 100%,第二个月的子时段回报率(R_{P2})为 −50%。运用式(7.2)计算的算术平均回报率为 25%。不错的回报率!但考虑这个数字。投资组合的初始市场价值为 2 800 万美元。其在两个月末的市场价值为 2 800 万美元。在这两个月评估期内的回报率为零。然而,式(7.2)却表示回报率为惊人的 25%。

因此,将算术平均回报率解释为评估期内的平均回报率度量是不恰当的。恰当的解释如下:它是在保持初始投资组合价值完好不变的情况下,在每个子时段期末可以提取的金额(表示为投资组合初始市场价值的一个比例)的平均值。

时间加权回报率

时间加权回报率衡量了在所有现金分配都被再投资于投资组合的情况下,投资组合的初始市场价值在评估期内的复合增长率。这个回报率亦被普遍称为复合增长率和几何平均回报率,因为它是通过复合用式(7.1)计算的投资组合子时段回报率计算的。一般公式为:

$$R_T = [(1+R_{P1})(1+R_{P2})\cdots(1+R_{PN})]^{1/K} - 1 \tag{7.3}$$

其中,R_T 为时间加权回报率,R_{Pk} 和 K 的定义如前所示。

在式(7.3)中使用我们的例子中的月回报率($R_{P1}=0.04$,$R_{P2}=0.06$,$R_{P3}=0.02$,$R_{P4}=-0.02$),我们得出:

$$R_T = [(1+0.04)(1+0.06)(1+0.02)(1-0.02)]^{1/4} - 1$$
$$R_T = [(1.04)(1.06)(1.02)(0.98)]^{1/4} - 1 = 0.024\,6 = 2.45\%$$

再次考虑我们在第一个月的投资组合月回报率为100%、第二个月的回报率为-50%的例子中,使用算术平均回报率所产生的问题。回报率为零,但算术平均回报率却为25%。现在,让我们使用月回报率计算时间加权回报率:

$$R_T = \{(1+1.00)[1+(-0.50)]\}^{1/2} - 1 = [(2.00)(0.50)]^{1/2} - 1 = 0$$

我们可以看到,时间加权平均回报率给出了正确的回报率,即零。

对于投资组合在某个评估期内的回报率,算术平均回报率和时间加权回报率一般会给出不同的数值。这是由于在计算算术平均回报率时,我们假设投资额(通过追加或提取资金)保持在投资组合初始市场价值的水平。另一方面,时间加权回报率为规模发生变化的投资组合的回报率,因为我们假设所有收入都被再投资。

一般而言,算术平均回报率会高于时间加权平均回报率。可以看到在我们的例子中,算术平均回报率为2.5%,时间加权回报率为2.4%。例外情形是所有子时段回报率都完全相同的特殊情况,在此情形下两个平均值相等。评估期内子时段回报率的差异越小,两个平均值的相差幅度也越小。

注意,在时间加权平均回报率的计算中,假如投资组合的期末和期初价值是已知的,那么我们不必知道子时段回报率。公式为:

$$R_T = \left(\frac{期末投资组合价值}{期初投资组合价值}\right)^{1/K} - 1 \tag{7.4}$$

在我们的例子中,期初投资组合的价值(即初始投资)为1 000美元。期末投资组合的价值为1 101.96美元。因此:

$$R_T = \left(\frac{1\,101.96\ 美元}{1\,000.00\ 美元}\right)^{1/4} - 1 = 2.45\%$$

这与运用式(7.3)计算的结果是一致的。

正如本节后面将要解释的那样,时间加权回报率必须被加以年化。由于时间加权回报率亦称复合增长率,它在年化后被称为复合年均增长率(CAGR)。表7.2的第二列显示了股票资产类别在1995年1月1日至2019年5月31日间,以及在2005年1月1日至2019年5月31日间的CAGR。

表 7.2　各股票资产类别的 CAGR、回报率标准差、最大回撤和回报/风险比率
（1995 年 1 月 1 日至 2019 年 5 月 31 日和 2005 年 1 月 1 日至 2019 年 5 月 31 日）

资产类别	CAGR（％）	标准差（％）	最大回撤（％）	夏普比率	索提诺比率	美国市场相关系数
1995 年 1 月 1 日至 2019 年 5 月 31 日间						
美国股票市场	9.64	15.01	−50.89	0.54	0.77	1.0
美国大型股	9.59	14.64	−50.97	0.54	0.79	1.0
美国大型价值股	9.23	14.81	−54.85	0.52	0.74	0.9
美国大型成长股	10.06	15.79	−53.58	0.54	0.79	1.0
美国中型股	11.22	16.42	−54.14	0.59	0.87	1.0
美国中型价值股	11.02	15.88	−56.51	0.60	0.87	0.9
美国中型成长股	10.21	18.73	−54.48	0.49	0.72	0.9
美国小型股	9.91	18.87	−53.95	0.48	0.69	0.9
美国小型价值股	10.77	17.76	−56.13	0.54	0.78	0.9
美国小型成长股	9.93	20.08	−53.52	0.46	0.67	0.9
美国微型股	11.46	18.96	−56.61	0.55	0.82	0.8
2005 年 1 月 1 日至 2019 年 5 月 31 日间						
美国股票市场	8.15	14.40	−50.89	0.53	0.76	1.00
美国大型股	7.96	13.93	−50.97	0.53	0.76	1.00
美国大型价值股	7.23	14.16	−54.85	0.48	0.67	0.97
美国大型成长股	9.06	14.63	−49.19	0.58	0.86	0.97
美国中型股	8.59	16.33	−54.14	0.41	0.73	0.97
美国中型价值股	8.12	16.28	−56.51	0.49	0.69	0.97
美国中型成长股	8.57	16.97	−54.48	0.50	0.71	0.95
美国小型股	8.30	18.27	−53.95	0.46	0.67	0.96
美国小型价值股	7.39	18.25	−56.16	0.42	0.60	0.94
美国小型成长股	9.10	18.82	−53.52	0.49	0.72	0.94
美国微型股	4.91	19.02	−56.61	0.28	0.40	0.89

资料来源：数据和计算来自 Portfolio Visualizer，www.portfoliovisualizer.com。

美元加权回报率

美元加权回报率是通过得出使评估期内所有子时段的现金流加投资组合期终市场价值的现时价值等于投资组合初始市场价值的利率计算的。每个子时段的现金流反映了因投资收入（即股息和利息）和客户对投资组合的追加投资而产生的现金流入与因向客户分配资金产生的现金流出的差额。注意，我们在确定美元加权回报率时不必知道投资组合在每个子时段的市场价值。

美元加权回报率不过是内部回报率的计算，因此它亦称内部回报率。美元加权回报率的一般公式为：

$$V_0 = \frac{C_1}{(1+R_D)} + \frac{C_2}{(1+R_D)^2} + \dots + \frac{C_K + V_K}{(1+R_D)^K} \tag{7.5}$$

其中,R_D 为美元加权回报率,V_0 为投资组合的初始市场价值,V_K 为投资组合的期终市场价值,C_k 为投资组合在子时段 k 内的现金流(现金流入减去现金流出),$k=1,\cdots,K$。

例如,考虑一个初始市场价值为 100 000 美元的投资组合,在随后 3 个月的每个月末,投资组合都发生了 5 000 美元的提款,但在任何月份都未从客户处获得任何现金流入,投资组合在第三个月末的市场价值为 110 000 美元。于是,$V_0=100\,000$,$K=3$,$C_1=C_2=C_3=5\,000$ 美元,$V_3=110\,000$ 美元,R_D 为满足下列等式的利率:

$$V_0=\frac{5\,000\text{ 美元}}{(1+R_D)}+\frac{5\,000\text{ 美元}}{(1+R_D)^2}+\frac{5\,000\text{ 美元}+110\,000\text{ 美元}}{(1+R_D)^3}$$

我们可以证实,满足上述表达式的利率为 8.1%。于是,这即为美元加权回报率。

假如评估期内未发生提款或注资,并且所有投资收入都被加以再投资,那么美元加权回报率和时间加权回报率将生成相同的结果。美元加权回报率的问题在于:它受到超出资产管理人控制范围的因素的影响。具体而言,客户的任何注资或要求的提款都会影响所计算的回报率。这可能会使我们难以比较两个资产管理人的业绩。尽管存在这个局限,但美元加权回报率确实提供了有用的信息。它表明了客户将会发现这十分有用的关于资金增长率的信息。然而,由于注资和提款的影响,这个增长率不能归因于资产管理人的业绩。

年化回报率

评估期可以小于或大于一年。通常,回报度量是以平均年回报率的形式报告的。这要求对子时段回报率进行年化。由于前述原因,子时段回报率通常以小于一年的时期计算。

用下列公式年化子时段回报率:

$$\text{年回报率}=(1+\text{平均时段回报率})^{\text{一年中的时段数}}-1$$

例如,假设评估期为三年,我们计算了月回报率。我们进一步假设平均月回报率为 2%。于是,年回报率将为:

$$\text{年回报率}=(1.02)^{12}-1=26.8\%$$

假设用以计算回报率的时期是季度,平均季度回报率为 3%。于是,年回报率为:

$$\text{年回报率}=(1.03)^4-1=12.6\%$$

衡量风险

我们在第 2 章中描述了不同的风险概念。在这里,我们将讨论取自概率理论的风险概念,以及是否存在一个我们可以使用的风险度量的问题。我们首先简要地描述概率理论的关键概念。本书配套册的第 8 章提供了对风险度量的更详尽的描述。

概率理论基本知识

概率衡量了决策者对既定结果发生的可能性的相信程度。决策者可以基于实证证据设定一个概率。例如,假如资产管理人希望估计标准普尔 500 指数在既定月份的回报率升幅将超过 1％的概率,那么他可以考察标准普尔 500 指数的历史回报率,并基于回报率超过 1％的情况的发生次数比例得出这个概率。然而,在某些情形下,可能无法找到实证证据。于是,资产管理人会利用各种各样的信息和经验来设定概率。

随机变量是我们可以对变量每个可能取值设定一个概率的变量。概率分布或概率函数是描述随机变量可以取的所有数值以及每个数值的相关概率的函数。累计概率分布是显示随机变量的取值低于或等于随机变量可以取的每个数值的概率。

概率分布的描述

在描述概率分布函数时,我们通常使用各种测度对之进行总结。四个最常见的测度为:(1)位置,(2)散度,(3)不对称性,以及(4)尾部集中度。

描述概率分布函数的第一个方法是使用某个中心值或位置的测度。我们可以采用的各种测度为均值、中值和众数。这三个位置测度之间的关系依赖于概率分布函数的偏度(我们将在后面描述这点)。最常用的位置测度是均值。

另一个可以帮助我们描述概率分布函数的测度是离散度,或随机变量之取值的分散程度如何。不同的离散度测度为全距、方差和平均绝对离差。最常用的测度是方差。方差测量了随机变量的取值相对于均值的分散程度。它是随机变量取值与均值之离差的平方的平均值。方差是以平方单位来表达的。通过对方差取平方根,我们将得出标准差。方差的计算可以用标准的计算器和软件完成,因此我们在这里不描述其计算方法。平均绝对离差是随机变量取值与均值之绝对离差的平均值。

表 7.2 显示了各股票资产类别在 1995 年 1 月 1 日至 2019 年 5 月 31 日间,以及在 2005 年 1 月 1 日至 2019 年 5 月 31 日间的月回报率的标准差。

根据资产回报率的概率分布,一些其他测度对于投资组合风险的评估也可能至关重要。如果我们仅使用均值和方差,则假设了资产回报率遵循正态分布,正如本章后面解释的那样。

概率分布在其均值两侧可能是对称或不对称的。一个常用的分布不对称性测度叫做偏度。负偏测度表示分布是左偏的;即与右尾相比,其左尾是拉长的[见图 7.1(a)]。正偏测度表示分布是右偏的;即与左尾相比,其右尾是拉长的[见图 7.1(b)]。

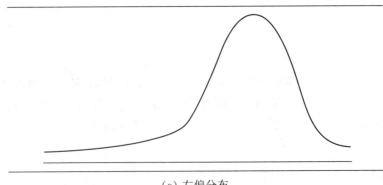

(a) 左偏分布

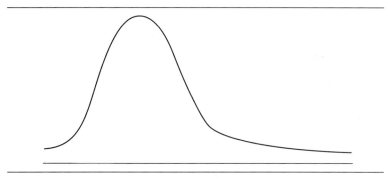

（b）右偏分布

图 7.1 有偏分布

关于概率分布函数的更多信息是通过测量潜在结果在尾部的集中度提供的。概率分布函数的尾部包含了极端值。在投资组合管理和分析应用中，正是尾部提供了关于取得极差回报率之可能性的信息。分布尾部的厚度与分布在其均值或中心周围的尖耸度相关。尖耸度和尾部厚度的联合测度叫做峰度。

在统计学家的术语中，上述四个测度叫做统计矩，或简称为矩。均值是一阶中心矩，亦称期望值。方差是二阶中心矩，偏度是经尺度调整的三阶中心矩，峰度是经尺度调整的四阶中心矩。[①]

正态分布：尽管缺乏支持性实证证据、但在投资组合管理中频繁被用作假设的概率分布是图 7.2 显示的正态分布。对于这种分布（亦称高斯分布），位于曲线以下的横轴上任何两点之间的面积等于取值介于这两个数值之间的概率。例如，图 7.2 中随机变量 X 取值介于 X_1 和 X_2 之间的概率是由阴影面积表示的。

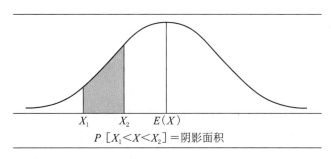

$$P\ [X_1 < X < X_2] = 阴影面积$$

图 7.2 正态分布的例子（或正态曲线）

正态曲线以下的总面积等于 1。正态分布具有下列特性：

● 正态曲线的中央点是分布的期望值。

● 分布在期望值两侧是对称的。也就是说，分布的一半在期望值左边，另一半在其右边。因此，变量取值小于等于期望值的概率等于 50%。变量取值大于等于期望值的概率也等于 50%。

---

① 对偏度和峰度的定义不像均值和方差的定义那样统一。不同的偏度计算为所谓的 Fisher 偏度和 Pearson 偏度（等于 Fisher 偏度的平方）。对于峰度也同样如此：有 Pearson 峰度和 Fisher 峰度（有时被称为超额峰度，是通过从 Pearson 偏度减去 3 得到的）。

- 实际结果介于期望值上下一个标准差范围内的概率等于 68.3%。
- 实际结果介于期望值上下两个标准差范围内的概率等于 95.4%。
- 实际结果介于期望值上下三个标准差范围内的概率等于 99.7%。

假如回报率分布为正态分布,那么方差是一个有用的风险度量。分布是对称的,因此结果(正态分布曲线以下的面积)大于和小于期望值的可能性是同等的。然而,一些对现实世界金融市场的实证研究和理论论证显示正态分布的假设应被摒弃。[①]

投资风险度量的有利特征

资产回报率分布未能遵循正态分布的事实产生了我们应该如何衡量风险的问题。越来越多的金融文献已提出多种风险度量。然而,这些文献提出的度量具有很强的技术性,我们在这里仅提供最基本的知识,并将其余讨论放在本书配套册的第 8 章中。我们首先讨论投资风险度量的有利特征。

尽管在资产管理中,投资组合回报率的方差是最常用的投资风险度量,但为了实现其投资目标,不同的投资者会采取不同的投资策略。因此,我们难以相信投资者仅对风险接受一个定义。金融机构的监管机构以及对监管机构提出的风险度量进行评论的评论员已对风险提出了不同的定义。

Balzer(2001)论证,风险度量是因投资者而异的,因此"不存在可被普遍接受的单个风险度量"。他提出了投资风险度量应该捕捉的三个特征[②]:风险的相对性、风险的多维性和风险的不对称性。

风险的相对性意味着风险应该与业绩不如某项其他投资或基准相关。Balzer(1994,2001)、Sortino 和 Satchell(2001)以及其他研究者提议,投资风险可以用投资回报率下降至某个指定风险基准以下的概率来衡量。风险基准也许本身就是一个随机变量,如负债基准(如保险产品)、通货膨胀率或(可能是)通货膨胀率加上某个安全边际、无风险回报率、最低百分位数的回报率、板块指数的回报率、预算回报率或其他另类投资。每个基准就资产管理人的目标而言是合理的。假如业绩下降至基准以下,那么资产管理人将承担重大的不利后果。

此外,同一个投资者可能会有多个投资目标,因而需要多个风险基准。因此,风险也是一种多维现象。然而,我们必须恰当地选择基准,以避免错误地评估投资者可以获得的机会。例如,从过去来看,一些机构投资者经常对负债目标几乎没有任何认识。这是导致给付确定型计划的美国公司养老金发起人供资不足的主要因素[见 Ryan 和 Fabozzi(2002)]。

直觉显示,风险是一个与下行损失结果相关的不对称概念,因此任何现实的风险度量都必须不同地评估和考量上行收益和下行损失。标准差将偏离均值的正数离差和负数离差都视为潜在风险。因此,在这种情形下,比均值更佳的业绩和表现不佳的业绩一样受到了惩罚。

---

① 这方面有大量的实证证据。对这些研究以及针对回报率分布为何会是正态分布的理论挑战的讨论见 Rachev、Menn 和 Fabozzi(2005)。

② Balzer 还提出了其他特征,但我们不在这里对之进行讨论。

为选择投资组合采用的其他风险度量

研究者对资产管理人应该采用的风险度量展开了激烈的辩论。在这里,我们将描述文献中提议的各种投资组合风险度量。然而,我们在本章中未包含每种度量的数学公式,而是将该内容放在本书配套册的第 8 章中。

根据关于投资组合理论的文献,我们有两类不相交的风险度量:离散度度量和安全性/风险度量。我们在下面描述一些最知名的离散度度量和安全第一风险度量。

离散度度量

回报率的方差或标准差是一个离散度度量。在过去数十年中,研究者已提出几个不同的投资组合平均离差法。最常用的(并且最容易理解的)度量是平均绝对离差。平均绝对离差(mean-absolute deviation,MAD)离散度度量基于偏离均值的离差的绝对值之上,而不是像在均值/标准差的情形下那样取离差的平方。MAD 在异常值(即在回报率分布尾部的观察值)方面是更为稳健的方法。

安全第一风险度量

许多研究者已提议将安全第一风险度量作为在不确定性下制定决策的标准。在这些模型中,我们识别一个基准或回报率的灾难水平。目标是将回报率高于该水平的概率最大化。因此,文献中提议的大多数安全第一风险度量都与基于基准的方法具有关联。文献中提议的一些最知名的安全第一风险度量为:(1)经典的安全第一风险度量,(2)在险价值,以及(3)条件性在险价值/期望尾部损失。

在 Roy(1952)构想的经典安全第一投资组合选择问题中,风险度量为发生损失的概率,或更一般而言,为投资组合的回报率低于某个指定值的概率。一般而言,在实施方面,这个方法涉及解决一个比均值/方差模型远更复杂的优化问题以找到最优投资组合。[①]

最知名的下行损失风险度量也许是在险价值(value at risk,VaR)。这个度量与损失分布的百分位数相关,衡量了一段特定时期(如 10 天)内在指定的概率水平(如 95%)发生的最高损失预测。VaR 的主要特征是,它为在既定时期内以既定概率发生的损失合成了单个数值。这个特征与(十分具有直观性的)最高可能损失的概念一起,使投资者能够了解投资组合交易头寸的风险的程度。我们有多种计算证券或投资组合的 VaR 的方法,但对这些方法的讨论在本章范围之外,本书配套册的第 8 章描述了这些方法。

尽管 VaR 作为风险度量具有上述优势,但也确实存在局限。主要局限是:它忽略了超出 VaR 的回报(即它不考虑在尾部集中的超出 VaR 的回报率)。为了克服这个局限,Artzner、Delbaen、Eber 和 Heath(1999)提议将条件在险价值(CVaR)作为一个替代风险度量。CVaR 亦称预期缺口或预期尾部损失,衡量了在给定回报率已经超出 VaR 的情况下投资组合回报率的期望值。CVaR 是一个具有一致性的风险度量,使用这个风险度量进行投资组合选择可被归结为一个线性优化问题。

---

① 更具体而言,它涉及复杂的混合整数线性规划问题。本书配套册的第 6 章解释了这种优化方法。

衡量市场风险(贝塔)

普通股的一个重要风险度量为市场风险。正像第 12 章将解释的那样,市场风险是普通股投资者面临的一项主要系统性风险。它衡量了股票或股票投资组合对股市变化的敏感度。股市的代表指标为宽基股市指数,如标准普尔 500 指数。

我们用下列统计模型估计股票或股票投资组合的敏感度:

$$R_t = \alpha + \beta R_{M,t} + \varepsilon_t$$

其中,R_t 为股票或投资组合在时期 t($t=1, \cdots, T$)的回报率,$R_{M,t}$ 为股市指数在时期 t 的回报率($t=1, \cdots, T$),ε_t 为误差项($t=1, \cdots, T$),β 和 α 为待估参数。β(贝塔)是我们估计的市场风险,α(阿尔法)是对截距项的估计。

上述模型被称为市场模型,不过是一个回归模型。[①]我们无需详细解释为取得我们感兴趣的参数 β 的估计值而必需的计算。例如,雅虎财经(Yahoo! Finance)于 2018 年 8 月报告了五种股票的下列 β 估计值:

宝洁公司(PG)	0.39
威瑞森通信公司(VZ)	0.67
IBM	1.02
iRobot(IRBT)	1.13
Netflix(NFLX)	1.39

在贝塔值的估计中,雅虎财经采用了公司股票每月的价格变化和标准普尔 500 指数每月的变化。它(在数据可得时)采用了三年的月价格变化百分比(36 个月)。因此,我们执行公司每月的股票价格变化对标准普尔 500 指数的变化百分比回报率的回归。对应的截距项为 α,标准普尔 500 指数回报率的系数为股票的 β。

回撤风险

假如投资者投资于特定的投资工具或投资策略,他们会担心资本的保全。令人担忧的是,投资工具或投资策略将会引致价值的大幅下降。回撤是假如投资者在峰值价格水平购买了某个投资工具或投资于某项投资策略,然后在头寸价值下跌至价值再次上升前一直保留头寸,并在其价值上升前出售头寸所产生的投资价值差额。投资工具或投资策略达到的任何峰值与在价值上升前的低值之差为回撤。我们可以对特定时期(如每季或每年)计算回撤。

例如,假设投资者在一项投资策略中投资了 125 万美元,其价值翻倍至 250 万美元,然后下跌至 100 万美元,之后价值又呈现上升。在这种情形下,回撤为 150 万美元(250 万美元—

---

① 市场模型是 Sharpe(1963)引进的。一些软件提供商和学术界在计算贝塔值时使用超额回报率。超额回报率是通过从股票或投资组合的回报率,以及从市场回报率减除一个合适的无风险利率得出的。这被称为风险溢价形式的市场模型。

100 万美元）。回撤通常不是以美元金额计算的，而是用峰值的百分比表示。在我们的例子中，它为 60%（150 万美元/250 万美元）。

最大回撤是投资价值在某个时期内从最高值下跌的跌幅。这个度量的最高值为 100%。最大回撤的幅度越大，风险也越大。为了说明这点，考虑上一个段落中的相同投资。假设在投资价值达到 100 万美元后，其价值上升至 300 万美元，然后下跌至 75 万美元，之后价值又再次上升。这个例子中的最高值为 300 万美元。从这个最高值的回撤为 75%（300 万美元－75 万美元），因此是最大回撤。最大回撤是以负数值表达的。因此，在我们的例子中，最大回撤将被表达为－75%。表 7.2 显示了几种股票资产类别在两个不同时期内的最大回撤。

最大回撤持续期是最大回撤持续的最长时间。它是以峰值价格之间的最长时间衡量的。我们可以论证，最大回撤持续期是比最大回撤更佳的回撤风险度量。例如，考虑下列两种投资工具的这两个度量：

投资工具	最大回撤(%)	最大回撤持续期
A	14	3 个月
B	8	9 个月

一些投资者也许会相比 B 更倾向于 A，尽管 A 的最大回撤更大。

另一个度量是一个时期内的平均回撤。假设投资者正在考察一个季度期间的回撤。投资者可以计算在该季度期间实现的所有回撤，然后计算这些回撤的平均值。这个平均回撤在评估最大回撤是否可能是罕见事件的结果时十分有用。

卡玛比率（Calmar ratio）是投资在一个时期内的年增长率除以相同时期内的最大回撤的比率。[①]这个度量通常被用于衡量对冲基金的回撤风险。高数值的卡玛比率表示对冲基金的回报率在历史上未处于大幅回撤的风险中。较低的卡玛比率则表示回撤风险较高。

以跟踪误差作为投资组合风险的度量

投资组合的风险可以用投资组合回报率的标准差衡量。这个统计度量提供了投资组合平均回报率上下的一个范围，一个时期内的实际回报率可能会以某个特定概率属于这个范围。我们可以计算投资组合在一个时期内的平均回报率和标准差（或波动率）。

投资组合或市场指数的标准差或波动率是一个绝对数值。资产管理人或客户也可以询问投资组合相对一个指定基准的回报率变化程度。这个变化程度叫做投资组合的跟踪误差。

具体而言，跟踪误差衡量了投资组合回报率相对于基准回报率的离散程度。也就是说，跟踪误差是投资组合的主动回报率的标准差，其中主动回报率的定义如下：

主动回报率＝投资组合的实际回报率－基准的实际回报率

平均主动回报率叫做阿尔法（alpha）。

为了得出投资组合的跟踪误差，我们首先必须指定基准。如前所述，投资组合的跟踪误

[①] 卡玛比率代表加州管理账户报告（California Managed Account Reports）比率。它是由 Young(1991)提出的。

差是其相对于基准的标准差,而不是其总标准差。表 7.3 提供了用以计算一个虚拟投资组合的跟踪误差和基准的信息,该计算采用了 30 个月度观察值。表中第四列显示了每个月的主动回报率。月平均主动回报率为 0.297%。将这个数值乘以 12 对之进行年化(因为所分析的回报率是月度数据),得出了 3.57%,这是阿尔法。月主动回报率的月标准差为 0.669%。为了得到跟踪误差,我们将这个数值乘以 12 的平方根以对之进行年化。因此,跟踪误差为 2.32%。

表 7.3   跟踪误差:数据和计算

月序数	投资组合回报率(%)	基准回报率(%)	主动回报率(%)	
1	2.90	2.72	0.18	
2	−0.66	−1.09	0.43	
3	−0.97	−0.35	−0.62	
4	0.96	0.34	0.62	
5	−0.22	0.23	−0.45	
6	2.19	2.91	−0.72	
7	−0.39	−0.08	−0.31	
8	−0.31	−1.16	0.85	
9	3.19	2.11	1.08	
10	−0.02	−0.40	0.38	
11	−0.56	−0.42	−0.14	
12	0.92	0.71	0.21	
13	1.10	1.25	−0.15	
14	1.01	−0.37	1.38	
15	2.20	1.98	0.22	
16	−0.12	−1.33	1.21	
17	−0.87	−0.20	−0.67	
18	0.60	0.72	−0.12	
19	2.12	0.95	1.17	
20	0.63	0.89	−0.26	
21	1.52	1.92	−0.40	
22	1.91	1.89	0.02	
23	−0.63	−1.66	1.03	
24	0.84	0.90	−0.06	
25	1.73	−0.25	1.98	
26	1.81	0.98	0.83	
27	1.40	0.96	0.44	
28	1.02	1.03	−0.01	
29	−0.41	−0.95	0.54	
30	1.92	1.66	0.26	
平均月主动回报率				0.297
月主动回报率的标准差= 年化				0.669
年平均主动回报率=月平均主动回报率×12=阿尔法				3.568
年标准差=月标准差×$12^{0.5}$=跟踪误差=				2.317

为与通常具有零主动回报率的基准指数匹配(即总是与基准的实际回报率匹配)而构建的投资组合(即指数基金)将具有零跟踪误差。但采取主动式管理并且建立的头寸显著不同于基准的投资组合可能会有较大的主动回报率,包括正数和负数,因此将会有年跟踪误差,如5%—10%。

在给定跟踪误差后,我们可以在主动回报率呈正态分布的假设下,估计可能的投资组合主动回报率的范围和相应的投资组合回报率的范围。例如,假设下列因素:

基准＝标准普尔500指数
标准普尔500指数的期望回报率＝20%
相对标准普尔500指数的跟踪误差＝2%

标准差倍数	投资组合主动回报率范围	相应的投资组合回报率范围和概率	
1	±2%	18%—22%	67%
2	±4%	16%—24%	95%
3	±6%	14%—26%	99%

资产管理人可以采取主动式策略和被动式(如指数化)策略的混合策略。也就是说,管理人构建的投资组合可以有一定比例与某个基准指数挂钩,剩余部分则是主动管理的。假设被动管理的部分(即与指数挂钩的部分)相对指数具有零跟踪误差。对于这种策略,我们可以证明(在一些代数操作以后)总体投资组合的跟踪误差如下:

投资组合相对指数的跟踪误差
＝(投资组合主动管理的比例)×(主动管理的部分相对指数的跟踪误差)

增强型指数基金不同于指数基金,因为它小幅偏离基准指数的持仓,并希望通过这些小幅偏离取得略优于基准指数的业绩。用主动式/被动式策略的术语表示,资产管理人配置投资组合的一小部分用于主动管理。原因在于:如果对赌结果不利,那么业绩不佳的程度将会很小。因此,所实现的回报率将总是仅小幅偏离指数回报率。增强型策略有多种类型。

假设一个基准为标准普尔500指数的资产管理人采取增强型指数化策略,他仅配置5%的投资组合用于主动管理,并将其余95%与指数挂钩。我们进一步假设主动管理的部分相对标准普尔500指数的跟踪误差为15%。于是,投资组合的跟踪误差计算如下所示:

相对标准普尔500指数主动管理的投资组合的比例＝5%
相对标准普尔500指数的跟踪误差＝15%
投资组合相对标准普尔500指数的跟踪误差＝5%×15%＝0.75%

前视和回望跟踪误差

在表7.3中,我们基于所报告的主动回报率展示了虚拟投资组合的跟踪误差。然而,表中所显示的业绩是资产管理人在这30个月内对投资组合定位问题的决策结果,如贝塔、板块配置、风格偏好(即价值型与成长型),以及个股选择。因此,我们称这些从历史主动回报率计算的跟踪误差为回望跟踪误差或事后跟踪误差。

回望跟踪误差存在的一个问题是,它未反映资产管理人的当前决策对可能实现的未来主动回报率和跟踪误差的影响。例如,假如资产管理人在今天显著改变了投资组合的贝塔或板块配置,那么使用先前时期数据计算的回望跟踪误差将不能正确反映当前的投资组合风险未来将会如何。也就是说,回望跟踪误差缺乏预测价值,并且在评估投资组合未来的风险时可能会产生误导。

资产管理人需要对跟踪误差进行前瞻性估算,以正确反映投资组合未来的风险。在实践中,这是通过使用商业供应商的服务完成的,这些供应商拥有一个多因子风险模型,模型定义了与基准指数相关的风险。因子的获得和风险的量化通过对指数中股票的历史回报数据进行统计分析而得到。(这涉及使用方差和相关系数。)使用资产管理人当前的投资组合持仓,我们可以计算投资组合当前对各种因子的风险敞口,并与基准对这些因子的风险敞口进行比较。使用因子风险敞口的差异和因子的风险,我们可以计算前视跟踪误差。这个跟踪误差亦称预测跟踪误差和事前跟踪误差。

一个时期(如一年)期初的前视跟踪误差与年末计算的回望跟踪误差的完全匹配是无法保证的。这有两个原因。第一个原因是,随着时间的推移投资组合发生了变化,前视跟踪误差估计也会发生变化,以反映新的风险敞口。第二个原因是,前视跟踪误差的准确性依赖于分析中所使用的方差和相关系数的稳定性程度。在一年内的不同时间取得的前视跟踪误差估计的平均值将会合理地接近于年末取得的回望跟踪误差估计。

每种估计都有其用途。前视跟踪误差可用于风险控制和投资组合构建。资产管理人可以立即看到任何打算对潜在策略进行的变更可能会对跟踪误差产生的影响,并排除那些会导致跟踪误差超出客户的风险容忍度的策略。回望跟踪误差可用于实际业绩的分析评估,如信息比率,这是本章后面将要描述的一个回报/风险度量。

风险调整回报率:回报/风险比率

既然我们已经知道如何计算在投资组合的业绩评估中应该使用的回报率以及各种风险度量,我们就可以计算风险调整回报率。风险调整回报率是以回报/风险比率的形式计算的。回报可在绝对或相对的基础上衡量。用绝对回报作为分子的回报/风险比率是以实际回报率与无风险利率(或零)之差衡量的。当我们在相对的基础上衡量回报时,它是实际回报率与客户选择的基准之差。

四个最常用的风险调整回报率度量(回报/风险比率)为夏普比率、特雷诺比率、索提诺比率和信息比率。[1]

---

① 除了这四个回报/风险比率外,还有其他回报/风险比率利用不同的风险度量。Cheridito 和 Kromer(2013)提供了对类型广泛的回报/风险比率的全面讨论。他们介绍了三个回报/风险比率体系并研究了其特性。

夏普比率

最受欢迎的在绝对基础上衡量回报的回报/风险比率为夏普比率(Sharpe ratio),它是以其开发者 William Sharpe(1966)的名字命名的。他最初称该比率为"回报/变化性比率"。在这个回报/风险比率中,我们按下列方式从实际回报率中减除无风险利率:

$$夏普比率 = \frac{投资组合实际回报率 - 无风险利率}{投资组合实际回报率的标准差}$$

夏普比率中的分子被称为超额回报率。也就是说:

$$夏普比率 = \frac{超额回报率}{投资组合实际回报率的标准差}$$

无风险利率为短期国债的利率,短期国债的期限等于计算投资组合回报率所用的时期长度。

夏普比率衡量了资产管理人为投资风险资产,而不是持有无风险利率所涉及的额外波动性赚取的超额回报。

夏普比率的计算包括计算每个时期的分子,然后计算平均超额回报率。表 7.4 中的数据说明了这一点,其中使用表 7.3 显示的相同基金 30 个月的投资组合收益进行了计算。第二列显示了实际回报率,第三列显示了月无风险利率。例如,在第一个月,年无风险利率为 5.4%,除以 12 得到 0.45% 的月无风险利率。第四列显示了超额回报率,即从投资组合实际回报率减去无风险利率得到的。投资组合的月平均超额回报率为 0.354%。将之乘以 12 进行年化得出了 4.25%,这是夏普比率的分子。月实际回报率的标准差为 1.17%。1.17% 乘以 12 的平方根得到 4.05%,这是夏普比率的分母。因此,投资组合在 30 个月期间的夏普比率为:

$$夏普比率 = \frac{4.25\%}{4.05\%} = 1.05$$

我们在使用月回报率时,对夏普比率进行年化,将平均回报率乘以 12,标准差乘以 12 的平方根。一般而言,对基于小于一年的回报率的年化是按以下公式完成的:

$$年化夏普比率 = \sqrt{F} \times (基于 F 的夏普比率)$$

其中,F 为计算回报率所用的时期数。也就是说,当我们使用月回报率时,F 为 12。当我们使用周回报率时,F 为 52。使用日回报率有些复杂,我们采用 $F=252$,因为一年有 252 个交易日。注意,在上述例子中,将分子乘以 12,并将分母乘以 12 的平方根,这等价于将月夏普比率乘以 12 的平方根。

由于下列原因,夏普比率受到了研究者和从业者的批评:(1)它将标准差(方差)用作风险度量,这些度量未能考虑到回报率分布可能会存在偏度,正如本章前面讨论的那样;(2)它使用无风险利率作为业绩的比较基准。

夏普比率不仅被用于衡量投资组合的业绩,也被用于衡量资产类别和个体资产的表现。表 7.2 显示了几个股票资产类别在两个时期内的夏普比率。

表 7.4　夏普比率:回报率数据和计算

月序数	投资组合回报率(%)	无风险利率(%)	超额回报率(%)	
1	2.90	0.45	2.45	
2	−0.66	0.42	−1.08	
3	−0.97	0.40	−1.37	
4	0.96	0.42	0.54	
5	−0.22	0.43	−0.65	
6	2.19	0.49	1.70	
7	−0.39	0.50	−0.89	
8	−0.31	0.52	−0.83	
9	3.19	0.53	2.66	
10	−0.02	0.53	−0.55	
11	−0.56	0.56	−1.12	
12	0.92	0.58	0.34	
13	1.10	0.49	0.61	
14	1.01	0.48	0.53	
15	2.20	0.49	1.71	
16	−0.12	0.42	−0.54	
17	−0.87	0.45	−1.32	
18	0.60	0.45	0.15	
19	2.12	0.45	1.67	
20	0.63	0.45	0.18	
21	1.52	0.40	1.12	
22	1.91	0.40	1.51	
23	−0.63	0.45	−1.08	
24	0.84	0.45	0.39	
25	1.73	0.45	1.28	
26	1.81	0.52	1.29	
27	1.40	0.52	0.88	
28	1.02	0.52	0.50	
29	−0.41	0.49	−0.90	
30	1.92	0.49	1.43	
平均月超额回报率				0.354
月实际回报率的标准差= 年化				1.17
年平均超额回报率=月平均超额回报率×12				4.25
年标准差=月标准差×$12^{0.5}$=				4.06
夏普比率=				1.05

特雷诺比率

绝对回报率的另一个度量是 Jack Treynor(1965)构建的特雷诺比率(Treynor ratio)。分子与夏普比率中的相同,但风险度量不同。特雷诺比率使用的不是回报率的标准差,而是市场风险(以投资组合的贝塔衡量)。也就是说:

$$特雷诺比率 = \frac{投资组合实际回报 - 无风险利率}{贝塔} = \frac{超额回报率}{贝塔}$$

这个度量通常被用以评估股票或普通股投资组合。

分子与夏普比率中的相同。因此,根据表 7.3 和表 7.4 第二列显示的实际回报率,分子为 4.25%。我们在本章前面讨论了贝塔。对于表 7.2 中的实际回报率和基准回报率,我们可以证明贝塔值为 0.82。因此:

$$特雷诺比率 = \frac{超额回报率}{贝塔} = \frac{4.25\%}{0.82} = 5.18$$

索提诺比率

众所周知,衡量相对基础上的回报的一个回报/风险比率为索提诺比率(Sortino ratio),正如 Sortino 和 van der Meer(1991)以及 Sortino 和 Price(1994)描述的那样。索提诺比率破解了对于夏普比率使用实际回报率的标准差的批评。它采用客户指定的最低可接受回报率(minimum acceptable return, MAR)作为相对业绩的度量。这个风险度量不是实际回报率的标准差,而是低于客户指定的最低可接受回报率的实际回报率的标准差。在本质上,这个风险度量未考察总波动性(即标准差),而是仅考虑坏的波动性,即低于最低可接受回报率的回报率。也就是说,索提诺比率的计算公式如下:

$$索提诺比率 = \frac{投资组合实际回报率 - 最低可接受回报率}{低于最低可接受回报率的实际回报率的标准差}$$

我们将用表 7.3 和表 7.4 中的投资组合实际回报率说明这项计算。我们将最低可接受回报率设定为零。表 7.5 显示了用于计算索提诺比率的数据。我们可以从表 7.5 中看到,年实际回报率为 9.92%。由于在我们的例子中,索提诺比率的分子中包含的最低可接受回报率被假设为零,因此分子不过是年实际回报率。我们在计算分母时必须谨慎。第三列显示了低于最低可接受回报率的回报率。资产管理人仅在 11 个月中未能赚取正数的回报率。正是这些月份的数据被用以计算标准差。低于最低可接受回报率的实际回报率的年标准差为 1.90。因此:

$$索提诺比率 = \frac{9.92\%}{1.90} = 5.21$$

与夏普比率相同,索提诺比率可被用于评估资产类别和单个资产的表现。表 7.5 显示了在 MAR 为零的假设下几个股票资产类别在两个时期内的索提诺比率。

表 7.5　索提诺比率:数据和计算

最低可接受回报率(MAR)＝0

月序数	投资组合 回报率(%)	投资组合 回报率—MAR(%)	平方
1	2.90		
2	−0.66	−0.66	0.436
3	−0.97	−0.97	0.943
4	0.96		
5	−0.22	−0.22	0.048
6	2.19		
7	−0.39	−0.39	0.152
8	−0.31	−0.31	0.096
9	3.19		
10	−0.02	−0.02	0.000
11	−0.56	−0.56	0.314
12	0.92		
13	1.10		
14	1.01		
15	2.20		
16	−0.12	−0.12	0.014
17	−0.87	−0.87	0.757
18	0.60		
19	2.12		
20	0.63		
21	1.52		
22	1.91		
23	−0.63	−0.63	0.397
24	0.84		
25	1.73		
26	1.81		
27	1.40		
28	1.02		
29	−0.41	−0.41	0.168
30	1.92		
呈现负数的月数			11
平均月回报率—MAR			0.83
低于 MAR 的月实际回报率的标准差＝ 　年化			0.55
年实际回报率＝月实际回报率×12			9.92
年标准差＝月标准差×12$^{0.5}$＝			1.90
索提诺比率＝			5.21

信息比率

由于对资产管理人与其竞争者进行业绩比较的重要性,Sharpe(1994)提出了一个考虑到主动式管理投资组合的跟踪误差的度量。他提出的这个比率叫做信息比率,其计算如下:

$$信息比率 = \frac{阿尔法}{回望跟踪误差}$$

回报为阿尔法,它是以一个时期内主动回报率的平均值衡量的。风险为前面描述的回望跟踪误差,是投资组合主动回报率的标准差。信息比率越高,资产管理人相对于其所承担的风险的业绩就越佳。

为了说明信息比率的计算,考虑表 7.2 显示的虚拟投资组合的主动回报。年平均主动回报率(或阿尔法)为 3.57%。由于回望跟踪误差为 2.32%,信息比率为:

$$信息比率 = \frac{3.57\%}{2.32\%} = 1.54$$

关键要点

- 在评估资产管理人、投资策略或投资工具的业绩时,第一步是计算所实现的实际回报率。
- 业绩衡量涉及计算资产管理人在评估期内实现的回报率。
- 在发展计算评估期内投资组合的回报率的方法时,我们必须考虑几个重要问题。
- 业绩评估涉及确定资产管理人是否通过取得超越既定基准的业绩提供了增值服务,以及确定资产管理人是如何实现所计算的回报率的。
- 业绩评估必须考虑到与任何一项投资相关的风险。
- 投资组合在任何评估期内实现的美元回报等于以下两者之和:(1)评估期末的投资组合市场价值与评估期初的投资组合市场价值之差,以及(2)投资组合支出的所有分配。
- 计算回报率的假设为:(1)在评估期内发生、但未被分配给客户的现金流入被再投资于投资组合;(2)假如投资组合有现金分配,那么或者现金分配是在评估期末发生的,或者以现金形式持有所分配的资金,直至评估期末;(3)客户未向投资组合注资。
- 我们用三个方法计算子时段回报率:算术平均回报率、时间加权回报率和美元加权回报率。
- 算术平均回报率或回报率的算术平均值是子时段回报率的未加权平均值。
- 将算术平均回报率解释为评估期内的平均回报率的度量是不恰当的。
- 时间加权回报率(亦称复合增长率和几何平均回报率)衡量了在所有现金分配都被再投资于投资组合的假设下,投资组合初始市场价值在评估期内的复合增长率。
- 年化的复合增长率被称为 CAGR。

● 美元加权回报率是通过得出使评估期内所有子时段的现金流加投资组合的期终市场价值的现时价值等于投资组合初始市场价值的利率计算的。

● 假如评估期内未发生提款或注资,并且所有的投资收入被都加以再投资,那么美元加权回报率和时间加权回报率将生成相同的结果。

● 美元加权回报率的问题在于:它受到超出资产管理人控制范围的因素的影响。

● 正态分布(或高斯分布)通常被假设为资产回报率的分布,尽管我们缺乏支持这种分布的实证证据。

● 有一些论证认为,风险是因投资者而异的,因此没有可被普遍接受的风险度量。

● 根据关于投资组合理论的文献,我们可以定义两类不相交的风险度量:离散度度量和安全性—风险度量。

● 方差(标准差)和平均绝对偏差是离散度测度。

● 对于安全第一风险度量,我们会识别一个基准或回报率的灾难水平,目标是将回报率高于该水平的概率最大化。

● 一些最知名的安全第一风险度量为:(1)经典的安全第一风险度量,(2)在险价值,以及(3)条件在险价值/期望尾部损失。

● 普通股的一个重要风险度量为以贝塔衡量的市场风险。

● 贝塔是以回归分析用市场模型估计的。

● 假如投资者投资于特定的投资工具或投资策略,他们会担心资本的保全,这种风险是用多种回撤度量衡量的。

● 回撤是假如投资者在峰值价格水平购买了某个投资工具或投资于某项投资策略,然后在头寸价值下跌至价值再次上升前一直保留头寸,并在其价值上升前出售头寸所产生的投资价值差额。

● 最大回撤是投资价值在某个时期内从最高值下跌的跌幅。

● 最大回撤持续期是最大回撤持续的最长时间,它是以峰值价格之间的最长时间衡量的。

● 卡玛比率是投资在一个时期内的年增长率除以相同时期内的最大回撤的比率。

● 跟踪误差是投资组合主动回报率的标准差,主动回报率为投资组合实际回报率与基准实际回报率之差。

● 回望跟踪误差(或事后跟踪误差)是基于投资组合的实际(历史)业绩计算的。

● 前视跟踪误差(亦称预测跟踪误差和事前跟踪误差)是基于某个多因子模型的预测跟踪误差。

● 风险调整回报率度量是回报/风险比率,回报可以基于绝对或相对的基础衡量。

● 在分子中使用绝对回报的回报/风险比率,是以实际回报率与无风险利率(或零)之差衡量分子的。

● 当我们在回报/风险比率的计算中用相对的基础衡量回报时,它是实际回报率与客户选择的基准之差。

● 四个最常用的风险调整回报率度量(回报/风险比率)为夏普比率、特雷诺比率、索提诺比率和信息比率。

● 夏普比率和特雷诺比率都使用绝对回报,但使用不同的风险度量(夏普比率采用回报率之标准差,特雷诺比率则采用贝塔)。

- 索提诺比率和信息比率都使用相对回报。
- 索提诺比率计算回报与客户选择的最低可接受回报率之差，并仅用低于最低可接受回报率的回报率计算标准差。
- 信息比率将阿尔法（主动回报率的平均值）用作回报度量，并将跟踪误差用作风险度量。

参考文献

Artzner, P., F. Delbaen, J. M. Eber, and D. Heath, 1999. "Coherent measures of risk," *Mathematical Finance*, 9:203—228.

Balzer, L. A., 1994. "Measuring investment risk: A review." *Journal of Investing* 3(3): 47—58.

Balzer, L. A., 2001. "Investment risk: A unified approach to upside and downside returns," in *Managing Downside Risk in Financial Markets: Theory, Practice and Implementation*, edited by F. A. Sortino and S. E. Satchell(pp.103—155). Oxford: Butterworth-Heinemann.

Cheridito, P. and E. Kromer, 2013. "Reward-risk ratios," *Journal of Investment Strategies*, 3(1):1—16.

Rachev, S. T., C. Menn, and F. J. Fabozzi, 2005. *Fat-Tailed and Skewed Asset Return Distributions: Implications For Risk Management, Portfolio Selection, and Option Pricing*. Hoboken, NJ: John Wiley & Sons.

Roy, A. D., 1952. "Safety-first and the holding of assets," *Econometrica*, 20:431—449.

Ryan, R. and F.J. Fabozzi, 2002. "Rethinking pension liabilities and asset allocation," *Journal of Portfolio Management*, 28(4):7—15.

Sharpe, W. F., 1963. "A simplified model for portfolio analysis," *Management Science*, 9 (2):277—293.

Sharpe, W. F., 1966. "Mutual fund performance," *Journal of Business*, 39 (Suppl.): 119—138.

Sharpe, W. F., 1994. "The Sharpe ratio," *Journal of Portfolio Management*, 21(1): 49—58.

Sortino, F. A. and L. N. Price, 1994. "Performance measurement in a downside risk framework," *Journal of Investing*, 3:50—58.

Sortino, F. and S. Satchell, 2001. *Managing Downside Risk in Financial Markets*. Oxford: Butterworth-Heinemann.

Sortino, F. and R. van der Meer, 1991. "Downside risk," *Journal of Portfolio Management*, 17(4):27—31.

Treynor, J., 1965. "How to rate management of investment funds," *Harvard Business Review*, 43:63—75.

Young, T. W., 1991. "Calmar ratio: A smoother tool," *Futures*, 20(1):40.

8

投资组合理论:均值—方差分析和资产配置决策

学习目标

在阅读本章后,你将会理解:

- 哈里·马科维茨(Harry Markowitz)创建的均值—方差分析,以及如何在资产配置决策中运用这项分析;
- 投资组合多元化的概念;
- 投资组合理论对投资者的决策方式和回报率分布所作的假设;
- 两种资产之间的相关性在衡量投资组合风险中的重要性;
- 可行投资组合和可行投资组合集合的含义;
- 有效集合或有效边界的含义;
- 最优投资组合的含义,以及如何从有效边界上的所有可得投资组合选择最优投资组合;
- 对投资组合理论的批评;
- 与投资组合理论在实践中的实施相关的问题。

在本章中,我们将解释投资者应如何构建投资组合的理论。投资组合构建模型是哈里·马科维茨于 1952 年提出的,尽管提出日期距今已将近 70 年,但仍被称为现代投资组合理论。①由于这个投资组合构建理论将投资组合回报率的均值和方差用作输入信息,因此被普遍称为均值—方差分析。这个投资组合构建框架是资产管理领域的两个主要理论之一。在均值—方差分析发展起来之前,资产管理人通常会谈论风险和回报,但不能量化这些重要度量并将之应用于投资组合的构建。此外,资产管理人会将重点放在单个资产的风险上,而不理解将这些资产组合在一起可能会如何影响投资组合的风险。在下一章中,我们将解释一个叫

---

① 这个理论最先是在 Markowitz(1952)的一篇文章中提出的,Markowitz(1959)进一步发展了这个理论。

做资本资产定价模型的经济理论,它是资产管理领域的第二个主要理论。这个理论提供了风险与期望回报率的关系,[①]被用于确定资产应如何在市场中定价。它通过估计市场参与者在给定资产风险水平的情况下应期望获得多少回报,以及实际上应如何衡量风险来实现这一目标。

读者为理解和领会这两个理论而应当熟悉的统计学概念为:均值、方差(标准差)、相关系数、协方差和回归分析。这些概念在所有入门级统计学教科书中均有涉及。我们在上一章中描述了其中几个概念。对这些概念以及解释资产回报率呈现的分布特性和其他回报率分布的进一步的讨论见 Rachev、Menn 和 Fabozzi(2005)。

尽管这两个理论是大多数投资理论的基石,但它们也持续地受到批评。这在任何领域的学术发展中都不出人意料。正如我们先前提到的那样,投资组合理论是马科维茨于 1952 年创建的,至今仍被称为"现代"投资组合理论。如今,有大量研究对马科维茨创建的投资组合理论进行了延伸。这些延伸不是对马科维茨的学术贡献的批评,而是表明了应如何修正假设和处理与这个理论的实施相关的问题。

均值—方差分析的应用

均值—方差分析以两种方式被应用于资产管理领域:资产配置和投资组合的选择。资产管理人或客户必须作出的最重要的投资决策之一是:如何在不同的资产类别之间配置资金以实现投资目标。对于如何在不同资产类别之间配置投资组合资金的决策被称为资产配置决策,我们在第 1 章中对之进行了讨论。在资产配置决策中,均值—方差分析未指明应纳入投资组合的具体证券或资产,而仅是表明应分配给每种资产多少比例的资金。因此,在制定资产配置决策时使用的均值—方差分析的输出结果表明了多少比例的投资组合应被配置给以下资产类别:现金、大型股、中型股、小型股、非美国股票、美国政府债券、投资级公司债券、非投资级债券、证券化产品和另类资产。均值—方差分析未对投资组合应持有何种具体证券提供任何信息。也就是说,均值—方差分析的输出结果可能会表明为客户构建的最佳投资组合。例如,假设输出结果表明资产管理人应将 30% 的投资组合配置给大型股。因此,假如投资组合有 1 亿美元,那么该分析表明应将 3 000 万美元配置给大型股,但未指明应纳入哪些具体的大型股。

应用均值—方差分析的第二种方式是:在构建投资组合时,确定应在投资组合中纳入某个资产类别中的哪些具体证券。这是投资组合选择决策。例如,一个希望构建大型股投资组合的资产管理人可以运用均值—方差分析做到这点。在这个应用中,均值—方差分析的输出结果将从资产管理人可以选择的所有大型股中识别应纳入投资组合的具体股票,以及纳入投资组合的每种股票的投资比例。例如,假如资产管理人希望构建 3 000 万美元由大型股组成的投资组合,均值—方差分析将指明应在投资组合中纳入哪些具体公司的股票,以及每种股

---

① 作为对这些理论的重要性的肯定,1990 年 10 月,诺贝尔经济学奖被授予投资组合理论的提出者哈里·马科维茨和资本市场理论的提出者之一威廉·夏普。

票的配置比例。例如,输出结果也许会表明应纳入的大型股为:4％的苹果公司(120万美元)、5％的亚马逊公司(150万美元)、6％的强生公司(180万美元),等等。于是,投资组合将由3 000万美元的大型股组成。

本章中的重点是均值—方差框架在资产配置决策中的应用。

资产配置和投资组合多元化

投资者通常谈论对其投资组合进行"多元化"。开展多元化投资的投资者构建投资组合的方式是降低投资组合的风险而不牺牲回报。这当然是一个投资者应追求的目标。然而,问题是如何在实践中做到这点。

一些投资者会表示,纳入跨所有资产类别的资产将会实现投资组合的多元化。例如,投资者也许会认为投资组合应通过投资于股票、债券和房地产进行多元化。尽管这可能是合理的,但我们在构建多元化投资组合时必须考虑两个问题。首先,我们在每个资产类别中应该投资多少? 是否应该将投资组合的40％投资于股票、50％投资于债券、10％投资于房地产,还是某种其他配置会更为恰当? 其次,一旦资产配置确定后,投资者应选择哪些具体的股票、债券和房地产?

一些仅将重点放在单个资产类别(如普通股)上的投资者认为,这些投资组合亦应被多元化。他们的意思是,投资者不应将其所有投资资金放在单家公司的股票上,而是应投资于许多家公司的股票。在这里,构建多元化的投资组合同样必须回答几个问题。首先,投资组合中应该出现哪些公司? 其次,多少比例的投资组合应被配置给每家公司的股票?

在本章介绍的投资组合理论发展起来之前,尽管投资者通常笼统地讨论多元化,但他们不具备回答前述问题所需的分析工具。例如,Leavens(1945)写道:

> 对在最近25年间出现的关于投资的约50本书籍和文章的考察显示,大多数文献都认为多元化是可取的。然而,大多数文献都仅是笼统地讨论多元化,且未清晰地表明为何它是可取的。

然后Leaven说明,假设风险是独立的,投资者如何能获益于多元化。值得一提的是其文章的最后一个段落,在该段落中,他提醒投资者每种证券的风险是独立的这一假设十分重要,但在实践中这个假设可能并不成立。他写道:

> 在单个行业的公司之间进行多元化不能防范可能会影响整个行业的不利因素;为了实现多元化目的,在不同行业之间进行额外的多元化是必需的。在不同的行业之间进行多元化亦不能防范可能会同时打压所有行业的周期性因素。

七年后,Markowitz(1952)独立创建了投资组合理论,这个理论运用基本的统计学概念量化了Leavens的见解所表达的理念。我们将会看到,本章中解释的马科维茨多元化策略,主要与投资组合中资产回报率之间的协方差/相关系数程度(作为投资组合风险的度量)有关,而不是与每种资产的独立风险有关。

应用于资产配置决策的均值—方差分析

资产配置决策中的投资组合由资产类别,而不是由个体资产组成。在制定投资组合构建中的资产配置决策时,投资者寻求在愿意接受的一定风险水平的前提下,实现期望回报率的最大化。(替代表述是,投资者寻求在给定某个目标期望回报率的情况下,将风险敞口最小化。)满足这个条件的投资组合被称为有效投资组合。投资组合理论会告诉我们如何实现有效投资组合。由于马科维茨是投资组合理论的开发者,有效投资组合有时被称为"马科维茨有效投资组合"。

为了构建风险资产的有效投资组合,我们必须对投资者在进行投资决策时的行为表现作出一些假设。一个合理的假设是,投资者厌恶风险。厌恶风险的投资者在面临两种期望回报率相同、但风险水平不同的投资时会偏好风险较低的那种投资。在投资者可以选择的所有有效投资组合中,最优投资组合是投资者的首选。

为了构建有效投资组合,投资者需要能够估计待选入投资组合的每个资产类别的期望回报率,并且不仅需要指定某个风险度量,而且还要衡量每个资产类别的风险。我们有多个定量的风险度量,上一章描述了这些度量,本书配套册第 8 章更详尽地对之进行了讨论。马科维茨投资组合理论选择的风险度量是方差或标准差。

投资组合期望回报率

投资组合回报率的期望值(或简称为投资组合期望回报率)是在一个时期内每个资产类别回报率的期望值的加权平均。用数学表示为:

$$E(R_p) = w_1 E(R_1) + w_2 E(R_2) + \cdots + w_K E(R_K) \tag{8.1}$$

其中,$E(R_p)$ 为投资组合的期望回报率,$E(R_k)$ 为资产类别 k($k=1$,$\cdots$,K)的期望回报率,w_k 为期初资产类别 k 在投资组合中的权重(即资产类别 k 的市场价值占整个投资组合市场价值的比例),K 为待选入投资组合的资产类别的个数。

在计算投资组合期望回报率时使用的权重为配置给该资产类别的投资组合的百分比或比例。假如某个资产类别未被选中,那么其权重为零。权重是我们希望确定的对象。

例如,考虑加州州政府的退休金计划(CalPERS)的资产配置决策。CalPERS 的理事会决定采用四个主要资产类别:成长型股票、收入型资产(债券)、房地产和信托层次的资产。[①]因此,在式(8.1)中,$K=4$。资产配置策略在资产类别方面甚至可以更为细化。例如,CalPERS 投资以下两种成长型股票子类别:公募股票和私募股权。对于房地产资产类别,CalPERS 使用以下子类别:房地产、林地、基础设施、提供流动性的资产和防御通货膨胀的资产。将这些与收入型资产(债券)和信托层次的资产结合起来,总共有 9 个资产类别(即 $K=9$)。我们需

---

① 信托层次的资产包括绝对回报策略、多资产类别策略以及叠加策略、过渡策略和养老金计划层次的策略。

要记住的关键点是：此处并未进行单个证券的选择。

在实施这个理论时，式(8.1)使用了从历史回报率得出的平均回报率(资产管理团队的分析员可在必要时对之进行调整)。正如我们可以从式(8.1)看到的那样，一旦我们估计了每个资产类别的期望回报率后，投资组合期望回报率的计算十分简单：它不过是待选入投资组合的各个资产类别回报率的线性加权组合。然而，我们将会看到，投资组合风险的衡量并非如此简单。

衡量投资组合风险

在马科维茨投资组合理论中使用的风险度量为方差，因此这个理论亦称均值—方差理论。在这里，我们将解释投资组合的风险是如何计算的，以及资产类别回报率的协方差的作用。我们假设待选入资产配置决策的每个资产类别回报率的方差已从历史回报率计算得出。

双资产类别投资组合

为了简化说明，我们将假设投资组合仅有两个资产类别。投资组合方差的计算如下：

$$\sigma^2(R_p) = (w_1)^2\sigma^2(R_1) + (w_2)^2\sigma^2(R_2) + 2(w_1)(w_2)\text{cov}(R_1, R_2) \tag{8.2}$$

其中，$\sigma^2(R_p)$ 为投资组合的方差，$\sigma^2(R_1)$、$\sigma^2(R_2)$ 分别为资产类别 1 和资产类别 2 的方差，w_1、w_2 分别为资产类别 1 和资产类别 2 在投资组合中的配置比例(权重)，$\text{cov}(R_1, R_2)$ 为两个资产类别的回报率的协方差。

正如我们可以从式(8.2)看到的那样，这个等式引进了两个资产类别的协方差。协方差是两个随机变量的相依结构或协变性的度量。在我们的应用中，两个随机变量为资产类别 1 和资产类别 2 的回报率。

衡量两个随机变量协变性的一个替代方法是确定相关系数。随机变量的相关系数等于两个随机变量的协方差除以其标准差的乘积。将这则公式应用于资产类别 1 和资产类别 2 的回报率，我们得出：

$$\text{cor}(R_1, R_2) = \text{cov}(R_1, R_2)/[\sigma(R_1)\sigma(R_2)]$$

其中，$\text{cor}(R_1, R_2)$ 为两个资产类别回报率的相关系数。对协方差求解，我们得出：

$$\text{cov}(R_1, R_2) = \sigma(R_1)\sigma(R_2)\text{cor}(R_1, R_2) \tag{8.3}$$

将式(8.3)代入等式(8.2)中的协方差，投资组合的方差可被重新表达为：

$$\sigma^2(R_p) = (w_1)^2\sigma^2(R_1) + (w_2)^2\sigma^2(R_2)$$
$$+ 2(w_1)(w_2)\text{cor}(R_1, R_2)/[\sigma(R_1)\sigma(R_2)] \tag{8.4}$$

一般资产类别的情形

双资产类别情形下的数学计算并不复杂。从双资产类别情形转移至包含两个以上资产类别的一般情形则有些棘手。例如，在含三个资产类别(即资产类别 1、2 和 3)的情形下，以方差和协方差定义的投资组合方差的计算如下：

$$\sigma^2(R_p) = (w_1)^2\sigma^2(R_1) + (w_2)^2\sigma^2(R_2) + (w_3)^2\sigma^2(R_3)$$
$$+ 2(w_1)(w_2)\text{cov}(R_1, R_2) + 2(w_1)(w_3)\text{cov}(R_1, R_3)$$
$$+ 2(w_2)(w_3)\text{cov}(R_2, R_3) \tag{8.5}$$

一般而言，对于含 K 个资产类别的投资组合，投资组合方差的公式为：

$$\sigma^2(R_p) = \sum_{k=1}^{K} \sum_{h=1}^{K} w_k w_h \text{cov}(R_k, R_h) \tag{8.6}$$

在式(8.6)中，当 $k = h$ 时，所得出的结果是 K 个方差；当 $k \neq h$ 时，所得出的结果是每对资产类别的协方差。

相关系数在确定投资组合风险和多元化效应中的角色

让我们使用简单的双资产类别投资组合举例说明投资组合期望回报率和投资组合风险。这使我们能够评估相关系数在确定投资组合风险中的作用。假设我们拥有资产类别 1 和资产类别 2 的下列信息：

资产	$E(R_i)$	$\sigma(R_i)$
1	12%	30%
2	18%	40%

让我们假设两类资产在投资组合中的权重相等（即 $w_1 = w_2$）。基于这项信息，从式(8.1)得出的投资组合期望回报率为：

$$E(R_p) = 0.50(12\%) + 0.50(18\%) = 15\%$$

根据式(8.4)，投资组合的方差为：

$$\sigma^2(R_p) = (0.5)^2(30\%)^2 + (0.5)^2(40\%)^2$$
$$+ 2(0.5)(0.5)(30\%)(40\%)\text{cor}(R_1, R_2)$$
$$= 625 + 600\text{cor}(R_1, R_2)$$

对上述等式取平方根，我们取得了标准差：

$$\sigma(R_p) = [625 + 600\text{cor}(R_1, R_2)]^{0.5}$$

现在，我们可以看到在这一双资产类别投资组合中，投资组合风险是如何随着两个资产类别回报率的不同相关系数变化的。我们知道相关系数的范围为 -1 至 1。让我们考察 $\text{cor}(R_1, R_2)$ 为 -1、0 和 1 的以下三种情形。将这三种情形下的相关系数 $\text{cor}(R_1, R_2)$ 代入上述等式，我们得出：

$\text{cor}(R_1, R_2)$	-1	0	$+1$
$\sigma(R_p)$	5%	25%	35%

我们可以看到，随着资产类别 1 和资产类别 2 的期望回报率的相关系数从 -1 上升至 0，

再上升至 1,投资组合期望回报率的标准差从 5％上升到了 35％。注意,尽管投资组合的风险会随着相关系数变化,但在每种情形下投资组合的期望回报率都维持为 15％不变。

这个例子清晰地说明了基于均值—方差框架的多元化效应。均值—方差框架下的多元化原理表明,随着构成投资组合的不同资产类别的回报率之间的相关系数(方差)发生下降,投资组合回报率的方差(从而标准差)也会下降。这是资产类别回报率之间相关性程度导致的结果。

我们可以看到,投资者可以通过组合具有较低(更好的是负数)相关系数的资产,构建一个维持投资组合期望回报率、但投资组合风险更低的投资组合。然而,在实践中,仅有极少数资产类别与其他资产类别具有较小的相关性或负相关性。于是,问题变成了寻找资产类别,以识别在既定的投资组合期望回报率水平下具有最低风险的投资组合,或等价地说,在既定的投资组合风险水平下具有最高投资组合期望回报率的投资组合。

构建投资组合

构建代表上述资产配置的投资组合,将使投资组合在既定的风险水平下具有最高的期望回报率。正如前面解释的那样,具有这种特征的投资组合被称为有效投资组合。为了构建有效投资组合,我们对投资者如何选择资产作出了以下假设:

- 均值—方差假设:投资者在制定资产选择决策时仅使用期望值和方差。
- 风险厌恶假设:投资者厌恶风险,这意味着投资者在面临如何于两个具有相同期望回报率、但风险水平不同的资产类别中选择其一进行投资的决策时,会偏好风险较低的资产类别。
- 一致预期假设:所有投资者都对所有风险资产类别的期望回报率、方差和协方差抱有相同的预期。
- 单期假设:所有投资者都共有单个投资期。
- 优化假设:在构建投资组合时,投资者会在既定的风险水平下追求实现最高的期望回报率。

在给定所有潜在资产类别的情况下构建有效投资组合要求我们开展数项计算。对于由 K 种资产类别构成的投资范围,有 $(K^2 - K)/2$ 个独一无二的协方差需要计算。因此,对于由 8 个资产类别组成的投资组合,有 28 个协方差。这看上去并不十分艰巨,尽管如我们后面将解释的那样,存在错误估计这 28 个数值的问题。然而,当均值—方差分析被应用于单个资产、而不是资产类别的选择中时,计算多个估计值的问题和估算风险的问题成倍增加。例如,假设均值—方差分析被应用于一个小型股投资组合的构建,这个投资组合有 350 种候选股票。于是,我们必须估计 61 075 个协方差。

资产配置问题的解决方案可以通过对下列优化问题求解确定:

$$最小化: \sigma^2(R_p) = \sum_{k=1}^{K} \sum_{h=1}^{K} w_k w_h \text{cov}(R_k, R_h)$$
$$\text{s.t.}: E(R_p) = w_1 E(R_1) + w_2 E(R_2) + \cdots + w_K E(R_K)$$

上述优化问题在既定投资组合期望回报率的限定条件下确定了最小投资组合方差。对每个期望回报率水平,都可以计算将投资组合风险最小化的投资组合。

用于对既定的风险水平解决上述问题的具体优化程序是二次规划。尽管管理科学(运筹学)的课程会讨论用于对二次规划问题求解的算法，但理解这个算法对于领会如何在均值—方差分析的应用中构建有效投资组合不是必需的。相反，我们仅提供一个例子来说明优化程序的结果。为了做到这点，我们将使用先前的双资产类别投资组合的例子(资产类别 1 和资产类别 2)。让我们回想一下，对于两个资产类别，$E(R_1)=12\%$，$\sigma(R_1)=30\%$，$E(R_2)=18\%$，$\sigma(R_2)=40\%$。在先前的例子中，我们未对两类资产的相关系数制定任何假设。但在这里，我们将假设 $cor(R_1, R_2)=-0.5$。表 8.1 显示了由不同比例的资产类别 1 和资产类别 2 组成的五个不同投资组合(A、B、C、D 和 E)的期望回报率和标准差。

**表 8.1　对资产类别 1 和资产类别 2 的五种资产配置的
投资组合期望回报率和标准差(假设相关系数为－0.5)**

投资组合	$w_1(\%)$	$w_2(\%)$	$E(R_p)(\%)$	$\sigma(R_p)(\%)$
1	100	0	12.0	30.0
2	75	25	13.5	19.5
3	50	50	15.0	18.0
4	25	75	16.5	27.0
5	0	100	18.0	40.0

注：$E(R_1)=12\%$；$\sigma(R_1)=30\%$；$E(R_2)=18\%$；$\sigma(R_2)=40\%$；$cor(R_1, R_2)=-0.5$。

可行投资组合

　　在给定所有候选资产类别的情况下，投资者可以构建的任何投资组合都被称为可行投资组合。表 8.1 显示的五个投资组合(即五种资产配置)都是可行投资组合，风险是以投资组合的标准差衡量的。所有可行投资组合的归总被称为可行投资组合的集合，或简称为可行集合。

　　在我们的例子中，只有两个资产类别是投资组合的候选对象，我们可以很容易地用图形显示可行集合。图 8.1 显示的可行集合为一条曲线，这条曲线代表了投资者通过使用资产类别 1 和资产类别 2 的所有可能的组合构建投资组合可以实现的风险和期望回报率的组合。我们可以在代表可行集合的曲线上识别表 8.1 中的五个投资组合。从投资组合 1 推移至投资组合 5，投资组合对资产类别 1 的配置从 100% 下降至零，而对资产类别 2 的配置则从零上升至 100%——因此，资产类别 1 和资产类别 2 的所有可能的组合都位于投资组合 1 和投资组合 5 之间(即图 8.1 中标记为 1—5 的曲线)。在双资产类别的情形下，任何不位于这条曲线上的对两个资产类别的其他资产配置都是不可实现的，因为我们不能构建资产类别 1 和资产类别 2 的这种组合。正是由于这个原因，曲线 1—5 为可行集合。

　　图 8.1 显示了双资产类别情形下的可行集合。图 8.2 显示了存在两个以上资产类别的一般情形。[①]对于一般的资产类别情形，可行集合不是如图 8.1 所示的那样在双资产类别情形下的一条曲线，而是如图 8.2 显示的阴影区域及其边界。原因在于：与双资产类别的情形不同，我们能够构建的投资组合不仅可以使投资组合期望回报率和投资组合风险的组合位于图 8.2 显示的曲线 Ⅰ—Ⅱ—Ⅲ 上，而且可以位于阴影区域内。

---

　　① 注意，图 8.2 仅用于说明。可行集合的实际形状依赖于被选中的资产的期望回报率和回报率标准差，以及每对资产回报率的相关系数。

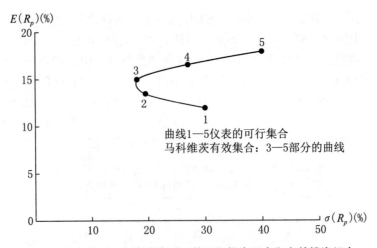

图 8.1　资产类别 1 和资产类别 2 的可行投资组合和有效投资组合

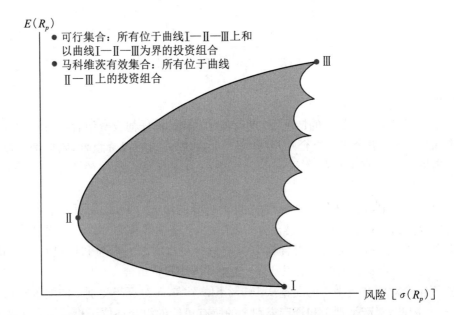

图 8.2　两个以上资产类别的可行投资组合和有效投资组合

有效投资组合

　　有效投资组合是在具有相同风险的可行投资组合集合中产生最高期望回报率的投资组合。它亦称马科维茨有效投资组合和均值—方差有效投资组合。在每个投资组合风险水平上都有一个有效投资组合,所有有效投资组合的归总被称为有效投资组合的集合,或简称为有效集合或马科维茨有效集合。在图中,有效集合被称为有效边界。

　　图 8.1 显示了在双资产类别情形下代表有效集合的部分可行集合。尽管可行集合是由曲线 1—5 表示的,但有效集合或有效边界是曲线 3—5 的部分,这是可行集合的一部分。这些投资组合在既定的投资组合风险水平下提供了最高的投资组合期望回报率。在表 8.1 显示的五个投资组合(即资产配置)中,仅有三个投资组合(投资组合 3、4 和 5)是有效集合的一部

分。将可行集合中的剩余两个投资组合——$E(R_p)=12\%$、$\sigma(R_p)=20\%$的投资组合 1 和 $E(R_p)=13.5\%$、$\sigma(R_p)=19.5\%$的投资组合 2——排除在有效集合外的原因在于:有效集合中至少有一个投资组合(如投资组合 3)比投资组合 1 或投资组合 2 具有更高的投资组合期望回报率和更低的投资组合风险。此外,投资组合 4 比投资组合 1 具有更高的投资组合期望回报率和更低的投资组合风险。事实上,整个曲线 1—3 代表的可行集合部分(不含投资组合 3)不是有效的,因为对于任何代表投资组合期望回报率与投资风险的搭配的投资组合,在有效集合中都有一个具有相同投资组合风险但投资组合期望回报率更高,或具有相同投资组合期望回报率但投资组合风险更低(或两者兼而有之)的投资组合。另一个表述这点的方法是,对于曲线 1—3 给出的可行集合部分中的任何投资组合(不含投资组合 3),都存在一个更具优势的投资组合,因为它具有相同的投资组合期望回报率但风险更低,或具有相同的投资组合风险但投资组合期望回报率更高,或具有更低的投资组合风险并且投资组合期望回报率更高。例如,投资组合 4 比投资组合 1 更具优势,投资组合 3 比投资组合 1 和投资组合 2 更具优势。

我们重申,图 8.1 代表的是仅存在两个资产类别的特殊情形。图 8.2 显示了一般资产类别情形。我们可以看到,曲线 II—III 给出了有效集合,因为我们可以很容易地看到该部分曲线代表的所有可行投资组合都比阴影区域内的投资组合更具优势。注意,在给定各资产类别的期望回报率、风险及其相关系数的情况下,不可能构建任何位于有效集合上方的投资组合。

选择最优投资组合

在经济意义上合理的是,投资者应该选择有效集合中(即位于有效边界上的某一点)的投资组合(即资产配置)。有效投资组合代表了投资组合期望回报率与投资组合风险之间的权衡。投资者如何选择有效集合中的投资组合作为最佳投资组合?从直观上说,我们迄今为止描述的框架缺少的一个关键要素是投资者的风险容忍度。这正是我们所缺少的,对于在既定的风险容忍度水平上选择最佳投资组合的投资者而言,我们必须引进风险。记住,在均值—方差框架中,风险为投资组合回报率的方差/标准差。

效用理论和最优投资组合

在经济学的"选择理论"中,用于代表权衡的概念是投资者的效用函数。这个概念由 John von Neumann 和 Oscar Morgenstern(1994)提出,决策者在面临一组选择时会应用这个概念。在我们的例子中,决策者是一个投资者,选择是有效集合中包含的有效投资组合。因此,我们在讨论投资者如何从有效集合中选择投资组合之前,先回顾一下效用函数概念。

效用函数对决策者面临的所有可能选择设定一个(数)值,某个选择的设定值越大,从该选择得出的效用也越大。目标是在一个或多个约束条件下,对决策者的效用进行最大化。在入门级的微观经济学中,效用函数被用于描述不同消费品之间的权衡,目标是在预算约束下对效用进行最大化。在我们对投资组合理论的应用中,权衡是在投资组合期望回报率与这个投资组合的风险之间作出的。所施加的约束条件是,对投资组合资金的配置必须使得权重(即上述等式中的 w_i)的总和等于 1。

　　有效投资组合提供了不同水平的投资组合期望回报率和投资组合风险,因此投资组合的期望回报率越高,投资组合的风险也越大。投资者面临选择一个有效投资组合的决策,其中,投资组合的期望回报率是会提高效用水平的受欢迎的商品,风险则是会降低效用水平的不受欢迎的商品。因此,投资者从投资组合期望回报率与投资组合风险的不同搭配得出不同的效用水平。从所有这些可能的搭配得出的效用是以效用函数表达的。简而言之,效用函数表达了投资者对预期的投资组合风险与期望回报率的不同搭配的偏好。效用函数可以用数学表达。然而,这对我们的目的不是必需的,我们的目的是在概念上总体理解投资者如何进行决策。因此,我们不用数学表达效用函数,而是用图形进行说明。图8.3显示了三条标记为u_1、u_2和u_3的效用曲线。横轴衡量了投资组合风险,纵轴衡量了投资组合期望回报率。每条曲线都代表了具有不同的投资组合风险与投资组合期望回报率搭配的一组投资组合。同一曲线上的所有点识别了基于投资者的偏好,提供相同效用水平的投资组合风险与投资组合期望回报率的搭配。由于它们提供了相同的效用水平,每条曲线都被称为无差异曲线。例如,图中在无差异曲线u_1上有A和B两点。这两点代表了两个投资组合(即两种资产配置),与B对应的投资组合比与A对应的投资组合具有更高的投资组合期望回报率,但风险也更大。由于两个投资组合位于相同的无差异曲线上,投资者对两个投资组合具有同等偏好(或无差别对待)——或就此而论,对该曲线上的所有投资组合都是如此。

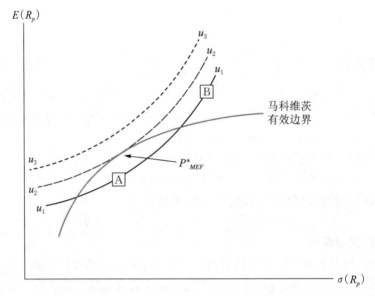

u_1,u_2,u_3=无差异曲线,$u_1 < u_2 < u_3$,且P^*_{MEF}=马科维茨有效边界上的最优投资组合

图8.3　用不同的无差异曲线(效用函数)选择最优投资组合

　　我们需要注意无差异曲线的两个特点。第一,无差异曲线的斜率是正数,这具有合理的经济原因:在同一效用水平,投资者为了接受更高的投资组合风险将要求获得更高的投资组合期望回报率。第二个特点是每条无差异曲线的定位。无差异曲线离横轴越远,投资者获取的效用也越大,因为该无差异曲线在每个投资组合风险水平上都代表了更高的投资组合期望回报率。因此,在图8.3显示的三条无差异曲线中,u_3的效用最高,u_1的效用则最低。

如果要在有效投资组合的集合中作出选择,那么最优投资组合是投资者的首选(投资者的效用函数代表了其偏好)。图 8.3 用图形展示了这点是如何做到的。在此图中,有三条代表投资者效用函数的无差异曲线。有效边界在同一图形中。从此图中,我们可以用所显示的无差异曲线确定投资者的最优投资组合。让我们记住,对于既定的有效边界,投资者希望获得可实现的最高无差异曲线。基于对这个要求的考虑,最优投资组合是由无差异曲线与有效边界的相切点代表的。在图 8.3 中,这是投资组合 P_{MEF}^{*}。例如,假设 P_{MEF}^{*} 对应图 8.2 中的投资组合 D。我们从表 8.1 知道,这个投资组合由 25% 的资产类别 1 和 75% 的资产类别 2 组成,$E(R_p) = 16.5\%$,$\sigma(R_p) = 27.0\%$。

因此,如果投资者在投资组合期望回报率和投资组合风险方面的偏好由图 8.3 中的无差异曲线的形状表示,其对资产类别 1 和资产类别 2 的输入信息(期望回报率和方差—协方差)的期望如表 8.1 所示,那么投资组合 D 是一个最优投资组合,因为它使投资者的效用得到了最大化。假如这个投资者对投资组合期望回报率和投资组合风险拥有不同的偏好,那么他会选择一个不同的最优投资组合。

在我们的讨论中,一个自然的问题是如何估计投资者的效用函数,从而确定无差异曲线。不幸的是,我们在如何构建效用函数方面几乎没有任何指导。一般而言,经济学家在估计效用函数方面未获得成功。但不能估计效用函数并不意味着这个理论是有缺陷的。但它确实意味着在实践中,一旦投资者构建有效边界后,投资者必须使用某个其他标准选择哪个有效投资组合为最优投资组合。我们有几个可能的标准,下文将对之进行讨论。

选择最优投资组合的其他标准

均值—方差分析的优化模型计算了在既定风险水平下的最小方差。在实践中用于选择最优投资组合的一个标准,是从所有的有效投资组合中选择方差最小的投资组合。这个投资组合叫做全局最小方差投资组合(global minimum variance portfolio)或 GMV 投资组合。

在上一章中,我们描述了几种回报/风险比率。每个比率都可被用于选择最优投资组合。一个常用的比率是夏普比率。其他回报/风险比率涉及选择基准(如在信息比率的情况下)或索提诺比率中的最低可接受回报率。其他标准可以是回撤度量的最小化。

最后,在本书配套册的第 8 章中,我们讨论了其他风险度量。所有这些其他风险度量的最小值都可被用于从有效边界选择最优投资组合。

使用均值—方差分析选择资产配置的举例说明

为了举例说明如何使用均值—方差分析制定资产配置决策,我们使用硅谷云技术公司(Silicon Cloud Technologies,LLC)的 Tuomo Lampinen 开发的 Portfolio Visualizer 软件,这也可在网上找到。

在我们的例子中,我们采用以下六个美国资产类别:(1)大型股,(2)中型股,(3)小型股,(4)微型股,(5)长期国债,以及(6)长期公司债券。模型使用的数据为 1995 年 1 月 1 日至 2019 年 5 月 31 日间的月回报率。数据由 Portfolio Visualizer 提供。表 8.2 的面板(a)显示了历史平均回报率[①]和所有资产类别的标准差。面板(a)还显示了在上一章中描述的度量(最大回撤、夏普比率和索提诺比率)。表 8.2 的面板(b)显示了各资产类别之间的相关系数。

表 8.2　用于说明的数据

(a) 六个资产类别的平均回报率和标准差以及其他度量

资产类别	平均回报率(%)	标准差(%)	最大回撤(%)	夏普比率	索提诺比率
美国大型股	9.49	14.64	−50.97	0.54	0.79
美国中型股	11.22	16.42	−54.14	0.59	0.87
美国小型股	9.91	18.87	−53.95	0.48	0.69
美国微型股	11.46	18.96	−56.61	0.55	0.82
长期国债	7.39	10.11	−16.68	0.53	0.88
长期公司债券	7.54	8.51	−16.82	0.63	1.01

(b) 资产类别回报率的相关系数

资产类别	美国大型股	美国中型股	美国小型股	美国微型股	长期国债	长期公司债券
美国大型股	—	0.91	0.83	0.76	−0.22	0.09
美国中型股	0.91	—	0.93	0.84	−0.23	0.10
美国小型股	0.83	0.93	—	0.89	−0.26	0.05
美国微型股	0.76	0.84	0.89	—	−0.31	−0.00
长期国债	−0.22	−0.23	−0.26	−0.31	−0.82	0.82
长期公司债券	0.09	0.10	0.05	−0.00	0.82	—

图 8.4 显示了有效边界以及每个资产类别在标准差—期望回报率图形中的位置。表 8.3 显示了从优化取得的 40 个有效投资组合。对于每个投资组合,表中显示了对每个资产类别的配置以及投资组合期望回报率和投资组合标准差。

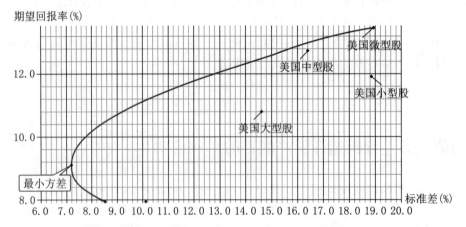

图 8.4　有效边界(从最小方差开始):1995 年 1 月至 2019 年 5 月

---

① 历史平均回报率是用这个时期内的 CAGR 计算的。

表 8.3　有效边界

有效投资组合	美国大型股（%）	美国中型股（%）	美国小型股（%）	美国微型股（%）	长期国债（%）	长期公司债券（%）	期望回报率*（%）	标准差*（%）	夏普比率*
1	0.00	0.00	0.00	0.00	0.43	99.57	7.93	8.51	0.658
2	1.94	0.00	0.00	0.00	6.85	91.22	7.98	8.36	0.676
3	3.88	0.00	0.00	0.00	9.36	86.76	8.04	8.23	0.694
4	5.82	0.00	0.00	0.00	11.87	82.31	8.09	8.11	0.711
5	7.76	0.00	0.00	0.00	14.38	77.85	8.15	7.99	0.729
6	9.70	0.00	0.00	0.00	16.90	73.40	8.20	7.88	0.746
7	11.65	0.00	0.00	0.00	19.41	68.95	8.26	7.78	0.762
8	13.59	0.00	0.00	0.00	21.92	64.49	8.31	7.69	0.778
9	15.53	0.00	0.00	0.00	24.43	60.04	8.37	7.61	0.794
10	17.47	0.00	0.00	0.00	26.95	55.58	8.42	7.53	0.809
11	19.41	0.00	0.00	0.00	29.46	51.13	8.48	7.47	0.823
12	21.35	0.00	0.00	0.00	31.97	46.67	8.53	7.42	0.836
13	22.02	0.00	0.00	0.66	34.00	43.32	8.59	7.37	0.849
14	21.74	0.00	0.00	1.82	35.66	40.78	8.64	7.34	0.861
15	21.45	0.00	0.00	2.98	37.33	38.25	8.70	7.30	0.872
16	21.16	0.00	0.00	4.14	38.99	35.71	8.75	7.27	0.884
17	20.87	0.00	0.00	5.29	40.65	33.18	8.81	7.25	0.894
18	20.59	0.00	0.00	6.45	42.32	30.64	8.86	7.23	0.904
19	20.30	0.00	0.00	7.61	43.98	28.11	8.92	7.21	0.914
20	20.01	0.00	0.00	8.77	45.64	25.57	8.97	7.20	0.923
21	19.73	0.00	0.00	9.93	47.31	23.04	9.03	7.19	0.932
22	19.44	0.00	0.00	11.09	48.97	20.50	9.08	7.19	0.94
23	19.15	0.00	0.00	12.24	50.63	17.97	9.14	7.19	0.947
24	18.87	0.00	0.00	13.40	52.30	15.43	9.19	7.20	0.954
25	18.58	0.00	0.00	14.56	53.96	12.90	9.25	7.21	0.960
26	18.29	0.00	0.00	15.72	55.63	10.36	9.30	7.22	0.966
27	18.00	0.00	0.00	16.88	57.29	7.83	9.36	7.24	0.971
28	17.61	0.16	0.00	17.95	58.92	5.36	9.41	7.27	0.975
29	16.34	1.73	0.00	18.26	60.21	3.47	9.47	7.30	0.979
30	15.06	3.29	0.00	18.57	61.51	1.57	9.53	7.33	0.982
31	13.67	4.93	0.00	18.88	62.52	0.00	9.58	7.36	0.986
32	11.72	6.89	0.00	19.20	62.20	0.00	9.64	7.40	0.988
33	9.77	8.84	0.00	19.51	61.87	0.00	9.69	7.44	0.99
34	7.83	10.80	0.00	19.83	61.54	0.00	9.75	7.49	0.991
35	5.88	12.76	0.00	20.15	61.21	0.00	9.80	7.53	0.992
36	3.93	14.72	0.00	20.47	60.88	0.00	9.86	7.59	0.993
37	1.98	16.68	0.00	20.78	60.55	0.00	9.91	7.64	0.993
38	0.03	18.64	0.00	21.10	60.22	0.00	9.97	7.70	0.992
39	0.00	19.20	0.00	21.65	59.16	0.00	10.03	7.77	0.991
40	0.00	19.72	0.00	22.20	58.08	0.00	10.08	7.84	0.989

注：* 表中显示的投资组合回报率和波动性是事前值。事前夏普比率是通过将 1 个月期国债的历史回报率用作无风险利率（年化 2.33%）计算的。

哪个投资组合或资产配置是最优的? 我们必须确定从有效集合中选择最优投资组合的标准。正如本章前面解释的那样,在实践中,投资者必须选择一个标准。表8.3的最后一列显示了每个投资组合的夏普比率。标准可以是投资组合方差的最小化或夏普比率的最大化。最小方差投资组合(我们例子中的GMV投资组合)为有效组合22,使夏普比率最大化的投资组合为投资组合36。[1]表8.4的第二列和第三列显示了基于每个标准的最优投资组合以及投资组合的构成。注意,基于两个优化目标得出的资产配置存在巨大差异。

表8.4　基于最小方差和最大夏普比率的最优投资组合(资产配置)(无约束)

	最小方差投资组合	最大夏普比率
有效投资组合的序号	22	36
投资组合期望回报率	9.08%	9.86%
投资组合标准差	7.19%	7.59%
配置比例		
美国大型股	19.44%	3.93%
美国中型股	0.00%	14.72%
美国小型股	0.00%	0.00%
美国微型股	11.09%	20.47%
长期国债	48.97%	60.88%
长期公司债券	20.50%	0.00%

至此为止,六个资产类别的有效边界和最优投资组合都建立在无约束优化的基础之上。也就是说,我们对可以配置给任一资产类别的金额未施加任何限制。假设投资者施加了表8.5面板(a)显示的限定条件。

表8.5　基于最小方差和最大夏普比率的最优投资组合(资产配置)(有约束)

(a) 最小和最大配置的约束条件		
资产类别	最小配置比例(%)	最大配置比例(%)
美国大型股	10	25
美国中型股	10	25
美国小型股	10	25
美国微型股	0	15
长期国债	10	25
长期公司债券	10	25

(b) 最优投资组合		
	最小方差投资组合(%)	最大夏普比率(%)
投资组合期望回报率	9.79	9.65
投资组合标准差	8.50	10.07
配置比例		
美国大型股	24.75	13.65
美国中型股	10.00	11.35
美国小型股	10.00	10.00
美国微型股	4.25	15.00
长期国债	25.00	25.00
长期公司债券	25.00	25.00

----

[1]　注意,对于两个优化目标,都存在具有相同优化值的两个有效投资组合。软件识别了哪个投资组合的方差最小,哪个投资组合的夏普比率最高。

均值—方差分析中的问题

正如本章描述的那样,马科维茨创建的投资组合理论提出了投资者如何制定投资决策以构建有效投资组合的方法。这是一个规范性理论。也就是说,它是描述投资者在构建投资组合和制定资产配置决策时应该采取的行为规范的理论。假如投资者在构建投资组合时遵循这个行为规范,那么所选择的投资组合将为有效投资组合。因此,对投资组合理论的批评主要集中在这个理论的基础假设上。在讨论这些批评后,我们将考察与实施现代投资组合理论相关的问题。

对假设的批评

本章前面指出了投资组合理论所作的一些假设:均值—方差假设、风险厌恶假设、一致预期假设、单期假设和优化假设。均值—方差假设、一致预期假设和单期假设已遭到了批评。对这些假设的主要批评是由行为金融学领域的金融经济学家提出的。

均值—方差假设表示,投资者考虑的恰当风险度量为投资组合回报率分布的方差。当资产回报率非呈正态分布时,将方差用作风险度量存在局限。正如上一章解释的那样,绝大多数的实证证据显示资产回报率是非呈正态分布的。更具体而言,资产回报率呈现偏度和厚尾。厚尾的含义在于:分布尾部所含的风险要高于在回报率呈正态分布的假设下所提示的风险。

一致预期假设主张每个投资者对输入信息(回报率的均值、方差和相关系数)都有相同的预期。就投资者通常不能接触到相同的数据这一点而言,这个假设不太可能成立。对于单期假设,这个理论未指明时期的长度是多少。

实施问题

实施均值—方差模型有数个相关的实践问题。具体而言,预测中的估计误差会严重影响所得出的投资组合权重。研究已经显示,期望回报率的估计误差产生的影响要大于方差和协方差的估计误差的影响[例如,见 Best 和 Grauer(1991,1992)以及 Chopra 和 Ziemba(1993)]。此外,研究结果显示方差的误差的重要性大约是协方差的误差的两倍[例如,见 Best 和 Grauer(1991,1992)]。由于这个原因,Michaud(1998)将均值—方差优化技术称为"误差最大化"技术,它可能会对投资组合中的某些资产生成极端或非具直观性的权重。

记住,本例中的输入信息是基于 1995 年 1 月 1 日至 2019 年 5 月 31 日间的回报率之上的。表 8.6 显示了最优配置对使用不同的起始日的敏感性。表中显示的最优投资组合为 GMV 投资组合。我们可以看到,根据输入信息的不同估计起始日,配置比例发生了巨大变化。

表 8.6　在输入信息估计起始日不同的情况下基于 GMV 选择的最优投资组合

	1995 年 1 月 1 日至 2019 年 5 月 31 日（%）	2000 年 1 月 1 日至 2019 年 5 月 31 日（%）	2005 年 1 月 1 日至 2019 年 5 月 31 日（%）	2014 年 1 月 1 日至 2019 年 5 月 31 日（%）
投资组合期望回报率	9.08	7.61	7.41	7.85
投资组合标准差	7.19	7.19	7.25	6.31
配置比例				
美国大型股	19.44	26.98	28.32	22.19
美国中型股	0.00	0.00	0.00	0.00
美国小型股	0.00	0.00	0.00	0.00
美国微型股	11.09	8.06	9.82	6.45
长期国债	48.97	54.35	56.64	3.70
长期公司债券	20.50	10.60	5.22	67.66

均值—方差分析的延伸和替代方法

均值—方差分析在资产配置和投资组合选择中是最为普及的理论。研究者已对这个模型进行了延伸，以克服我们前面讨论的对这个方法的批评。为了克服在估计输入信息时可能会产生误差的问题，均值—方差分析已被归结为一个稳健优化问题。[①]在资产配置决策中得到成功使用的一个十分不同的投资组合构建方法是风险平价方法。第 19 章将对之进行讨论。

关键要点

- 哈里·马科维茨提出的投资组合理论解释了投资者应如何构建有效投资组合，并从所有的有效投资组合中选择最佳或最优投资组合。
- 马科维茨投资组合理论不同于先前的投资组合理论方法，因为马科维茨说明了我们应如何衡量投资组合选择问题中的关键参数。
- 我们在投资组合的构建中仅采用了两个统计矩——期望回报率和以回报率的方差（或标准差）衡量的风险——因此这项技术被称为均值—方差分析。
- 投资组合多元化的目标是降低投资组合的风险而不牺牲投资组合的期望回报率。
- 投资组合选择的目标可以用期望回报率和回报率的方差，以及资产之间的相关系数（或协方差）来表达。
- 投资组合的期望回报率不过是投资组合中每种资产的期望回报率的加权平均，对每种

---

① 例如，见 Kim 和 Fabozzi(2016)。

资产设定的权重等于投资组合中该资产的市场价值相对投资组合市场价值总额的比例。

- 资产的风险是以其回报率的方差或标准差衡量的。
- 与期望回报率不同,投资组合的风险不是投资组合中单个资产的标准差的简单加权平均。
- 投资组合风险受投资组合中资产回报的相关系数所影响:相关系数/协方差越低,投资组合的风险就越小。
- 我们在制定资产配置决策和选择在投资组合中纳入的具体证券时,都会用到均值—方差分析。
- 均值—方差分析假设投资者是厌恶风险的,对输入信息抱有相同的预期,并且仅有单个投资期。
- 在均值—方差分析中,我们假设回报率是正态分布的。
- 均值—方差优化问题是构建有效投资组合,有效投资组合在既定的投资组合期望回报率水平下将投资组合的方差最小化(或等价地说,在既定的投资组合方差水平下将投资组合的期望回报率最大化)。
- 我们必须从有效集合中选出最优投资组合。
- 在投资组合理论中,效用理论被用于确定最优投资组合。
- 在实践中,选择最优投资组合的标准不依赖于效用理论。
- 投资者为选择最优投资组合可以采用的标准是:从所有的有效投资组合中选取方差最小的投资组合,由此产生的最优投资组合被称为最小方差投资组合。
- 投资者为选择最优投资组合可以采用的另一个标准是:确定将某个回报/风险比率(如夏普比率)最大化的投资组合。
- 其他度量可被用于选择最优投资组合。
- 对均值—方差框架的一个批评是,它忽略了诸如偏度和厚尾等矩,而在现实世界的金融市场中观察到的资产回报率呈现这些特征。
- 行为金融学的倡导者对均值—方差分析提出了批评,因为在他们的观点中,投资者不以投资组合理论假设的方式制定投资决策。
- 在实施马科维茨框架时最严重的一项困难(这个困难对任何需要估计值的框架都是如此),是对个体资产均值、标准差和所生成的投资组合中资产的两两相关系数的预测所产生的影响。
- 研究者已对均值—方差分析进行了延伸,并发展了处理资产配置问题的其他方法。

参考文献

Best,M. J. and R. T. Grauer,1991. "On the sensitivity of mean-variance-efficient portfolios to changes in asset means: Some analytical and computational results," *Review of Financial Studies*, 4(2):315—342.

Best,M. J. and R. T. Grauer,1992. "Sensitivity analysis for mean-variance portfolio problems," *Review of Financial Studies*, 1(1):17—37.

Chopra, V. K. and W. T. Ziemba, 1993. "The effect of errors in means, variances, and co-variances on optimal portfolio choice," *Journal of Portfolio Management*, 19(2): 6—11.

Kim, W. C., J. H. Kim and F. J. Fabozzi, 2016. *Robust Equity Portfolio Management*. Hoboken, NJ: John Wiley & Sons.

Leavens, D. H., 1945. "Diversification of investments," *Trusts and Estates*, 80:469—473.

Markowitz, H. M., 1952. "Portfolio selection," *Journal of Finance*, 7(1):77—91.

Markowitz, H. M., 1959. *Portfolio Selection: Efficient Diversification of Investments*, Cowles Foundation Monograph 16. New York: John Wiley & Sons.

Michaud, R., 1998. *Efficient Asset Allocation: A Practical Guide to Stock Portfolio Optimization and Asset Allocation*. Boston: Harvard Business School Press.

Rachev, S. T., C. Menn, and F. J. Fabozzi, 2005. *Fat-Tailed and Skewed Asset Return Distributions: Implications for Risk Management, Portfolio Selection, and Option Pricing*. Hoboken, NJ: John Wiley & Sons.

Sharpe, W. F., 1964. "Capital asset prices," *Journal of Finance*, 19(3):425—442.

9

资产定价理论

学习目标

在阅读本章后,你将会理解:

- 什么是资产定价模型;
- 资产定价模型的特征;
- 资产的风险溢价的含义;
- 系统性风险与非系统性风险的区别;
- 什么是资本资产定价模型,以及市场投资组合的作用;
- 资本资产定价模型的基础行为假设和资本市场假设;
- 资本资产定价模型中的风险因子;
- 什么是资本资产定价模型中的风险溢价;
- 资本市场线和证券市场线的含义;
- 对资本资产定价模型的实证检验的主要发现及其含义;
- 低波动性异象的含义及其影响;
- 资本资产定价模型的数项延伸;
- 什么是套利定价理论,以及其对系统性风险因子的论述;
- 三种在实践中应用的多因子模型:基本面因子模型、宏观经济因子模型和统计因子模型;
- 在 Fama-French-Carhart 模型中包含的系统性风险因子。

资产定价模型(本章的主题)描述了风险与期望回报率的关系。当我们在本章中提到资产定价模型时,我们是指投资者对于既定的投资风险所要求的期望回报率。最知名的均衡定价模型为 20 世纪 60 年代开发的资本资产定价模型(capital asset pricing model,CAPM)及其之后的延伸。我们还将描述套利定价理论(arbitrage pricing theory,APT),这是 20 世纪

70 年代中期开发的资产定价模型。

资产定价模型的特征

在运行良好的资本市场中,投资者应该为接受与资产投资有关的各种风险获取回报。风险亦称"风险因子"或"因子"。根据风险因子可以将资产定价模型一般化表示为:

$$E(R_i)=f(F_1,F_2,F_3,\cdots,F_N) \tag{9.1}$$

其中,$E(R_i)$ 为资产 i 的期望回报率,F_k 为风险因子 k,N 为风险因子的个数。

式(9.1)表明了期望回报率是 N 个风险因子的函数。关键是厘清风险因子有哪些,并指明期望回报率与风险因子的确切关系。我们可以通过考虑希望从资产投资获得的最低期望回报率,对式(9.1)给出的资产定价模型进行微调。美国财政部发行的证券会在被持有一段时间后提供已知的回报率。这种证券提供的期望回报率被称为无风险回报率或无风险利率,因为它们被认为具有极低的违约风险。在投资于这些证券以外的资产时,投资者将会要求获得超出无风险利率的溢价。也就是说,投资者要求的期望回报率为:

$$E(R_i)=R_f+风险溢价$$

其中,R_f 为无风险利率。

"风险溢价"(或超出无风险利率的额外期望回报率)取决于与资产投资相关的风险因子。因此,我们可以重新表述式(9.1)给出的资产定价模型的一般形式如下:

$$E(R_i)=R_f+f(F_1,F_2,F_3,\cdots,F_N) \tag{9.2}$$

风险因子可被划分为两大类别。第一类是不能通过多元化消除的风险因子。也就是说,无论投资者如何行动,他都不能消除这些风险因子。这些风险因子被称为系统性风险因子或不可分散的风险因子。第二类是可以通过多元化消除的风险因子。这些风险因子是资产独有的,被称为非系统性风险因子或可分散的风险因子。

资本资产定价模型

从经济理论推演出来的第一个资产定价模型是资本资产定价模型。[①]CAPM 在投资者以假定的方式表现的假设下,确立了资产回报与风险之间应该存在的关系。更具体而言,它建立于我们在上一章中描述的投资组合选择理论之上,即均值—方差分析。CAPM 是对基于均值—方差分析选择资产的投资者的行为表现作出假设的理论。这种行为又决定了资产应如何定价,以及投资者应得到补偿的风险的适当度量标准。

---

① 资本资产定价模型是由 Sharpe(1964)、Lintner(1965)、Treynor(1961)和 Mossin(1966)开发的。

CAPM 仅有一个系统性风险因子——市场总体变化的风险。这个风险因子被称为市场风险。因此,在 CAPM 中,"市场风险"和"系统性风险"这两个术语可交替使用。"市场风险"是指与持有由所有资产构成的投资组合(叫做市场投资组合)有关的风险。正如后面将要解释的那样,在市场投资组合中,资产是以其市场价值占所有资产的市场价值总额的比例持有的。因此,假如所有资产的市场价值总额为 X 美元,资产 j 的市场价值为 Y 美元,则资产 j 将构成 Y 美元$/X$ 美元的市场投资组合。

CAPM 由下列公式表达:

$$E(R_i)=R_f+\beta_i[E(R_M)-R_f] \tag{9.3}$$

其中,$E(R_M)$ 为"市场投资组合"的期望回报率,$E(R_i)$ 为资产 i 的期望回报率,β_i 为资产 i 相对于"市场投资组合"的系统性风险的度量。

尽管我们提供了基于资产 i 的描述,但式(9.3)对投资组合也同样成立。

让我们考察这个资产定价模型的含义是什么。根据 CAPM,资产 i 的期望回报率等于无风险利率加一个风险溢价。风险溢价为:

$$\text{CAPM 中的风险溢价}=\beta_i[E(R_M)-R_f]$$

我们首先考察 CAPM 的风险溢价成分中的贝塔(β_i)。贝塔衡量了资产 i 的回报率对市场投资组合的回报率的敏感度。贝塔值等于 1 意味着资产或投资组合与市场投资组合具有相同数量的风险。贝塔值大于 1 意味着资产或投资组合的市场风险大于市场投资组合,贝塔值小于 1 则意味着资产或投资组合的市场风险小于市场投资组合。

CAPM 中的风险溢价的第二个成分是市场投资组合的期望回报率 $E(R_M)$ 与无风险利率之差。它衡量了为承担市场风险而获取的超出无风险利率资产投资的潜在回报。

综合两个成分,风险溢价等于市场风险的数量(以贝塔衡量)与承担市场风险的潜在补偿(以$[E(R_M)-R_f]$衡量)的乘积。

让我们对贝塔取一些数值,以检验这一切是否合理。假设投资组合的贝塔值为零。也就是说,这个投资组合的回报没有任何市场风险。将零代入由式(9.3)给出的 CAPM 中,我们会发现风险期望回报率不过是无风险利率。这是合理的,因为无市场风险的投资组合应具有等于无风险利率的期望回报率。

考虑一个贝塔值为 1 的投资组合。这个投资组合具有与市场投资组合相同的市场风险。将 1 代入由式(9.3)给出的 CAPM 中,我们得出与在市场投资组合情形下相等的期望回报率。这也是应对这个投资组合的回报率预期的情况,因为它与市场投资组合具有相同的市场风险敞口。

假如投资组合的市场风险大于市场投资组合,贝塔值将会大于 1,期望回报率将高于市场投资组合的期望回报率。假如投资组合的市场风险低于市场投资组合,那么贝塔值将会小于 1,期望回报率将低于市场投资组合的期望回报率。

CAPM 的假设

CAPM 是现实世界资本市场的抽象总结,因此建立在假设的基础之上。这些假设大幅简化了模型,其中一些假设甚至看上去也许是不切实际的。然而,从数学的角度而言,这些假设使 CAPM 变得更易驾驭。CAPM 的假设如下：

- 假设 1：在构建投资组合时，投资者将根据资产的期望回报率和回报率之方差来作出投资组合应纳入哪些资产的决策。
- 假设 2：投资者是理性的，并且厌恶风险。
- 假设 3：所有投资者都在相同时期内进行投资。
- 假设 4：投资者对所有资产的期望回报率和方差都抱有相同的预期。
- 假设 5：存在无风险利率资产，投资者可以无风险利率借取和出借任何金额。
- 假设 6：资本市场是完全竞争的，并且没有摩擦。

前四个假设与投资者制定决策的方式相关。最后两个假设与资本市场的特征相关。这些假设要求我们作出进一步的解释。其中许多假设都已受到了挑战，从而导致了对 CAPM 的修正。金融学理论有一个分支称为行为金融学，它对这些假设提出了强烈批评。

假设 1 表示，投资者在决定如何构建投资组合时，资产的纳入是基于待纳入投资组合的候选资产的期望回报率和回报率之方差决定的。在投资组合的构建中使用资产回报率的方差是投资者采用的风险度量。上一章中描述了这个使用均值—方差分析构建投资组合的方法，解释了投资者使用均值—方差分析构建有效投资组合。有效投资组合是在既定的风险水平下提供最高期望回报率的投资组合。由于在每个风险水平上都有一个有效投资组合，我们可以从有效投资组合的集合的角度进行讨论，在图形中，这个集合被称为有效边界。由于 CAPM 是建立在均值—方差分析之上的，一些对这个投资组合构建方法的批评也同样适用于 CAPM。

假设 2 表示，为了接受更大的风险，投资者必须通过取得实现更高回报的机会获得补偿。我们称这种投资者的行为是厌恶风险。[1]这是指如果投资者需要在期望回报率相同的两个投资组合中选择其一，那么他会选择风险较低的投资组合。当然，这是一个合理的假设。

在假设 3 中，所有投资者都被假设在某个单一投资期内制定投资决策。这个理论未指明投资期有多长（即 6 个月、1 年、2 年等）。投资决策程序比这更为复杂，许多投资者都有多个投资期。尽管如此，单一投资期的假设对于简化这个理论的数学计算是必需的。

为了在发展 CAPM 时取得有效投资组合的集合，我们假设投资者对用于取得有效投资组合的输入信息抱有相同的预期，这些输入信息包括上一章解释的应用均值—方差分析所需要的资产期望回报率和方差，以及回报率的相关系数/协方差统计学度量。这是假设 4，它被称为"一致预期假设"。

无风险资产的存在和以无风险利率无限借取和出借资金的假设（假设 5）在 CAPM 中十分重要。正如上一章解释的那样，这是由于有效投资组合是为由风险资产组成的投资组合构建的。我们未考虑在可取得无风险资产的情况下如何构建有效投资组合。在 CAPM 中，我们不仅假设存在无风险资产，而且还假设投资者可以无风险资产提供的利率借取资金。这是金融学领域开发的许多经济模型常用的一个假设，尽管众所周知投资者借取资金和出借资金的利率有所不同。投资者可以借取资金购买证券的概念意味着投资者可以构建一个杠杆化投资组合。投资者不厌恶借取资金以创建投资组合杠杆的假设十分重要，因为在第 19 章中，

---

[1] 这是过于简化的定义。对风险厌恶的更严谨的定义是用投资者效用函数的数学公式描述的。但是，我们在这里无需关心这个复杂点。

我们将提供一个称为"风险平价"的构建多元化投资组合的方法。这个方法假设投资者事实上不愿意利用杠杆。

最后,假设 6 表示资本市场是完全竞争的。一般而言,这意味着买方和卖方的数量足够大,所有投资者相对市场都足够小,从而没有任何个体投资者能够影响资产的价格。因此,所有投资者都是价格接受者,市场价格在供需相等的情况下确定。此外,根据这个假设,交易成本和干扰资产供求的障碍也不存在。经济学家称这些各种各样的成本和障碍为"市场摩擦"。与市场摩擦相关的成本通常会导致买方支付的金额高于在无市场摩擦情形下的价格,卖方获得的金额则低于在无市场摩擦情形下的价格。市场摩擦的存在也解释了为何投资者可能会厌恶利用杠杆。

在经济学建模中,模型会通过放松一个或多个假设被加以修正。研究者已对 CAPM 进行了延伸和修正,但我们在这里不对之进行讨论。[①]无论模型是如何延伸或修正的,基本含义都保持不变:投资组合仅为承担系统性风险获得回报,在 CAPM 的情形下,唯一的系统性风险是市场风险。

资本市场线

现在,让我们用图 9.1 考察有效边界的概念。在此图中,横轴显示了风险,用于代表风险的度量为投资组合回报率的标准差。投资组合回报率的标准差为方差的平方根。

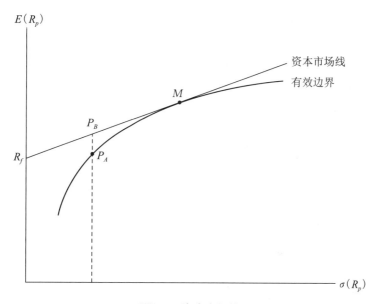

图 9.1 资本市场线

图中显示了从上一章中的投资组合选择理论得出的有效边界。有效边界上的每一个点都代表了在既定风险水平下的最高投资组合期望回报率。

---

① 最知名的是 Black(1972)开发的零贝塔版本的 CAPM。这个版本假设不存在无风险资产。在金融经济学中,研究者对于无风险资产是否存在有相当大的辩论。

正如上一章解释的那样，"有效边界"表示的曲线是在投资者使用均值—方差分析构建投资组合的假设下得出的。例如，让我们考察 P_A。我们可以用如下方式解释这个点：它是在一个既定风险水平（即投资组合回报率的标准差）下提供最高投资组合期望回报率的有效投资组合。或等价地说，它是投资者为取得投资组合期望回报率所必须接受的最低风险。

在使用均值—方差分析构建有效边界时，我们不需要考虑无风险资产。但是，一旦我们引进无风险资产并假设投资者可以无风险利率借取和出借资金（假设 6）后，有效边界就会发生变化。图 9.1 用在点 M 与有效边界相切的直线说明了这点。从无风险利率出发的与投资组合 M 相切的直线叫做资本市场线（capital market line，CML）。

无风险资产与用点 M 标记的有效投资组合的每种组合都由从纵轴上的无风险利率出发的与该有效前沿相切的直线表示。切点 M 代表了投资组合 M。投资者构建直线上的所有投资组合都是可行的。投资组合 M 左方的投资组合代表了风险资产与无风险资产的搭配。M 右方的投资组合包含以无风险利率借取资金购买风险资产。这种投资组合叫做杠杆化投资组合，因为它涉及使用借取的资金。

让我们对 CML 上的投资组合与有效边界上具有相同风险的投资组合进行比较。例如，让我们对有效边界上的投资组合 P_A 与 CML 上的投资组合 P_B 进行比较，P_B 在 CML 上，因此是由无风险资产与有效投资组合 M 的某个搭配构成的。注意，在相同的风险水平上，P_B 的期望回报率高于 P_A。根据假设 2，相比 P_A 厌恶风险的投资者更偏好 P_B。也就是说，P_B 将比 P_A 具有优势。事实上，除了一个投资组合外，这对 CML 上的所有投资组合都是如此，例外是投资组合 M，它位于有效边界上。

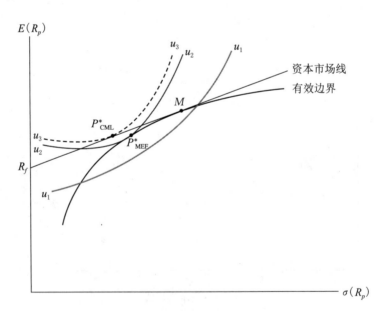

图 9.2　最优投资组合和资本市场线

注：u_1，u_2，u_3＝无差异曲线，$u_1 < u_2 < u_3$；M＝市场投资组合；R_f＝无风险利率；P_{CML}^*＝资本市场线上的最优投资组合；P_{MEF}^*＝有效边界上的最优投资组合。

在引进无风险资产后，我们现在可以表示：投资者选择的投资组合将取决于投资者的风险偏好。我们可以从图 9.2 中看到这点，它与图 9.1 相同，但包含了投资者的无差异曲线。投资者将选择在 CML 上与最高的无差异曲线(图中的 u_3)相切的投资组合。注意,在无风险资产的情况下,投资者仅能达到 u_2,它是与有效边界相切的无差异曲线。因此,以无风险利率借取或出借资金的机会使得在资本市场中,厌恶风险的投资者将更偏好持有由无风险资产与有效边界上某个投资组合 M 的搭配构成的投资组合。

CML 的公式为:

$$E(R_p) = R_f + \left[\frac{E(R_M) - R_f}{\sigma(R_M)}\right]\sigma(R_p)$$

既然我们已知晓投资组合 M 对 CML 至关重要,我们就需要知道投资组合 M 是什么。也就是说,投资者如何构建投资组合 M? Fama(1970)展示了投资组合 M 必须由所有资产组成,并且每种资产必须以其市场价值占所有资产市场价值总额的比例持有。也就是说,投资组合 M 是前面描述的"市场投资组合"。因此,我们可以不称市场投资组合,而是简称其为"市场"。

CML 中的风险溢价

在一致预期假设下,$\sigma(R_M)$ 与 $\sigma(R_p)$ 为市场对投资组合 M 及投资组合 p 的期望回报率之分布的共识。CML 中的风险溢价为:

$$\left[\frac{E(R_M) - R_f}{\sigma(R_M)}\right]\sigma(R_p)$$

让我们考察风险溢价的经济含义。第一项的分子为市场投资超出无风险回报率的期望回报率。它衡量了为持有具有风险的市场投资组合,而不是持有无风险资产所获得的回报。分母是市场投资组合的市场风险。因此,第一项衡量了每单位市场风险的回报。由于 CML 代表了为补偿预期水平的市场风险所提供的回报,CML 上的每一个点都是平衡的市场状态(或均衡状态)。CML 的斜率(即第一项)决定了为补偿一个单位的市场风险变化所需的额外回报率。这是 CML 的斜率亦称风险的均衡市场价格的原因。

CML 表示,投资组合的期望回报率等于无风险利率加上风险溢价,这个风险溢价等于风险的市场价格(以每单位市场风险的回报衡量)与投资组合的风险数量(以投资组合的标准差衡量)的乘积。也就是说,

$$E(R_i) = R_f + (\text{风险的市场价格} \times \text{风险数量})$$

其中,风险的市场价格等于市场的期望回报率与无风险利率之差。

系统性和非系统性风险

现在,我们知道基于期望回报率和方差(即均值—方差分析)制定决策的风险厌恶型投资者,应使用市场投资组合和无风险利率的搭配来构建有效投资组合。CML 识别了这些搭配。根据这项结果,我们可以推导显示风险资产应如何定价的资产定价模型。在此过程中,我们可以微调对资产的相关风险的思路。具体而言,我们可以表明投资者为获得补偿所接受的恰当风险不是资产回报率的方差,而是某个其他数量。为了做到这点,让我们更仔细地考察风险。

我们可以通过考察投资组合的方差做到这点。我们可以证明,包含 N 种资产的市场投

资组合的方差等于：

$$\mathrm{var}(R_p)=w_{1M}\mathrm{cov}(R_1,R_M)+w_{2M}\mathrm{cov}(R_2,R_M)+\cdots+w_{NM}\mathrm{cov}(R_N,R_M)$$

其中，w_{iM} 等于资产 i 在市场投资组合中的投资比例。

注意，投资组合的方差不取决于构成市场投资组合的资产的方差，而取决于其与市场投资组合的协方差。Sharpe(1964)将资产随着市场投资组合共同变化的程度定义为资产的系统性风险。更具体而言，他将系统性风险定义为可归因于一个共同因子的资产部分变化度。系统性风险是投资组合通过在大量随机选择的资产之间进行多元化投资，可以取得的最低风险水平。因此，系统性风险是由不可通过多元化消除的总体市场和经济环境的风险导致的。

夏普将可以通过多元化消除的资产部分变化度定义为非系统性风险。它有时亦称特质风险、可分散风险、独特风险、剩余风险和公司特有风险。这是资产所独有的风险。

因此，总风险（以方差衡量）可以被分解为系统性风险和非系统性风险，其中系统性风险是以资产 i 的回报率与市场投资组合回报率的协方差来衡量的。与决策目的相关的风险是系统性风险。我们将在后面看到如何衡量系统性风险。

图 9.3 显示了多元化如何能降低投资组合的非系统性风险。纵轴显示了投资组合回报率的标准差。投资组合回报率的标准差代表了投资组合的总风险（系统性风险加非系统性风险）。横轴显示了所持不同资产的个数（如不同发行人持有的普通股数量）。我们可以看到，随着所持资产的个数的上升，非系统性风险的水平几乎被消除了（即通过多元化消失了）。对不同资产类别的研究支持这个论点。例如，对普通股而言，数项研究显示：如投资组合持有约 20 家随机选择的公司，将会消除非系统性风险，从而仅剩下系统性风险。[1]

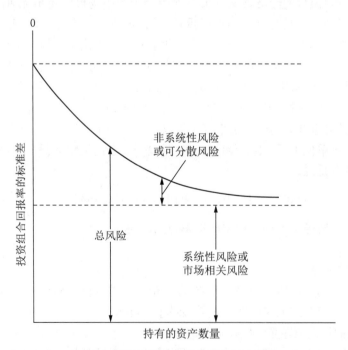

图9.3 系统性和非系统性投资组合风险

---

[1] 第一个证明此点的研究是 Wagner 和 Lau(1971)。

证券市场线

CML 代表了一种均衡状态,在这种状态下,资产投资组合的期望回报率为市场投资组合的期望回报率的一个线性函数。单个资产不位于 CML 上。Sharpe(1964)展示了以下关系对单个资产成立:

$$E(R_i) = R_f + \beta_i [E(R_M) - R_f] \tag{9.4}$$

其中,β_i 衡量了资产 i 的回报率对市场回报率的敏感度,它等于资产 i 的回报率与市场回报率的协方差除以市场回报率的方差。

式(9.4)被称为证券市场线(security market line,SML)。在均衡状态下,单个资产的期望回报率将位于 SML 上,而不是在 CLM 上。其成立的原因是,单个资产具有高度的非系统性风险,含多种风险资产的投资组合可以通过多元化消除这种风险。在均衡状态下,仅有效组合同时位于 CML 和 SML 上。

根据 SML,在 CAPM 的假设下,单个资产的期望回报率是其系统性风险(以贝塔衡量)的正线性函数。贝塔值越高,期望回报率也越高。资产的贝塔值是用基于历史数据的回归分析估计的,资产 i 的回报率为因变量,市场回报率为自变量。在这里,详尽介绍 β_i 的估算程序不是必需的。对这个参数的估计值可以从多个金融网站获得。表 9.1 显示了从雅虎财经取得的数种股票的贝塔估计值。

表 9.1　来自雅虎财经的贝塔估计值(2018 年 7 月 24 日)

公司(股票代码)	贝塔	公司(股票代码)	贝塔
宝洁公司(PG)	0.39	3M 公司(MMM)	1.07
威瑞森通信公司(VZ)	0.67	苹果公司(AAPL)	1.14
卡夫亨氏公司(HKC)	0.78	西南航空公司(LUV)	1.15
Facebook(FB)	0.89	微软公司(MSFT)	1.24
Anheuser-Bush 公司(BUD)	0.96	Alphabet 公司(GOOG)	1.30
IBM(IBM)	1.02	康菲石油公司(COP)	1.32

一个采取主动式策略的投资者会寻求购买或保留价格低估的证券,并出售(假如在现有投资组合中持有该证券)或回避(在允许的情况下卖空)价格高估的证券。假如投资者认为 CAPM 是正确的资产定价模型,那么 SML 可被用于识别定价错误的证券。如果投资者预测的"期望"回报率高于 SML 表明的"必须"回报率,那么认为证券的价格是低估了(即估值偏低)。如果投资者预测的"期望"回报率低于 SML 表明的"必要"回报率,那么认为证券的价格是高估了(即估值偏高)。

CAPM 检验的主要发现

上述均为理论。问题在于理论是否具有实证证据的支持。业界已有数百篇学术论文讨论这个课题。(几乎所有的研究都使用普通股来检验这个理论。)这些论文不仅涵盖了实证证据,而且还包含检验这个理论的难点。[1]

让我们以实证证据为起点。检验有四个主要发现,它们对制定投资策略具有重要意义。它们是:

主要发现 1:市场投资组合的表现超越了现金。在长时期(通常为 20—30 年)内,市场投资组合的回报率高于无风险利率。

主要发现 2:贝塔与回报率呈现正相关。使用普通股进行的研究一致地发现贝塔值越大,回报率就越高。也就是说,高贝塔值股票提供了超出低贝塔值股票的回报率。这项发现表明,市场为投资者承担系统性风险作出了补偿。

主要发现 3:低贝塔值资产提供了比 CAPM 的预测更佳的单位风险回报率。尽管所有研究都报告了正相关性,但研究者发现回报率与贝塔的估计关系的斜率比 CAPM 的预测要更为平直。因此,低贝塔值股票提供的回报率高于 CAPM 的预测,而高贝塔值股票提供的回报率则低于 CAPM 的预测。

主要发现 4:还存在其他风险因子使市场为投资者接受贝塔以外的风险而做出补偿。CAPM 主张,市场为投资者接受风险而提供回报的唯一风险因子为系统性风险,而这个系统性风险是市场风险。贝塔是系统性风险的度量。然而,多项研究均表示,还有其他系统性风险因子使市场为投资者接受风险而提供回报。

CAPM 曾一度被认为是学术界推荐用于构建投资组合的唯一资产定价模型,并且应该是投资策略的核心。任何报告市场在持续稳定地为不同于市场风险的风险因子提供回报的研究都被称为"市场异象"。例如,有大量研究报告称市场基于公司规模(即市值)为投资者提供补偿,它被标记为"规模异象"。如今,人们认识到 CAPM 未能完整地反映市场补偿投资者接受的所有系统性风险。这已导致研究者寻找持续稳定地为投资者提供补偿的其他系统性因子(或共同因子),由此产生了所称的因子投资,我们将在第 13 章中描述这点。在本章末尾,我们将描述在投资管理领域已得到公认的一些共同因子。

对于第三项主要发现,我们将在下面对之进行讨论,因为我们将在后面章节中描述它对投资策略的影响。

低波动性资产与高波动性资产

基于股票历史回报率的绝大多数证据显示,低贝塔值股票提供的回报率高于 CAPM 的预测,而高贝塔值股票提供的回报率则低于 CAPM 的预测。这意味着低贝塔值股票比高贝塔值股票提供了更高的单位风险回报。这项发现与使用其他风险度量(最常见的度量为某个波动性度量)的实证研究是一致的。也就是说,低波动性股票比高波动性股票提供了更佳的单位风险回报。当波动性被用作一个风险度量时,研究者也已对其他资产类别和资产类别内的单个资产报告了这个发现。对于资产类别,这意味着低风险的资产类别比高风险的资产类别提供了更优的单位风险回报。

这项发现被称为低波动性异象。这是一项资产配置策略——第 19 章中描述的风险评价

---

[1] 挑战 CAPM 的这些实证检验正当性的重要论文是 Roll(1977)。他表明,在我们知道"真实"市场投资组合的确切成分前,CAPM 是不可检验的,对 CAPM 的唯一正当的检验是观察事前的真实市场投资组合是否为均值—方差有效的。作为其发现的结果,Roll 表示他认为我们永远也不可能得出对 CAPM 的清晰明确的检验。

策略——的支持者依赖的一项关键发现。研究者已提供了两个原因作为低波动性异象的解释。

第一个原因基于 CAPM 中一个受到质疑的假设之上,即金融市场是无摩擦的。假如金融市场确实是无摩擦的,那么我们有策略可以使风险/回报关系保持一致,从而没有一种股票或资产类别能够提供优越的单位风险回报。市场参与者为使所有资产和所有资产类别的风险/回报关系保持一致可采用的机制为卖空和杠杆。这两个机制有相关的成本和风险使投资者不愿意使用它们。考虑回避杠杆对高风险资产和低风险资产的定价的影响,这些影响是因市场对这些资产的需求导致的。对于低风险资产的定价,市场参与者不愿创建低风险资产的杠杆会导致对这些资产的需求的减少。这会导致低风险资产价值被低估,从而使其提供相对于风险的高回报率。我们可以将这种情形下的低风险资产标记为"被忽视的资产类别"。对于高风险资产而言,市场参与者在为实现目标回报率而寻求提高期望回报率的过程中,对高风险资产的需求增加,从而导致其价值被高估。因此,相对于风险而言,高风险资产提供的回报要低于低风险资产。

用于解释低波动性异象的第二个原因是:一些投资者偏好彩票类型的投资。由于高风险资产提供了彩票类型的收益,因此与低风险资产相比,对高风险资产的需求降低了其单位风险回报。

CAPM 的扩展

研究者已对 CAPM 进行了数项扩展。这些扩展包括消费 CAPM、跨期 CAPM 和零贝塔 CAPM。我们在下面简要地描述每一项扩展。

消费 CAPM(Consumption CAPM,CCAPM)在定价模型中使用"消费贝塔",而不是 CAPM 中的市场贝塔。Lucas(1978)和 Breeden(1979)提出了这个模型。消费贝塔建立在消费风险,而不是市场风险之上。CAPM 主张风险的唯一来源是经济(以市场衡量),但却没有基础的理论解释为何市场投资组合是有风险的。与 CAPM 不同,CCAPM 是以宏观经济学理论为基础的。例如,我们知道总体经济活动与政府政策(货币政策和财政政策)和公司产生的利润之间存在关系。因此,更合适的风险来源不是市场,而是家庭的消费/储蓄决策。

CAPM 假设投资者担心的唯一风险来源是证券未来价格的不确定性。然而,投资者通常会担心影响其未来的商品消费和服务消费能力的其他风险。三个例子是与未来的劳动收入、未来的消费品相对价格和未来的投资机会相关的风险。在认识到投资者面临的这些其他风险后,Merton(1973)对 CAPM 进行了扩展,以描述消费者在面临这些"额外市场"风险来源时,是如何制定其最优终身消费决策的。他的模型被称为跨期 CAPM(Intertemporal CAPM,ICAPM),模型假设投资者在制定投资决策时会采取比在 CAPM 模型下更切合实际的行为,因为他们在面临不确定性时会寻求保护其投资。"跨期"这一术语被用于标记这个模型,因为它认识到投资者并非基于单个时期的投资制定决策,而是跨多个时期进行决策,因此会随着时间的推移根据市场状况的变化对其制定的策略进行修正。

CAPM 假设存在一个无风险利率。Black(1972)展示了在金融市场不存在无风险利率的情况下,CAPM 是如何被修正的。他的模型被称为零贝塔 CAPM 或 Black CAPM。在缺乏无风险资产的情况下,投资者转而使用零贝塔投资组合,它是一个由风险资产组成、与市场投资组合的协方差等于零的投资组合。

套利定价理论模型

Stephen Ross(1976)提出了一个纯粹基于套利论证的资产定价模型。这个理论被称为套利定价理论(arbitrage pricing theory,APT),假定资产的期望回报率受到多个风险因子的影响,而不是像 CAPM 那样认为唯一的风险因子是市场风险。APT 模型表示,证券的回报率与 H 个系统性风险因子呈线性关系,然而,APT 模型未指明这些风险因子是什么,但假设资产回报率与风险因子的关系是线性的。此外,非系统性风险可以消除,从而投资者仅为接受系统性风险因子获得补偿。

APT 模型主张资产 i 的回报率是由以下关系式给出的:

$$E(R_i)=R_f+\beta_{i,F1}[E(R_{F1})-R_f]+\beta_{i,F2}[E(R_{F2})-R_f]$$
$$+\cdots+\beta_{i,FH}[E(R_{FH})-R_f] \tag{9.5}$$

其中,$E(R_i)$ 为资产 i 的期望回报率,R_f 为无风险利率,F_h 为所有资产的回报率共有的第 h 个因子($h=1,\cdots,H$),$\beta_{i,h}$ 为资产 i 对第 h 个因子的敏感度。$[E(R_{Fj})-R_f]$ 为第 j 个系统性风险因子超出无风险利率的超额回报率,可以被认为是第 j 个系统性风险因子的价格(或风险溢价)。

由式(9.5)所示的 APT 模型认为,投资者希望得到系统性地影响资产回报率的所有风险因子的补偿。补偿等于每个风险因子的系统性风险($\beta_{i,Fh}$)与市场为这个风险因子设定的风险溢价 $[E(R_{Fh})-R_f]$ 的乘积的总和。与 CAPM 的情形相同,投资组合不会为接受非系统性风险获得补偿。

结果表明,CAPM 是 APT 模型的一种特殊情况,后者没有在推导 CAPM 时作出的具有高度限制性的假设。假如式(9.5)表述的 APT 模型中的唯一风险因子是市场风险,那么这个 APT 模型将简化为 CAPM。现在,让我们将 APT 模型与式(9.3)给出的 CAPM 进行对比。它们看上去十分相似。两个模型都表示投资者会为接受所有的系统性风险,而不是非系统性风险获得补偿。CAPM 表明系统性风险为市场风险,而 APT 模型则未指明系统性风险。

APT 模型的支持者论证,它相对于 CAPM 具有几个主要优势。首先,它对投资者的风险/回报偏好的假设不如 CAPM 那样具有限制性。正如先前解释的那样,CAPM 理论假设投资者完全基于潜在投资对象的期望回报率和标准差进行风险/回报的权衡。相比之下,APT 模型仅要求对潜在的投资者效用函数设定一些相当不显著的界限。其次,APT 模型对资产回报率的分布未进行任何假设。最后,由于 APT 模型不依赖于真实市场投资组合的识别,因此这个理论可能是可检验的。

实践中的多因子模型

APT 模型为含多个风险因子的资产定价模型提供了理论支持。因此,这种类型的模型被称为多因子模型。这些模型为资产管理人提供了量化投资组合相对基准的风险状况、相对基准构建投资组合以及控制风险的工具。我们在下面简述了三种类型的多因子风险模型:基本面因子模型、宏观经济因子模型和统计因子模型(Connor, 1995)。

基本面因子模型

我们利用公司和行业的基本面信息,并不缺少可作为系统性因子的候选对象。在这里,我们简要地描述一些众所周知的系统性因子,业界已发现这些因子稳定地为投资者接受相关风险提供了回报。除了市场因子外,还有下面描述的五个其他因子:规模因子、价值因子、盈利能力因子、投资因子和动量因子。前四个因子被称为基本面因子。规模因子、价值因子和市场因子一起,构成了 Eugene Fama 和 Kenneth French(1993)提出的著名的 Fama-French 三因子模型。Carhart(1997)在 Fama-French 三因子模型中添加了一个动量因子,所提出的模型被称为 Fama-French-Carhart 模型。最近,Fama-French(2015)在 Fama-French 三因子模型中添加了盈利能力因子和投资因子,创建了如今所称的 Fama-French 五因子模型。

- 规模因子:Banz(1981)发现,在风险调整的基础上,小型公司的股票(即市值较小的公司)超越了大型公司股票的表现。这项实证观察被称为"规模效应"。由于两个原因,小型公司被认为具有更大的风险。首先,小型公司的股票通常比大型公司的股票具有更低的流动性。这可被归因于以下事实:小型公司所占的市场比例较小,或由于小型公司的股票不如大型公司的股票知名,投资者对小型公司的需求较小(即被市场分析员忽视,从而导致了"被忽视公司效应")。研究者提供的第二个原因是,小型股对市场变化的敏感度更高。假如公司的每股价格较低并且对其股票的需求出现上升,那么其价格升值幅度要大于大型公司的股票。原始的 Fama-French 三因子模型包含了规模因子。

- 价值因子:价值投资已成为投资管理领域经久不衰的选股技术。价值投资的概念可以回溯至 Graham 和 Dodd(1934)的开创性研究。价值投资背后的理念是:投资者应购买价格相对于基本面价值被低估的股票,因而价值因子是一个基本面因子。

为了识别价格低估的股票,价值型投资者使用特定的财务指标,这些指标对股票价格与某些公司特质变量(它们提供了股票未来表现的良好指标)进行比较。为了确定股票的价格是否低估,价值型投资者会分析数个关键的财务比率,如市盈率和市净率。例如,Graham 和 Dodd 为选择表现可能会超越市场的公司股票提供了几项准则:(1)低市净率公司,(2)低市盈率公司,以及(3)低债务公司。

呈现这些特征的公司被称为价值型股票,因为它们的价格相对于基本面价值被低估了。反之,价格相对于基本面价值被高估的股票被称为成长型股票,因为较高的价格表明了投资者预期公司将在未来成长。在本质上,价值型投资的理念是:如果两种股票具有相同的基本面指标(即盈利、账面值和杠杆),那么我们预期价格较低股票的表现将会超越价格较高的股票。

尽管 Graham 和 Dodd 为选股提供了一般准则,但金融文献的重点是这些反映股票价值的变量会如何影响股票的期望回报率。实证文献主要关注三个表示价值的比率：市盈率（earnings-to-price，EP）、市净率（book-to-market，BM）和债务股本比率（debt-to-equity，DER）。

Basu（1977）研究了市盈率与期望回报率的关系。在这项研究中，Basu 发现期望回报率与市盈率存在显著的正相关性。其含义是：随着盈利相对于股价上升，我们预期股票将有更高的回报率。然而，Ball（1978）解释认为，市盈率似乎是一个笼统的"全捕获"因子，因为它反映了已经由市场因子和规模因子解释的市场风险。因此，对于一个希望将价值因子的影响隔离出来的充分的资产定价模型而言，市盈率可能过于一般化。

两项研究检验了市净率对股票期望回报率的影响如何。市净率是公司的账面价值①与公司市值的比率。Rosenberg、Reid 和 Lanstein（1985）发现，市净率与期望回报率呈现逆相关，这反映了 Graham 和 Dodd（1934）提供的第二项准则。

Bhandari（1988）提出了将公司的债务股本比率（DER）用作一个风险度量。DER 是一个表示公司杠杆程度的变量。尽管这与价值型投资的概念并不直接相关，但 DER 通过以市值的一个比例衡量债务，提供了一个相对风险的度量。Bhandari 发现，当 DER 与市场风险因子一起被纳入模型时，它被证明是股票回报率的一个重要指标。尽管 DER 与期望回报率呈现负相关并不出人意料，但它确实显示了即便是在考虑市场因子后，公司的杠杆程度仍是一个额外的风险来源。

● 盈利能力因子：Novy-Marx（2012）的一项研究发现，基于毛利盈利能力的策略能够较好地解释平均回报率。Novy-Marx 使用公司的毛利润与资产的比率来衡量了毛利盈利能力。（毛利润是通过从公司的收入减去主营业务成本计算的。）他论证，使用毛利润/资产比率对价值因子提供了补充，因为它识别出公司盈利能力良好的股票，这些股票的价格也同时被低估了（即价值型股票）。因此，它通常在投资者购买其认为价格低估的股票时，充当一种质量控制的形式。Novy-Marx 报告称，毛利润/资产比率与股票平均回报率呈现显著的正相关。

● 投资因子：这个因子是由 Fama-French（2015）确定的。他们发现公司的资本投资与平均回报率呈现逆相关。他们所称的投资因子背后的理念是：平均而言，当公司增加投资支出时，投资产生的未来回报通常低于投资支出的现时价值。在本质上，这意味着投资产生的价值通常低于项目或投资本身的成本。因此，当投资金额增加时，股票价格通常会下跌。保守型股票通常是在过去一个时期内几乎没有任何投资的公司的股票，而进取型股票则被认为是在最近一个时期内增加了投资支出的公司的股票。

● 动量因子：股票价格动量会影响回报率的概念最初是由 Jegadeesh 和 Titman（1993）发现的。他们发现，投资者可以通过买入在过去 6 个月内升值的股票，并卖出在过去 6 个月内贬值的股票，实现较高的回报率。由于价格通常会持续上涨或下跌，这个因子被称为动量因子，是一个非基本面因子。动量因子背后的直觉是：投资者对新信息的反应迟缓，从而导致价格变化的发生需要一段时间。例如，如果一些投资者对正面信息立即做出反应，价格将会得到初始的提升。随着更多的投资者对这项信息做出反应，价格将会继续上升，直至价格变化效应完全实现。

尽管我们已经提供了对众所周知的因子的简要描述，但我们要等到第 13 章才描述这些

---

① 它的计算方法为资产的账面价值减去负债、优先股和无形资产。对财务会计概念的回顾见本书配套册的第 2 章。

因子是如何被纳入其各自的因子模型的。例如,在 Fama-French 模型中,规模因子不是简单地以市值的形式置入模型的。相反,模型中的规模因子是以小型股投资组合的回报率与大型股投资组合的回报率之差衡量的。这是由于小型股的表现预计会胜过大型股。Fama 和 French 用 SMB(Small Minus Big,小减大)表示规模因子。第 13 章描述了如何实施这个模型。

宏观经济因子模型

在宏观经济因子模型中采用的因子为可观察到的宏观经济变量。这些变量可被划分为四个类别[①]:(1)总体经济环境和经济周期因子(如国内生产总值、就业率、工业产值);(2)金融市场相关因子(如美国国债收益率曲线、公司债券利差、股市指数、主要商品指数);(3)货币政策相关因子(如主要货币市场利率、通货膨胀率);(4)国际相关因子(即外汇汇率)。

第一个宏观经济因子模型是由 Chen、Roll 和 Ross(1986)开创的,他们报告称以下宏观经济变量对股票回报率的解释在统计上呈现显著性:工业产值、风险溢价的变化和美国国债收益率曲线形状的变化。与解释股票回报率相关性较小的其他宏观经济变量为非预期通货膨胀率以及预期通货膨胀率的变化。

本书配套册的第 15 章描述了采用金融市场相关因子的模型,我们在这一章中描述了用于管理债券投资组合的因子模型。

统计因子模型

在统计因子模型中,股票回报率的历史截面数据被置于一个统计模型中。统计模型的目标是用一些“因子”最好地解释所观察到的股票回报率,这些因子是回报率的线性组合并且相互之间不呈现相关性。例如,假设我们计算了 5 000 家公司在 10 年内的月回报率。统计分析的目标是生成最能解释所观察到的股票回报率的变化幅度的“因子”。例如,假设有六个“因子”做到了这点。这些“因子”是统计假象,被称为“潜在因子”。于是,统计因子模型的目标变成了确定每个从统计模型得出的因子的经济含义。由于解释上的问题,从统计因子模型中提取的因子很难被用于估值、投资组合构建和风险控制。相反,从业者更偏好前两个模型,它们使资产管理人能够预先指定有意义的可观察因子,因此能够生成一个更具直观性的模型。

关键要点

- 资产定价模型描述了风险与期望回报率的关系。
- 两个最知名的定价模型为资本资产定价模型(CAPM)(它是一个均衡模型)和套利定价理论(APT)模型(它纯粹基于套利论证之上)。
- 在运行良好的资本市场中,投资者应为接受与资产投资相关的各种风险获得回报。
- 资产定价模型主张期望回报率是风险因子的函数。

---

① 该分类方法见 Tangjitprom(2012)。

- 资产定价模型要求我们识别驱动资产回报率的风险因子,并确定期望回报率与风险因子的具体关系。

- 最低期望回报率为无风险利率,它由美国政府发行的证券所代表。

- 通过投资于无风险资产以外的资产,投资者将要求获得超出无风险利率的溢价,这个风险溢价取决于与资产投资相关的风险因子。

- 风险因子可被划分为两大类别:系统性风险因子和非系统性风险因子。

- 系统性风险因子(亦称不可分散的风险因子)是所有资产共有的因子,不能通过多元化消除。

- 非系统性风险因子或不可分散的风险因子可以通过多元化消除。

- 在运行良好的市场中,投资者仅应为接受系统性风险获得补偿。

- CAPM(从经济理论推导出来的首个资产定价模型)在投资者以假定的方式表现的假设下,确立了资产回报率和风险之间应存在的关系。

- CAPM 建立在被称为均值—方差分析的投资组合选择理论之上。

- CAPM 模型中的唯一系统性风险因子为市场总体变化的风险,它被称为市场风险。在 CAPM 中,"市场风险"和"系统性风险"这两个术语可交替使用。

- 市场风险是指与持有由所有资产组成的投资组合(叫做市场投资组合)相关的风险。

- 根据 CAPM,风险溢价为市场风险数量(以贝塔衡量)与对承担市场风险的潜在补偿(以市场期望回报率与无风险利率之差衡量)的乘积。

- CAPM 有六个假设,它们使这个理论从数学的角度更容易驾驭。

- CAPM 的前四个假设与投资者制定决策的方式有关:(1)投资者使用均值—方差分析构建投资组合;(2)投资者厌恶风险;(3)投资者在某个单一一投资期内制定投资决策;(4)所有投资者都对未来回报率和未来回报率的方差抱有相同预期。

- CAPM 的两个假设与资本市场的特征相关:(1)资本市场中存在无风险资产,投资者可以无风险利率无限地借取和出借资金;(2)资本市场是完全竞争的,并且没有摩擦。

- 当投资者决定如何构建投资组合时,资产的纳入是基于待纳入投资组合的候选资产的期望回报率和回报率的方差确定的。

- 有效投资组合是在既定风险水平下提供最高期望回报率的投资组合。

- 由于在每个风险水平都有一个有效投资组合,我们有一个有效投资组合的集合,它在图形中被称为有效边界。

- 有效边界上每一个点都是既定风险水平下投资组合的最大期望回报率。

- 在使用均值—方差构建有效边界时,我们未考虑无风险资产。

- 在存在无风险利率的资本市场中,有效边界会发生变化,从而使投资者能够构建在既定的风险水平下可以提供高于有效边界上的投资组合的期望回报率的投资组合。

- 资本市场线显示了投资者通过将市场投资组合与以无风险利率借取和出借资金组合起来,可以构建的所有投资组合。

- 包含以无风险利率借取资金购买风险资产的投资组合被称为杠杆化投资组合。

- 资本市场线的斜率被称为风险的均衡市场价格。

- 资本市场线表示,投资组合的期望回报率等于无风险利率加上风险溢价,这个风险溢价等于风险的市场价格(以每单位市场风险的回报衡量)与投资组合的风险数量(以投资组合的标准差衡量)的乘积。

● 资产的贝塔衡量了资产 i 的回报率对市场回报率的敏感度,它等于资产 i 的回报率与市场回报率的协方差除以市场回报率的方差。

● 尽管资本市场线代表了一种均衡状态,其中资产投资组合的期望回报率为市场投资组合的期望回报率的一个线性函数,但单个资产不位于资本市场线上。

● 在均衡状态下,单个资产的期望回报率位于证券市场线,而非资本市场线上,因为单个资产仍有高度的非系统性风险,这些风险可以通过多元化在投资组合中消除。

● 根据证券市场线,在给定 CAPM 的假设的情况下,单个资产的期望回报率是其系统性风险(以贝塔衡量)的一个正线性函数。

● CAPM 的实证检验的四个主要发现为:(1)市场投资组合的表现超越了现金;(2)贝塔与回报率呈现正相关;(3)低贝塔值资产提供了比 CAPM 的预测更佳的单位风险回报率;(4)还存在其他风险因子使市场为投资者接受贝塔以外的风险而做出补偿。

● 研究者已对 CAPM 进行了数项延伸,包括消费 CAPM、跨期 CAPM 和零贝塔 CAPM。

● 在市场风险因子外还存在其他驱动回报率的因子的事实,使得叫做因子投资的投资策略产生。

● 基于股票历史回报率的绝大多数证据显示,低贝塔值股票提供的回报率高于 CAPM 的预测,而高贝塔值股票提供的回报率则低于 CAPM 的预测。

● 实证计算的 CAPM 斜率显示,低贝塔值股票提供的单位风险回报要高于高贝塔值股票。

● 当股价波动性被用作风险度量时,研究发现与将贝塔用作风险度量的 CAPM 报告的结果是一致的:低波动性股票比高波动性股票提供了更佳的单位风险回报;这项观察被称为低波动性异象。

● 研究者为解释低波动性异象提供了两个解释:(1)市场不是无摩擦的,投资者不愿卖空或利用杠杆,(2)投资者偏好提供彩票型收益的风险资产。

● 套利定价理论(APT)假定资产的期望回报率受到多种风险因子的影响,而不是像 CAPM 提出的那样仅受市场风险的影响。

● APT 模型表示证券的回报率与数个系统性风险因子呈线性相关,但未指明这些风险因子,只是表明资产回报率与风险因子的关系是线性的。

● APT 模型认为,投资者希望为所有系统性地影响资产回报率的风险因子获得补偿,补偿等于每个风险因子的系统性风险与市场为这个风险因子设定的风险溢价的乘积的总和。

● 与在 CAPM 情形下相同,投资者不会为接受非系统性风险获得补偿。

● APT 模型为含多个风险因子的资产定价模型提供了理论支持,此类模型叫做多因子模型。

● 多因子模型为资产管理人提供了量化投资组合相对基准的风险状况、相对基准构建投资组合以及控制风险的工具。

● 多因子风险模型有三种类型:基本面因子模型、宏观经济因子模型和统计因子模型。

● 基本面因子模型使用公司及其行业的基本面推导因子。

● 除了市场因子外,研究者已发现有四个基本面因子可以解释股票回报率:规模因子、价值因子、盈利能力因子和投资因子。

- 一个常用的非基本面因子是动量因子。
- Fama-French 三因子模型包含市场因子、规模因子和价值因子。
- Fama-French 五因子模型包含三个因子加上盈利能力因子和投资因子。
- Fama-French-Carhart 模型包含 Fama-French 三因子模型中的三个因子加上动量因子。
- 在宏观经济因子模型中,所采用的因子为可观察到的宏观经济变量。
- 宏观经济因子模型中的变量包含下列一个或多个因子:(1)总体经济环境和经济周期因子,(2)金融市场相关因子,(3)货币政策相关因子,(4)国际相关因子。
- 在统计因子模型中,研究者在统计模型中使用股票回报率的历史截面数据,以确定最能解释所观察到的股票回报率的变化幅度的因子。
- 在统计因子模型中,我们必须诠释从分析得出的"因子"(被称为"潜在因子"),这是统计因子模型在估值、投资组合构建和风险控制的应用中存在的主要局限。

参考文献

Ball, R., 1978. "Anomalies in relationships between securities' yields and yield surrogates," *Journal of Financial Economics*, 3:103—126.

Banz, R. W., 1981. "The relationship between return and market value of common stocks," *Journal of Financial Economics*, 9(1):3—18.

Basu, S., 1977. "Investment performance of common stocks in relation to their price-earnings ratios: A test of the efficient market hypothesis," *Journal of Finance*, 32(3): 663—682.

Bhandari, L. C., 1988. "Debt/equity ratio and expected common stock returns: Empirical evidence," *Journal of Finance*, 43(2):507—528.

Black, F., 1972. "Capital market equilibrium with restricted borrowing," *Journal of Business*, 45(3):444—454.

Breeden, D. T., 1979. "An intertemporal asset pricing model with stochastic consumption and investment opportunities," *Journal of Financial Economics*, 7:265—296.

Carhart, M. M., 1997. "On persistence in mutual fund performance." *Journal of Finance*, 52(1):57—82.

Chen, N-F, R. R. Roll, and S. A. Ross, 1986. "Economic forces and the stock market," *Journal of Business*, 59(3):383—403.

Connor, G. 1995. "The three types of factor models: A comparison of their explanatory power," *Financial Analysts Journal*, 51(3):42—46.

Fama, E. F., 1970. "Efficient capital markets: A review of empirical work." *Journal of Finance*, 25(2):383—417.

Fama, E. F. and K. French, 1993. "Common risk factors in the returns on stocks and bonds," *Journal of Financial Economics*, 33(1):3—56.

Fama, E. and K. French, 2015. "A five-factor asset pricing model," *Journal of Financial Economics*, 116(1):1—22.

Graham, B. and D. L. Dodd, 1934. *Security Analysis*. New York: McGraw-Hill.

Jegadeesh, N., and S. Titman, 1993. "Returns to buying winners and selling losers: Implications for stock market efficiency," *Journal of Finance*, 48(1):65—91.

Lintner, J., 1965. "The valuation of risk assets and the selection of risky investments in stock portfolio and capital budgets," *Review of Economics and Statistics*, 47(1): 13—37.

Lucas, R. E., 1978. "Asset prices in an exchange economy," *Econometrica*, 46(6): 1429—1445.

Merton, R. C., 1973. "An intertemporal capital asset pricing model," *Econometrica*, 41 (5):867—887.

Mossin, J., 1966. "Equilibrium in a capital asset market," *Econometrica*, 34:768—783.

Novy-Marx, R., 2012. "The other side of value: The gross profitability premium," *Journal of Financial Economics*, 108(1):1—28.

Roll, R., 1977. "A critique of the asset pricing theory's tests," *Journal of Financial Economics*, 4:129—176.

Rosenberg, B., K. Reid, and R. Lanstein, 1985. "Persuasive evidence of market inefficiency," *Journal of Portfolio Management*, 11(3):9—16.

Ross, S. A., 1976. "The arbitrage theory of capital asset pricing," *Journal of Economic Theory*, 13:343—362.

Sharpe, W. F., 1964. "Capital asset prices: A theory of market equilibrium under conditions of risk," *Journal of Finance*, 19(3):425—442.

Tangjitprom, N., 2012. "Macroeconomic factors of emerging stock market: The evidence from Thailand," *International Journal of Financial Research*, 3(2):105—114.

Treynor, J. L., 1961. "Toward a theory of market value of risky assets," Unpublished paper, Arthur D. Little, Cambridge, MA.

Wagner, W. H., and S. Lau, 1971. "The effect of diversification on risks," *Financial Analysts Journal*, 27(3):48—53.

10

公司股票分析[*]

学习目标

在阅读本章后,你将会理解:

● 行业分析和波特的竞争力模型;

● 识别公司运营所处行业的难点;

● 如何分析公司的经营业绩;

● 什么是财务比率分析;

● 分析师如何以财务比率评估四个方面的经营业绩和财务状况:盈利能力比率、资产管理比率、流动性比率和债务管理比率;

● 两种类型的盈利能力比率:投资回报率和利润率;

● 用于评估特定资产所产生的利益的资产管理比率:存货周转率、应收账款周转率、固定资产周转率和总资产周转率;

● 流动性比率是如何考察公司用其最容易转换成现金的资产履行短期债务的能力的,它们包括流动比率、速动比率和净营运资本/销售额;

● 为何债务管理比率显示了公司的融资方式及其履行债务的能力,以及两种类型的财务杠杆比率(成分百分比和偿还能力比率);

● 什么是共同比分析,以及它是如何被用于公司分析的;

● 杜邦体系如何被用于解释公司的业绩;

● 什么是现金流量分析,其在公司分析中的用处如何,以及衡量公司现金流量有哪些难点;

● 什么是自由现金流量;

● 用于评估公司经济度量的其他框架:价值链分析、RBV 分析和 SWOT 分析。

---

[*] 本章部分内容取自作者和詹姆斯·麦迪逊大学的 Pamela Peterson Drake 合作撰写的文章。

公司分析涉及选择、评估和解释经济数据和财务数据以及其他相关信息,以帮助评估公司的经营业绩和财务状况。可用于分析的信息包括经济信息、市场信息和财务信息。对于公开交易的公司而言,公司会在年度和季度财务报表中提供大部分最重要的财务数据。

公司的经营业绩衡量了公司在利用其资源创造投资回报方面的成绩如何。公司的财务状况衡量了其按时履行债务(如支付债务利息)的能力。投资者可以在财务信息的分析中使用多种工具。这些工具包括财务比率分析和现金流量分析。

现金流量提供了基于《一般公认会计原则》(GAAP)规定的权责发生制会计将净利润转换为更具可比性的基数的方式。此外,现金流量在估值中是基本要素:公司今日的价值等于其预期未来现金流量的现时价值——我们将在下一章中解释这个分析模型。因此,理解过去和当前的现金流量可能会有助于预测未来的现金流量,从而确定公司的价值。此外,理解现金流量使我们能够评估公司在不依赖于外部融资的情况下,维持当前股息和现行资本支出政策的能力。

在本章中,我们将描述和举例说明财务分析的基本工具:财务比率分析和现金流量分析。我们还将描述其他更多公司分析的工具——价值链分析、RBV 分析和 SWOT 分析。本章中的讨论假设读者具备财务会计的基本知识。本书配套册的第 2 章提供了对财务会计知识的回顾。

行业分析

证券分析师并不孤立地评估公司的投资价值。他们必须理解公司运营所处的竞争环境以及行业的经济前景。对公司的成长、市场和市场份额所作的假设必须与行业的经济预测保持一致。由于这个原因,评估公司投资价值的第一步是分析公司经营所处的行业。在大型的投资组合管理团队中,每个行业都有专门的个人或小组负责开展分析。

在分析公司时,关键的是公司必须被归入正确的行业。所有的行业都有子行业,分析师必须确定公司经营所处的一个或多个子行业。例如,考虑医药行业。这个行业中的一个板块是生产终端产品。在医药终端产品行业中又有三个子板块:处方药、非处方药和疫苗。处方药基于化合物而成。它们由医生开药方或由经授权的医疗专业人士给药。与处方药相同,非处方药也基于化合物。然而,与处方药不同的是,它们可以无需处方、自由出售。第三个子行业涉及基于细菌和病毒的疫苗,这个子行业中的公司必须获得美国食品和药物管理局(FDA)的批准。

即便是在两个药品子行业中,也存在品牌药和仿制药的区分。品牌药是由取得药品的专利并且从 FDA 获得初始批准的公司开发的药品。药品的原始制造商取得的专利赋予了公司在一段有限时期内销售药品的独家权利。仿制药是在品牌药的专利到期后从品牌药复制的药品。根据 FDA 的规定,仿制药必须具有完全相同的活性成分、剂型、效力和相同的给药方法。此外,与品牌药相同,在 FDA 审批仿制药时必须按照与品牌药完全相同的标准。

在行业分析中存在的一个问题是:许多公司的产品都横跨数个行业。例如,让我们再次考虑医药终端用户行业。一些制造品牌药的公司也设有制造仿制药的分部。

一旦确定了行业,分析师必须对行业开展经济分析。这包括对行业的历史增长情况进行分析,并预测行业在未来特定时期(如未来 5 年、10 年、15 年和 20 年)的增长情况。经济分析还应包含对监管环境的描述以及任何可能会对行业前景产生不利影响的动向。这项分析还应包含行业中的公司为促进增长而采用的策略。例如,在科技行业,产品开发的速度和复杂度持续上升。为了应对这个现象,该行业中的公司发现发展合作伙伴关系是必须的,以跟上消费者和企业的需求。在医疗健康行业,成像设备和监测设备的制造商与大型医院系统合作,通过允许医疗专家与地方医院和诊所合作,创建协助诊断的网络。

Michael Porter(1980)开发了一个行业分析框架。他的模型可被描述为竞争力模型。五个应被考察的力量为:(1)新进入者的威胁,(2)供应商的议价能力,(3)买家的议价能力,(4)替代产品的威胁,以及(5)现有竞争者的竞争。表 10.1 显示了波特的五力。

表 10.1　波特的五力模型

新进入者的威胁:规模经济、产品差异化、品牌识别/忠诚度、分销渠道的可获得性、资本要求、最新技术的可获得性、必需原料的可获得性、绝对成本优势、经验和学习效应、政府政策、转换成本,以及预期会来自行业内现有公司的报复

供应商的议价能力:供应商的个数、供应商的规模、供应商的集中度、供应商产品替代品的可获得性、供应商产品或服务的独特性(差异化)、供应商产品的转换成本、供应商的前向一体化威胁、行业的后向一体化威胁、供应商对行业产品的质量或服务的贡献度、供应量对供应商的重要性、供应商贡献的行业成本总额,以及行业对供应商利润的重要性

买家的议价能力:买家数量(客户个数)、每个买家的订单规模、买家集中度、买家采用替代产品的能力、买家的转换成本、买家的信息的可获得性、买家的后向一体化威胁、行业的前向一体化威胁,以及价格敏感度

替代产品或服务的威胁:可获得的替代产品的数量、买家的替代倾向、替代品的相对价格表现、可见的产品差异化程度、转换成本,以及替代产品生产商的盈利能力和进取度

现有竞争者之间的竞争:竞争者的数量、竞争者的多样性、行业集中度和平衡、行业增长情况、行业生命周期、质量差异、产品的差异化、品牌识别/忠诚度、转换成本、间歇性产能过剩、信息复杂度,以及退出壁垒

PESTEL 分析是另一个常用的框架,用于评估和监测我们认为对公司业绩具有重大影响的宏观经济因子。人们通常将这个方法与波特五力模型一起使用,以识别影响公司经营所处的竞争环境的内部和外部力量。首字母缩略词中的每个字母都表示我们在分析中考察的具体因子:政治因子、经济因子、社会因子、技术因子、环境因子和法律因子。最近,人们在这项分析中添加了其他因子。这些因子包括人口特征因子、伦理因子、生态因子和跨文化因子。

财务比率分析

在财务比率分析中,我们选择相关的信息——主要是财务报表数据——并对之进行评估。我们将说明如何在财务比率分析中融入市场数据和经济数据。最后,我们将说明如何解释财务比率,并识别在解释不恰当的情况下产生的陷阱。

比率及其分类

财务比率是对一项财务信息与另一项财务信息的比较。考虑流动资产对流动负债的比率,即流动比率。这个比率(我们将在后面对之进行讨论)是对可以随时转换成现金的资产——流动资产——与即将到期的债务——流动负债——的比较。

我们可以根据财务比率的构建方式及其描述的财务特征对之进行分类。在利润表、资产负债表和现金流量表中可能会出现多少科目的组合,我们就有多少不同的财务比率。我们可以根据财务比率所捕捉的财务特征对之进行分类。

我们在评估公司的经营业绩时,其中一个关心的点是公司是否以有效和可以产生盈利的方式使用其资产。分析师在评估公司的财务状况时,其中一个关心的点是公司是否能履行其经济债务。分析师可以使用财务比率评估四个方面的经营业绩和财务状况。

- 盈利能力比率;
- 资产管理比率;
- 流动性比率;
- 债务管理比率。

有几种比率分别反映了公司经营业绩和财务状况的上述四个方面。我们在这里介绍的比率不是唯一可以使用财务数据形成的比率,尽管它们是一些较为常用的指标。在熟悉了财务分析工具后,分析师将能创建服务于特定评估目标的比率。

除了理解如何计算、解释比率以及理解比率的局限外,分析师必须理解,一个孤立的财务比率并不能提供足够的信息。我们必须将比率与某个基准进行比较。这个基准可以是前几年的对应比率,以了解比率如何随着时间的推移发生了变化。另一个基准可以是与同一行业中的其他公司进行比较的比率。

盈利能力比率

盈利能力比率有两种类型:投资回报率和利润率。

投资回报率:这些比率将收益的度量(如净利润)与投资的度量进行比较。例如,假如分析师希望评估公司在其经营中运用资产的效益如何,他可以计算资产回报率——有时叫做基本盈利能力比率——它是息税前利润(earnings before interest and taxes,EBIT)(亦称营业利润)与总资产的比率:

$$基本盈利能力比率 = \frac{EBIT}{总资产}$$

由于基本盈利能力比率未考虑到税收或公司的融资方式(即其对债务的运用),它使分析师能够比较在给定可盈利资产的情况下,管理层创造利润的效率。

另一个资产回报率使用净利润——营业利润减去利息和税收——而不是息税前利润:

$$资产回报率 = \frac{净利润}{总资产}$$

这个比率在忽略公司融资方式的情况下表示了回报率。

股东会对公司在其投资上创造的回报感兴趣。权益回报率是股东获得的净利润相对于其权益的比率：

$$权益回报率 = \frac{净利润}{股东权益的账面价值}$$

投资回报率未提供关于以下两点的信息：(1)所创造的回报率是归因于利润率(即由于成本和收入)，还是归因于管理层使用资产的效率；(2)股东在其对公司的实际投资上赚取的回报率，也就是说，股东相对于其实际投资，而不是其投资的账面价值赚取的回报率，因为权益是以资产负债表中的权益衡量的。

利润率：这些比率帮助股票分析师判定公司管理费用的效率如何。利润率对利润的组成部分与销售额进行了比较。它们使分析师能够了解哪些因素构成了公司的利润，通常是以每一美元销售额的比例表达的。例如，我们在这里讨论的利润率只有分子不同。正是分子可被用于评估公司不同方面的业绩。

例如，假设分析师希望评估生产设施的管理效率如何。分析师可以将重点放在毛利润(销售额减去主营业务成本)上，这是一种衡量利润的指标，是生产管理的直接结果。将毛利润与销售额进行比较得到毛利率：

$$毛利率 = \frac{收入 - 主营业务成本}{收入}$$

让我们考察销售额和主营业务成本，我们可以看到毛利率受以下因素的影响：
- 销售量的变化，它会影响主营业务成本和销售额；
- 销售价格的变化，它会影响收入；
- 生产成本的变化，它会影响主营业务成本。

从一个时期至下一个时期的毛利率的任何变化都是由上述三个因素中的一个或多个因素导致的。同样，不同公司的毛利率的差异也是这些因素差异的结果。

为了评估经营业绩，除了主营业务成本外，我们还需要考虑营业费用。为了做到这点，我们从毛利润中减除营业费用(如销售和一般管理费用)，剩余部分是营业利润，亦称 EBIT。因此，营业利润率为：

$$营业利润率 = \frac{收入 - 主营业务成本 - 营业费用}{收入}$$

$$营业利润率 = \frac{EBIT}{收入}$$

营业利润率受到影响毛利率的相同因素的影响，还有一个因素是营业费用，如：
- 办公室租金和租赁费用；
- 杂项收入(如来自投资的收入)；
- 广告费用；
- 坏账费用。

这些费用大部分在某种程度上与收入相关，尽管它们不被直接计入主营业务成本。因此，毛利率与营业利润率的差异归因于这些在营业利润率的计算中包含的非直接科目。

毛利率和营业利润率反映了公司的经营业绩。但它们未考虑公司是如何为这些经营融资的。为了同时评估经营决策和融资决策,分析师必须对净利润(即扣除利息和税收后的利润)与收入进行比较。取得的结果为净利率:

$$净利率 = \frac{净利润}{收入}$$

这些比率在盈利能力方面未反映的是毛利率、营业利润率和净利率对下列因素的敏感度:

- 销售价格的变化;
- 销售量的变化。

只看公司在一个时期内的盈利能力比率,分析师几乎无法获得用于判断未来盈利能力的信息。这些比率也未能向分析师提供关于公司现有盈利能力为何如此的信息。我们需要更多的信息来开展这些判断,尤其是在公司的未来盈利能力方面。为此,我们转向资产管理比率,这是衡量资产使用情况的指标。

资产管理比率

资产管理比率可被用于评估具体资产(如存货和应收账款)产生的收益,或评估公司全部资产产生的收益。这些比率包括应收账款的收账期度量和其他资产的周转率。

存货管理:公司的存货管理效率有三个度量指标,即存货周转率(时期平均数)、存货周转率(期末)和存货天数。

公司在存货中占用资金的天数(或简称为存货天数)是由存货代表的资金总额与日均主营业务成本的比率确定的。当前的存货投资——即存货占用的资金——是资产负债表中存货的期末余额。

日均主营业务成本是当年平均每天的主营业务成本,可以用主营业务成本除以一年中的天数进行估计:

$$日均主营业务成本 = \frac{主营业务成本}{365\ 天}$$

我们通过计算库存存货的金额(以美元为单位)对日均主营业务成本(以美元/日为单位)的比率计算存货周转天数(或简称为存货天数):

$$存货天数 = \frac{库存存货金额}{日均主营业务成本}$$

假如期末存货可以代表全年的存货情况,那么存货天数表示将存货投资转换为已售商品所需的天数。为什么我们要担心年末存货是否能代表全年任何一天的存货?假如会计年度末的存货低于当年其他任何一天的存货,我们就会低估存货天数。确实,在实践中,大多数公司试图将会计年度末的时间选在其业务的淡季。这意味着期末存货余额将低于当年典型日的存货。为了更好地了解公司,我们可以考察季度财务报表并取季度存货余额的平均值。

应该指出的是,为了使存货数字更具代表性,一些人士建议取期初存货与期末存货的平均值。这并不能解决代表性问题,因为期初存货不过是上一年的期末存货,与当年的期末数值相同,是在营业周期的低点衡量的。一个更好的方法是,假如我们可以获得数据,那么可以对会计年度中的四个季度计算平均存货。

存货周转率显示了公司利用存货生产所销售的商品和服务的速度。存货周转率为主营业务成本与存货的比率：

$$存货周转率 = \frac{主营业务成本}{存货}$$

这个比率表明了公司每年周转存货的次数。

应收账款管理：与存货周转的评估方式大致相似，投资者可以评估公司的应收账款管理和信用政策。应收账款周转率衡量了公司利用其向客户提供的信用的效率。

提供信用的原因是增加销售额。其不利之处是客户有可能不能履行支付承诺而违约。从提供信用中取得的收益被称为赊销净额——赊销金额减去退货和退款。于是：

$$应收账款周转率 = \frac{赊销净额}{应收账款}$$

总体资产管理：存货周转率和应收账款周转率反映了利用特定资产（存货和应收账款）获得的收益。为了更全面地了解公司的生产效率，投资者可以对一个时期内的销售额与产生这些收入的总资产进行比较。

一个方法是计算总资产周转率，它显示了一年中公司的总资产额有多少倍于收入：

$$总资产周转率 = \frac{收入}{总资产}$$

另一个方法是仅关注固定资产，即公司的长期有形资产。固定资产周转率是收入与固定资产的比率：

$$固定资产周转率 = \frac{收入}{固定资产}$$

以下是这些比率在公司资产利用方面未反映的因素：
- 因为信用政策过于严格而未实现的销售额；
- 有多少赊销金额不可被收回；
- 对周转率贡献最大的资产。

流动性比率

流动性比率反映了公司利用那些最容易转换成现金的资产履行短期债务的能力。能在短时期内转换成现金的资产被称为具有流动性的资产，它们在财务报表中被列为流动资产。流动资产通常被称为营运资本，因为它们代表了公司长期资本投资的日常运营所需的资源。

流动资产被用于履行短期债务（或流动负债）。流动资产超出流动负债的金额被称为净营运资本。

营业周期：公司需要的流动性水平取决于其营业周期。营业周期是从现金被投资于商品和服务至投资产生现金期间的持续期。例如，一家生产并销售商品的公司有一个由以下四个阶段组成的营业周期：
- 购买原材料和生产商品，投资于存货；

- 销售商品,产生销售额(可以是现金销售或非现金销售);
- 提供信用,创造应收账款;
- 收回应收账款,产生现金。

这四个阶段构成了使用现金和产生现金的周期。对于提供服务、而不是商品的公司而言,营业周期可能会有所不同,但理念是相同的——营业周期是通过现金投资产生现金所需的时间长度。

营业周期与流动性有何关系?营业周期越长,公司需要的流动资产就越多(相对于流动负债),因为将存货和应收账款转换成现金所需的时间就越长。换言之,营业周期越长,公司所需的净营运资本金额就越大。

为了衡量营业周期的长度,我们需要知道以下要素:

- 将存货中的投资转换成销售额所需的时间(即:现金→存货→销售额→应收账款);
- 收回赊销货款所需的时间(即:应收账款→现金)。

流动性度量:分析师可以几种方式描述公司履行短期债务的能力。流动比率表示了公司使用流动资产偿还或覆盖其短期负债的能力:

$$流动比率 = \frac{流动资产}{流动负债}$$

例如,流动比率为 2 表示公司拥有两倍于覆盖其当年流动债务所需的资产。然而,流动比率把所有流动资产科目归总在一起,假设它们都可以同等容易地被转换成现金。尽管根据定义,流动资产可以在一年内被转换为现金,但并非所有流动资产都可以在短时期内转换成现金。

流动比率的一个替代度量是速动比率,亦称酸性测验比率,它用一组与流动比率略微不同的流动资产科目除以相同的流动负债。在速动比率中,流动性最差的流动资产科目——存货——被排除在外。因此:

$$速动比率 = \frac{流动资产 - 存货}{流动负债}$$

分析师通常从速动比率中剔除存货,因为存货一般被视为流动性最差的流动资产。通过剔除流动性最差的资产,速动比率提供了一个更保守地看待流动性的视角。

另一个衡量公司短期债务履行能力的方法是净营运资本/销售额比率,它对净营运资本(流动资产减去流动负债)与销售额进行了比较:

$$净营运资本/销售额比率 = \frac{净营运资本}{销售额}$$

这个比率告诉分析师公司为履行短期债务可获得的相对销售额的"缓冲"。考虑两家拥有相同营运资本的公司,均为 10 万美元,但一家的销售额为 50 万美元,另一家的销售额为 100 万美元。假如它们有相同的营业周期,这意味着销售额更高的公司有更多的资金流入和流出其流动资产投资(存货和应收账款)。有更多资金流入和流出的公司需要更大的缓冲,以防出现营业周期中断(如罢工和意外的客户付款延迟)。营业周期越长,公司在既定的销售额水平上需要的缓冲(净营运资本)就越大。

例如,假设这个比率为 0.20。这告诉分析师对于每一美元的销售额,公司都有 20 美分的净营运资本对之进行支持。

这些比率在流动性方面不能告诉分析师什么? 它们没有提供对下列问题的回答:

- 应收账款的流动性有多大? 有多少应收账款能被收回?
- 流动负债的性质是什么? 有多少流动负债由每期重复发生的科目(如应付账款和应付薪资)组成,有多少由非经常发生的科目(如应付所得税)组成?
- 公司是否有未包含在流动负债中的未入账的负债(如经营性租赁)?

债务管理比率

公司可以用股本或债务为其资产融资。债务融资使公司拥有按照承诺还本付息的法定义务。股本融资未使公司拥有任何支付义务,因为股息是由董事会自行决定是否支付的。任何企业都有一些内在的风险,我们称之为商业风险。但公司如何选择为其经营融资——债务和股本的特定组合——可能会在商业风险之上再增加财务风险。财务风险是与公司履行债务的能力有关的风险,通常是基于债务融资相对股本的使用程度衡量的。

我们用财务杠杆比率来评估公司所承担的财务风险的大小。财务杠杆比率有两种类型:成分百分比和偿还能力比率。成分百分比对公司债务与其总资本(债务加股本)或股权资本进行比较。

偿还能力比率反映了公司履行固定的融资义务(如还本付息或支付租赁费用)的能力。

成分百分比:总债务对资产比率表示了以债务融资的资产的比例,它对债务(短期债务+长期债务)与总资产进行了比较:

$$总债务对资产比率 = \frac{债务}{总资产}$$

例如,假设这个比率为 45%。这表示了公司有 45%的资产是以债务(包括短期和长期债务)融资的。

考察财务风险的另一个方法是衡量债务与股本的相对使用程度。债务股本比率表示了公司如何相对股东权益的账面价值以债务为其经营融资:

$$债务股本比率 = \frac{债务}{股东权益的账面价值}$$

两个比率都可像上面那样用总债务表示,也可以用长期债务或甚至是简单的有息债务表示。比率以哪种形式——总债务、长期债务或有息债务 计算并不总是清晰的。此外,在这些债务比率的长期债务版本的计算中,长期债务中一年内到期的部分通常被排除在外。

使用基于权益账面价值的财务比率来分析财务风险存在的一个问题是,股票的账面价值与市场价值很少存在强相关性。通过考察权益的账面价值并将之与权益的市场价值进行比较,我们可以看到资产负债表中数值的失真十分明显。权益的账面价值由以下部分组成:

- 公司自成立以来发行所有股票获得的收入减去公司回购的所有股票;
- 公司自成立以来的累计利润减去所有股息。

账面价值一般不能真实地反映股东对公司的投资,因为:

- 利润是根据会计原则记录的,这也许不能反映交易的真实经济状况;

- 由于通货膨胀,利润和从过去发行股票获得的收入不能反映当前价值。

另一方面,市场价值是投资者认为的股权价值。这是投资者愿意支付的金额。那么为何我们要费心考虑账面价值? 这是由于两个原因:首先,公司证券的账面价值比市场价值更易于取得;其次,许多金融服务机构都使用账面价值而非市场价值来报告比率。

然而,本章使用权益账面价值计算的所有比率都可用权益的市场价值进行重新表述。例如,在债务股本比率中,我们可以不采用权益的账面价值,而是用权益的市场价值来衡量公司的财务杠杆。

偿还能力比率:将债务与权益(或债务与资产)进行比较的比率表明了财务杠杆程度,它使投资者能够评估公司的财务状况。考察公司财务状况和公司运用财务杠杆程度的另一个方法,是了解公司处理与其债务或其他固定支付义务相关的财务负担的能力。

公司处理财务负担的能力的一个度量是利息保障倍数。这个比率告诉了我们公司履行与债务相关的付息义务的能力。它对可用于支付利息的资金(即息税前利润)与利息费用进行了比较:

$$利息保障倍数 = \frac{EBIT}{利息费用}$$

利息保障倍数越大,公司支付利息费用的能力就越强。

例如,利息保障倍数为5,意味着公司的息税前利润是利息支出的五倍。

利息保障倍数提供了关于公司支付与债务融资相关利息能力的信息。然而,还存在其他费用,这些费用不是由债务产生的,但也必须以我们在公司经济义务中考虑债务成本那样来考虑。例如,租赁费用是在融资运作中产生的固定成本。与利息支出相同,它们也代表了法定义务。

有什么资金可用于支付债务和类债务费用? 让我们从 EBIT 开始,并加回为得出 EBIT 而减除的费用。公司满足其固定财务成本——固定费用——的能力被称为固定费用保障倍数。固定费用保障倍数的一个定义仅考虑租赁费用:

$$固定费用保障倍数 = \frac{EBIT + 租赁费用}{利息 + 租赁费用}$$

例如,假设这个比率为2。这告诉我们公司利润可覆盖固定费用(利息和租赁费用)的两倍。

我们应该考虑何种固定费用并不是完全清晰的。例如,假如公司被要求预留资金以最终或定期收回债务——这被称为偿债基金——那么预留的金额是固定费用吗? 另一个例子是,由于优先股的股息代表了固定融资费用,它们是否应被包含在固定费用中? 从普通股股东的视角来看,优先股股息必须支付,以使普通股的股息能够得以支付,或留存利润用于公司的未来发展。由于债务本金还款和优先股股息是税后支付的——用支付税款后剩余的资金支付——这笔固定费用必须被转换成税前金额。我们可以对固定费用保障倍数进行扩展,以纳入偿债基金和优先股股息作为固定费用。

至此为止,我们仅考虑了将息税前利润视作可用于支付固定财务费用的资金。EBIT 包含折旧和摊销等非现金科目。假如投资者试图对可用于履行债务的资金进行比较,那么可用资金的一个更好度量是现金流量表中报告的经营活动产生的现金流量。将经营活动产生的现金流量作为支付利息的可用资金的比率被称为现金流量利息保障倍数,其计算如下:

$$现金流量利息保障倍数 = \frac{经营活动产生的现金流量 + 利息 + 税收}{利息}$$

现金流量表中的经营活动产生的现金流量是扣除了利息和税收后的净额。因此，为了确定可用于支付利息的现金流量，我们必须在经营活动产生的现金流量中加回利息和税收，以得出扣除息税前的现金流量金额。

假设这个比率为 6.5。这个保障倍数表示以现金流量而言，公司拥有 6.5 倍于支付利息所需的现金。利息保障倍数比 EBIT 反映的 5 倍更好。差异在于现金流量不仅考虑了会计收入，而且还考虑了非现金科目。

这些比率不反映：

- 公司拥有的其他不包含在资产负债表中的固定法定义务（如经营性租赁）；
- 管理层对在现有债务到期后举借更多债务的意向。

共同比分析

分析师可以通过将财务报表中所含的各项信息联系起来的比率来评估公司的经营业绩和财务状况。另一个分析公司的方法是更全面地考察其财务数据。

共同比分析（common-size analysis）是一种将财务报表中的成分进行相互比较的分析方法。共同比分析的第一步是将财务报表——资产负债表或利润表——细分为多个部分。下一步是计算每个科目相对某个基准的比例。这种形式的共同比分析有时被称为垂直共同比分析。另一种形式的共同比分析是水平共同比分析，它使用一个会计年度的损益表或资产负债表，并将之与其他年度的对应科目进行比较。在资产负债表的共同比分析中，基准为总资产。在损益表中，基准为销售额。

与资产负债表相同，在损益表中，科目可以用销售额的一个比例重新表述；这个财务报表被称为共同比损益表。我们先前对毛利润、EBIT 和净利润计算了利润率。共同比损益表提供了公司业务不同方面的盈利能力信息。在这里，分析也仍不是完整的。更完整的分析要求分析师必须考察财务报表在不同时期内的趋势，并将之与同一行业中的其他公司进行比较。

使用财务比率分析

财务分析提供了关于公司经营业绩和财务状况的信息。这些信息有助于分析师评估公司整体及其分部、产品和子公司的业绩。

但财务比率分析并不能告诉我们公司的全貌，我们必须谨慎解释和使用。财务比率是有用的，但正如先前对每个比率的讨论指出的那样，有一些信息是这些比率未能揭示的。例如，在计算存货周转率时，我们需要假设资产负债表显示的存货可以代表全年的存货情况。另一个例子是应收账款周转率的计算。我们假设所有的销售都是赊销。假如我们是从外部观察——即仅基于财务报表评估公司，正如分析师那样——从而没有关于赊销的数据，那么我们必须制定假设（这些假设可能正确，也可能不正确）。

此外，分析师在使用财务比率时应当注意其他方面的问题：

- 用于构建比率的会计数据的局限；
- 选择一家或多家恰当的基准公司用于比较；
- 对比率的解释；
- 在基于历史趋势预测未来经营业绩和财务状况时存在的陷阱。

归总：每股盈利的决定因素

我们在试图解释分析师如何评估公司的盈利能力、资产运用效率、流动性和债务使用率时讨论了许多财务比率。让我们将这些比率归集在一起，以理解它们是如何相互作用，以解释公司的几个关键业绩度量的：每股盈利和权益回报率。

有助于解释业绩的方法为杜邦体系。杜邦体系是将财务比率分解为各个组成部分，以确定哪些方面对公司业绩产生影响的方法。

为了解释公司的每股盈利（earning per share，EPS），我们从其定义开始（为便利起见，我们假设不存在优先股）：

$$EPS = \frac{净利润}{发行在外的普通股股数}$$

现在，我们使用一项简单的数学操作将财务比率分解为两个部分。如果我们将 EPS 乘以资产负债表中的权益金额，我们可以将 EPS 重新表述为：

$$EPS = \frac{净利润}{权益} \times \frac{权益}{发行在外的普通股股数}$$

在这里，有一个我们已经看到过的比率。第一个比率为前面讨论过的权益回报率。第二个比率是我们至此为止尚未看到过的。它是权益的账面价值除以发行在外的普通股股数的比率。这个比率被称为每股普通股的账面价值，即：

$$每股普通股的账面价值 = \frac{权益}{发行在外的普通股股数}$$

因此，EPS 可被重新表述为：

$$EPS = 权益回报率 \times 每股普通股的账面价值$$

假如管理层可以提高两个比率中的任何一个，而不降低另一个，那么每股盈利将会增加。假设管理层正在考虑增发普通股。这对 EPS 的影响是双重的。尽管每股普通股的账面价值将会上升，但为了使 EPS 增加，权益回报率的变化必须使得这个度量的下降幅度不超过每股普通股的账面价值的上升幅度。因此，假如管理层正在考虑增发股本，这家公司内部的投资机会必须使得权益回报率不会下降。

对权益回报率的近距离考察

让我们对权益回报率进行近距离考察，以确定何种因素会影响 EPS。我们将该比率重新表述为：

$$权益回报率 = \frac{净利润}{总资产} \times \frac{总资产}{权益}$$

第一个比率为资产回报率。对于第二个比率,我们知道:

$$总资产 = 权益 + 总负债$$

或等价地说:

$$总资产 = 权益 + 债务$$

将之代入权益回报率的第二个比率,我们得出:

$$\frac{总资产}{权益} = \frac{权益 + 债务}{权益}$$

$$= \frac{权益}{权益} + \frac{债务}{权益}$$

$$= 1 + \frac{债务}{权益}$$

现在,我们可以看到为何权益回报率的第二个比率是债务资产管理比率:上述比率为债务股本比率。因此,权益回报率可被表述为:

$$权益回报率 = 资产回报率 \times (1 + 债务股本比率)$$

这意味着为了通过提高权益回报率增加 EPS,管理层可以提高一项或两项资产回报率,并使用更大的财务杠杆(即举借更多债务)。因此,寻求债务融资(这会提高债务股本比率)的公司必须对这点有信心:公司将以不会降低资产回报率的方式运用其举债收入。假如在举债收入上赚取的回报率低于举债成本,资产回报率就会发生下降。此外,注意第二个度量(1+债务股本比率)具有放大效应。

资产回报率的分析

对于资产回报率,我们可以进一步展开分析,以理解影响这个度量的因素。为了看到如何做到这点,资产回报率可被重新表述为:

$$资产回报率 = \frac{净利润}{收入} \times \frac{收入}{总资产}$$

第一个比率是利润率:净利润率。第二个比率是资产效率比率:总资产周转率。于是,资产回报率可被表述为:

$$资产回报率 = 净利率 \times 总资产周转率$$

因此,为了提高资产回报率(这进而又会提高权益回报率和 EPS),公司可以提高其利润率和总资产周转率。对每类资产的资产效率比率进行分析有助于提高总资产周转率。

我们可以如何提高净利率?让我们首先关注在不考虑利息和税收的情况下由经营产生的利润率,这将给出营业利润率。营业收入或 EBIT 反映了忽略利息和税收的经营盈利。EBIT 对总资产的比率为前面描述的基本盈利能力比率,即:

$$基本盈利能力比率＝\frac{EBIT}{总资产}$$

将分子和分母乘以收入,我们得出:

$$基本盈利能力比率＝\frac{EBIT}{收入}\times\frac{收入}{总资产}$$

第二个比率为总资产周转率。第一个比率是盈利能力利润率,它被称为营业利润率,其反映的利润率忽略了资本结构(即为借款支付的利息)和公司必须向税务机关纳税的税率。

因此,基本盈利能力比率可被表示为:

$$基本盈利能力比率＝营业利润率\times总资产周转率$$

让我们考虑税收。我们知道:

$$净利润＝税前利润－税收$$

将税前利润缩写为 EBT,上式可写为:

$$
\begin{aligned}
净利润 &＝EBT－(EBT)\times有效税率 \\
&＝EBT\times(1－有效税率) \\
&＝EBIT\times\frac{EBT}{EBIT}\times(1－有效税率)
\end{aligned}
$$

EBT/EBIT 比率基于公司的资本结构和必须为债务支付的利息费用,从而基于股本分享的利润比例,反映了公司的税务负担。(1－有效税率)度量的是税收保留率(即公司在支付税收后保留的金额)。

在经过一些操作后,资产回报率可被重新表述为:

$$
\begin{aligned}
资产回报率 &＝\frac{EBIT}{收入}\times\frac{收入}{总资产}\times\frac{EBT}{EBIT} \\
&\quad\times(1－有效税率)
\end{aligned}
$$

上述第一个比率为营业利润率。第二个比率为总资产周转率(一个资产管理比率)。第三个比率为支付税收后股本分享的利润比例。最后一个因子为税收保留率。因此,我们可以有以下表述:

$$
\begin{aligned}
资产回报率 &＝营业利润率\times总资产周转率 \\
&\quad\times股本分享的利润比例\times税收保留率
\end{aligned}
$$

因此,我们现在可以理解影响资产回报率和 EPS 的因素了。

现金流量分析

分析师应当了解的一个关键财务度量是公司的现金流量。这是由于现金流量可以帮助分析师评估公司在不依赖于外部融资(即不依赖于发行股票和债券,或不依赖于银行贷款)的情况下,履行契约义务和维持当前红利及当前资本支出政策的能力。此外,分析师还必须理解为何这个度量对股票分析是重要的。原因在于,股票分析师遵循的基本估值原则为:公司的当前价值等于其预期未来现金流的折现值。在本节中,我们将讨论现金流量分析。

衡量现金流量的难点

衡量现金流量的主要难点是,它是一个流量:流入公司的现金流(即现金流入量)和流出公司的现金流(即现金流出量)。在任何时点,公司都持有现金存量,但不同公司的现金存量会根据公司规模、业务的现金需求和公司营运资本的管理情况有所不同。那么现金流量是什么? 它是在一个时期内流入公司的现金总额吗? 它是在一个时期内流出公司的现金总额吗? 它是在一个时期内现金流入量减去现金流出量的净额吗? 现金流量并没有具体的定义——这可能是人们对于现金流量的衡量有许多困惑的原因。理想的是,我们需要一个可在不同公司之间进行经营业绩比较的度量——某个不同于净利润的度量。

计算现金流量的一个简单且原始的方法仅要求将非现金费用(如折旧和摊销)与报告的净利润金额相加。也就是说:

$$现金流量估计=净利润+折旧与摊销$$

这个金额实际上不是现金流量,而仅是折旧摊销前利润。这是股票分析师应该在公司估值中采用的现金流量吗? 尽管这不是现金流量,但这个现金流量估计确实使我们能够对可能采用不同折旧方法和折旧年限的不同公司的收入进行快速比较。

这个度量存在的问题是,它忽略了该时期内的许多其他现金来源和现金用途。考虑商品的赊销。这笔交易产生了当前的销售额。当期的净利润和现金流量估计反映了销售额和附随的主营业务成本。然而,在应收账款收回前,这笔交易未产生任何现金。假如应收账款要到下个时期才发生,那么收入与这笔交易产生的现金流量就会不一致。因此,简单的现金流量估计忽略了一些现金流,而这些现金流对许多公司都意义重大。

另一个计算简单的现金流量估计是息税折旧摊销前利润(EBITDA)。然而,这个度量与上一个度量一样存在相同的权责发生制会计偏差,这可能会导致遗漏重大的现金流。此外,EBITDA 未考虑利息和税收,这对一些公司可能也是大量的现金支出。[①]

这两个现金流量的粗略估计之所以在实践中采用的原因不仅是其简单性,而且还因为它们在现金流量表披露更详尽的信息之前得到了广泛使用。目前,现金流量的度量种类广泛,包括简单的现金流量度量、从现金流量表发展而来的度量,以及试图捕捉自由现金流量的理论概念(后面将要讨论这点)的度量。

现金流量和现金流量表

公司必须在其财务报表中提供现金流量表。这份报表要求公司基于活动(经营活动、投

---

① 对 EBITDA 度量的更详尽的讨论见 Eastman(1997)。

资活动和筹资活动)将现金流量划分为三个类别。现金流量根据活动分类总结,活动内部按类型汇总(例如,资产处置与资产收购分开报告)。

公司可以采用直接方法报告所有的现金流入量和现金流出量,也可以采用间接方法从净收入开始并根据折旧、其他非现金费用和营运资本的变化对净收入作出调整,进而在现金流量表中报告经营活动产生的现金流量。尽管直接方法受到推荐,但它也是公司编制的工作量最为繁重的报表。大多数公司都采取间接方法报告经营活动产生的现金流量。采用间接方法的好处在于:它为财务报表用户提供了用现金变化对公司净收入的调节。用间接方法得出的经营活动产生的现金流量与前面讨论的现金流量估计十分相似,但它包含了简单度量所没有的营运资本的变化。

将现金流量划分为三种类型的活动提供了有用信息,分析师可以利用这些信息判断(例如)公司是否从经营活动中产生了足够的现金流量以维持其当前的增长率。然而,对特定科目的分类并不一定像可能的那样有用。考虑一些分类:

● 与利息费用相关的现金流量被归类为经营活动产生的现金流量,尽管它们显然是筹资活动产生的现金流量。

● 所得税被归类为经营活动产生的现金流量,尽管税收受到筹资活动(如债务利息费用可减免课税)和投资活动(如从投资活动的免税额度减免税收)的影响。

● 利息收入和获取的股息被归类为经营活动产生的现金流量,尽管这些现金流量是投资活动的结果。

这些科目是否对分析具有重大影响取决于特定公司的状况。

考察报表中三类现金流量的关系使我们能够初步了解公司的活动。对于一家年轻、成长迅速的公司,其经营活动产生的现金流量可能是负数,但筹资活动产生的现金流量则是正数(即运营资金可能大部分是通过外部融资提供的)。随着公司的发展,它对外部融资的依赖度可能会降低。典型的成熟公司从经营活动产生现金流量,并将之全部或部分再投资于公司。因此,与经营活动相关的现金流量是正数(即现金来源),与投资活动相关的现金流量是负数(即使用现金)。随着公司的成熟,它会寻求较少的外部融资,甚至可能会使用现金降低其对外部融资的依赖度(如偿还债务)。我们可以基于公司的现金流来源的模式对其进行分类,正如表 10.2 显示的那样。尽管我们为评估公司的财务业绩和财务状况还需要额外的信息,但对现金流量来源(尤其是随着时间的推移的变化)的考察可以使我们大致了解公司的经营状况。

尽管我们可以基于现金流量的来源和用途对公司进行分类,但我们需要更多数据以正确地看待这项信息。现金流量的来源和用途的趋势如何?何种市场事件、行业事件或公司特定事件会影响公司的现金流量?作为分析对象的公司在资金的来源和用途方面与同一行业中的其他公司比较如何?

表 10.2　现金流量来源的模式

现金流量	为公司发展进行 外部和内部融资	为公司发展 进行内部融资	成熟	暂时的 财务困境	财务困境	业务紧缩
经营活动	+	+	+	−	−	+
投资活动	−	−	−	+	−	+
筹资活动	+	−	+ or −	+	−	−

自由现金流量

未进行任何调整的现金流量可能会具有误导性,因为它们未能反映为了公司的未来存在所需的现金流出量。Jensen(1986)在其对代理成本和公司收购的理论分析中,发展了一个替代度量——自由现金流量。在理论上,自由现金流量是公司在为所有净现时价值为正数的项目提供资金后剩余的现金流量。净现时价值为正数的项目,是指预期未来现金流的现时价值超过项目支出的现时价值(均以资本成本折现)的那些资本投资项目。(资本成本是对公司为从债权人和股东那里获取资金而发生的成本的估计值。它在本质上是一个门槛:假如项目的回报率高于其资本成本,那么它是可产生盈利的项目。)换言之,自由现金流量等于公司的现金流量减去公司为维持经营(即在必要时更换设施)并以预期速度发展(这要求增加营运资本)所需的资本支出的估计值。

自由现金流量理论是 Jensen 为了解释现有经济理论不能解释的公司行为而提出的。Jensen 观察到,产生自由现金流量的公司应当将这些现金撤出,而不是将资金投资于盈利能力较差的投资。公司可以用多种方式释放这些超额的现金流,包括分派现金股息、回购股票,以及发行债务换取股票。例如,用债务换取股票增加了公司的杠杆和未来债务,从而迫使公司在未来使用超额的现金流。假如公司不撤出这些自由现金流量,那么可能会存在另一家公司——一家现金流量少于其可盈利投资机会的公司,或一家愿意收购这家公司并提高这家公司杠杆的公司——试图收购这家自由现金流量充裕的公司。

就其本身而言,公司产生自由现金流量的事实无关好坏。公司如何处理这个自由现金流量才是重要的。正是在这里,用超过可盈利投资机会的超额现金流量来衡量自由现金流量是重要的。

考虑用赢家公司和输家公司进行简单的数字练习:

	赢家公司	输家公司
资本支出前的现金流量	1 000 美元	1 000 美元
资本支出,净现时价值为正数的项目	(750)	(250)
资本支出,净现时价值为负数的项目	0	(500)
现金流量	250 美元	250 美元
自由现金流量	250 美元	750 美元

这两家公司具有完全相同的现金流量和总资本支出。但是,赢家公司仅对可盈利项目(以净现时价值为正数的项目衡量)出资,而输家公司则对可盈利项目和浪费项目都进行出资。赢家公司的自由现金流量小于输家公司,这意味着它们在以更有可能产生盈利的方式运用所产生的现金流。教训是,大量自由现金流量的存在并不一定是好事——它可能仅显示公司是优质的收购目标,或有可能会投资于无利可图的投资。

自由现金流量为正数也许是好消息,也可能是坏消息;同样,自由现金流量为负数也可以是坏消息或坏消息:

	好消息	坏消息
自由现金流量为正数	公司正在产生大量的经营现金流量,超过了可盈利项目所需的资金	公司产生的现金流量多于可盈利项目所需的资金,并且可能会将这些现金流浪费在无利可图的项目上
自由现金流量为负数	公司拥有的可盈利项目多于经营现金流,必须依赖于外部融资为这些项目提供资金	公司不能创造足够的经营现金流量以满足其未来发展所需的投资

因此,一旦我们计算自由现金流量后,还必须考虑其他信息(如盈利能力的趋势)以评估公司的经营业绩和财务状况。

自由现金流量的计算

人们在将这个理论概念应用于实际公司时会产生一些困惑。主要难点是:为维持企业的现有增长速度所需的资本支出金额一般是未知的;公司不报告这个科目,甚至也许不能确定一个时期的资本支出有多少归因于业务的维持,有多少归因于扩张。

一些分析师在估计自由现金流量时所作的假设是:所有资本支出对于公司维持现有的增长速度都是必需的。尽管使用所有的资本支出缺乏正当的理由,但它是对一则不切实际的计算采用的一个实用解决方案。这个假设使我们能够使用公布的财务报表估计自由现金流量。

计算中的另一个问题是定义"自由"现金流量真正是什么。一般而言,我们认为"自由"现金流量是支付所有必需的筹资支出后剩余的金额。这意味着自由现金流量是在支付债务利息后计算的。有些公司在扣除这些筹资支出前计算自由现金流量;另一些在扣除利息后计算自由现金流量,还有一些在扣除利息和股息(假设股息是承诺,尽管不是具有法律效力的承诺)后计算自由现金流量。

计算自由现金流量没有唯一正确的方法,不同的分析师对同一家公司可能会得出不同的自由现金流量估计。问题在于:我们不可能按照理论规定的那样衡量自由现金流量,因而产生了多种计算这个现金流量的方法。一个简单的方法是从经营活动产生的现金流量开始,然后扣除资本支出。

我们可以将自由现金流量与公司的利润直接联系起来。我们从净利润开始,可以用以下四个步骤估计自由现金流量:

- 步骤1:确定EBIT。
- 步骤2:计算扣除利息前、但扣除税收后的利润。
- 步骤3:就非现金费用(如折旧)进行调整。
- 步骤4:就资本支出和营运资本的变化进行调整。

现金流量在财务分析中的有用性

现金流量在财务分析中的有用性取决于现金流量是否提供了独特的信息,或是否以对分析师更容易得到或更便利的方式提供了信息。例如,现金流量表提供的现金流量信息不一定是唯一的,因为大部分(如果不是全部的话)信息都可以通过对资产负债表和损益表的分析获得。这份报表确实提供的是一种分类方法,这种分类方法以更容易使用的方式呈现信息,并且(也许)更能说明公司财务状况。

对现金流量和现金流来源的分析可以揭示下列信息:

公司资本支出的筹资来源:公司是否从内部(即来自经营活动)产生投资活动所需要的部分或全部资金? 假如公司不能从经营活动中产生现金流,这也许表示公司未来会存在问题。对外部融资(如股票或债务的发行)的依赖也许表示随着时间的推移公司将会无力维持经营。

公司对借款的依赖性:公司是否严重依赖于借款,从而导致其难以履行未来的债务偿还义务?

利润的质量:收入与现金流量之间巨大且不断扩大的差异表示利润的质量较低。

现金流量信息的一个用途是用于财务比率分析,它主要是与资产负债表和损益表信息一起使用的。这种比率之一是基于现金流量的比率,即现金流量利息保障倍数,它是财务风险的一个度量。此外还有其他多个基于现金流量的比率,分析师在评估公司的经营业绩和财务状况时也许会发现它们十分有用。

如果要进一步评估公司的现金流量,可以使用现金流量对资本支出比率,即资本支出保障倍数:

$$现金流量对资本支出比率 = \frac{现金流量}{资本支出}$$

分子中的现金流量度量应该是未扣除资本支出的现金流量,例如,在分子中纳入自由现金流量是不恰当的。

这个比率提供了关于公司的财务灵活度的信息,对资本密集型公司和公用事业公司尤其有用(见 Fridson,1995,p.173)。这个比率越大,财务灵活度就越高。然而,我们必须仔细考察这个比率为何会随着时间的推移发生变化,以及为何它与行业中的其他类似公司不一致。例如,我们可以两种方式解释一个下降的比率。首先,公司可能最终会难以在不借款的情况下通过资本支出增加产能。其次,公司可能经历了一个重大的资本扩张期,因此需要一定的时间才能产生收入以增加来自经营活动的现金流量,从而使这个比率回到某个正常的长期水平。

另一个有用的现金流量比率是现金流量对债务比率:

$$现金流量对债务比率 = \frac{现金流量}{债务}$$

其中,债务可以用债务总额、长期债务或捕捉某个特定期限范围的债务度量(如在五年后到期的债务)来表示。这个比率衡量了公司履行到期债务的能力。

使用现金流量信息

现金流量信息可以有助于识别更有可能遭遇财务困境的公司。考虑 Largay 和 Stickney(1980)提供的经典例子,他们分析了在 W. T. Grant 公司于 1975 年破产并最终清算前,1966 年至 1974 年期间的财务报表。他们注意到,本章中描述的财务比率显示了一些下降趋势,但没有提供公司即将破产的明确线索。然而,一项关于经营活动产生的现金流量的研究表明,公司的经营正在导致现金流失不断增加,而不是提供现金。[①]这导致公司必须使用更多的外部融资,而由此要求的利息付款又恶化了现金的流失。在这个例子中,现金流量分析显然是一个有价值的工具,因为 W. T. Grant 公司的经营活动产生的现金流量多年来一直是负数。然而,本章前面讨论的财务比率都未考虑到经营活动产生的现金流量。使用现金流量对资本支出比率和现金流量对债务比率可以凸显公司的困境。

Dugan 和 Samson(1996)考察了经营现金流量是否能被用作公司潜在财务问题的早期预警信号。研究对象为 Allied Products 公司,因为十年来,这家公司的经营活动产生的现金流量与净利润一直呈现出重大的偏离。在这段时期的部分时间内,净利润为正数,但经营活动产生的现金流量为很大的负值。与破产的 W. T. Grant 公司相比,Allied Products 公司在1991 年年报的审计报告中确实发布了对公司是否能持续经营的警告。此外,其股票的交易价格在每股 2 至 3 美元之间。接着,公司在 1995 年前出现了好转。在其 1995 年的年报中,净利润较先前时期呈现了显著上升(至 3 400 万美元),经营活动产生的现金流量也为正数(2 900 万美元)。至 1996 年春季,股票的交易价格在 25 美元左右。与 W. T. Grant 公司的研究相同,Dugan 和 Samson 发现经营活动产生的现金流量能够更好地反映公司的真实经济状况。

Ward 和 Foster(2001)的研究支持了现金流量分析在破产预测中的重要性,他们比较了健康的公司与随后寻求破产的公司的现金流量表成分(即经营活动产生的现金流量、投资活动产生的现金流量和筹资活动产生的现金流量)的趋势。他们观察到,健康公司的三个资金来源之间的现金流量关系通常相对稳定,能够在一年以内纠正既定年份与其正常情况的偏差。他们还观察到,不健康的公司在破产前一至两年的经营活动和筹资活动产生的现金流量呈现下降趋势,其投资活动产生的现金流量也会呈现下降趋势。此外,不健康的公司在破产的前一年内对筹资来源支出的现金流量通常超过了筹资引进的现金流量。这些研究说明了在公司财务状况的评估中考察现金流量信息的重要性。

公司分析的更多工具

管理学领域提供了其他几个框架,用于评估公司经济效益。其中包括:(1)价值链分析,(2)RBV 分析,以及(3)SWOT 分析。我们将在下面简要地描述这些框架。

价值链分析

价值链是指公司为将产品和服务从设想发展至向顾客/客户销售所开展的活动。Michael Porter(1985)发展了价值链分析,它分解了公司开展的这些活动的集合以及这些活动之间的交互作用,以确定公司竞争优势的来源,以及公司如何能通过在一项或多项活动中变得更有效率来提升这个竞争优势。这进而又能通过提升效率、降低成本和增加收入产生更大的利润。

---

① 在他们考察的时期内,公司财务状况变动表的报告不是必需的。

为了应用价值链分析,这些活动被划分为主要活动和支持性活动。主要活动为:

● 原料物流管理活动,它们考察了公司与其供应商的关系。这些活动包括接收原料、仓储/储存这些原料和分配这些原料。

● 经营活动,它们涉及将原料转化为公司的产品和服务的活动。

● 成品物流管理活动,涵盖了储存和配销产品及服务所需要的活动。

● 营销和销售活动,它们包含公司为向顾客促销其产品和服务所采用的策略,以及公司采用的顾客付款方法选择。

● 服务活动,它们是为已售产品提供服务的售后活动。

支持性活动为:

● 采购活动,它们与购买公司生产产品所需要的原料和其他资源相关。

● 人力资源活动,它们涉及雇用员工、员工发展(包括培训计划)、支付员工薪酬和解雇员工。

● 技术开发活动,它们包含将原料转化为公司的产品和服务所需的技术。

● 基础设施活动,它们包括会计、财务、法律、规划、投资者关系和质量控制部门开展的活动。

RBV 分析

资源基础观(resource-based view,RBV)分析框架将公司资源看作公司业绩的关键,并将之视为一个识别如何实现竞争优势的方法[见 Barney(1991)]。其信念是,公司不应像本章开头(波特五力模型和 PESTEL 分析)我们在讨论行业分析时建议的那样考察竞争优势,而是应考察内部特征以识别公司竞争优势的来源。那些支持使用 RBV 分析的人士论证,为利用外部产生的机会,修正对现有资源的利用更为合理,而不是试图为每个可能发生的机会获取新资源。

人们对资源创造竞争优势的能力提出的四个问题是:(1)价值问题,(2)稀有性问题,(3)可模仿性问题,以及(4)组织问题(利用资源的能力)。由于这四个问题涉及价值(value)、稀有性(rarity)、可模仿性(imitability)和组织(organization),这四个问题被称为 VRIO 特征。

SWOT 分析

SWOT 分析是代表公司的优势(strengths)、劣势(weaknesses)、机会(opportunities)和威胁(threats)分析的首字母缩略词。这涵盖了影响公司竞争地位的内部和外部因素。优势(正面特征)和劣势(负面特征)是 SWOT 分析中的内部因素。随着时间的推移,这些内部因素可以被管理层改变;也就是说,管理层可以控制这些因素。

机会和威胁是无法改变的外部因素。正面的机会是可能会促使公司繁荣的外部机会。例如,它们也许是公司可以从中获利的市场机会、行业中的新近经济增长创造的机会或是行业中的其他正面变化所创造的机会。威胁是负面因素,例如,它们可以是来自现有或潜在竞争者的竞争,管理层无法控制的风险因素,以及行业中的不利趋势(如原料价格的上升或更加严格的监管)。

关键要点

- 公司分析的起点是对公司经营所处行业的经济和竞争分析。
- 确定公司经营所处的正确行业并不如看上去的那样简单。
- 行业分析的两个框架是波特竞争力模型和 PESTEL 分析。
- 波特竞争力模型要求考察下列五个力量:(1)新进入者的威胁,(2)供应商的议价能力,(3)买家的议价能力,(4)替代产品的威胁,以及(5)现有竞争者的竞争。
- 公司财务报表中的财务数据被用于分析公司财务报表不同要素之间的关系。
- 财务报表分析使分析师能够了解公司的经营业绩和财务状况。
- 通过考察财务比率计算值并结合行业和经济数据,分析师可以对公司的历史和未来财务业绩及状况作出判断。
- 我们根据财务比率试图衡量的财务特征对其进行分类:盈利能力、资产管理活动、流动性和债务比率。
- 盈利能力比率表明了公司管理费用的能力如何,它们通常是以扣除费用后剩余收入的比例衡量的。
- 资产管理活动比率显示了公司管理其资产的效率如何,也就是说,公司利用其资产创造销售额的有效性如何;
- 投资回报率揭示了在一个时期内每一美元的投资创造了多少回报;
- 流动性比率告诉分析师公司履行短期债务的能力如何;
- 流动性比率与公司的营业周期密切相关,营业周期表明了公司将对流动资产的投资重新转化为现金需要多长时间;
- 债务比率显示了(1)公司使用债务为其经营提供融资的程度,以及(2)其履行债务和类债务的能力。
- 杜邦体系将回报率分解为利润率和资产管理活动比率,这使分析师能够分析投资回报率的变化;
- 共同比分析表达了相对某个基准科目——在资产负债表中通常为总资产,在损益表中通常为销售额——的财务报表数据。
- 使用共同比分析展示财务数据使分析师能够识别投资和盈利能力的趋势。
- 对财务比率的解释要求分析师结合公司的重大事件正确看待趋势和比较。
- 除了公司的特定事件外,导致财务比率分析变得更具挑战性的问题包括:使用历史会计数值、会计原则的变化以及难以归类的会计科目。
- 在评估业绩时,对公司不同时期的财务比率进行比较以及对公司与竞争者的财务比率进行比较是有用的。
- 在比较不同时期的比率时,投资者应考虑会计方法的变化和重大公司事件。在将比率与基准进行比较时,分析师应谨慎地选择构成基准的公司和计算方法。
- 现金流量这一术语有多种含义,难点是确定现金流的定义和选择恰当的计算方法。

- 最简单的现金流量计算方法是取净利润与非现金费用之和。

- 在管理学领域中有三个框架被用于评估公司的经济效益：价值链分析、RBV 分析和 SWOT 分析。

- 价值链分析分解了公司开展的活动的集合以及这些活动之间的交互作用，以识别公司竞争优势的来源，以及公司如何能通过在一项或多项活动中变得更有效率来提升这个竞争优势。

- RBV 分析框架将公司的资源看作公司业绩的关键，并将之视为一个识别如何实现竞争优势的方法。

- 公司的 SWOT 分析涵盖了影响公司竞争地位的内部和外部因素。

参考文献

Barney，J. B.，1991. "Firm resources and sustained competitive advantage," *Journal of Management*，17:99—120.

Dugan，M. T.，and W. D. Samson，1996. "Operating cash flow: Early indicators of financial difficulty and recovery," *Journal of Financial Statement Analysis*，1(4):41—50.

Eastman，K.，1997. "EBITDA: An overrated tool for cash flow analysis," *Commercial Lending Review*，12:64—69.

Fridson，M.，1995. *Financial Statement Analysis: A Practitioner's Guide*. New York: John Wiley & Sons.

Jensen，M. C.，1986. "Agency costs of free cash flow, corporate finance, and takeovers," *American Economic Review*，76(2):323—329.

Largay，J. A.，and C. P. Stickney，1980. "Cash flows, ratio analysis and the W. T. Grant Company bankruptcy," *Financial Analysts Journal*，36:51—54.

Porter，M. E.，1980. *Competitive Strategy: Techniques for Analyzing Industries and Competitors*. New York: Free Press.

Porter，M. E.，1985. *The Competitive Advantage: Creating and Sustaining Performance*. New York: Free Press.

Ward，T. J. and B. P. Foster，2001. "The usefulness of aggregated and disaggregated cash flows in signaling financial distress," *Advances in Quantitative Analysis of Finance and Accounting*，9:55—80.

11

股票估值模型 *

学习目标

在阅读本章后,你将会理解:

- 对公司普通股估值的两种方法:现金流量折现模型和乘数估值法;
- 估值模型的基础假设和这些模型的局限;
- 不同类型的现金流量折现模型;
- 现金流量的候选度量;
- 什么是股息折现模型,以及这个估值模型的经济原理;
- 股息折现模型包括基本股息折现模型、有限期限一般股息折现模型、固定增长股息折现模型和多阶段股息折现模型;
- 什么是对自由现金流量进行折现的现金流量模型;
- 如何使用特许经营权价值估值模型;
- 在乘数估值法中,"价格/X 比率"的含义;
- 在乘数估值法中,应当对同类公司采用何种适当的现金流量的业绩度量;
- 什么是周期调整市盈率(CAPE 比率)。

在本章中,我们将讨论为公司股票或一股普通股的价值进行估值的常用方法。这些方法可分为两类:现金流量折现模型方法和乘数估值法。两种方法都要求作出强有力的假设和对未来的预期。这些模型的产出是对股票公允价值的估计。所有公允价值估计都会受到模型误差和估计误差的影响。没有任何一个估值模型是完美的。

在资产管理团队中负责估值的个人是证券分析师,我们在本章中简称其为分析师。分析

---

* 本章部分内容取自作者和詹姆斯·麦迪逊大学的 Pamela Peterson Drake 以及印第安纳大学的 Glen Larsen，Jr.合作撰写的文章。

师向资深投资组合经理提出的建议可以是：

- 假如投资组合未持有该股票的话，买入股票；
- 假如投资组合中已持有该股票的头寸的话，买入更多股数的股票；
- 假如投资组合持有该股票的话，卖出股票；
- 假如客户的投资准则允许卖空的话，卖空股票。

现金流量折现模型

估计股票公允价值的现金流量折现模型要求分析师预测从持有股票获取的所有未来现金流量，然后计算每笔未来现金流量的现时价值。在原则上，这项计算十分简单，但迄今为止，为开展计算所需的输入信息却不容易估计。它们包括：(1)现金流量；(2)预期获得现金流量的未来时期的期数；(3)用于折现现金流量的适当利率。

现金流量应当是对分析师预期购买股票产生的资金金额的估计。现金流量的定义有数个候选指标，因而我们将看到本章会讨论不同的公允价值模型。这些候选指标包含：

- 股息；
- 自由现金流量；
- 盈利；
- 销售额；
- 账面价值。

股息是公司董事会宣布可以从公司盈利中向股东支付的预期现金付款。自由现金流量是分析师用以衡量公司管理层在扣除维持或扩大经营所需的开支(即资本支出)后，可使用的现金金额的一种现金流量度量。可以向股东支付的现金付款正是从自由现金流量支出的。我们在上一章中解释了自由现金流量的计算。

盈利度量是基于《一般公认会计原则》(GAAP)的公司为其普通股股东赚取的金额。盈利通常是以每股金额的形式报告的。GAAP 要求公司计算两个度量：基本每股盈利和摊薄每股盈利。本书配套册的第 2 章描述了这些度量。与自由现金流量相同，盈利度量不过是对公司可用于向普通股股东支付现金金额的估计。

下面两个现金流量候选指标——销售额和账面价值——显然不是现金流量的直接度量。公司不能将销售额分配给股东，也不能对账面价值进行分配。这些度量代表了公司也许能够产生多少现金支付给普通股股东。这些代表度量与支付现金的能力相关。我们在第 10 章中讨论财务报表分析时讨论了这个联系。考虑销售额的情形。销售额与未来真实盈利(而不是用 GAAP 得出的会计盈利)相关。为了做到这点，分析师必须考察可以在每一美元的销售额上赚取的毛利率。以预期销售额为起点来确定可用于向普通股股东支付的现金比考察盈利远更有用。分析师在考虑公司未来的销售额时，是从现有经营产生的销售额以及不同于其现有业务的潜在未来业务机会产生的销售额的角度思考。新业务机会的利润率与其现有业务的利润率可能会有实质性的差异。从现有业务和未来业务角度考察未来销售额，要优于仅考虑现有盈利的增长会如何影响公司未来可以向普通股股东分配的现金。

基于上述讨论,现金流量折现模型的一个分类方法如下:

- 基于股息的模型;
- 基于自由现金流量的模型;
- 基于销售额的模型;
- 基于盈利的模型;
- 基于账面价值的模型。

任何现金流量折现模型的产出都是股票的公允价值。在给定公允价值的情况下,对股票的评估沿着以下方向进行。假如市场价格低于从模型推导出来的公允价值,我们称股票的定价被低估了,或股票是偏廉的。对于市场价格高于模型推导出来的价格的股票,相反情况成立。在这种情形下,我们称股票的定价被高估了,或股票是偏贵的。我们称交易价格等于或接近于公允价值的股票是公平定价的。

现金流量折现模型告诉了我们股票的公允价值,但未告诉我们股票的价格预计何时能变动至其估计的公允价值。也就是说,模型表明了基于分析师所生成的输入信息,股票是偏廉、偏贵还是公平定价的。然而,它未告诉我们如果股票的定价是错误的,那么市场认识到定价的错误并纠正这个错误需要多长时间。因此,资产管理人可能会在一段较长时期内坚持持有其认为偏廉的股票,取得的业绩可能会不如客户在这个时期内指定的基准。

尽管股票的价格可能是错误的,但分析师和资产管理人还必须考虑其定价错误的程度以采取恰当的行动(买入偏廉的股票和出售或卖空偏贵的股票)。这将取决于股票的交易价格与其公允价值的差距有多大,以及与交易该股票相关的成本(即交易成本)。分析师和资产管理人还应考虑到股票可能看上去是定价错误的情况,但表面上的定价错误可能是差劲的估计和/或错误的估值模型伴以差劲的估计的结果。

基于股息的模型

基于股息的模型是折现估值模型的一个例子,它们被称为股息折现模型。这个方法涉及预测公司未来的股息并以恰当的折现率对预测的股息进行折现。大多数股息折现模型都使用当前股息、公司的历史或预测的股息增长率的某个度量,以及必要回报率的估计。必要回报率是用于计算预测的未来股息之折现值(或现时价值)的折现率。与实现未来盈利预测相关的风险越大,我们应当采用的必要回报率就越高。

将公允价值基于股息之上的经济原理如下:假如投资者购买了一家公司的普通股,那么他就购买了代表这家公司的所有权权益的份额。普通股股份是一种永续证券——也就是说,没有到期日。持有普通股股份的投资者拥有获取一定比例所有股息的权利。然而,股息不是确定的,因为它们取决于公司在未来产生盈利以支持股息的能力,以及公司董事会是否采取了以股息形式分配盈利的政策。通常,我们观察到公司分配的股息呈现某种模式:股息或是固定的,或是以一个固定比率增长。但股息未来是否能得以支付是没有保证的。

我们有理由相信,投资者为一股股票支付的价格应反映其预期从股票获取的回报,即投资者的投资所赚取的回报。投资者获取的回报为未来的现金股息。我们如何将这个回报与一股普通股的价值关联起来?一股股票的价值应当等于投资者预期从这种股票获取的所有未来现金流量的折现值(现时价值)。因此,为了确定股票的价值,分析师必须预测未来的现金流量,这又进而意味着预测未来的股息。这个普通股估值方法被称为现金流量折现方法,所采用的模型为我们先前提到的股息折现模型。

应用普遍的股息折现模型包括下列几种:

- 基本股息折现模型;
- 有限期限一般股息折现模型;
- 固定增长股息折现模型;
- 多阶段股息折现模型。

基本股息折现模型

基本股息折现模型(dividend discount model,DDM)是由 Williams [1938]首次提出的。在这个模型中,所有预期的未来股息都以一个适当的利率折现。基本的 DDM 可以用数学公式表达为:

$$P = \frac{D_1}{(1+r_1)^1} + \frac{D_2}{(1+r_2)^2} + \frac{D_3}{(1+r_3)^3} + \cdots \tag{11.1}$$

其中,P 为股票的公允价值,D_t 为时期 t 的预期股息,r_t 为时期 t 的适当折现率。假设是:投资者预期会永远获取红利。

在实践中,我们常用的假设是:每个时期的折现率都是相同的,因此模型变为:

$$P = \frac{D_1}{(1+r)^1} + \frac{D_2}{(1+r)^2} + \frac{D_3}{(1+r)^3} + \cdots \tag{11.2}$$

假如投资者预期公司将永不支付股息,那么这个模型意味着股票没有任何价值。为了使当前不支付股息的股票具有正数市场价值的事实与这个模型相一致,我们必须假设投资者预期在某个时间(某个时期 N),公司必须支付一些现金,即便仅是清算性股息。

从业者很少使用基本 DDM。相反,通常使用下面讨论的一种 DDM。

有限期限一般股息折现模型

我们可以对假设每个时期的折现率相等的基本 DDM 进行修正,并假设预期股息的期限是有限的,而非无限期获得。于是,现金流量为延续一个指定时期数(如 N)的预期红利和一个在时期 N 的预期出售价格。这个预期出售价格亦称期终价格,其目的是捕捉所有后续股息分配的未来价值。这个模型被称为有限期限一般股息折现模型(finite life general dividend discount model)[①],用数学表达为:

$$P = \frac{D_1}{(1+r)^1} + \frac{D_2}{(1+r)^2} + \frac{D_3}{(1+r)^3} + \cdots + \frac{D_N}{(1+r)^N} + \frac{P_N}{(1+r)^N} \tag{11.3}$$

其中,P_N 为最后一个股息分配期 N 的预期价格(或期终价格),N 为股息分配期的期数,其他数值与基本 DDM 中的相同,并且假设折现率固定不变。

---

① 更具体而言,它假设所有的折现率都是相等的,故被称为固定折现率版本的有限期限一般 DDM。

让我们基于一个固定折现率举例说明有限期限一般 DDM,每个时期假设为一年。假设分析师确定了股票 XYZ 的下列数据:

$N=5$ $D_1=3.24$ 美元 $D_2=3.50$ 美元 $D_3=3.78$ 美元 $D_4=4.08$ 美元

$D_5=4.41$ 美元 $P_5=40.00$ 美元 $r=5\%$

$$P=\frac{3.24\ 美元}{(1.05)^1}+\frac{3.50\ 美元}{(1.05)^2}+\frac{3.78\ 美元}{(1.05)^3}+\frac{4.08\ 美元}{(1.05)^4}+\frac{4.41\ 美元}{(1.05)^5}+\frac{40.00\ 美元}{(1.05)^5}$$

$$=3.09\ 美元+3.17\ 美元+3.26\ 美元+3.36\ 美元+3.45\ 美元+31.34\ 美元=47.68\ 美元$$

基于这些数据,这种股票的公允价值为 47.48 美元。

在三个预测变量中,期终价格是最难预测的。根据理论,期终价格等于在时期 N 后的所有未来股息的现时价值。注意,假如 N 很大并且折现率很高,那么预期期终价格的现时价值将会变得很小。

股息的预测相对较为简单。通常,我们拥有历史数据,可以询问管理层,并预测既定情形下的现金流量。折现率 r 为必要回报率。r 的预测比股息的预测更为复杂,尽管远不如期终价格的预测(这也要求对未来折现率进行预测)那样困难。在实践中,对于既定的公司,我们假设所有时期的 r 都固定不变,并且 r 通常是由资本资产定价模型(CAPM)生成的。正如第 9 章解释的那样,CAPM 基于公司的系统性风险(贝塔)提供了其期望回报率。

固定增长股息折现模型

假如我们假设未来股息以一个固定比率(g)增长并采用单个折现率(r),那么假设固定增长率的有限期限一般股息折现模型变为:

$$P=\frac{D_0(1+g)^1}{(1+r)^1}+\frac{D_0(1+g)^2}{(1+r)^2}+\frac{D_0(1+g)^3}{(1+r)^3}+\cdots+\frac{D_0(1+g)^N}{(1+r)^N}+\frac{P_N}{(1+r)^N} \quad (11.4)$$

其中,D_0 为当前红利。可以证明,假设 N 趋向于无穷大,那么上述模型可被简化为:

$$P=\frac{D_0(1+g)}{r-g} \quad (11.5)$$

这个 DDM 叫做固定增长股息折现模型(constant growth dividend discount model),是由 Gordon 和 Shapiro(1956)最先提出的。

由于第一个时期的股息(D_1)等于当前的 D_0 以假设的股息增长率上升的结果,即 $D_1=D_0(1+g)$,固定增长 DDM 的一个等价表达方式为:

$$P=\frac{D_1}{r-g} \quad (11.6)$$

假设一家当前每年支付每股 3.00 美元的股息(即 $D_0=3.00$ 美元)的公司。股息预期将以每年 4% 的速度增长,因此 D_1 为 3.00 美元乘以(1.04),即 3.12 美元。假设折现率为 9%,这种股票的公允价值估计为:

$$P=\frac{3.12\ 美元}{0.09-0.04}=62.40\ 美元$$

让我们应用这个模型估计三家制药公司于 2006 年年末的价格:礼来公司、先灵葆雅公司和惠氏公司[①]。尽管这个例子被应用于 14 年前的三家公司,但我们从这项演算中可以看到关于股息折现模型局限的一个要点。

每家公司的折现率都是使用 CAPM 估计的,假设:(1)市场风险溢价为 5%,以及(2)无风险利率为 4.63%。市场风险溢价是基于市场回报率(通常用标准普尔 500 指数的回报率代表)与无风险利率的历史利差计算的。在这项分析开展时,这个利差大约为 5%。无风险利率通常是用美国国债的收益率估计的。在 2006 年年末,10 年期国债的收益率大约为 4.63%,我们将在例子中使用这个利率作为无风险利率。礼来公司的贝塔估计值为 0.9,先灵葆雅公司和惠氏公司的贝塔估计值都为 1.0。各家公司基于 CAPM 的折现率为:

礼来公司: $r = 0.0463 + 0.9(0.05) = 9.125\%$

先灵葆雅公司: $r = 0.0463 + 1.0(0.05) = 9.625\%$

惠氏公司: $r = 0.0463 + 1.0(0.05) = 9.625\%$

股息增长率可以用历史股息的复合年增长率(CAGR)估计。[②]CAGR(g)是用下列公式[③]估计的:

$$g = \left(\frac{最后一笔股息}{起始股息}\right)^{1/年数} - 1$$

将起始股息金额、期末股息金额和时期数的数值代入公式,我们得出:

公　司	1991 年股息(美元)	2006 年股息(美元)	年增长率估计(%)
礼来公司	0.50	1.60	8.063
先灵葆雅公司	0.16	0.22	2.146
惠氏公司	0.60	1.01	3.533

以下总结了各家公司的 D_0 数值、g 的估计值和折现率 r:

公　司	当前股息(D_0)(美元)	年增长率估计(%)	必要回报率(%)
礼来公司	1.60	8.063	9.125
先灵葆雅公司	0.72	2.146	9.625
惠氏公司	1.01	3.533	9.625

将这些数值代入模型,我们得出:

$$礼来公司的公平价值 = \frac{1.60(1.08063)美元}{0.09125 - 0.08063} = 162.79 \text{ 美元}$$

$$先灵葆雅公司的公平价值 = \frac{0.022(1.02146)美元}{0.09625 - 0.02146} = 3.00 \text{ 美元}$$

[①] 惠氏公司于 2009 年被另一家制药公司辉瑞公司收购。

[②] 对这个度量的解释见第 7 章。

[③] 这则公式等于于计算 1 与百分比变化之和在几年内的几何平均值。根据金钱的时间价值的数学计算,2006 年的股息为未来价值,起始股息为现时价值,年数为时期数;对利率求解将得出增长率。

$$\text{惠氏公司的公平价值}=\frac{1.01(1.053\,3)\text{美元}}{0.096\,25-0.053\,3}=17.16\text{ 美元}$$

我们将 2006 年 12 月末的公允价值估计与 2006 年 12 月末的实际市场价格进行比较,可以看到这个模型未能较好地执行股票估值工作:

公司	2006 年年末的价格估计值(美元)	2006 年年末的市场价格(美元)
礼来公司	162.79	49.87
先灵葆雅公司	3.00	23.44
惠氏公司	17.16	50.52

注意,固定增长股息折现模型对三家公司的估值相当离谱。原因包括:(1)三家公司中没有任何一家的股息增长模式呈现出固定增长速度;(2)接近估值日的年度的股息增长率要远低于早前年度的增长率(事实上,先灵葆雅在 2003 年后的增长率为负数),从而导致用长时期估计的增长率高估了未来的增长率。这个模式不是这些公司独有的。

在使用固定增长率模型时产生的另一个问题是:股息的增长率可能会超过折现率 r。考虑下列三家公司及其在 1991—2006 年的 16 年期间的股息增长率,以及必要回报率的估计:

公司	1991 年股息(美元)	2006 年股息(美元)	增长率 g 的估计值(%)	必要回报率的估计值(%)
可口可乐公司	0.24	1.24	11.700	7.625
好时公司	0.24	1.03	10.198	7.875
Tootsie Roll 公司	0.04	0.31	14.627	8.625

对于这三家公司,股息在先前 16 年期间的增长率高于折现率。假如我们将 D_0(2006 年的股息)、g 和 r 代入固定增长股息折现模型的等式,那么 2006 年末的价格估计值将为负数,这不合理。因此,在一些情形下,使用固定增长股息折现模型是不合适的。

多阶段股息折现模型

固定增长的假设不切实际,甚至可能具有误导性。大多数分析师都通过假设公司将经历多个发展阶段对固定增长股息折现模型进行了修正。在一个既定的阶段内,股息被假设以固定比率增长。[1]这种类型的估值模型叫做多阶段股息折现模型(multiphase dividend discount model)。它们有双阶段增长模型和三阶段增长模型。

双阶段增长模型:形式最简单的多阶段股息折现模型是双阶段增长模型。对固定增长股息折现模型的一个简单延伸是对 g 取两个不同的值。我们将第一个增长率标记为 g_1,将第二个增长率标记为 g_2,并假设第一个增长率适用于未来四年,第二个增长率适用于所有的后续年度,固定增长股息折现模型可被修正为:

$$P=\frac{D_0(1+g_1)^1}{(1+r)^1}+\frac{D_0(1+g_1)^2}{(1+r)^2}+\frac{D_0(1+g_1)^3}{(1+r)^3}+\frac{D_0(1+g_1)^4}{(1+r)^4}$$

---

[1] Molodovsky、May 和 Chattine(1965)是修正股息折现以包含不同增长率的先驱之一。

$$+\frac{D_4(1+g_2)^1}{(1+r)^5}+\frac{D_4(1+g_2)^2}{(1+r)^6}+\cdots \tag{11.7}$$

其中，$D_4=D_0(1+g_1)^4$。可简化为：

$$P=\frac{D_0(1+g_1)^1}{(1+r)^1}+\frac{D_0(1+g_1)^2}{(1+r)^2}+\frac{D_0(1+g_1)^3}{(1+r)^3}+\frac{D_0(1+g_1)^4}{(1+r)^4}+P_4$$

由于我们假设第四年以后的股息永远以固定比率 g_2 增长，第四年年末的一股股票的价值（即 P_4）是在式（11.5）中用 $D_0(1+g_1)^4$ 代替 D_0（因为第四个时期是第四年年末的数值的基期）、用 g_2 代替固定增长率 g 来确定的：

$$P=\frac{D_0(1+g_1)^1}{(1+r)^1}+\frac{D_0(1+g_1)^2}{(1+r)^2}+\frac{D_0(1+g_1)^3}{(1+r)^3}+\frac{D_0(1+g_1)^4}{(1+r)^4}$$
$$+\left\{\frac{1}{(1+r)^4}\left[\frac{D_0(1+g_1)^4(1+g_2)}{r-g_2}\right]\right\}$$

假设公司的股息预计在未来四年内以 4% 的比率增长，之后以 8% 的比率增长。假如当前股息为 2.00 美元，折现率为 12%，那么：

$$P=\frac{2.08\text{ 美元}}{(1.12)^1}+\frac{2.16\text{ 美元}}{(1.12)^2}+\frac{2.25\text{ 美元}}{(1.12)^3}+\frac{2.34\text{ 美元}}{(1.12)^4}$$
$$+\left\{\frac{1}{(1.12)^4}\left[\frac{2.53\text{ 美元}}{0.12-0.08}\right]\right\}=46.87\text{ 美元}$$

如果公司的股息预计永远以 4% 的比率增长，那么一股股票的价值为 26.00 美元；如果公司的股息预计永远以 8% 的比率增长，那么一股股票的价值为 52.00 美元。但由于股息的增长率预计将在四年后从 4% 上升至 8%，一股股票的价值介于这两个数值之间，为 46.87 美元。

我们从这个例子看到，基本估值模型可以进行修正，以适应不同的预期股息增长模式。

三阶段增长模型：从业者运用最为广泛的多阶段模型似乎是三阶段股息折现模型。[1]这个 DDM 假设所有公司都会经历三个阶段，这与人们观察到的产品生命周期的概念相似。在成长阶段，随着公司生产新产品和扩大市场份额，其盈利将会迅速增长。在过渡阶段，公司的盈利将开始成熟，增长速度会减速至总体经济的增长率。在这个时点，公司处于成熟阶段，盈利将继续以总体经济的发展速度增长。

我们假设不同的公司处于三阶段模型中的不同阶段。新兴的成长型公司将比更为成熟的公司具有历时更久的成长阶段。 些公司被认为具有较高的初始增长率，因而成长阶段和过渡阶段也会历时较久。其他公司则也许会被认为具有较低的当前增长率，因此成长阶段和过渡阶段也会历时较短。

在典型的资产管理团队中，分析师运用基本的证券分析提供预测的盈利、股息、盈利增长率和股息派发率。三阶段模型的基础是，关于增长率的当前信息和其他类似信息对确定公司所处的阶段是有用的，然后我们应用估值模型——无论是单阶段、双阶段还是三阶段模型——为公司的股票估值。一般而言，我们假设公司在其生命周期的成熟阶段的增长率等于

---

[1]　这个模型的公式可见 Sorensen 和 Williamson（1985）。

长期经济增长率。

概括而言,在公司的预期回报率(由 DDM 预测)中,有大约 25％来自成长阶段,25％来自过渡阶段,50％来自成熟阶段。然而,一家具有高增长率和低股息派发率的公司会将相对贡献比例转移至成熟阶段,而一家具有低增长率和高股息派发率的公司则会将相对贡献比例转移至成长阶段和过渡阶段。

基于自由现金流的模型

尽管估计单股股票的未来现金流量似乎让人望而生畏,但一些分析师更偏好于估计整个公司的自由现金流量。这样做使分析师能够估计整个公司的价值,然后"反推"出一股股票的价值估计。这被称为自由现金流量模型(free cash flow model,FCF 模型),第 10 章介绍了该模型。尽管合法的会计准则确实赋予了管理层和审计师某些选择余地,但最终来看,好公司和坏公司都会表里如一。

简而言之,公司损益表中没有任何单个数字能真正给分析师提供信息从而从折现预期未来现金流量的角度对公司进行估值。分析师仍必须选择考察哪种类型的现金流量。但一旦分析师回答了以下问题,选择就更为容易了:我希望了解公司状况的具体目的是什么?

财务信息使用者有多种不同类型,而专注于最相关的信息对每一类使用者是最好选择。让我们考察各种数字并考虑它们表示了什么,以及何种类型的投资者会发现它们是最有用的。

《一般公认会计原则》(GAAP)是一组正式规则,这些规则生成了为我们大多数人所接受的上市公司可以报告的最正式或最标准的版本的收入。在本质上,GAAP 十分简单:收入减去成本等于利润。但世界是复杂的。为便利起见,我们将活动划分为不同的时期。在简单的世界中,所有成本都会与这些成本的相关收入发生于相同的时期。但情况通常并非如此,于是会计师必须寻找办法识别哪些费用应与哪些收入进行匹配。一个例子是折旧,它是一个用于将一笔既定费用的多时期成本配置给该费用预期可产生收入的所有时期的概念(例如,假如工厂可以在 20 年内产生收入,那么每年从收入中扣除 5％的建厂费用)。

观察者正确地注意到,折旧规则是人为制定的,他们提倡使用应该更"切合实际"的其他业绩度量。但就目前而言,我们必须理解折旧规则的出发目的是好的。它们和其他 GAAP规则一起,旨在描述企业的"经济"绩效的画面,这与对指定时期内进出公司的实物美元进行连续记账不一定是相同的。

假如分析师正在考察公司的经营业绩以对其是否有"成功"(无论分析师想如何定义它)的业绩记录形成意见,GAAP 收入十分重要。

正如我们指出的那样,由于折旧的人为性质,许多分析师不喜欢 GAAP。他们的反对是合理的。GAAP 确实是不完美的。公司在确定其计算方法时有一定的自由度。它们不总是对每一年采用相同的配置。我们难以(假如不是不可能的话)可靠地估计使用年限,尤其是由于随着时间的流逝,资产通常会被升级(即工厂被加以翻新),从而导致使用年限的延长和额外折旧费用的增加。在现实世界中,折旧期末资产的价值将为零或某个预定残值的假设通常是不真实的。此外,还有其他各种"人为的"收入—费用匹配方法以涵盖其他情形。但折旧通常是最大的反对对象。

对此的反应通常是在净收入中加回折旧以计算现金流量。这对不设防的人士可能是一个陷阱。"现金流量"一词听起来十分令人欣慰。毕竟,分析师能够找到比现金流入量减去现金流出量更可靠的业绩估量吗?然而,所报告的现金流量是真正通过将折旧加回净利润计算的吗?假如情况是这样的话,我们必须十分谨慎。公司每年都会出资对其资产进行升级。由于我们都理解这些支出带来的利益将会跨越许多年,它们未被纳入任何单个年度的损益表。因此,事实上,简单的现金流量低估了公司真实的现金流入量减去现金流出量的情形。解决方案在于公司的自由现金流量。为了得出公司的自由现金流量,我们从净利润开始,加回非现金折旧费用,然后减除当年的资本支出。[①]

一旦分析师将注意力锁定在自由现金流量上后,分析师在流动性方面不太可能会受到误导。但这不意味着分析师正在了解公司的总体成功或失败。资本支出计划不是"平滑"的。在某些年度,随着重大计划的投资增加,资本支出十分庞大。在其他年度,随着这些计划逐步趋于完成,资本支出会发生缩减。假如公司处于一个开支巨大的年度,自由现金流量可能会是负数,即便公司当年的经营业绩可能十分良好。

现金流量折现估值取决于为了估计公司的未来现金流量而构建的预估(假设)财务报表。这个度量显示了"假设"公司未来的表现与过去一样,公司的业绩将会如何(此外还有分析师作出的其他假设)。无论如何,为了估计未来现金流量(公司总体估值的基础),我们都必须构建预估财务报表。

自由现金流量被用于为公司整体进行估值,它被普遍称为企业价值(enterprise value)。但企业价值包含了流向股票投资者的自由现金流量和流向债权人的自由现金流量之和。由于我们的目标是确定普通股的公允价值,我们不应在任何基于自由现金流量的现金流量折现模型中使用企业价值,而是应使用流向股票投资者的自由现金流量。这个自由现金流量度量被称为流向股权的自由现金流量。在流向股权的自由现金流量折现模型中,输入信息为每股的流向股权的自由现金流量的预测。这个度量是这样计算的:首先计算公司的自由现金流量(即企业价值),减去流向债权人的自由现金流量,然后将这个差额除以发行在外的普通股股数。在给定对每个时期预测的流向股权的自由现金流量后,我们以适当的折现率对之进行折现,以得出公司普通股的价值估计。

特许经营权价值模型

在 20 世纪 80 年代后期,Martin Leibowitz 和 Stanley Kogelman 应当时的雇主所罗门兄弟公司要求,开发了一个估值模型,以帮助该公司的分析师更好地理解在某个已实现超常增长的非美国股票市场交易的股票的估值。分析师认识到,并非所有形式的盈利都是公司股票估值的重要贡献因素。Leibowitz 和 Kogelman (1990) 寻求更加深入地探究决定公司市盈率的未来现金流量。他们将这个估值方法称为特许经营权价值(franchise value)。由于(先前描述的)市盈率是一个常用的估值度量,Leibowitz 和 Kogelman 决定将这个度量用作其特许经营权价值模型的基础,并在本章先前描述的 DDM 的基础上发展这个模型。它改进了常用的 DDM,因为其灵活性更大,并且提供了更深入的见解。[②]

---

① 此外还有其他调整,如与股息和净营运资本的变化相关的调整。但在这里,这些简单的调整足以说明问题。

② Leibowitz 和 Kogelman 继续发表了其他特许经营权价值模型。Leibowitz (2004) 描述了这些模型。

其根本的经济学观点是：仅仅基于公司的资本投资对已实现的历史回报进行外推是不恰当的。相反,在使用特许经营权价值模型对股票进行估值时,我们必须能够评估下列资本投资回报：

(1) 分析师预期可以从公司的现有业务产生的可持续投资回报；

(2) 可以从分析师所认为的增长机会实现的资本投资回报。

在根本上,特许经营权价值模型的起点是按下列方式将公司价值分解为两个成分：

$$公司的股权价值＝公司的当前经济价值＋未来增长机会的价值$$

Leibowitz 和 Kogelman 将公司的有形价值(tangible value,TV)定义为在不进一步增加资本的情况下,与可以从现有业务实现的持续盈利有关的经济账面价值。

TV 的计算方法如下[①]：

$$TV = \frac{ROE_{eb} \times BVPS}{r} \tag{11.8}$$

其中,ROE_{eb} 是现有业务的股权回报率,BVPS 为每股账面价值,r 为必要回报率。

Leibowitz 和 Kogelman 将公司的未来价值(FV)定义为其未来业务的可预见未来价值。FV 的计算方法如下：

$$FV = \frac{(ROE_{nb} - r) \times G \times BVPS}{r} \tag{11.9}$$

其中,ROE_{nb} 为新业务的股权回报率,G 为账面价值的增长率。

基于特许经营权价值的公司股权的公允价值等于 TV 与 FV 之和,因此为：

$$公允价值 = \frac{ROE_{nb} \times BVPS}{r} + \frac{(ROE_{nb} - r) \times G \times BVPS}{r} \tag{11.10}$$

乘数估值法

在实践中,对公开交易的公司的股票估值严重倾向于使用现金流量折现模型。然而,我们不能忽略许多分析师和个人投资者会采用其他方法估计公司股票价格的事实。主要的替代方法是乘数估值法。

乘数不过是按下列方式表达的比率：

$$\frac{股票价格}{类似公司的现金流量生成绩效的度量} \tag{11.11}$$

这些乘数有时被称为"价格/X 比率",其中分母"X"是类似公司产生现金流量的绩效度量标准。例如,最常用的乘数为市盈率(P/E 比率),其中每股盈利的估计是在分母中采用的现金

---

① 这里采用的符号与 Leibowitz 和 Kogelman 采用的不同。

流量生成绩效的度量。市盈率被称为盈利乘数。

对于类似公司的现金流量生成绩效的恰当度量（即价格/X 比率中的 X）可以是我们前面描述的现金流量折现模型的五个度量中的四者。与相对估值通常不相关的度量是股息。因此，乘数的基数有：基于自由现金流量的度量或类似度量，基于销售额的度量，基于盈利的度量和基于账面价值的度量。

现金流量折现模型的产出是股票公允价值的估计。乘数估值法是一个相对估值法。这是由于分母中采用的度量是基于类似公司的数据的。为计算价格/X 比率所选择的"X"然后被应用于待评估公司的相同的 X，以评估其相对价格。由于乘数估值法是一个相对估值法，"相对估值"和"乘数估值"这两个术语通常被交替使用。

为了解释乘数估值法的工作原理，让我们使用一个例子。假设一个分析师选择将盈利用作缩放比例度量，也就是说，分析师选择盈利作为可用以缩放类似公司股价的业绩度量。为了用盈利缩放我们观察到的公司股价，分析师对每家公司计算其市盈率——其 P/E 比率或盈利乘数。然后，分析师取各家可比公司的单个市盈率的平均值，以估计一个"具有代表性"的市盈率或具有代表性的盈利乘数。为了估计公司的价值，分析师将待估值公司的盈利预测乘以具有代表性的盈利乘数，即平均市盈率。

乘数估值法的关键假设是，样本中所含的类似（或可比）公司在市场中是被公平定价的。假如这个假设是合理的，那么类似公司的"缩放"后的股票价格或价值（即预期未来现金流量的折现值）应当大致相同。也就是说，类似公司应当具有类似的价格/X 比率。乘数估值法通常被用于私募股权（即股票未在公开市场交易的私人公司的股权）的估值。应用乘数估值法的关键在于识别可用于为我们感兴趣的公司定价的类似公司。

乘数估值法简便而又快捷。然而，其简单性和便利性构成了这个估值方法的吸引力，但同时也构成了与分析师和个人投资者使用这个方法相关的问题。简单性是指有太多的公司事实未被加以考虑，因而有太多的问题未得到回答。乘数绝不应该是分析师采用的唯一估值方法，甚至最好不是主要关注点，因为同一行业中没有两家公司（或甚至是两组公司）是完全相同的。当寻求应用现金流量折现模型来评估一家公司时，乘数估值法也包含了与"预期未来现金流量"概念一样多的不确定性。由于现金流量折现模型迫使分析师考虑众多影响公司价值的经济因素和财务因素，因此它是首选估值方法。乘数的使用应该是次要的。

尽管如此，但乘数估值法可以提供一个有价值的合理性检查。假如分析师已完成了全面细致的估值，他可以将预测的乘数与类似公司的具有代表性的乘数进行比较。一方面，假如分析师预测的乘数是可比的，那么他也许会对所做分析的合理性更感到放心。另一方面，假如分析师预测的乘数与市场中具有代表性的乘数不相一致，那么他需要做一些研究工作以确信其采用的现金流量折现模型所生成的公允价值是合理的。

在采用乘数估值法时，分析师不试图解释其观察到的公司价格。相反，分析师使用类似公司的按恰当比例缩放的平均价格进行估值，而不说明价格为何如此。也就是说，类似公司的平均价格是按恰当的"价格/X"比率缩放的。因此，分析师对价格的确定因素抱有不可知论。这意味着没有任何理论指导分析师如何最好地缩放我们观察到的市场价格。于是，理所当然的是，我们可以使用乘数价格/X 比率，每个乘数一般都会提供一个不同的价格（价值）估计。因此，使用乘数估值法的技巧是选择真正可比的公司，并选择合适的"X"度量作为合适的比例基准。

在实践中,这意味着乘数估值法要求我们使用几个缩放因子(即几个乘数)。通常,对某个行业最佳的乘数对于另一个行业也许不是首选乘数。这意味着(例如)对不同行业的公司的市盈率进行比较的做法是存在问题的(在许多情形下是完全不恰当的)。这进一步意味着分析师在开展基于乘数的估值时,必须先厘清行业认为什么是相对价值的最佳度量。

乘数估值法的步骤

乘数估值法的五个步骤为:
- 第 1 步,选择类似(可比或同类)公司;
- 第 2 步,选择乘数的基数;
- 第 3 步,确定适当的乘数;
- 第 4 步,预测待估值的公司的基数;
- 第 5 步,为公司的股票估值。

第 1 步:选择类似(可比或同类)公司

由于分析师需要缩放其他公司的价格以确定作为分析对象的公司的价值,他会希望使用与待估值的公司尽可能相似的公司的数据。然而,这个论点的反面是,由于分析师对相似性设定了过于严苛的标准,他只能找到很少的公司用于比较。由于可比公司的样本较小,单个公司的特质对平均乘数的影响将会过大,从而平均乘数不再是具有代表性的乘数。在选择可比公司样本时,分析师必须平衡这两个互相冲突的考虑。基本思路是:取得尽可能大的样本以使单家公司的特质不会对估值产生较大影响,但不选择规模过大、从而使"可比公司"与待估值的公司不具可比性的样本。

金融理论主张,在所有其他条件相等的情况下,同等风险的资产应该具有相同的定价。此处的关键思路是,可比的公司被"假设"为具有同等风险。因此,能够找到可比公司的概念是乘数估值法的基础。假如不存在可比公司,那么乘数估值法不是一个可选的公司估值方法。我们在上一章讨论公司分析时,解释了识别可比公司的难点。

第 2 步:选择乘数的基数

为了将可比公司的市场价格转化为被分析的公司的价值,分析师必须相对其选择的可比公司缩放待估值的公司。这通常是通过使用几个比较基数完成的。一些通常在乘数估值法中使用的一般相对价值度量为销售额、毛利润、盈利和账面价值。但是,针对具体行业的乘数通常比一般乘数更为合适。针对具体行业的乘数的例子包括:快餐连锁店每家餐馆的价格、航空公司的付费飞行里程,以及零售商每平方英尺建筑面积的价格。

一般而言,缩放基数在损益表中所处的层次越高,其受会计准则的变化的影响就越小。因此,销售额是一个远不如每股盈利那样依赖于会计方法的缩放基数。折旧或对可转换证券的处理对于每股盈利的计算具有关键影响,但却几乎不影响销售额。另一方面,缩放基数在损益表中所处的层次越高,其反映不同公司的经营效率差异的程度就越小,而这些差异会严重影响可比公司的价值,以及作为分析对象的公司的价值。

第 3 步：确定适当的乘数

一旦分析师取得被认为与待估值公司相似的公司的样本后，乘数的平均值就提供了投资者愿意为可比公司支付多少价格的度量，以估计我们希望为之估值的公司的公允价值。例如，在将每家可比公司的股价除以其每股盈利以得出个体市盈率后，分析师可以取所有可比公司的市盈率的平均值，以估计投资者认为对于具有这些特征的公司公平的盈利乘数。我们可以对所选择的所有缩放基数开展同样的工作，计算每一美元销售额，每家餐馆、每平方英尺零售面积，每一美元权益账面价值等的公允价值。

注意，我们必须谨慎地解释公允价值。这是由于每股盈利、销售额或其他任何缩放度量都不存在市场。因此，平均乘数的计算仅仅是缩放操作，而不是求得市场愿意为每一美元的盈利支付多少价格的操作。投资者不想购买盈利；他们只想要现金流（形式为股息或资本利得）。投资者仅在盈利（或销售额）产生现金的程度上进行支付。在计算各种基数的平均比率时，我们隐含地假设了公司将每种基数（如销售额、账面价值和盈利）转化为现金的能力是相同的。记住，这个假设在某些情况下比在其他情况下更能站住脚，在某些缩放因子下也比其他缩放因子更能成立。

读者需要意识到，在此处使用"平均"一词以指由可比群组中的平均数公司确定的"适当"值。它也许不是严格意义上的平均值。它可以是均值、中值或众数。分析师还可随意剔除看上去与群组中的大多数公司不符的异常值。异常值之所以"异常"的原因是：市场出于无论何种原因确定了它们是不同的。

第 4 步：预测待估值的公司的基数

我们将可比公司的平均"每项（选择的基数——X 度量）的价格"应用于待估值的公司的业绩预测。因此，分析师需要预测待估值公司与用于缩放可比公司的价格的相同的相对价值度量。例如：

（1）为了对公司进行估值，我们将盈利用作缩放基数以确定平均盈利乘数（即平均市盈率）。因此，我们必须预测待估值公司的盈利。

（2）举例而言，为了使用平均"每家餐馆的价格"为快餐连锁店估值，我们必须预测连锁店将拥有的餐馆数量。读者应意识到这里的假设是：快餐连锁店中的所有餐馆都产生相同的现金流量。

（3）为了使用平均"每一美元账面价值的价格"（市净率），我们必须预测权益的账面价值。

乘数估值法最简单的应用是预测   年后的缩放基数，并将可比公司的平均乘数应用于这些预测。例如，可比公司的平均市盈率被应用于待估值公司未来一年的盈利预测。通过将平均乘数应用于未来一年的预测，分析师过于强调了公司的即期前景，而不考虑公司远景。

为了克服提前一步预测的这个缺陷，我们可以采用一个更为复杂的方法。也就是说，将平均乘数应用于"具有代表性"的预测——能更好地代表公司远景的预测。例如，我们不将平均市盈率应用于未来一年的利润，而是将可比的市盈率应用于未来五年的平均每股盈利预测。通过这种方法，具有代表性的盈利预测也能捕捉公司的部分长期前景，而未来一年的数字（与其特质一起）则不对估值产生主导作用。

第 5 步：为公司的股票估值

在最后一步中，分析师将可比公司的平均乘数与待估值公司的参数预测结合起来，以取得估算的价值。在表面上，这仅是一个简单的技术性步骤。但通常情况并非如此。我们从各种乘数（即使用数种缩放基数）取得的价值通常不同；事实上，它们通常差异巨大。这意味着该步骤本身需要一些分析——解释为何采用平均市盈率得出的价值要低于用销售额乘数得出的估值（例如，待估值公司的销售和一般管理费用高于正常水平），或者为何市净率产生了相对较低的价值。因此，将几个数值结合起来以得出公司股票价值的最终估计，要求我们对"适当"的乘数以及如何调整基于乘数的价值以得出在经济上合理的价值进行经济分析。

周期调整市盈率

评估总体市场的价值被高估、低估或公平定价的常用市盈率为周期调整市盈率（cyclically adjusted price-earnings ratio，CAPE 比率），由 Robert Shiller 提出，因此它亦称 Shiller 市盈率。与标准的市盈率不同，CAPE 比率使用的每股盈利为经通货膨胀调整的 10 年期间的历史每股盈利。[①]也就是说：

$$\text{CAPE 比率} = \frac{\text{价格}}{\text{经通货膨胀调整的 10 年平均每股盈利}} \tag{11.12}$$

采用 10 年期间的盈利的目的是平抑公司盈利在经济周期中的波动。CAPE 比率已被用于考察总体股票市场的估值。我们用标准普尔 500 指数对比率中的分母计算如下：首先，确定过去 10 年期间标准普尔 500 指数中每家公司的年每股盈利。其次，对年每股盈利进行通货膨胀调整。消费价格指数被用于通货膨胀调整。最后，我们计算所有 500 家公司的经调整每股盈利的平均值。由于 GAAP 会定期变化，因此会影响盈利，我们必须十分谨慎以确保盈利是恰当地基于历史数据计算的。

标准普尔 500 指数的常规市盈率在分母中使用指数中每家公司过去 12 个月的盈利。为了看到标准普尔 500 指数的常规市盈率与 CAPE 比率的差别，2019 年 6 月 23 日，常规市盈率为 22，而 CAPE 比率为 30.5。常规市盈率的历史均值为 16.1，而 CAPE 比率的历史均值为 17。[②]Tully（2019）指出，CAPE 比率有两次处于最高水平，一次是在 1929 年股市崩盘前夕，另一次是在 1998 年至 2001 年科技股泡沫期间。

与任何比率相同，用 CAPE 比率为市场估值也受到了批评。Jeremy Siegel（2018）的一项研究发现，通过使用国民收入和生产账户（NIPI）税后公司利润、而不是标准普尔 500 指数公司报告的盈利，CAPE 模型的预测能力有了提升。这是由于在历史上，GAAP 盈利报告的变化导致了对股票市场过于悲观的估值。

尽管 CAPE 比率最初被用于宽基股市指数（如标准普尔 500 指数）的估值，但 Shiller 与巴克莱（Barclays）银行一起开发了几个股票指数，这些指数将 CAPE 比率用作股市板块估值的关键驱动因素。

---

① Shiller（2000）引进了 CAPE 比率。

② 对每一年度计算的 Shiller 市盈率可见 https://ww.multpl.com/shiller-pe/table/by-year。CAPE 比率的在线计算器可见 https://www.caperatio.com/。

特许权经营权价值市盈率

我们在前面提供了 Leibowitz 与 Kogelman (1990)提出的特许经营权估值模型。其研究的原始目的是为公司普通股的估值提供一个市盈率。其特许经营权估值模型由式(11.10)表达为：

$$公允价值 = \frac{ROE_{eb} \times BVPS}{r} + \frac{(ROE_{nb} - r) \times G \times BVPS}{r}$$

其中，ROE_{eb} 为现有业务的股权回报率，ROE_{nb} 为新业务的股权回报率，BVPS 为每股账面价值，G 为账面价值的增长率，r 为必要回报率。

公司的每股盈利是通过将现有业务的股权回报率乘以每股账面价值计算的。也就是说：

$$每股盈利 = E = ROE_{eb} \times BVPS$$

接着，我们可以将 E 代入特许经营权估值模型。我们用 P 标记价格并对市盈率求解，得出了基于特许经营权模型的以下市盈率：

$$特许经营权市盈率 = \frac{P}{E} = \frac{1}{r} + \frac{(ROE_{nb} - r) \times G}{ROE_{eb} \times r} \qquad (11.13)$$

关键要点

- 现金流量折现模型方法和乘数估值法是两个主要的普通股估值方法。
- 估值模型的产出是对股票公允价值的估计。
- 所有公允价值的估计都受到模型误差和估计误差的影响。
- 分析师向资深投资组合经理提出的建议可以是：买入股票(假如投资组合未持有该股票的话)、买入更多股数的股票(假如投资组合中已持有该股票的头寸的话)、卖出股票(假如投资组合持有该股票的话)或卖空股票(假如客户的投资准则允许卖空的话)。
- 估计股票公允价值的现金流量折现模型要求分析师预测从持有股票获取的所有未来现金流量，然后计算每笔未来现金流量的现时价值。
- 现金流量折现模型需要的输入信息包括：(1)现金流量，(2)预期获得现金流量的未来时期的期数；以及(3)用于折现现金流量的适当利率。
- 可在现金流量折现模型中使用的候选现金流量为：股息、自由现金流量、盈利、销售额和账面价值。
- 假如市场价格接近于从估值模型推导出来的价值，那么我们称股票是公平定价的。
- 假如市场价格低于(高于)从估值模型推导出来的公允价值，那么我们称股票的价值被高估(低估)了。

- 估值模型表示了股票的公允价值,但未表明股票的价格预期何时能变动至其估计的公允价值。

- 股息折现模型是将公司未来股息的预测用作现金流量的折现估值模型。

- 大多数股息折现模型都使用当前股息,以及公司历史股息增长率或预期股息增长率的某个度量。

- 股息折现模型包括基本股息折现模型、有限期限一般股息折现模型、固定增长股息折现模型和多阶段股息折现模型。

- 在基本股息折现模型中,所有预期的未来股息都是以一个适当的利率折现的。

- 有限期限一般股息折现模型是基本 DDM 的一个特例,它假设每个时期的折现率都是相同的,并且预期股息的期限是有限的。

- 固定增长股息折现模型是有限期限一般股息折现模型的一个特例,它假设未来股息以固定的速度增长。

- 由于固定增长的假设是不切实际的,我们可以对固定增长股息折现模型进行修正,以假设公司将经历多个发展阶段,由此产生的模型是多阶段股息折现模型。

- 两个最常用的多阶段股息折现模型为双阶段增长模型和三阶段增长模型。

- 股息折现模型的一个替代是基于未来自由现金流量的模型。

- 自由现金流量被用于估计公司的企业价值,它包含流向股权的自由现金流量与流向债权人的自由现金流量之和。

- 由于我们的目标是确定普通股的公允价值,因此仅使用流向股权的自由现金流量。

- 特许经营权估值模型背后的基础经济理念是,公司的价值等于以下两者之和:预期可以从公司的现有业务产生的可持续投资回报,以及可以从分析师所认为的增长机会实现的资本投资回报。

- 现金流量折现模型的一个替代是乘数估值法。

- 乘数有时被称为"价格/X 比率",其中分母是类似公司的现金流量生成绩效的恰当度量。

- 我们有不同的度量可用作类似公司的现金流量生成绩效度量。

- 最常用的乘数为市盈率,其中每股盈利的估计是分母所采用的现金流量生成绩效度量。

- 乘数估值法的简单性使之成为受欢迎的估值方法,但是,有太多的公司事实未被加以考虑,因而有太多的问题未得到回答。

- 乘数绝不应该是分析师采用的唯一估值方法,甚至最好不是主要关注点,因为同一行业中没有两家公司(或甚至是两组公司)是完全相同的。

- 应用乘数估值法的一个难点是识别可比或类似的公司。

- 一个用于评估总体市场的价值被高估、低估或公平定价的常用市盈率为周期调整市盈率(CAPE 比率)或 Shiller 比率。

- 与标准的市盈率不同,CAPE 比率使用的每股盈利为经通货膨胀调整的 10 年期间的历史每股盈利。

参考文献

Gordon, M. and E. Shapiro, 1956. "Capital equipment analysis: The required rate of profit," *Management Science*, 3(1):102—110.

Leibowitz, M. L., 2004. *Franchise Value: A Modern Approach To Security Valuation*. Hoboken, NJ: John Wiley & Sons.

Leibowitz, M. L. and S. Kogelman, 1990. "Inside the P/E ratio: The franchise factor," *Financial Analysts Journal*, 46(6):17—35.

Molodovsky, N., C. May, and S. Chattiner, 1965. "Common stock valuation: Principles, tables, and applications," *Financial Analysts Journal*, 21(2):111—117.

Shiller, R. J., 2000. *Irrational Exuberance*. Princeton, NJ: Princeton University Press.

Siegel, J. J., 2018. "The Shiller CAPE ratio: A new look," *Financial Analysts Journal*, 72(3):41—50.

Sorensen, E., and D. Williamson, 1985. "Some evidence on the value of dividend discount models," *Financial Analysts Journal*, 41(6):60—69.

Tully, S., 2019. CAPE fear. *Fortune*, February 13. http://fortune.com/2019/02/15/cape-fear-the-bulls-are-wrong-shillers-measure-is-the-real-deal/.

Williams, J. B., 1938. *The Theory of Investment Value*. Cambridge, MA: Harvard University Press.

12

普通股贝塔策略

学习目标

在阅读本章后,你将会理解:

- 贝塔策略与阿尔法策略的区别;

- 被动型投资者与主动型投资者的区别;

- 股票市场定价有效性的含义,以及不同形式的定价有效性;

- 有效市场假设与随机游走假设的区别;股票市场定价有效性的证据及其对普通股策略选择的意义(弱式有效性、半强式有效性和强式有效性);

- 什么是宏观市场有效性和微观市场有效性;

- 指数化策略和增强型指数化策略的含义;

- 与指数化策略相关的问题;

- 构建复制性投资组合的方法(市值法、分层抽样法和二次优化法);

- 使用传统的市值加权指数采取指数化策略的不利之处;

- 什么是聪明贝塔策略,以及其好处;

- 两个类别的聪明贝塔指数:以替代方法加权的指数和因子指数;

- 常用聪明贝塔策略的业绩。

普通股投资策略可被划分为贝塔策略或阿尔法策略。正如第 7 章解释的那样,投资组合或投资策略的贝塔是这个投资组合或投资策略相对于基准的波动性的度量。例如,假如基准为标准普尔 500,并且投资组合的贝塔值等于 1,那么这意味着投资组合将跟随市场同步变化。因此,假如标准普尔 500 指数在一年后变化了 6%,那么我们预期投资组合也大约变化 6%。自行管理投资组合并将业绩与某个基准进行匹配,或是委托资产管理人如此投资的投资者,被称为被动型投资者,其采取的策略被称为贝塔策略。相比之下,采取策略以取得超越基准的业绩或委托资产管理人如此投资的投资者被称为主动型投资者,其采取的策略被称为阿尔法策略。我们将在本章中关注贝塔策略,并在下一章中关注阿尔法策略。

定价有效性及其对投资策略的意义

客户应该聘请采取贝塔策略还是阿尔法策略的股票投资管理人的决策,取决于客户对股票市场有效性的投资信念。更具体而言,它是基于客户对股票市场的定价有效性的投资信念之上的。定价有效性是指在市场中,价格会随时、完全地反映与股票估值相关的所有可得信息。也就是说,股票的相关信息被迅速融合至股票的价格中。股票市场是否具有定价有效性是一个实证问题,已有大量研究考察了这个问题。

定价有效性的形式

Fama(1970)指出,为了检验市场是否具有价格有效性,我们必须定义下面两个术语:(1)"完全反映信息";(2)"相关的信息集合"。Fama用持有股票所预期实现的回报率来定义"完全反映信息"。股票在某个持有期内的期望回报率等于预期的现金分配加上预期的价格变化,再除以初始价格。Fama定义的价格形成过程是:距今一个时期后的期望回报率是一个已考虑了"相关的信息集合"的随机变量。

在定义股票价格应该反映的"相关的信息集合"时,Fama将市场的定价有效性划分为三种形式:弱式有效性、半强式有效性和强式有效性。这三种形式的区别在于股票价格被假设考虑到的相关信息。弱式有效性意味着股票的价格反映了股票的历史价格和交易历史。半强式有效性意味着股票价格完全反映了所有的公开信息,这包含但不局限于历史价格和交易模式。公开信息包括公司向证券交易委员会和其他监管机构(如有)提交的财务报表,以及管理层发布的新闻。在强式有效性中,相关的信息集合包含所有信息,无论是否为公开可得的。

价格有效性的实证检验及其对投资策略的意义

自20世纪60年代以来,研究者对每种形式的价格有效性开展了无数实证研究。每种形式都对我们在本章和下一章中讨论的各种策略具有意义。

弱式价格有效性

自股票交易在美国出现以来,以及在全球各地的商品市场中,人们已提出了多种仅涉及历史价格变化、交易量和其他技术指标的普通股策略。这些策略中有许多是基于历史交易数据(历史价格数据和交易量)的形态,以识别个股或整体市场的未来变化。基于所观察到的形态,人们开发了指示何时买入、卖出或卖空股票的机械性交易规则。因此,这个方法未考虑任何指定技术指标以外的因素。这个方法叫做技术分析。由于其中一些策略涉及分析绘制价格和交易量变化的图表,采用技术分析方法的投资者有时被称为图形分析师。这些策略的基础原理是侦查股票供求的变化并从预期的变化中获利。Edwards 和 Magee(1948)被公认为技术分析的圣经。

人们对于技术分析的价值有相当激烈的辩论。Brock、Lakonishock 和 LeBaron(1992)考察了一些基于下面讨论的技术分析的交易策略。他们得出结论:人们在过去 30 年间得出的技术分析毫无价值的结论过于草率。然而,数年后,Sullivan、Timmermann 和 White(1999)发现,对于 Brock、Lakonishok 和 LeBaron 报告的最佳技术分析策略,"很少有证据表明技术交易规则具有任何经济价值"。Hsu 和 Kuan(2005)考察了 1989 年至 1992 年间对四个股票指数的将近 4 万种技术交易策略的获利能力。他们发现,交易策略的业绩依赖于指数的成熟度(即指数已推出了多长时间)。在本质上,他们发现当技术交易策略被应用于他们研究的两个较不成熟的股指时,交易能够获取显著的利润;但当技术交易策略被应用于他们研究的两个成熟的股指时,情况则并非如此。

对关于技术分析策略的所有实证研究的全面讨论超出了本章的范围。在下文中,我们提供了对四种基于技术分析的策略的简要描述:道氏理论策略、简单过滤规则策略、动量策略和市场过度反应策略。但在描述它们之前,让我们先在定价有效性的背景下回顾这些策略。弱式定价有效性主张,资产管理人不能通过简单地分析历史价格的变化和交易量的变化实现超常回报。因此,假如技术分析策略的业绩能够超越市场,那么市场是弱式价格无效的。另一种看法是,假如资产管理人或客户相信股票市场是弱式价格有效的,那么在考虑交易成本和管理费并经风险调整后,基于技术分析的策略不能始终跑赢市场。

一些市场观察人士认为,股票价格行为的形态如此复杂,以至于我们在下文描述的简单数学模型不足以发现历史价格形态或为预测未来的价格变化创建数学模型。因此,尽管股票价格也许看上去是随机变化的,但很可能存在一种形态,而采用简单的数学工具识别这些形态可能不足以达到目的。科学家已为从某些看似随机的现象的观察值中发现形态开发了复杂的数学模型。这些模型通常被称为"非线性动态模型"。其被冠以此名的原因是:用于发现价格形态的数学等式为非线性等式。研究者提出的特殊形式的非线性动态模型为混沌理论。在此阶段,混沌理论提供的主要见解为:看似随机的股价变化事实上也许有一个可被用于产生超常回报的结构[见 Scheinkman 和 LeBaron(1989)以及 Peters(1991)]。

道氏理论策略

这个策略基于两个假设之上。提出这个策略的查尔斯·道(Charles Dow)所做的第一个假设是,"日常波动的平均数使得所有已知的事情、所有可预见的事情以及可能会影响公司证券供求的所有状况都变得不重要了"。这个假设听上去与有效市场理论十分相似,但第二个假设在这里发挥了作用。第二个假设是,股票市场在一段时期内的变化呈上涨和下跌的趋势。根据查尔斯·道的观点,识别这些股价趋势并预测其未来的变化是可能的。假如情况如此并且资产管理人可以实现超常回报,那么股票市场不是弱式价格有效的。

根据道氏理论,存在三种趋势或市场循环。主要趋势是市场的长期变化。这些在本质上是市场的四年趋势。资产管理人可以从主要趋势推导出显示市场走势的趋势线。次要趋势代表了股价与趋势线的短期背离。股价的日常波动代表了第三个趋势。在查尔斯·道的观点中,股市的上行走势会受到回落的影响,这会使股价失去一部分先前的涨幅。当上行走势小于失去的涨幅时,市场转向就会发生。在评估市场上涨是否真正发生时,查尔斯·道建议考察不同股市指数(如道琼斯工业平均指数和道琼斯交通平均指数)的联动。其中一个平均指数被选作主要指数,另一个指数作为确认指数。假如主要指数达到了超过上一个高点的水平,那么假如另一个指数也同样达到了超过上一个高点的水平,从而对趋势进行确认,我们就可以预期上升趋势将会得以继续。

在实证中,检验道氏理论是具有挑战性的,因为它依赖于识别转折点。几项研究已试图检验这个理论。第一项研究是 Cootner(1962)开展的,他发现这个理论根本不成立。然而,Glickstein 和 Wubbels(1983)发现了支持道氏理论的证据,两位作者得出了"成功的市场择时绝非不可能"的结论。Brown 和 van Harlow(1998)通过将风险纳入考虑,重温了 Cowles 的研究。更具体而言,他们使用夏普比率并发现了支持道氏理论的证据。

简单过滤规则策略

一种最简单的技术策略是基于股票价格的预定变化买入和卖出股票。这个规则在本质上是:假如股价上升了一定比例,那么买入股票并持有股票,直至价格下跌一定比例,然后在这个时点卖出股票。价格变化必须达到的比例叫做"过滤器"。希望采用这项技术策略的资产管理人必须指定自己的过滤器。

Alexander(1961)的一项研究首次考察了简单过滤规则的获利能力。Fama 与 Blume(1966)解决了 Alexander 研究中的方法问题,他们发现价格变化确实呈现持久的趋势。他们发现,在考虑了交易成本以及其他在评估策略时必须考虑的因素以后,趋势过小以致无法利用。然而,Sweeney(1988,1990)后续开展的两项研究显示,在对场内交易员和专业股票管理人面临的交易成本类型作出调整后,基于历史价格变化的短期技术交易策略可以产生统计上显著的风险调整回报率。

动量策略

从业者和研究者已经确定了几种基于历史回报率成功预测证券回报率的方法。在这些发现中,最受欢迎的也许是价格动量策略(price momentum srategy)和价格反转策略(price reversal strategy)。价格动量策略的基本思路是:在相同的趋势将在将来一段时期内持续下去的预期下,买入表现好(被称为"赢家")的股票并卖出表现差(被称为"输家")的股票。相比之下,在价格反转策略中,我们买入在历史上表现差的股票(即买入输家),并希望它们最终会在未来反转并表现优越;或者,卖空在历史上表现好的股票(即卖空赢家),并希望它们在未来表现不佳。由于在价格反转策略中,我们预期股价的未来表现将会与历史表现相反,因此它亦称反转策略(contrarian strategy)。在本质上,价格反转策略与价格动量策略完全相反。

一些资产管理人仅获准买入股票,而不能卖空股票,这些资产管理人被称为多头管理人。因此,他们只能采取价格动量策略,买入赢家并卖出输家。可随意建立多头头寸和空头头寸的资产管理人(如对冲基金经理)可以采取价格动量策略和价格反转策略中的任意一种。事实上,为了创建杠杆,这些资产管理人可以采取价格动量策略,以使为买入赢家投资组合支付的资金是通过卖空输家投资组合提供的。也就是说,基金的净投资几乎为零。同样,在价格反转策略中,卖空赢家投资组合获得的资金被用于支付买入输家投资组合的价款。

文献中有大量证据支持价格动量策略和价格反转策略。Jegadeesh 和 Titman(1993)最先记载了支持在美国股市采取价格动量策略的证据。Rouwenhorst(1998)发现了在其他国际股票市场中的价格动量。实证结果显示,在 6 至 12 个月的时期内表现出色(表现不佳)的股票将会继续在 3 至 12 个月的时期内表现良好(表现欠佳)。Jegadeesh(1990)最先发现了短期(1 个月)反转效应,De Bondt 和 Thaler(1985)发现了长期反转效应。对这些策略的典型回测在历史上于接下来的 12 个月内每个月回报率约为 1%。然而,在市场性质的变化方面存在一个实证问题,它显示价格动量策略不再能产生优越的回报。Hwang 和 Rubesam(2015)提供了这方面的证据,他们使用 1927 年至 2005 年的数据,论证动量现象在 2000 年至 2005 年期间消失了。然而,Figelman(2007)在分析 1970 年至 2004 年期间的标准普尔 500 指数后,发现了先前未被记载的动量现象和反转现象的新证据。

如今,许多从业者都依赖于动量策略——包括长期和短期的投资期。短期策略通常获利于日间买入或卖出压力,而更为中期和长期的策略则可被归因于随着新信息的获得,价格相对基本面价值的反应过度和反应不足[见 Daniel、Hirshleifer 和 Subrahmanyam(1998)]。动量投资组合通常具有较高的换手率,因此交易成本和费用成了一个问题。大多数研究显示,假如交易成本被考虑在内,那么动量策略产生的利润将会下降。例如,考虑买入和卖出股票的不同成本,Korajczyk 和 Sadka(2004)发现,根据衡量方法和特定策略的不同,每月 17 个基点至 35 个基点的利润(在扣除交易成本后)是可实现的。

动量通常被用于我们在第 13 章中描述的因子模型。Carhart(1997)发现动量是一个系统性因子。

尽管研究者似乎一致认同动量现象的稳健性和普遍性,但对于实证证据是否表明市场的无效性,还是可以由理性的资产定价理论解释这一问题的争论仍在继续。

市场过度反应策略

为了获利于有利的消息或降低负面消息的不利效应,投资者必须迅速对新信息作出反应。认知心理学家告诉我们,人们通常会(1)对极端事件反应过度,(2)对新近的信息有更强烈的反应,以及(3)对旧新息的重视度大打折扣。问题在于:股市投资者是否对极端事件反应过度?金融学中的"反应过度假设"表示,当投资者对有利于公司股价的意外消息作出反应时,价格的上升幅度将会超过在给定该信息的情况下股票应处于的价格水平,从而导致股票价格随后的下跌。相比之下,如果意外消息预期会对公司的基本面价值造成不利影响,那么对意外消息的过度反应将会迫使价格下跌太多,随后的修正会使价格上升。

假设市场参与者确实对意外事件反应过度。如果资产管理人能做到下面两点的话,他们将能够利用这种过度反应实现正数的超常回报:(1)识别极端事件;(2)确定过度反应的效应何时已被融入市场价格并且开始出现逆转。这个理论就是所称的过度反应假设。根据消息是正面还是负面的,有能力利用市场反应过度的资产管理团队会采取以下行动。在识别意外的正面消息后,资产管理人将买入股票,并在对过度反应的纠正发生前卖出股票。在意外负面消息的情况下,资产管理人会卖空股票,然后在对过度反应的纠正发生前买回股票以填平空仓。

正如 De Bondt 和 Thaler(1985)最初构想的那样,过度反应假设可以由两个命题来描述。首先,股价的极端变化将继之以股价的反向变化。这被称为方向效应。其次,初始的价格变化越极端(即过度反应的程度越大),与之相抵消的反应也会越极端(即价格纠正幅度也越大)。这被称为幅度效应。然而,正如 Bernstein(1985)指出的那样,方向效应和幅度效应也许仅简单地意味着投资者对短期信息来源给予了更大的重视。为了纠正这点,Brown 和 van Harlow(1988)增加了第三个命题,他们称之为强度效应。根据这个效应,初始价格变化的持续期越短,后续反应就越极端。

有几项实证研究支持了方向效应和幅度效应[见 DeBondt 和 Thaler(1985,1987),以及 Brown 和 van Harlow(1988)]。Brown 和 van Harlow 对所有三个效应(方向、幅度和强度)都进行了检验,他们发现在对正面事件的中期和长期反应方面,仅有微弱的证据显示市场定价是无效的;但是,在对负面事件的短期交易反应方面,证据与所有三个效应都具有较强的一致性。他们得出结论:"股市纠正价格的倾向最好被视作一个非对称的短期现象。"它是非对称的,因为投资者似乎对负面极端事件反应过度,但对正面极端事件则并非如此。

半强式价格有效性

对半强式价格有效性的实证分析结果不一。一些研究支持有效性的命题,他们表示,基于证券基本面分析——它由分析公司的财务报表、管理层素质和经济环境构成——选择股票的投资者将不会取得超越市场的业绩。这个结果当然是合理的:有如此多的分析师使用相同的方法和相同的公开可得数据,以致股票的价格与决定价值的所有相关因素都保持一致。相比之下,数量可观的其他研究提供了表明股票市场在长时期内呈现价格无效性的案例和模式的证据。

市场观察者将这些定价无效性的例子称为市场中的定价异象,即不能轻易解释并且通常持续存在的现象。

由于与这些检验相关的两个问题,人们对半强式有效性仍旧存在争议。第一个问题是如何衡量相对于某个股市指数的更好表现。通常,我们用 CAPM 估计市场的期望回报率,并且在使用这个模型时考虑了风险,因而回报率是经风险调整的。因此,这些检验依赖于 CAPM 模型,而这个模型并未能得到实证研究的支持。[①]原因在于:它考虑的风险仅是系统性风险的一个度量——市场风险。它忽略了所有其他系统性风险。超常回报率等于风险调整回报率与某个股指回报率之差。对市场是否有效的判断建立在超常回报率是否呈统计显著性的结果之上。

假如市场是价格有效的,并且 CAPM 真正是为股票和股票投资组合定价的唯一方法,那么应该没有其他任何因素能影响股票或投资组合的回报率。当研究者报告称市值和波动性等因素呈现统计显著性时,市场观察者错误地认为这些结果是市场异象并意味着市场是价格有效的。如今,我们意识到 CAPM 提议的市场因素是投资组合回报率的一个主要驱动因素,但还有其他系统性因素驱动回报率,在实证检验中未能考虑这些因素将使许多研究

---

① 此外,在理论层次,Roll(1977)批评了对 CAPM 的实证检验,他论证尽管 CAPM 在原则上是可检验的,但研究者至今尚未提出对这个理论的正确检验,在未来可能也无法提供。根据 Roll 的看法,与 CAPM 有关的只有一个潜在可检验的假设,即真正的市场投资组合位于马科维茨有效边界上(即它是均值—方差有效的)。此外,由于真正的市场投资组合必须包含世界上所有的资产,而其中大多数资产的价值都是无法观察到的(如人力资本),因此这个假设很可能是无法检验的。

结果受到质疑。

强式定价有效性

对强式定价有效性的实证检验主要集中于专业资金管理人的投资业绩上。大多数研究考察了共同基金经理的业绩。我们在这里不提供对有关共同基金业绩的大量文献的详细综述,而是借鉴了 Berk 和 van Binsbergen(2016)的成果,他们提供了对共同基金经理业绩的全面评估。在这两位作者开展这项研究以前,基于实证研究和轶事证据的主流观点是:采取主动式策略的共同基金经理缺乏技能,因此向主动型管理人支付的管理费是不值得的。然而,流入主动管理型共同基金的资金呈现了显著增长,因此与"主动式管理是徒劳无功的"这一观点是不一致的。

考察投资业绩的起点是建立一个用于评估资产管理人业绩的基准。Berk(2005)质疑了资产管理人赚取的历史阿尔法度量(在先前的研究中被用作管理技能的度量)是否的确为评估管理技能的适当度量。Berk 和 van Binsbergen(2016,p.131)论证,管理技能的适当度量为"增值",他们将之定义为"管理人从市场提取的美元总额",并提供了例子和实证支持。Berk 和 van Binsbergen 提供了例证以说明使用传统的阿尔法度量的局限,以及为何增值是管理技能的一个更佳度量标准。

他们考察了 1977 年 1 月至 2011 年 3 月期间的业绩。考察对象为共同基金,而不是基金经理个人。样本包含了 5 974 家共同基金,样本规模比先前的研究要大得多。在根据基金的基准进行调整后,他们的研究有四项主要发现:第一,以 2000 年的美元价值衡量,共同基金经理提供的平均增值为每年 320 万美元。第二,这个增值归因于管理技能而非运气,因为优越的管理业绩可以持续 10 年之久。第三,由于投资者认识到管理技能,他们据此向共同基金经理支付报酬,因此当前报酬是比历史业绩度量更佳的未来业绩预测指标。第四,增值有高度的可预测性,因为当前的增值是未来价值的一个可靠预测指标。综合而论,这些发现解释了配置给采取主动式策略的共同基金经理的资本为何呈现增长,并提供了为何投资于主动式策略的理由。

有效市场假设和随机游走假设

有效市场假设表明,市场会完整且迅速地融入新信息。在有效市场中,股价表现得好像它们遵循随机游走那样。根据随机游走假设,在任何时点,我们都不能确定价格在下一个时期会是上涨还是下跌。

用数学表达,下一个时期的价格(标记为 P_{t+1})可被表示为其当前价格(标记为 P_t)加上一个随机误差项(标记为 e_{t+1}):

$$P_{t+1} = \rho P_t + e_{t+1}$$

希腊字母 ρ 是一个衡量 P_{t+1} 与 P_t 的相关系数的统计参数。更具体而言,它是序列相关系数(亦称"自相关系数")。它量化了一个时期的价格与下一个时期的价格的相关程度。考虑 ρ 等于零的情形。在这种情形下,当前的价格与下一个时期的价格没有任何关系。正是在这种情形下,回报率呈现随机游走关系并且真正是随机的。假如 ρ 为正数或负数,回报率将呈现出相关性,分别具有正动量或负动量。基于大型股和小型股的年回报率,两者在 1926 年至 2016 年间的序列相关关系数都大约为零(分别为 0.02 和 0.06)(Ibbotson SBBI,2017)。

尽管随机游走假设和有效市场假设是相关的,但它们不是等价的。这是由于假如市场是价格有效的,那么随着价格向有效水平变动,市场价格必须呈现随机游走。然而,价格在不有效的情况下也可以遵循随机游走。此外,为了确定市场是否有效,我们需要一个定价模型。因此,随机游走对价格有效性是一个必要条件,但非充分条件。计算一个序列的随机程度十分简单,而确定市场的有效性却是困难的,而且仍是一个充满争议的课题。

总体而言,假如市场是高度价格有效的,我们将不能持续稳定地取得超越市场的业绩,因而被动式策略是理想的。为了使主动式策略奏效,市场价格必须存在可被利用的无效性。当然,为了获得成功,这些主动式策略还必须覆盖交易成本和管理费。

宏观股票市场有效性和微观股票市场有效性

保罗·萨缪尔森(Paul Samuelson)对股票市场的有效性作出了以下评论:

> 现代市场呈现出相当高的微观有效性(因为那些发现价格背离微观有效性的少数人可以从这些情形中获利,而在这样做的过程中,他们通常会消除任何持续的无效性)。与前一句话不相矛盾的是,我假设市场存在相对高的宏观无效性,因为证券价格综合指数的时间序列呈现出长波浪,而这些证券的价格会低于或高于以各种方式定义的基本面价值(引自 Shiller,2001,p.243)。

根据萨缪尔森的观点,有效市场假设对个股比对整体股市更为合适。换言之,萨缪尔森认为股市是"微观有效的",但不一定是"宏观有效的"。这个观点被称为"萨缪尔森格言"。考察整体股票市场和股票市场各个组成部分(如行业)是否存在有效性的研究,为萨缪尔森格言提供了支持[例如,见 Shiller(1981)、Jung 和 Shiller(2005)、Campbell 和 Shiller(1988)以及 LeRoy 和 Porter(1981)]。这些研究基于波动性衡量了定价是否存在无效性,在有效市场中,波动性应该不是过度的。这被称为超额波动性。这些研究发现,在整体股市层面存在无效性,从而为宏观无效性提供了支持。但是,在行业、板块或个体证券层面,研究未发现价格无效性,从而为微观有效性提供了支持。

对投资策略选择的意义

正如我们在本章开头提到的那样,普通股投资策略可被划分为贝塔策略和阿尔法策略。阿尔法股票策略试图通过以下一个或多个方法取得超越市场的业绩:选择交易的时机,如在技术分析的情形下那样;使用证券基本面分析识别估值过低或过高的股票;根据市场异象选择股票。显然,采取主动式策略的决策是基于这样一种信念,即我们可以从这些努力中获得某种收益,即便是在核算了交易成本和管理费后也一样,但只有在定价无效性存在时才有可能获得收益。投资者选择的特定策略取决于其对市场正在发生何种定价无效性的看法,下一章讨论了这些内容。

认为市场正在有效地为股票定价的投资者应该接受以下含义:为取得超越市场的业绩而作出的努力不能系统性地获得成功,除了走运以外。这个含义并不意味着投资者应回避股票市场,而是表示他们应采用贝塔策略,即不试图超越市场的策略。对于持有这种股票定价有效性的投资信念的投资者,是否有一个最优投资策略? 根据第 9 章描述的资本市场理论,在价格有效的市场中,市场投资组合在每单位风险上提供了最高水平的回报。与由整个股票市场组成的投资组合具有类似特征的股票投资组合将能捕捉市场的定价有效性。

但资产管理人如何构建一个与市场相似的投资组合? 一个方法是基于个股市值相对股票市场市值的比例构建一个持有所有股票的投资组合。这个方法被称为指数化策略(indexing)。

股票指数化策略[①]

指数化策略是一种贝塔策略,它基于特选股市指数中所含股票的市值和所有股票的总市值构建投资组合。也就是说,投资组合配置给每种股票的比例是基于其相对市值之上的。因此,假如市场投资组合包含的所有股票的市值总额为 T 美元,其中一种股票的市值为 A 美元,那么市场投资组合持有这种股票的比例应该为 A 美元/T 美元。尽管指数化策略也许是一种被动的投资方式,但资产管理人仍必须解决许多问题。在这里,我们将解释如何构建和维持指数化投资组合。

选择基准

采取指数化策略的第一步是选择指数(或基准)。我们在第 3 章中描述了美国的各种股市指数。指数有宽基指数和特殊指数(或子指数)。纯指数基金是管理目的为完全复制市场投资组合的表现的投资组合。在现实世界中,市场投资组合是不能确定地知道的。尽管如此,标准普尔 500 指数被一致公认为具有代表性的市场投资组合。将标准普尔 500 指数用作基准的主要问题是:股票是由标准普尔公司的委员会任意选择的。这个委员会的选择标准与公司的发展和盈利潜力无关。选择也不是建立在股票的价值是否被低估的基础之上的。因此,对指数化策略有异议的资产管理人并不认为主动式策略优于被动式策略,而是认为标准普尔 500 指数(或任何宽基指数)的选择不过是一个武断的基准。

构建复制性投资组合的考虑

一旦资产管理人决定采取指数化策略并选择基准后,下一步是构建将会跟踪指数的投资组合。我们将所构建的与指数(或基准)匹配的投资组合称为复制性投资组合(replicating portfolio)。构建复制性投资组合的目标是将其与基准的表现差异最小化。

[①] 本节与 Bruce Collins 合作撰写。

交易成本和跟踪误差风险

创建和维持标准普尔 500 指数基金的成本涉及佣金、市场冲击成本和再平衡成本。下一章解释了这些成本,本书配套册的第 12 章远更详尽地对其进行了说明。当基准由大型股主导时,采取指数化策略的资产管理人通常比下一章描述的阿尔法策略换手更少。对于基准中的一些市值较小的股票,交易成本可能会尤其高昂。在构建指数化策略时,资产管理人会试图将由一些小型股的交易引起的成本最小化,并保留复制性投资组合跟踪指数的能力。

设计最优复制性投资组合可能会涉及持有基准中所有股票或这些股票的子集。复制性投资组合中的股票个数会影响交易成本,但持有股票的个数少于基准所含的个数意味着投资组合暴露于复制性投资组合的表现可能会逊于基准的风险。这个风险被称为跟踪误差风险。[①]复制性投资组合所含的股票个数与跟踪误差风险两者之间存在权衡问题。[②]在交易成本方面,跟踪误差风险与所持股票的个数之间的权衡也必须被加以考虑,因为交易成本会随着交易股票个数的增加而上升。

将投资组合的回报率与基准的回报率完全匹配起来几乎是不可能的。即便复制性投资组合被设计成通过购买所有的股票完全复制基准,跟踪误差也会产生。[③]这其中有几个原因。

第一,由于购买零星散股十分繁琐,复制性投资组合通常由整数股票组成,因而投资组合中每种股票的股数是在对(为建立最优复制性投资组合开发的)计算机程序表明的确切股数进行四舍五入后得出的最接近 100 股的倍数。这种四舍五入可能会影响小型复制性投资组合(低于 2 500 万美元)准确跟踪指数的能力。

第二个更重要的原因是,复制性投资组合的维持是一个动态过程。由于大多数指数是以市值加权的,因此个股的相对权重在持续发生变化。此外,构成指数的股票也通常会发生改变。因此,持续调整投资组合的成本以及交易时间的差异,妨碍了指数化投资组合准确跟踪基准的能力。前一个问题可以通过持有基准所含的所有股票得到消除。然后投资组合就会自复制,这意味着权重是自调整的。但是,如果复制性投资组合包含的股票个数少于基准,那么权重不是自调整的,可能会需要定期的再平衡。

基准的构建和复制性投资组合

用于构建复制性投资组合的方法是建立一个确定每种股票权重的程序。我们有三种考察权重的基本方法:(1)市值,(2)价格,以及(3)等量金额加权。指数中个股的市值权重是用其市值占指数中所有股票的市值总额的比例确定的。典型的价格加权方法假设对每种股票投资相同的股数,于是价格担任了权重的角色。等量金额加权要求对每种股票投资相同的美元金额。

---

① 第 7 章描述了跟踪误差。

② 本书配套册的第 15 章描述了这个权衡,以及跟踪误差风险的决定因素。

③ 通过利用相对廉价的融资方式,机构投资者可以使用衍生工具(第 14 章的主题)实现接近于零的跟踪误差风险。

在市值加权中,规模最大的公司自然对指数的数值具有最大的影响力。因此,对大型股设定过低或过高的权重会导致显著的跟踪误差风险。此外,这些股票通常是流动性最佳的股票。价格加权使价格最高的股票对指数的数值的影响力最大。等量金额加权则作用相反。在等量权重的情形下,对于既定的股价变化,价格最低的股票拥有最大的潜力使指数的数值发生变动。我们在构建复制性投资组合时必须理解这些特性。

我们有两种构建复制性投资组合的方法:算术和几何。通常,股市指数采用算术平均。因此,我们仅关注算术平均。算术指数不过是构成指数的所有股票的加权平均,其中权重是由我们前面提到的加权法之一确定的。也就是说:

$$指数 = 常数 \times \sum_{i=1}^{N}(权重 \times 价格)$$

其中,N 为指数所含的股票个数,常数代表了对指数的数值进行初始化所采用的任意数字。

无论采用哪个加权方法,我们都可以很容易地复制基于算术平均的指数。然而,随着时间的推移,假如指数的构成未发生变化,那么随着股票价格的变化,权重会自动调整以与股票的数量相一致。这仅在股票数量不发生变化的情况下,对采用算术平均的指数成立。因此,我们无需开展再平衡。然而,这对等量加权指数不成立,因为股票数量必须发生变化以维持对每种股票都有等量金额的权重。

这对复制性投资组合的管理的意义是:持有指数包含的所有股票减少了对再平衡的需要。但即便投资组合持有整个指数,由于权重可能会因下列任何一个原因发生变化,再平衡还是必需的:

- 一些股票可能会因兼并活动而停止存在。
- 假如公司满足(不能满足)纳入指数或在交易所上市所要求的市值或流动性条件,公司可以被加入指数(从指数中剔除)。
- 公司可能会分拆股票或发放股息。
- 公司可能会发行新股票。
- 现有股票可能会被回购。

假如上述任一事件发生,我们可能需要对指数估值表达式中的常数项进行调整,以避免指数的数值出现不连续的跳跃。

构建具有代表性的复制性投资组合的方法

正如我们讨论的那样,复制指数的一个方法是按照权重比例购买指数包含的所有股票。构建股票个数少于指数的复制性投资组合涉及下列三种方法之一。

市值法

在市值法中,资产管理人购买指数包含的多家市值最大的股票,然后将剩余股票权重等量分配给指数中的所有其他股票。例如,假如复制性投资组合选择了前 200 家市值最大的股票并且这些股票占指数总市值的 85%,那么剩余 15% 的比例被均等地分配给其他股票。

分层法

第二个复制指数的方法是分层法。使用这个方法的第一步是定义一个构成指数的股票可据以分类的因素。典型的因素是行业板块。其他因素可能包括贝塔等风险特征或市值水平。使用两个特征将会对分层增加第二个维度。在行业板块的情形下，指数中的每家公司都被分配至一个行业。这意味着指数中的公司已按行业分层。于是，这个方法的目标是以与基准相同的比例在行业板块间进行多元化，从而降低剩余风险。每个层次中的股票（或在本例中每个行业板块的股票）可以随机选择或用某个其他方法（如市值排名、估值或优化）进行选择。

二次优化模型

最后一个方法使用二次优化程序生成一个有效投资组合的集合，因此被称为二次优化方法。这与我们在第 8 章中描述的生成马科维茨（均值—方差）有效集合的程序相同。有效集合包含了不同期望回报率水平的均值—方差投资组合。资产管理人可以在这个集合中选择符合客户风险容忍度的投资组合。

增强型指数化策略

一些资产管理人采取包含某种程度的主动式管理的指数化策略，他们通过设计利用优越的期望回报率估计值的多元化投资组合并控制市场风险做到这点。这种策略被称为增强型指数化策略（enhanced indexing）。有两个方法被用于提高投资组合的风险调整回报率。第一个方法涉及构建"倾斜的"投资组合，而第二个方法则使用股指期货市场。

我们可以构建倾斜的投资组合，以注重某个特定行业板块或业绩因子——如盈利动量、股息率和市盈率等基本面度量。或者，投资组合的构建可以注重利率和通货膨胀等经济因素。我们可以通过将跟踪误差最小化，构建与基准保持强相关性的投资组合。本书配套册的第 15 章提供了一个例子。

第二个方法涉及使用股指期货。指数衍生产品的引进为资产管理人提供了工具，如果使用得当，这些工具能够增强指数基金的回报率。用价值低估的股指期货合约代替股票能够在不引起任何重大的额外风险的情况下，为指数化投资组合的年回报率带来增值。

主动式策略与增强型指数化策略的区别在于风险控制的程度。在增强型指数化策略中，关注点是风险控制。增强型指数化基金所做的对赌不会使投资组合的特征实质性地偏离基准。主动式管理人的投资组合则可能实质性地偏离基准的特征。

聪明贝塔策略

指数化策略在本质上是一种通过基于市值构建投资组合来捕捉市场风险溢价的方法。其基础理论是：假如市场是价格有效的，那么捕捉市场风险溢价的最有效方法是构建投资组合以复制市场的表现。然而，假如市场不是有效的，那么指数化策略也许不是捕捉市场风险溢价的最佳方法。此外,使用市值指数的缺陷在于:它们更加注重估值较高的公司的股票,因此会无意中造成过度集中于个股和单个板块的风险。通过这种做法,这些指数忽略了规模较小的公司的股票,而这些公司可能是前景更好的公司,因此应有更高的配置比例。

人们已提出了其他替代方法。其中最受欢迎的策略是聪明贝塔策略。一般而言,聪明贝塔策略是一个基于规则的构建方法,对每种股票的敞口不是基于市值,而是基于公司特征或系统性因子。这种策略的预期是:其建立的规则将会使所获得的期望回报率超出基于市值的策略的期望回报率。

有许多术语被用于描述聪明贝塔策略。例如,晨星公司使用策略贝塔这一术语。EDHEC 风险与资产管理研究中心已将这个术语标记为科学贝塔。数家资产管理公司称之为替代贝塔。根据晨星公司的统计,有多于 845 种聪明(科学)贝塔策略已被使用。

通常,散户投资者通过 ETF 取得对聪明贝塔策略的敞口。截至 2017 年年末,投资于聪明贝塔 ETF 的资金有 7 100 亿美元。ETF.com 与布朗兄弟哈里曼公司(Brown Brothers Harriman)于 2019 年联合开展的一项金融投资顾问调查显示,有 83% 的调查回应者计划在未来一年维持或增加其对策略贝塔的敞口。

聪明贝塔指数

聪明贝塔指数有两个类别:以替代方法加权的指数和因子指数。[1]

以替代方法加权的指数

通常,以替代方法加权的指数的设计目的是实现下列一项或两项目标:第一,它们的设计可以避免市值加权指数所具有的集中度风险。第二,它们的设计可以降低传统指数中存在的波动性。我们有四种类型的指数:等量加权指数、基本面指数、最小方差指数和风险有效指数。

(1)等量加权指数。

在等量加权指数中,传统市值加权指数中所含的所有股票都被赋予相同的权重。[2]这个方法不考虑公司的任何基本面特征或任何因子特征。因此,假如传统的市值加权指数含 N 种股票,那么每种股票都被赋予权重 $1/N$。支持这个加权方法的论据是:它可以避免过度集中于价值可能被高估的高价股和高估值股票的风险。这种指数的缺陷在于:等量加权指数的风险状况与传统的市值加权指数的风险状况有很大差异。此外,为再平衡开展的交易可能也比指数化策略更为频繁,从而降低了采用等量加权配置的聪明贝塔策略的回报率。

(2)基本面指数。

Arnott、Hsu 和 Moore(2005)首次提出了基本面指数化策略。[3]在基本面指数的构建中,

---

[1]　对聪明贝塔策略的出色讨论见 Arnott、Kalesnik、Moghtader 和 Scholl(2010)。

[2]　这个策略亦称天真策略,DeMiguel、Garlappi 和 Uppal(2009)最先检验了这个策略。Plyakha、Uppal 和 Vikov(2012)提供了为何我们可以预期天真策略的业绩会超越市值加权指数和价格加权指数的原因。

[3]　这是业界提出的首个聪明贝塔策略。

目标是基于金融经济学文献报告的会影响公司经济价值的因素为股票加权。这包括销售额、现金流量、权益账面价值和股息等度量。第 10 章描述了这些会计和财务度量。

在买卖股票方面,这个策略正好与指数化策略相反。在指数化策略中,随着公司股票价格的上涨(或下跌)——这意味着公司的市值将会上升(下降)——采取这种策略的资产管理人将会购买更多(更少)该公司的股票。无论公司的基本面是否发生了变化,这种情况都会发生。在聪明贝塔策略中,增加或减少对公司股票的敞口取决于公司的基本面发生了什么。当公司的股票在公司基本面未发生变化的情况下仍然上涨时,我们没有理由像在指数化策略中那样增加对公司的敞口。相反,在基于基本面的聪明贝塔策略中,管理人会通过卖出股票减少对公司的敞口。另一方面,假如公司的股票价格下跌但公司的基本面未发生恶化,那么管理人将会增加对这家公司的敞口。这与指数化策略不同,在指数化策略中,这家公司的股票将会减少。

(3)最小方差指数。

在第 8 章中,我们解释了如何使用优化模型——更具体而言,是均值—方差优化——构建在有效边界上具有最小投资组合波动率的投资组合。然而,由于优化应当在最低投资组合波动率水平上提供最高的期望回报率,假如优化得当,我们能如何提高风险调整回报率呢?假如市场是有效的,并且贝塔与风险之间存在线性关系,那么我们不能。假如定价存在错误并且/或关系是非线性的,那么我们可以创建最小方差指数,这个指数可能会生成高于市值指数的风险调整回报率。在聪明贝塔策略中采用的最小方差指数是在不参考期望回报率的情况下,基于优化取得的。[1]当优化是在未对股票或板块的配置施加任何约束的情况下执行时,可能会产生高集中度。因此,我们在实践中通常会施加约束条件。

(4)风险有效指数。

为风险有效指数创建的聪明指数,假设回报率与半离差的某个度量存在线性关系。我们使用优化方法(在此情形下为均值—半离差,而不是均值—方差)求得具有最高回报/风险比率的最大化投资组合。所采用的回报/风险比率为夏普比率,由此产生的投资组合为风险有效指数。[2]

因子指数

因子指数的构建目的是通过利用透明并且使所构建的指数具有可投资性的规则,来复制传统指数中的因子风险。大量研究已发现的驱动风险和回报的因子为:价值(品质)、规模、低波动性、股息率和动量。在聪明贝塔策略中最常用的三个因子通常为:

- 低波动性:股票的权重基于其在某个指定时期内的波动率水平。
- 动量:股票的权重基于其在指定时期内的价格动量。
- 品质:用于设定股票权重的标准包括资产负债表的实力、持续稳定的盈利业绩、高水平的利润度量(如权益回报率)。

我们将在下一章描述因子投资时,更详尽地讨论上述每个因子及其衡量方法,以及其他因子。

---

① Haugen 和 Baker(1991)最先提出了这个指数。他们论证,由于诸如税收和卖空限制等市场缺陷以及市场预期,最小方差投资组合(指数)可以取得超越市值加权指数的业绩。

② 风险有效聪明贝塔指数是由 EDHEC 风险与资产管理研究中心和富时罗素指数公司引进的。见 https://www.ft-serussell.com/products/indices/EDHEC-Risk。

常用聪明贝塔策略的业绩

是否存在最佳的聪明贝塔策略？嘉信金融研究中心（Schwab Center for Financial Research）的替代贝塔和资产配置策略师 Tony Davidow 的一项研究提供了对是否存在最佳聪明贝塔策略的深入见解。[①]Davidow 实证考察了 2008 年至 2017 年 9 月间五个最常用的聪明贝塔策略每年的业绩与市值加权指数（标准普尔 500 指数）每年业绩的比较。所分析的聪明贝塔策略为：(1)等量加权，(2)基本面加权，(3)低波动率加权，(4)动量加权，以及 (5)品质加权。表 12.1 显示了每年业绩最佳和最差的聪明贝塔策略的同比回报率。这个表格还报告了指数化策略（市值加权指数，即标准普尔 500 指数）的回报率。

从表 12.1 可以看到，没有一个策略每年都表现最佳。在 10 年间，等量加权策略有 3 年是业绩最佳的聪明贝塔策略，但有一年业绩最差。低波动率策略在 10 年中有 4 年业绩最佳，仅有一年业绩最差。表中的最后一列显示了标准普尔 500 指数的回报率。括号中的数字是其回报率在六种策略（五种聪明贝塔策略和指数化策略）中的排名。指数化策略从未是最佳或最差的策略。有趣的是，在除了一年（2011 年）以外的所有年份中，等量加权指数的业绩都落后于标准普尔 500 指数。在这一年，标准普尔 500 指数的业绩排在第五，等量加权指数继之其后。

表 12.1　五种聪明贝塔策略和市值加权策略的最佳和最差年同比回报率

年份	业绩最佳	业绩最差	市值加权策略回报率（排名）
2008	低波动率	动量	-36.7%(4)
2009	等量加权	动量	26.5%(4)
2010	等量加权	低波动率	15.1%(4)
2011	低波动率	等量加权	2.1%(5)
2012	等量加权	低波动率	16.0%(4)
2013	等量加权	低波动率	32.4%(4)
2014	低波动率	基本面	13.7%(4)
2015	动量	基本面	14.6%(4)
2016	基本面	动量	12.0%(3)
2017	动量	基本面	21.8%(3)

注：作者使用嘉信理财提供投资趋势的信息和分析的平台 Schwab Asset Class Quilt[R]（嘉信理财，"Smart Beta Strategies：Understanding Key Differences"，2018 年 2 月 16 日）报告的回报率创建了此表。这项分析是由嘉信金融研究中心开展的，数据由 Morningstar Direct（晨星公司的一个基于网络的投资分析平台）提供。

聪明贝塔：贝塔策略还是阿尔法策略？

我们在本章中讨论贝塔策略时包含了聪明贝塔策略。问题在于它是一种贝塔策略还是一种形式的阿尔法（主动式）策略。这种困惑产生的原因是聪明贝塔策略有很多不同的类型。

---

① "Smart Beta Strategies：Understanding Key Differences"，2018 年 2 月 16 日。可见 https://www.schwab.com/resources-center/insights/content/smart-beta-strategies-understanding-key-differences。

晨星公司将聪明贝塔策略划分为回报导向型和风险导向型策略。试图相对市值指数增强回报率的聪明贝塔策略被称为回报导向型聪明贝塔策略。基本面策略将会属于这个类别的聪明贝塔策略，并被认为是真正的贝塔策略。涉及相对市值加权指数改变投资组合风险水平的聪明贝塔策略为风险导向型聪明贝塔策略，它们是阿尔法（主动式）策略。

关键要点

- 普通股投资策略被划分为贝塔策略或阿尔法策略。
- 投资组合或投资策略的贝塔是这个投资组合或投资策略相对基准的波动性的度量。
- 被动型投资者自行管理投资组合并将业绩与某个基准进行匹配，或是委托资产管理人如此投资，他们采取的策略被称为贝塔策略。
- 主动型投资者采取策略取得超越基准的业绩，或委托资产管理人如此投资，他们采用的策略被称为阿尔法策略。
- 我们根据市场的定价有效性对其进行划分，这被称为市场的有效性。
- 我们称资产价格迅速反映所有可得信息的金融市场为有效市场，在这种市场中，取得超常回报率是不可能的。
- 市场有效性有三个水平：弱式有效性、半强式有效性和强式有效性。
- 弱式市场有效性意味着当前资产价格反映了所有的历史价格和价格变化。
- 半强式市场有效性意味着当前资产价格反映了所有公开可得的信息。
- 强式市场有效性意味着当前市场价格反映了所有公开和私人的信息。
- 保罗·萨缪尔森格言主张股票市场是"微观有效的"，但不一定是"宏观有效的"。
- 市场有效性的形式对投资管理策略具有意义。
- 在股票市场被认为是价格有效的情况下采取的最优策略是被动式指数化策略，因为它使投资者能够捕捉市场的有效性。
- 主动式策略的特点是对选股程序的注重。
- 在传统上，有两种主要类型的选股方法：基于基本面分析的方法和基于技术分析的方法。
- 基本面分析试图从经营的角度评估公司的生存能力，它考察公司的财务报表和业务运作。
- 基本面分析的目标是识别将会产生稳健的未来现金流量的公司。
- 技术分析考察价格和回报率的形态，并假设价格和回报率遵循可辨认的形态。
- 主动式投资组合管理的基础理念是：市场存在无效性，也就是说，存在股票价格未能反映所有可得信息的情形。
- 指数化投资是一种被动形式的股票管理。
- 被动式方法得到以下发现的支持：股市似乎是足够价格有效的，因而在根据风险和交易成本调整后，我们难以持续稳定地取得超越市场的业绩。
- 指数基金管理涉及构建投资组合以复制一个指数。

- 指数由客户选择,最常用的指数是标准普尔 500 指数。
- 在指数化策略中,一旦选定指数后,资产管理人必须决定如何构建复制性投资组合以将跟踪误差最小化。
- 在构建指数化投资组合时,资产管理人必须考虑以下两者的权衡:(1)在复制性投资组合中纳入多少种指数所含的股票;(2)交易成本。
- 用少于指数所含个数的股票构建复制性投资组合涉及以下三个方法之一:市值法、分层法或二次优化法。
- 一些管理人在指数基金管理的框架中利用主动式策略,以增强回报率但仍控制市场风险。
- 两个常用的方法是构建倾斜的投资组合和使用股指期货市场。
- 在本质上,指数化策略是通过基于市值构建投资组合,来捕捉市场风险溢价的方法。其基础理论是:假如市场是价格有效的,那么捕捉市场风险溢价的最高效方法是构建投资组合以复制市场的表现。
- 假如市场不是有效的,那么指数化策略也许不是捕捉市场风险溢价的最佳方法,因为使用市值指数的一个缺陷在于:它们更加注重估值较高的公司的股票,因此会无意中造成过度集中于个股和单个板块的风险。
- 使用市值加权指数忽略了规模较小的公司的股票,而这些公司可能是前景更好的公司,因此应有更高的配置比例。
- 最常用的替代指数化的策略是聪明贝塔策略(亦称战略贝塔策略、科学贝塔策略和替代贝塔策略)。
- 一般而言,聪明贝塔策略是一个基于规则的构建方法,对每种股票的敞口不是基于市值,而是基于公司特征或系统性因子。
- 聪明贝塔策略的预期是:其建立的规则将会使所获得的期望回报率超出基于市值的策略的期望回报率。
- 聪明贝塔指数有两个类别:以替代方法加权的指数和因子指数。
- 以替代方法加权的指数的设计目的是实现下列的一项或两项目标:(1)避免市值加权指数所具有的集中度风险;(2)降低传统指数中存在的波动性。
- 我们有四种类型的指数:等量加权指数、基本面指数、最小方差指数和风险有效指数。
- 因子指数的构建目的是通过利用透明并且使所构建的指数具有可投资性的规则,来复制传统指数中的因子风险。
- 在聪明贝塔策略中最常用的三个因子通常为:(1)低波动率,(2)动量,以及(3)品质。

参考文献

Alexander,S. S.,1961. "Price movements in speculative markets: Trends or random walks," *Industrial Management Review*, 2:7—26.

Arnott,R.,J. Hsu, and P. Moore, 2005. "Fundamental indexation," *Financial Analysts Journal*, 61(2):83—99.

Arnott, R., V. Kalesnik, P. Moghtader, and C. Scholl, 2010. "Beyond cap weight: The empirical evidence for a diversified beta," *Journal of Indexes*, 16:16—29.

Berk, J. B., 2005. "Five myths of active portfolio management," *Journal of Portfolio Management*, 31(3):27—31.

Berk, J. B. and J. H. van Binsbergen, 2016. "Assessing asset pricing models using revealed preference," *Journal of Financial Economics*, 119(1):1—28.

Bernstein, P. L., 1985. "Does the market overreact?: Discussion," *Journal of Finance I*, 40(3):806—808.

Brock, W., J. Lakonishok, and B. LeBaron, 1992. "Simple technical trading rules and the stochastic properties of stock returns," *Journal of Finance*, 47(5):1731—1764.

Brown, K. C. and W. van Harlow, 1988. "Market overreaction: Magnitude and intensity," *Journal of Portfolio Management*, 14(2):6—13.

Brown, S. J., W. A. Goetzmann, and A. Kumar, 1998. "The Dow Theory: William Peter Hamilton's track record reconsidered," *Journal of Finance*, 53(4):1311—1333.

Carhart, M. M., 1997. "On persistence in mutual fund performance," *Journal of Finance*, 52(1):57—82.

Cootner, P. H., 1962. "Stock prices: Random vs. systematic risk," *Industrial Management Review*, 3:24—45.

Campbell, J. Y. and R. J. Shiller, 1988. "Stock prices, earnings, and expected dividends," *Journal of Finance*, 43:661—676.

Daniel, K. D., D. Hirshleifer, and A. Subrahmanyam, 1998. "Investor psychology and security market under- and overreactions," *Journal of Finance*, 53(4):1839—1885.

DeBondt, W. and R. Thaler, 1985. "Does the market overreact?" *Journal of Finance*, 40(3):793—805.

DeBondt, W. and R. Thaler, 1987. "Further evidence on investor overreaction and stock market seasonality," *Journal of Finance*, 42(3):557—581.

DeMiguel, V., L. Garlappi, and R. Uppal, 2009. "Optimal versus naive diversification: How inefficient is the 1/N portfolio strategy?" *Review of Financial Studies*, 22(5): 1915—1953.

Edwards, R. D. and J. Magee, 1948. *Technical Analysis of Stock Trends*. Boston: John Magee Inc.

Fama, E. F., 1970. "Efficient capital markets: A review of theory and empirical work," *Journal of Finance*, 25(2):383—417.

Fama, E. F. and M. Blume, 1966. "Filter rules and stock-market trading," *Journal of Business*, 39:226—241.

Figelman, I. 2007. "Stock return momentum and reversal," *Journal of Portfolio Management*, 34(1):51—69.

Glickstein, D. and R. Wubbels, 1983. "Dow theory is alive and well!" *Journal of Portfolio Management*, 9(3):28—32.

Haugen, R. A. and N. L. Baker, 1991. "The efficient market inefficiency of capitalization-weighted stock portfolios," *Journal of Portfolio Management*, 17(3):35—40.

Hsu, P.-H. and C.-M. Kuan, 2005. "Reexamining the profitability of technical analysis with data snooping checks," *Journal of Financial Econometrics*, 3(4):606—628.

Hwang, S. and A. Rubesam, 2015. "The disappearance of momentum," *European Journal of Finance*, 21(7):584—607.

Ibbotson SBBI, 2017. *2017 Classic Yearbook*. Chicago: Morningstar.

Jegadeesh, N., 1990. "Evidence of predictable behavior of security returns," *Journal of Finance*, 45(3):881—898.

Jegadeesh, N. and S. Titman, 1993. "Returns to buying winners and selling losers: Implications for stock market efficiency," *Journal of Finance*, 48(1):65—91.

Jung, J. and R. J. Shiller, 2005. "Samuelson's dictum and the stock market," *Economic Inquiry*, 43(2):221—228.

Korajczyk, R. A. and R. Sadka, 2004. "Are momentum profits robust to trading costs?" *Journal of Finance*, 59(2):1039—1082.

LeRoy, S. F. and R. D. Porter, 1981. "The present value relation: Tests based on variance bounds," *Econometrica*, 49(3):555—574.

Peters, E. E., 1991. *Chaos and Order in The Capital Markets: A New View of Cycles, Prices, and Market Volatility*. New York: John Wiley & Sons.

Plyakha, Y., R. Uppal, and G. Vilkov, 2012. "Why does an equal-weighted portfolio outperform value- and price-weighted portfolios," EDHEC Business School, Working paper.

Roll, R., 1977. "A critique of the asset pricing theory: Part 1. On the past and potential testability of the theory," *Journal of Financial Economics*, 4(2):129—176.

Rouwenhorst, G. 1998. "International momentum strategies," *Journal of Finance*, 53(1):267—284.

Scheinkman, J. and B. LeBaron, 1989. "Nonlinear dynamics and stock returns," *Journal of Business*, 62(3):311—337.

Shiller, R. J., 1981. "Do stock prices move too much to be justified by subsequent changes in dividends?" *American Economic Review*, 71(3):421—436.

13

普通股阿尔法策略

学习目标

在阅读本章后,你将会理解:

- 什么是主动式(或阿尔法)策略;
- 在制定主动式策略时使用的自上而下法和自下而上法;
- 什么是传统的基本面分析,以及基本面分析策略;
- 什么是技术分析;
- 什么是股票风格投资;
- 什么是因子投资,以及最知名的因子;
- 回报率预测因子模型与风险预测因子模型的区别;
- 什么是多空回报率预测因子模型,以及 Fama-French 三因子和五因子模型;
- 什么是责任投资(环境、社会和治理投资,即 ESG 投资),以及构建 ESG 投资组合的策略;
- 股票策略的容量以及如何衡量容量;
- 不同类型的交易成本(隐性和显性的交易成本);
- 什么是回测,以及在对所提议的投资策略开展回测时使用的三个方法;
- 回报率归因模型能如何被用于解释资产管理人回报的来源。

正如第 12 章解释的那样,股票投资组合经理采用的策略为指数化策略或主动式策略。选择何种策略取决于客户对股票市场定价有效性的看法。当客户认为在根据风险、交易成本和管理费进行调整后资产管理人的业绩不能超越股市时,指数化策略(即贝塔策略,是第 12 章的主题)应被采用。当客户认为有一些股票投资组合经理能够取得超越市场的业绩时,他们将会试图聘请采取主动式策略的管理人。主动式策略叫做阿尔法策略,是本章的主题。

自上而下法和自下而上法

采取主动式策略的股票管理人可遵循自上而下法或自下而上法。在自上而下法中,股票管理人首先评估宏观经济环境并预测其近期前景。基于这项评估和预测,股票管理人决定将多少投资组合资金配置给股票市场的不同板块,以及将多少资金配置给现金等价物(即短期货币市场工具)。股票市场的板块按如下方式划分:基本材料、通信、消费必需品、金融、技术、公用事业、资本货物、周期性消费品、能源、医疗健康和交通。①行业还有更进一步的细分,例如,它可以包含铝业、纸业、国际石油、饮料、电力公用事业、电话和电报等。

在制定配置决策时,采用自上而下法的管理人依赖对股票市场的分析,以识别那些相对而言将从预期的经济预测中获益最多的板块和行业。一旦管理人决定了将多少资金配置给各个板块和行业后,他接着会寻找个股以纳入投资组合。

与自上而下法形成对比的是,采用自下而上法的股票管理人关注对个股的分析,对经济周期和市场周期的重要性则不加以重视。自下而上的投资组合经理的主要工具是基本面证券分析。我们将在下文中讨论这种工具。分析的产出是确定一组待购买的潜在股票,这些股票拥有管理人认为具有吸引力的某些特征。例如,这些特征可以是低市盈率和较小的市值。三位采用或曾采用自下而上法的知名管理人为沃伦·巴菲特(Warren Buffett,伯克希尔·哈撒韦公司)、迪安·勒巴伦(Dean LeBaron,百骏资产管理公司)和彼得·林奇(Peter Lynch,曾工作于富达麦哲伦基金)。

在自上而下法和自下而上法中,主动型股票管理人可以采取不同的策略。这些策略通常被称为股票风格,本章后面将会对之进行讨论。

基本面分析与技术分析

无论是在自上而下法还是在自下而上法中,人们对于何种信息有助于股票选择都有两个观点。这两个观点是基本面分析观点和技术分析观点。

传统的基本面分析涉及分析公司的运营以评估其经济前景。分析从公司的财务报表开始,以考察公司的利润、现金流量、盈利能力和债务负担。基本面分析师将考察主要的产品线、产品的经济前景(以及潜在的竞争者),以及公司经营所处的行业。这项分析的结果是公司盈利的增长前景。基于盈利的增长前景,基本面分析师会试图使用第 11 章讨论的一个或多个股票估值模型确定股票的公允价值。分析师然后将估计的公允价值与市场价格进行比较,以确定股票在市场中的定价是公平、偏廉(市场价格低于估计的公允价值)还是偏贵(市场价格高于估计的公允价值)的。传统基本面分析之父本杰明·格雷厄姆(Benjamin Graham)

---

① 这些是标准普尔使用的分类。还有另一个被标记为"杂项"的板块,它包含了不属于其他任何板块的股票。

在其经典的《证券分析》(*Security Analysis*)一书中倡导了这项分析。[1]基本面分析的局限在于：它未量化与公司股票相关的因子，以及这些风险因子是如何影响其估值的。在本章后面，我们将描述如何量化不同风险因子的模型。

技术分析忽略了有关公司基本面的公司信息。相反，它关注个股、股票组和总体市场的由供求变化导致的历史价格和/或交易量。这种类型的分析不仅被应用于普通股的分析，而且被用于商品、债券和期货合约的交易。技术分析可以回溯至 17 世纪，当时它在日本被应用于分析米价的趋势[见 Shaw(1988：313)]。现代技术分析之父是查尔斯·道，他是《华尔街日报》的创始人，并在 1889 年 7 月至 1902 年 12 月期间担任了该报纸的首任编辑。

在下面，我们将讨论遵循基本面分析和技术分析的主动型管理人采取的一些策略。我们还将考察关于这些策略的业绩的证据。然而，关键的是理解基本面分析和技术分析可以被整合在一个策略中。具体而言，资产管理人可以使用基本面分析识别待买入或卖出的候选股票，然后采用技术分析选择买入或卖出的时机。

基于基本面分析的策略

正如我们先前解释的那样，基本面分析涉及对公司的盈利增长前景、履行债务的能力、其竞争环境等方面开展经济分析。半强式市场有效性的支持者论证，基于基本面分析的策略不能产生超常的回报。原因很简单，有很多分析师在使用相同的公开可得数据开展相同的分析，因此股票的价格总是会反映所有决定价值的相关因素。

基于基本面分析的策略关注公司的盈利和预期的盈利变化。事实上，Chugh 和 Meador (1994)发现，分析师使用的两个最重要的度量为短期和长期的盈利变化。

在本节的剩余部分，我们将描述几种应用普遍的基本面分析相关策略。

盈利意外策略

研究已经发现，对投资者重要的不仅仅是盈利的变化。原因在于：分析师对上市公司（通常是未来一个季度、当前会计年度和下一个会计年度）的每股盈利有一个共识预测。例如，Zacks Investment Research 公司跟踪卖方分析师（即经纪公司的分析师）的每股盈利估计，并用这些信息创建一个共识预测，即每股盈利估计的平均值。

预期可以产生超常回报率的因素是市场对未来盈利的共识预测与随后公布的实际盈利值的差异程度。共识预测盈利与所公布的实际盈利的差异叫做每股盈利意外（earnings per share surprise，EPS 意外），其计算方式如下：

$$\frac{(实际\ EPS - 共识\ EPS)}{共识\ EPS\ 的绝对值} \times 100$$

---

[1] 此书有数个版本。第一版印刷于 1934 年，是与 Sidney Cottle 共同撰写的。一个更容易找到的版本是 Graham、Dodd 和 Cottle(1962)。

当实际 EPS 超出市场的共识预测时,这是正盈利意外;当实际盈利低于共识预测时,将会产生负盈利意外。

文献中已有大量对 EPS 意外的研究。[①]这些研究似乎显示,识别可能有正盈利意外的股票并购买它们可以产生超常回报。当然,难点在于识别这种股票。

低市盈率策略

享有盛名的本杰明·格雷厄姆在 1949 年为"防御型投资者"提出了一个经典的投资模型。他将防御型投资者定义为没有时间、经验或性情开展激进型投资的投资者。他的《聪明的投资者》(*The Intelligent Investor*)一书后续的每个版本都对这个模型进行了更新。[②]1973 年版本中概述的一些基本投资标准能够很好地代表这个方法:

- 公司必须在过去 20 年中每年都支付了股息。
- 对于工业公司,公司的最低年销售额为 1 亿美元;对于公用事业公司,这个数字为 5 000 万美元(注意,这是 1973 年的美元价值)。
- 公司必须在过去 10 年中每年都实现了正盈利。
- 当前价格不应超过最新账面价值的 1.5 倍。
- 市场价格不应超过最近 3 年平均盈利的 15 倍。

格雷厄姆将市盈率当作一个衡量为所收到的价值支付的价格的指标。他对高市盈率持怀疑态度,并认为这代表了为难以预测的未来盈利增长支付的高溢价。因此,市盈率较低、品质较高的公司更被看好,因为它们的盈利不太可能令人失望,从而价格向下修正的可能性也更小。

Oppenheimer 和 Schlarbaum(1981)的一项研究显示,在 1956 年至 1975 年间,采用格雷厄姆的策略取得了显著的超常回报,即便是在考虑了交易成本以后也一样。尽管格雷厄姆的低市盈率方法最初是针对防御型投资者的,但目前许多专业投资顾问公司都采用这个方法的大量经不同修正的版本。[③]

市场中性多空策略

寻求从管理人纯粹的选股能力获利的主动式策略是市场中性多空策略。这个策略的基本思路如下:首先,股票管理人用第 11 章中描述的模型分析一组股票范围内的个股的期望回报率。基于这项分析,管理人可将这些股票划分为"高期望回报率股票"或"低期望回报率股票"。接着,管理人可以采取以下三个策略之一:(1)仅购买高期望回报率股票,(2)卖空低期望回报率股票,或(3)同时购买高期望回报率股票和卖空低期望回报率股票。

前两个策略的问题在于:市场的波动一般会产生不利影响。例如,假设管理人选择了高期望回报率股票并且市场发生了下跌。由于所有股票的回报率都与市场呈正相关性,市场的

---

① 第一项此类检验是由 Joy、Lizenberger 和 McEnally(1977)开展的。
② Graham(1973,第 14 章)详尽地描述了这个模型。
③ 对低市盈率投资策略的详尽介绍见 Dreman(1982)。

下跌将会产生负回报率,即便管理人确实能够识别高期望回报率股票。同样,假如管理人卖空了低期望回报率股票并且市场出现了回升,投资组合将实现负回报率。这是由于市场的上升意味着管理人必须以高于股票卖空时价格水平的价格填平每种股票的空仓。

让我们考察第三个替代策略,即同时购买高期望回报率的股票和卖空低期望回报率的股票。考虑当总体市场波动时,多头头寸和空头头寸将会发生什么。市场的下跌将会使多头头寸受损并使空头头寸获益。市场的回升则会使空头头寸受损并使多头头寸获益。因此,多头头寸和空头头寸提供了相互对冲的工具。

尽管多头—空头头寸能够对冲总体市场波动,但一个头寸相对另一个头寸的变化程度不受简单的买入高期望回报率股票并卖空低期望回报率股票的控制。也就是说,两个头寸不能抵消总体市场波动带来的风险。然而,我们可以用抵消任何市场波动的市场敞口建立多头头寸和空头头寸。具体而言,多头头寸和空头头寸被构建成具有相同的贝塔值,因此多头—空头头寸的贝塔值为零。由于这个原因,这个策略被称为市场中性多空策略(market-neutral long-short strategy)。假如管理人确实能识别高期望回报率和低期望回报率的股票,那么使投资组合抵消市场波动将会产生正回报,无论市场是上涨还是下跌。

以下是市场中性多空投资组合的构建方法。我们从一个股票名单开始,其中的股票属于高期望回报率股票组或低期望回报率股票组。我们将使用第 11 章描述的一个模型或多个模型的组合。(事实上,我们将这个策略划分为基本面分析策略,因为基本面分析被用于识别属于高期望回报率和低期望回报率股票类别的股票。)高期望回报率股票被称为"赢家",是待纳入多头投资组合的候选对象;低期望回报率股票被称为"输家",是待纳入空头投资组合的候选对象。

假设(1)客户配置给管理人 1 000 万美元以实施市场中性多空策略[①],(2)管理人(在客户的许可下)利用这 1 000 万美元以保证金融资购买股票。正如第 3 章解释的那样,投资者可以借取用保证金融资购买的股票的市场价值的一定比例,这个比例是由联邦储备银行决定的。让我们假设保证金要求为 50%。这意味着管理人有 2 000 万美元可用于投资——1 000 万美元的多头头寸和 1 000 万美元的空头头寸。

在用保证金融资购买证券时,管理人必须为追加保证金做好准备。因此,在管理追加保证金的风险方面的一个审慎政策是不投资全部金额。相反,管理人通常会维持大约 10% 的权益资本作为流动性缓冲。这个金额被投资于高品质的短期货币市场工具。以这种工具持有的部分被称为以"现金"持有。在我们的例子中,由于权益资本为 1 000 万美元,100 万美元以现金持有,剩余的 900 万美元被投资于多头头寸;因此,900 万美元被卖空。投资组合的构成如下:100 万美元的现金、900 万美元的多头头寸和 900 万美元的空头头寸。

市场异象策略

尽管有一些管理人对技术分析和基本面分析持怀疑态度,但另一些管理人认为股票市场中存在大量的定价无效性。也就是说,有一些投资策略在历史上产生了呈统计显著性的正超常回报率。这些市场异象被称为小公司效应、低市盈率效应、被忽略公司效应和各种日历效

---

① 这个例子取自 Jacobs 和 Levy(1997)。

应。还有一个策略涉及跟踪公司内部人士的交易。

这其中一些所谓的异象是对半强式定价有效性的挑战,因为它们使用了公司的财务数据。这些包括小公司效应和低市盈率效应。日历效应是对弱式定价有效性的挑战。跟踪内部人士在买入和卖出其公司股票方面的活动是同时对弱式定价有效性和强式定价有效性的挑战。正如我们将在下文中解释的那样,对前者的挑战是:关于内部人士活动的信息是公开可得的。事实上,《华尔街周报》等热门电视节目提议将之用作一个技术指标。因此,问题在于:"外部人士"是否能利用关于内部人士交易活动的信息实现超常回报。对强式定价有效性的挑战是:内部人士被视作拥有特殊信息,因此他们也许能够利用从其与公司的特殊关系中获得的信息实现超常回报。

小公司效应

小公司效应出现于几项研究中,这些研究显示小公司(以总市值判断)投资组合的表现超越了股票市场(由大型和小型公司组成)[见 Reinganum(1981) 和 Banz(1981)]。由于这些发现,一些股票市场指数已被推出,以作为希望采取小公司策略的管理人的业绩比较基准。我们将在后面讨论股票风格管理时更详尽地对之进行描述。

低市盈率效应

我们在前面讨论了本杰明·格雷厄姆为防御型投资者提出的基于低市盈率的策略。低市盈率效应得到了几项研究的支持,这些研究显示由低市盈率股票组成的投资组合超越了由高市盈率股票组成的投资组合[见 Basu(1977)]。然而,有几项研究发现,因价格和盈利随着时间而变化,投资组合需要开展再平衡,在根据开展再平衡所需的交易成本进行调整后,低市盈率股票投资组合的出色业绩不再成立[见 Levy 和 Lerman(1985)]。对这种假定的出色业绩的一种解释是:股票以低市盈率交易的原因是它们暂时不受到市场参与者的欢迎。由于潮流确实会发生改变,当前不流行的公司将在未来的某个不确定时间发生反弹[见 Dreman(1979)]。

被忽略公司效应

并非所有公司都从证券分析师那里获得相同程度的关注,一种观点认为,被证券分析师忽略的公司的表现将会超越备受关注的公司。一项研究发现,基于证券分析师对不同股票的关注程度的变化的投资策略可以产生正超常回报[见 Arbel、Carvell 和 Stebel(1983)]。这个市场异象被称为被忽略公司效应。

日历效应

尽管一些实证研究注重于根据某个标准(如市值、市盈率或分析师的关注度)选择的公司,但日历效应考察了实施策略的最佳时间。异象的例子包括一月效应、月份效应、周内效应和假日效应。实证证据似乎表明,平均而言,如果策略在某些时间实施,将能实现比在其他日历时期实施策略更出色的业绩。然而,由于我们不可能预测这种策略何时能够奏效,这再次支持了市场至少是弱式有效的观点。

股票风格投资①

　　风格投资是对具有以下目的的投资策略的实施:通过投资于因实证观察到的市场异象导致定价错误的股票赚取超额回报。风格投资利用的两个主要异象是价值型/成长型和市值。图 13.1 显示的知名的晨星风格箱描述了这两个常用风格。有共同基金、ETF 和指数对应于规模和价值型/成长型方格。尽管市值(规模)类别的区分是清晰的,但成长型股票管理人和价值型股票管理人的差异是什么?

规　模	价值型	混合型	成长型
大型股			
中型股			
小型股			

图 13.1　晨星风格箱

　　成长型管理人试图通过购买具有高盈利增长预期的公司的股票来取得超越大盘的业绩。股票的当前价格不如公司未来的基本面重要。也就是说,随着公司持续产生未来现金流的增量,股票将会升值。相比之下,价值型管理人试图通过采取策略购买股市出于某种原因错误定价的偏廉的股票来取得更佳的业绩。需要指出的是,成长型管理人用语源自"成长型公司"这一术语。价值型管理人则没有同源语——如在"价值型公司"中那样。

　　显然,这两个风格派别中的从业者拥有截然不同的哲学理念。成长型管理人相信他们能够识别公司未来的相对盈利增长率。他们根据其内部对公司未来基本面潜力的预测,认为市场低估了股票应有的价值。因此,他们愿意为其认为的好公司支付更高的价格——市盈率或市净率。主动型成长股投资组合的特征一般是:假设其他因素相等,它们通常具有稳定和较高的盈利增长,久期较长②(即对利率的变化高度敏感),更易受到负面盈利事件的影响,具有较高的市场贝塔值,并且处于更令人振奋的行业。从本质上说,市场对正增长反应不足,低估了这种增长。

　　相比之下,价值型管理人试图发现低估品。他们寻找那些出于各种原因遭到抛售,并且市场暂时放弃了的股票。在其他因素相等的情况下,主动价值型管理人的投资组合包含近期出现负面消息的股票,股息率较高,市盈率较低,并且处于总体增长前景欠佳的缺乏生气的行业。从本质上说,市场对不景气或薄弱的基本面反应过度,低估了公司未来业绩改善或好转的潜力。

　　除了对这两派哲学理念的多种一般化外,投资组合的实施也可能会相当不同。成长型管

---

　　①　本节关于风格投资的部分内容取自与 PanAgora 资产管理公司的总裁兼首席执行官 Eric H. Sorensen 合作撰写的文章。

　　②　我们将在第 16 章中讨论久期度量。

理人通常会利用正盈利动量并在价格上升的情形下买入股票。假如他们急于买入股票,那么可能会在建立头寸的过程中成为流动性的需求者——从而推动价格上升。此外,在负面盈利事件发生的情况下,他们有时会卖出股票并在一定程度上导致了价格的下行压力。相比之下,价值型管理人通常买入价格已被下压的股票,因此是流动性的提供者。通常,他们可能会在股票达到某个最低点前提前买入股票,并在价格上升至其认为的公允价值前提前卖出股票。

价值型管理人的技术和公司特征

在价值型管理人的世界中,为了选择证券,他们需要对众多标准或公司特征进行评估。列在清单之首的是一些对股价偏廉程度的度量。一个所谓的反转型投资者通常被认为是深度折价证券的买方。这些股票也许具有极低的市盈率和/或名义上的高股息率(Christopherson and Williams,1997;Schlarbaum,1997)。低市净率对于某些类型的公司也是一个标准。采取反转策略的反转型投资者会考察公司的账面价值,并关注那些售价相对账面价值被低估的公司。属于这个类别的公司可能是价格低迷的周期性股票或没有(或几乎没有)未来盈利增长前景的公司。预期是:股票将经历周期性反弹或公司的盈利将会出现好转。这两种情形的发生预计都会使价格大幅上升。

投资组合中许多这些超卖的股票可能需要几个季度或甚至是几年时间才能实现所希望的升值。这需要耐心,对于希望持续稳定地超越基准的资产管理人而言,这通常不是一个好方法。

其他价值型管理人在选股过程中采取了更加温和的态度。许多管理人关注相对价值,这意味着价格偏廉程度仅是一项考虑(尽管它是重要的)。"相对"有时与可比股票相关,譬如在同一行业中的股票。因此,与像标准普尔 500 指数那样的宽基指数相比,相对价值投资组合也许是板块中性或行业中性的。在这种情形下,配置给各行业的比例与宽基基准相似,但具体的持仓品种相对于同一行业中的其他股票价格偏廉。这与深度价值投资形成了鲜明对比,后者通常会导致(相对宽基指数中行业的配置比例而言)重大的行业集中度(权重过高和过低)。这种反转策略投资组合通常不会像相对价值投资组合那样持续稳定地跟踪所选择的指数。

价值型管理人可能会启用的另一个条件是将成长性作为一项关键考虑。成长性是好的,但管理人希望避免为股票支付过高的代价。合理价格成长(growth at a reasonable price,GARP)是这个方法的一个常用名称。在这里,管理人将对所选择的价格偏廉程度的度量(如市盈率或市净率)与公司的成长潜力进行比较,如将市盈率除以预测的增长率。假如价格具有预期盈利增长的支撑,那么高市盈率股票可以是"物有所值的"。

成长型管理人的技术和因素

成长型管理人寻找增长前景优于平均水平的公司。在成长型管理人风格类别中,通常有两个主要的子风格(Christopherson and Williams,1997)。第一类是关注增长稳定的高品质公司的成长型管理人。采取这个子风格的管理人被称为持续成长型管理人。这些通常是投资于大型股的成长型管理人。

第二个成长型子风格是由盈利动量成长型管理人采用的。与成长型管理人相比,盈利动量成长型管理人更偏好波动性较高、增长率高于平均水平的公司。他们通常寻找加速增长的公司。这些管理人通常投资于中型股和小型股。

因子投资

在第 9 章中，我们讨论了资本资产定价模型（CAPM）及其延伸以解释资产回报率。CAPM 是一个均衡模型。我们还讨论了根据无套利论证得出的模型，即套利定价理论（APT）。原始的 CAPM 主张影响资产回报率的唯一因子是总体市场。相比之下，APT 主张还有其他不同于市场的因子会驱动资产回报率，但这个理论不能识别这些因子。这些模型是概念性的，描述了在模型的基础假设下世界的面貌将会如何。

股票市场中的因子投资涉及基于已持续被证明影响股票回报率的因子构建投资组合。这些因子可以是基本面因子、宏观经济因子和/或市场因子。贝莱德集团估计，截至 2017 年 9 月 30 日，因子行业的规模大约为 1.9 万亿美元，并且将在 2022 年以前增长至 3.4 万亿美元。[①]晨星公司估计，有 771 家共同基金和交易所交易基金遵循因子投资策略，资产管理规模超过了 1 万亿美元。

在实践中，用于构建基于因子的投资组合的定量模型可分为两个类别。第一个类别是用于预测回报率的因子模型，我们称为"回报率预测因子模型"。第二个类别是用于预测风险的因子模型，我们称为"风险预测因子模型"。我们对两类模型的描述如下。

回报率预测因子模型

对 CAPM 的实证检验发现，有一些公司特征和市场信息（如股票的动量）能够解释横截面股票回报率。也就是说，对于既定的时期，我们可以估计一个多元回归，其中 N 种公开交易的股票的回报率为因变量，潜在的公司特征和市场信息为自变量（解释变量）。[②]根据 CAPM，这些自变量都应不呈显著性。而统计检验事实上显示一些自变量在不同时期的检验中呈统计显著性。

呈显著性的自变量曾一度被称为"异象"。我们在前面描述了这些异象。但是，它们只有在以下的意义上才是异象：实证结果与理论模型 CAPM 不相一致，而该模型被假设为合适的资产定价模型。如今，其中一些异象（如前面讨论的小公司效应）被纳入因子模型。

对实证检验识别的大量因子的回顾超出了本章的内容范围。相反，我们将简要讨论 White 和 Haghani（2020）论述的市场因子以外的六个最常用的因子：（1）价值；（2）规模；（3）股息率；（4）品质；（5）动量；（6）低波动性。这个排序是根据关注这些因子的共同基金的个数和市值确定的。表 13.1 描述了每个因子以及所观察到的因子与预期业绩之间的实证关系。

---

① https://www.blackrock.com/us/individual/investment-ideas/what-is-factor-investing.
② 更具体而言，回归是用时间 t 的公司特征和时间 $t+1$ 的公司回报率估计的。

　　Fama 和 French(1993)发现,价值和规模(市值)赚取了正风险溢价。Carhart(1997)认为股票的动量是解释股票回报率的一个因子。股票的动量是股票价格延续相同方向变化的趋向(即上涨的股票价格将会继续上涨,下跌的股票价格将会继续下跌)。

　　Fama 和 French(2015)利用第 11 章解释的股息折现模型表明,预期盈利能力和预期投资也是解释股票回报率的因子,这两个因子未在表 13.1 中显示。2013 年发表的研究也提供了关于这两个因子的实证证据。Novy-Marx(2013)发现,公司的当前盈利能力——毛利润/资产比率——是未来盈利能力的良好预测变量。因此,它是一个可以解释未来回报率的因子。投资因子基于 Aharoni、Grundy 和 Zeng(2013)的研究,他们发现公司投资与期望回报率存在逆相关。

表 13.1　市场因子以外的六个最常用的因子

因　子	度　量	所观察到的实证关系
价值(V)	每股价格与每股账面价值的比率(市净率)	市净率低的股票比市净率高的股票具有更佳表现
规模(S)	市值:每股市场价格乘以发行在外的股数	小型股的表现超越了大型股
股息率(DY)	每股股息除以每股价格	股息率(或股息增长率)高的股票比股息(或股息增长率)低的股票具有更佳表现
品质(Q)	盈利能力和投资业绩的各种度量	盈利能力高和/或投资政策保守的股票比盈利能力低和/或投资政策激进的股票具有更佳表现
动量(MOM)	某个指定时期(如六个月或一年)内的价格表现	在过去指定时期内超越市场的股票比在过去指定时期内不如市场的股票具有更佳表现
波动性(VOL)	股票价格波动性的各种度量(包括贝塔)	历史波动性低(或贝塔低)的股票比历史波动性高(或贝塔高)的股票具有更佳表现

资料来源:基于 White 和 Haghani(2020)的相关信息整理。

　　Fama 和 French 提出了两个回报率预测因子模型。第一个模型包含市场因子(正如在 CAPM 中那样),以及表 13.1 显示的价值和规模。这个回报率预测因子模型叫做 Fama-French 三因子模型。当盈利能力和投资因子被加入三因子模型时,这个扩展的模型被称为 Fama-French 五因子模型。对这两个模型的批评是,它们未包含其他四个在历史上已被证明可以解释横截面回报率的因子。这个五因子模型的特别之处是,两个被加入三因子模型的因子没有与三因子模型中的因子相同的实证支持。①

　　融合表 13.1 所示因子的模型可以通过两种方式被应用于回报率预测因子模型:多空策略和多头策略。策略又反过来可以仅关注一个因子或多个因子。涉及多个因子的策略采用回报率预测多因子模型。

多空策略

　　我们使用因子模型的第一种方式是考察从因子的多头头寸与空头头寸获得的回报率的差异。我们可以仅用一个因子确定多头头寸和空头头寸以开展多空策略,也可以用多个因子确定这些头寸。当我们使用多个因子时,所用的模型被称为多因子模型。

　　下面的两个例子说明了在建立多头—空头头寸时仅使用一个因子的情况。第一个例子

---

　　①　Blitz、Hanauer、Vidojevic 和 van Vliet(2018)讨论了对这些模型的顾虑。

使用动量作为因子,第二个例子使用基本面因子。在第一个例子中,我们根据某个指定时期(如 6 个月或 1 年)内的价格动量对来自一个候选股票范围内的股票进行排名。接着,我们购买名单上前 X％ 的股票。这些股票被称为"赢家"。我们卖空名单上最后 X％ 的股票。这些股票被称为"输家"。为了说明我们在构建多空投资组合时如何使用一个基本面因子,考虑一种基于价值因子的策略并假设价值的度量是账面价值/价格(B/P)比率。B/P 比率越高,价值也越高。我们认为前 Y％ 的股票是最价有所值的股票并购买它们。接着,我们认为最后 Y％ 的股票是成长股并卖空它们。

对于基于回报率预测多因子模型的策略,最常用的模型可能是 Fama 和 French 开发的两个模型:三因子模型和五因子模型。为了解释他们的模型,我们将采用 Fama-French 三因子模型使用的变量标记及每个变量的含义:

● 小减大(small minus big,SMB)变量是小型股回报率减去大型股回报率之差。这是通过建立小型股的多头头寸并建立大型股的空头头寸实现的。基于小型股和大型股的历史表现的预期是:小型股的表现将会超越大型股。这被称为规模溢价。假如历史表现能够在未来继续实现,那么小型股的多头头寸产生的回报率将会高于大型股的回报率,这个时期的 SMB 将为正数。

● 高减低(high minus low,HML)是差额变量,等于价值股("高")与成长股("低")的回报率之差。这是通过建立价值股的多头头寸并建立成长股的空头头寸实现的。基于价值股和成长股的历史表现的预期是:价值股的表现将会超越成长股。这被称为价值溢价。假如历史表现能够在未来继续实现,那么价值股的多头头寸产生的回报率将会高于成长股空头头寸的回报率。HML 在既定时期内为正数意味着价值股的表现将超越成长股。

在上文对二个变量的描述中,我们指称"股票"。也就是说,我们有小型股、大型股、价值股和成长股。股票组是以投资组合衡量的。Fama 和 French 按下列方式构建投资组合:

● 小型股投资组合从下面三个投资组合构建而来:小型价值股投资组合、小型中性股投资组合和小型成长股投资组合。小型股投资组合的回报率为这三个投资组合的平均回报率。

● 大型股投资组合从下面三个投资组合构建而来:大型价值股投资组合、大型中性股投资组合和大型成长股投资组合。大型股投资组合的回报率为这三个投资组合的平均回报率。

● 价值股投资组合从下面两个投资组合构建而来:小型价值股投资组合和大型价值股投资组合。价值股投资组合的回报率为这两个投资组合的平均回报率。

● 成长股投资组合从下面两个投资组合构建而来:小型成长股投资组合和大型成长股投资组合。成长股投资组合的回报率为这两个投资组合的平均回报率。

多头回报率预测因子模型

一个替代方法是基于一个或多个因子仅建立多头头寸。在仅有单个因子的情况下,资产管理人决定哪个因子预期将会超越基准,然后基于这个因子选择排名靠前的股票纳入投资组合。例如,假如所选择的因子是动量,那么仅有前 X％ 的股票会被买入,其中 X 是由资产管理人决定的。当模型涉及多个因子时,资产管理人会用统计技术确定一个包含资产管理人为构建投资组合而关注的因子的模型。

风险预测因子模型

一些商业供应商开发了控制投资组合对不同因子的风险敞口的模型。这些模型被称为风险预测因子模型。风险模型的商业供应商已识别了风险因子。例如,这些供应商包括MSCI Barra 模型、Northfield XRD 模型和 Axioma。在本书配套册的第 15 章中,我们描述了Barra 开发的一个模型。在这个模型中,人们发现多种风险指标是决定股票回报率的重要因素。这个模型以风险指标为起点,它们包括波动性、动量、规模、交易活跃度、成长性、盈利收益率、价值、盈利变化度、杠杆、汇率敏感度和股息率。

风险指标是一个或多个风险描述变量的综合指标。例如,成长性风险指标由下列风险描述变量组成:(1)过去五年内的股息派发率,(2)资本结构的变化度,(3)资产的增长率,(4)过去五年内的盈利增长率,(5)分析师预测的盈利增长率,以及(6)新近的盈利变化。除了风险指标外,这个模型还使用了公司经营所处的行业。

责任投资与环境、社会和治理投资

联合国环境规划署金融倡议机构(United Nations Environment Programme Finance Initiative)[①]和联合国全球契约组织(United Nations Global Compact)[②]制定的《责任投资原则》(The Principles for Responsible Investment,PRI),定义责任投资为"将 ESG 因素纳入投资决策和积极所有权的一种投资策略和实践"。这些是在衡量可持续性和公司对社会的影响中的三大支柱。我们不乏描述责任投资的术语。在这个责任投资的广义定义中有不同的主题。例如,绿色投资是指选择致力于保护自然资源、开发替代能源和/或开发清洁空气和水的主体(公司或项目)。

致力于责任投资的共同基金和 ETF 的增长已有显著上升。更多的资产所有人要求资产管理公司制定遵守责任投资原则的策略,这些投资指令的数量预期还会增长。Greenwich Associates(2018)报告称,根据其对全球投资者开展的一项调查,在那些未将责任投资纳入其投资政策的投资者中,有 75％的投资者正考虑在未来采取这一行动。

环境、社会和治理标准

ESG 标准建立在如何从广泛的管理行为的角度对公司进行评价的基础之上,被称为责任投资的三大支柱。它们包括:

- 环境标准考虑了公司在作为环境守护者方面表现如何。例子包括公司的能源使用政

---

① https://www.unpri.org/pri/about-the-pri。

② 这是联合国发起的一项战略性倡议,目的是基于涵盖人权、劳工权利、环境和反腐败的 10 项原则支持全球各地的公司。

策、对环境的污染、自然资源的消耗，以及其对气候的影响。

● 社会标准考虑了公司如何管理其与所有利益相关方（雇员、客户、供应商和其经营所在的社区）的关系。社会标准涵盖的例子包括雇员的工作环境和总体幸福感、对客户关系的处理、其价值观与供应商价值观的一致性，以及其对社区的贡献，如对有价值的社区事业捐赠款项和公司员工为社会活动担任志愿者。

● 治理标准涵盖了公司的组织架构和制定决策的程序。这包含其财务会计体系的准确度和透明度、股东对关键问题投票的机会及其他股东权利，以及独立董事会的组建和有效性。

ESG 评分

几家 ESG 评分供应商提供对每个支柱的评分及总分。信用评级机构提供 ESG 评分。两家主要的 ESG 评分商业供应商为 Sustainalytics 和 MSCI。

我们难以比较这两家供应商的 ESG 评分，因为这三个支柱对于单个 ESG 标准没有标准化因子，也不遵循标准化的方法。例如，考虑 Sustainalytics 和 MSCI。[①]Sustainalytics 在推导出每个 ESG 评分时的关注点是公司信息披露的质量和透明度，而 MSCI 的关注点是公司的 ESG 敞口和相应的管理政策。每个支柱的因子数量都各有不同。Sustainalytics 总共使用 139 个因子（环境 52 个，社会 52 个，治理 35 个），而 MSCI 则使用 37 个因子（环境 13 个，社会 15 个，治理 9 个）加上 950 个子因子。在从单个支柱评分计算综合 ESG 评分时，Sustainalytics 通常对每个支柱评分应用相同的权重以取得综合 ESG 评分，而 MSCI 则使用一个远更复杂的综合方法。

构建 ESG 投资组合的策略

ESG 投资组合的构建取决于资产所有人选定的目标。Branch、Goldberg 和 Hand（2009）提出了在给定资产所有人目标的情况下，构建 EGS 投资组合的定量策略。其中每个策略都涉及用一种不同的方法来处理资产管理人在选定的 ESG 特征与投资业绩之间必须做出的权衡。理解这些权衡为资产所有人选择与其伦理观和投资观最匹配的策略提供了指导。

对于多元化投资组合，构建 ESG 投资组合最简单的策略是市值加权排除策略。这涉及基于一个或多个 ESG 特征筛选公司，然后从可以纳入投资组合的候选公司的名单中剔除未被准入的公司。候选公司的名单通常由某个市场指数所含的公司组成。

筛选可以根据资产所有人的标准，或根据商业供应商提供的 ESG 评分来开展。以 Trillium 资产管理公司为例。[②]这家资产管理公司自主开发了基于其行业排除公司的标准以及下列标准：环境、人权、动物权利、工作场所、产品和市场，以及治理。Trillium 排除了涉及或当前面临与任何一项上述标准相关的未决争议的公司。

一旦从市场指数（即候选名单）中剔除未被准入的公司后，资产管理人将确定作为准入投资对象的公司的市值。接着，资产管理人基于市值加权法将投资组合的资金配置给准入的公

---

① 来自 Furdak、Gao、Wee 和 Wu（2019）。

② https://trilliuminvest.com/trillium-investment-strategies/.

司。尽管投资组合是根据市值加权的,但它不是一项被动式(或贝塔)策略。相反,它是一项主动式策略,因为剔除未被准入的公司会导致跟踪误差。当被剔除的公司的表现不如(超越)市场指数时,将这些公司排除在外的 ESG 投资组合的表现将会超越(不如)市场指数。

最优排除策略从像市值加权排除策略那样排除公司开始。然而,这个策略在如何用资产管理人可以投资的公司构建投资组合方面有所不同。它不是根据市值将投资组合的资金配置给剩余(准入)的公司,而是通过试图将跟踪误差最小化的优化程序确定配置比例。

股票策略的容量

一旦资产管理人实施股票策略后,策略的业绩可能会由于多种原因受到侵蚀,因为随着投入这项策略的资产管理规模(assets under management,AUM)的上升,实施策略的成本也会上升。对更多的 AUM 采取某个策略产生的最终会导致业绩受到侵蚀的影响被称为策略的容量。业绩的侵蚀源自两个原因。第一个原因是:实施策略所需要的交易活动将会增加。第二个原因是:随着 AUM 的上升,资产管理人必须建立的头寸的规模也会上升。

Vangelisti(2006)对容量提出了三个不同的定义:门槛容量、财富最大化容量和终极容量。门槛容量是一个 AUM 水平,一旦 AUM 超过这个水平后,资产管理人就可以依赖于股票策略实现其既定的回报目标。将财富金额最大化(扣除交易成本后)的 AUM 水平是 Vangelisti 定义的财富最大化容量。交易成本(不仅仅包含佣金和费用)过高以至于不能实现任何阿尔法(即阿尔法等于零)的 AUM 水平是终极容量。

研究者对因子投资表达的一个顾虑是:这些策略可能已达到了容量。Ratcliffe、Miranda 和 Ang(2017)以三种方式考察了因子策略容量的问题。他们将容量定义为"假定的 AUM 临界点,在这个 AUM 水平上,相关的换手交易成本恰好与历史上观察到的风格溢价相抵消"。以 AUM 衡量的容量建立于聪明贝塔策略——动量、品质、规模、价值和最低波动性——之上。此外,他们还考察了由动量、品质、规模和价值因子组成的多因子策略。他们的分析于贝莱德集团开发的一个交易成本模型之上。他们分析因子策略容量的交易成本方法表明,因子策略的容量十分庞大。

交易成本[①]

交易成本可划分为固定成本和可变成本。固定交易成本独立于交易规模和市场环境等因素,而可变交易成本则依赖于上述部分或全部因素。交易成本还可划分为显性和隐性的交易成本。显性交易成本是可见并且预先已知的成本,如佣金、费用和税收。隐性交易成本是不可见并且事先未知的。一般而言,隐性成本构成了资产管理人面临的交易总成本

---

① 本书配套册的第 14 章更详尽地讨论了交易成本以及如何衡量这些成本。

的绝大部分。

显性交易成本

交易佣金和费用、税收和买卖价差是显性交易成本。投资者向经纪商支付佣金以执行交易。交易佣金是可协商的。为投资者保管证券的机构收取的费用被称为保管费。当股票的所有权发生转移时,投资者被收取转让费。卖出委托单和买入委托单的报价之差叫做买卖价差。买卖价差是市场向享有交易特权的所有人收取的即时交易成本。

隐性交易成本

两大隐性交易成本是市场冲击成本和机会成本。

市场冲击成本亦称价格冲击成本,是指交易价格与在交易未发生的情况下现行的市场(中间)价格①的偏差。价格变动是流动性的成本(市场冲击成本)。交易的价格冲击可能是负的,例如,假如交易员以低于无交易价格(即在假如交易未发生的情况下现行的价格)的价格购买股票的话。②

不交易的成本代表了机会成本。例如,当某笔交易未能执行时,资产管理人错失了一个机会。通常,这个成本被定义为资产管理人期望的投资与扣除交易成本后实际投资的业绩之差。一般而言,机会成本是由价格风险或市场波动性驱动的。因此,交易期越长,对机会成本的风险敞口就越大。

回测投资策略

回测是资产管理人评估投资策略提议的工具库中一项必不可少的工具。关于回测有多种不同的定义。一个合理的定义是:回测是在假设特定条件成立的情况下,对所提议的投资策略将会取得何种业绩的模拟。与回测相关的主要难点在于回测程序中的偏差以及切合实际地处理实施问题。这些包括德意志银行的定量分析团队所称的"定量投资的七宗罪":幸存者偏差、前视偏差、讲故事、数据挖掘和数据窥探、交易成本、异常值和卖空[见 Luo、Alvarez、Wang、Jussa、Wang 和 Rohal(2014)]。

回测投资策略的三个方法是前向方法、重抽样方法和蒙特卡洛方法。前向方法在历史会完全重演的假设下,评估了所提议的投资策略的业绩。这个方法的两个优点是:它有清晰的历史解释,并且其业绩可与模拟交易相一致。但也有一些缺点,其中之一是:它在评估潜在业绩时是基于单个情形(历史路径)的。第二个回测方法是重抽样方法,它克服了前向方法中单

---

① 由于买方是以卖出价买入的,并且卖方是以买入价卖出的,市场冲击成本的这个定义忽略了买卖价差(一种显性成本)。

② 市场冲击成本有两种:暂时成本和永久成本。本书配套册的第 14 章描述了这些成本。

一情形的缺点。第三个回测方法是蒙特卡洛方法，它解决了前向方法中的缺点。

本书配套册的第 17 章描述了每个方法的优点和缺点。第 17 章的关注点是前向方法以及与每个实施方法相关的陷阱。本书配套册的第 5 章描述了蒙特卡洛方法，第 18 章将之应用于回测。

评估投资业绩

在第 9 章中，我们描述了主动型资产管理人投资业绩的度量：夏普比率、特雷诺比率、索提诺比率和信息比率。这些衡量投资业绩的回报/风险比率(亦称风险调整回报率)没有回答两个重要的问题：(1)在根据与所采用的主动式策略相关的风险进行调整后，资产管理人的业绩如何？(2)资产管理人是如何实现所报告的回报率的？

在评估资产管理人相对于某个基准的业绩如何时，这两个问题的答案是至关重要的。为了回答第一个问题，我们必须使用第 7 章中描述的各种风险度量。然后，我们就可以判断，在可以接受的风险面前，业绩是否可以接受。第二个问题的答案告诉我们资产管理人是否事实上是通过遵循所预期的策略实现回报率的。尽管客户会期望所实现的优越回报率是既定策略的结果，但情况可能并非总是如此。例如，假设资产管理人声称其可以通过选择价格低估的股票实现优秀的普通股投资业绩并由此从客户那里募集资金。我们还假设这个资产管理人确实取得了相对客户设定的基准(如标准普尔 500 指数)的优越的回报率。在资产管理人实现的回报率未被分解为产生回报率的各个成分之前，客户不应对这个业绩感到满意。客户可能会发现资产管理人取得优秀业绩的原因是其将资金配置给不同板块的能力，而基于资产管理人认为价格低估的股票所选择的股票则表现差劲。在这种情形下，资产管理人的业绩可能超越了标准普尔 500 指数(甚至是在根据风险进行调整后)，但这不是通过遵循资产管理人告诉客户将会产生优秀业绩的策略实现的。

回报率归因分析

回报率归因分析(亦称风险分解分析)是一个定量框架，它可被用于确定投资组合回报率的来源，从而确定资产管理人基于其决策取得的业绩如何。也就是说，回报率归因分析将投资组合的回报率进行分解，以做到以下两点：(1)确定优的回报率是否得以实现；(2)分析投资组合的实际回报率以发现回报率得以实现的原因(即回报率来源)。

广义而言，回报率归因分析旨在解释资产管理人投资决策产生的回报率的来源。最早的两个方法(也是如今最常用的方法)是由 Brinson 和 Fachler(1985)以及 Brinson、Hood 和 Beebower(1986)开发的。两个方法都被简称为 Brinson 模型。分析的第一步是计算投资组合的实际回报率与基准(通常为客户设定的指数)实现的回报率之差。这个差额被称为超额回报率(或超额业绩)，衡量了资产管理人在基准之上提供的增值。它亦称主动式管理效应。

在 Brinson 模型中，超额回报率是资产管理人作出的两个投资决策的结果：(1)在股票市场不同板块(即金融、公用事业、技术、医疗等)之间的配置；(2)个股的选择。这两个投资决策分别被称为配置决策和选股决策。从主动式管理效应中减去配置决策效应和选股决策效应，给出了这项分析中叫做互动的成分。

在配置决策方面，每个宽基指数都被划分为不同板块，基准中每个板块（基于市值）所占的比例是可以确定的。投资组合中板块的权重与基准中该板块的权重的偏差，代表了资产管理人对该板块的对赌。假如投资组合中的比例超过了基准中的这个比例，那么资产管理人在加大该板块的权重。相反，假如投资组合中的比例低于基准中的这个比例，那么资产管理人在减小该板块的权重。在指数化投资组合中，对投资组合中每个板块设定的权重将会完全与基准中的权重相匹配。在主动式管理的投资组合中，资产管理人通常会加大或减小板块的权重。

在个股选择方面，投资组合管理团队中的分析师将会选择在投资组合中纳入基准所含的具体公司，并与资深投资组合经理商讨确定投资组合应配置给每家公司的比例。与在不同板块间的配置决策相同，公司的权重也通常被加大或减小。在投资组合中不纳入一家公司的股票意味着资产管理人会减小该公司的权重。假如投资组合中的公司数量小于基准所含的公司数量，那么某些公司的权重将被加大。

Brinson-Hood-Beebower 模型的举例说明

为了举例说明 Brinson 模型，我们将使用表 13.2 中的数据。本例中的基准为标准普尔 500 指数。第一列显示了标准普尔 500 指数所含的 11 个板块。第二列显示了资产管理人配置决策的投资组合构成（即投资组合的权重）。第四列提供了投资组合中的每个板块在一年期间的实际回报率（扣除费用）。第三列显示了标准普尔 500 指数的 11 个板块中每个板块的基准权重。（这些是 2018 年末的每个板块的近似权重。）最后一列显示了每个板块在相同的一年期间的基准回报率。在我们的例子中，板块的回报率是扣除交易成本和管理费后的回报率，从而投资组合的回报率亦是如此。基准回报率则没有这种成本。

表 13.2　虚拟投资组合与标准普尔 500 指数

板　　块	投资组合板块 权重（％）	基准板块 权重（％）	投资组合板块 回报率（％）	基准板块 回报率（％）
信息技术	25	20	12	13
医疗	15	16	5	5
金融	12	14	5	4
特殊消费品	10	10	9	8
通信服务	11	10	7	6
工业	7	9	11	11
必需消费品	7	7	9	8
能源	4	5	7	7
公用事业	3	3	2	2
房地产	3	3	9	9
材料	3	3	8	8
总额	100	100		

表 13.3 显示了投资组合回报率和基准回报率的计算。在第二列中，用表 13.2 中的数据

对投资组合回报率的计算如下：

对于既定的板块：投资组合板块权重×投资组合板块回报率

然后，我们计算 11 个板块的这些数值的总和。对于我们的虚拟投资组合，实际的投资组合回报率为 8.27%，正如表 13.3 显示的那样。

为了计算基准回报率，我们首先进行下列计算：

对于既定的板块：基准板块权重×基准板块回报率

然后，我们计算 11 个板块的这些数值的总和。对于标准普尔 500 指数，实际的基准回报率为 7.83%，正如表 13.3 显示的那样。

表 13.3　投资组合回报率和基准回报率的计算

板　　块	投资组合板块回报率(%)	基准板块回报率(%)
信息技术	3.000	2.600
医疗	0.750	0.800
金融	0.600	0.560
特殊消费品	0.900	0.800
通信服务	0.770	0.600
工业	0.770	0.990
必需消费品	0.630	0.560
能源	0.280	0.350
公用事业	0.060	0.060
房地产	0.270	0.270
材料	0.240	0.240
投资组合回报率	8.270	
基准回报率	7.830	
超额回报率	0.440	

在给定一年期间投资组合和基准的实际回报率后，我们可以计算资产管理人提供的增值。这个差额（即超额回报率）为 0.44%，或 44 个基点。因此，资产管理人提供了增值。但资产管理人是如何做到这点的？44 个基点的超额回报率是归因于投资组合经理的配置决策、选股决策，还是两者兼而有之？回报率归因正是在这里发挥作用的。

首先考虑配置决策。计算每个板块的配置回报率的公式为：

对于每个板块：投资组合板块权重×基准板块权重

接着，我们计算 11 个板块的这些数值的总和。表 13.4 的第二列显示了计算结果。第二列的总和为配置回报率，即 8.12%。从配置决策取得的回报率叫做配置效应。其计算方式如下：

配置效应＝配置回报率－基准回报率

由于在我们的例子中，配置决策导致了 8.12% 的配置回报率，而基准回报率为 7.83%，因此配置效应为 0.29%，或 29 个基点。所以，在 44 个基点的超额回报率中，29 个基点是由不同板块间的配置决策导致的。

现在,让我们考察选股决策。每个板块的选股回报率的计算公式为:

对于每个板块:基准板块权重×投资组合板块回报率

接着,我们计算 11 个板块的这些数值的总和。表 13.4 的第三列显示了计算结果。第三列的总和为选股回报率,即 8.04%。从选股决策取得的回报率叫做选股效应。其计算方式如下:

选股效应＝选股回报率－基准回报率

基准回报率为 7.83%,选股回报率为 8.04%。因此,选股效应为 0.21%,或 21 个基点。也就是说,资产管理人(或投资团队中的股票分析师)通过选择个股提供了增值。

我们将本例中的配置效应与选股效应结合起来,得到 50 个基点。然而,超额回报率仅为 44 个基点。44 个基点与 50 个基点的差额被称为互动效应。让我们回想超额回报率亦称主动式管理效应,于是:

互动效应＝主动式管理效应－配置效应－选股效应

在我们的例子中,互动效应为－6 个基点(44 个基点－29 个基点－21 个基点)。

表 13.4　配置效应、选股效应和互动效应的计算

板　　块	配置回报率(%)	选股回报率(%)
信息技术	3.250	2.400
医疗	0.750	0.800
金融	0.480	0.700
特殊消费品	0.800	0.900
通信服务	0.660	0.700
工业	0.770	0.990
必需消费品	0.560	0.630
能源	0.280	0.350
公用事业	0.060	0.060
房地产	0.270	0.270
材料	0.240	0.240
配置决策		
配置回报率	8.120	
基准回报率	7.830	
配置效应	0.290	
选股决策		
选股回报率	8.040	
基准回报率	7.830	
选股效应	0.210	
互动效应	－0.06	

产生互动效应(这是一个不恰当的名字,在一些方法中亦称剩余效应或其他效应)的一个

可能的原因是:分析是基于期初投资组合的构成开展的,未考虑到评估期内因交易导致的投资组合构成的变化。

其他回报率归因模型

尽管 Brinson 模型是在股票回报率归因和其他分析中最常用的方法,但商业供应商和学术界已开发了众多更为精深复杂的模型。其中一些模型提供了统计信息,以评估业绩应归因于运气还是技能。一些已提出的模型根据配置的贡献评估业绩,但配置是基于因子,而不是基于简单的板块配置和选股开展的。这些归因模型通常通过执行投资组合回报率对每个既定因子投资组合的回报率的回归开展。模型中的系数代表了投资组合对每个既定因子的配置,或是归因于每个因子的业绩。回归中的截距代表了投资组合的技能或阿尔法。这种类型的业绩归因分析使我们能更好地了解投资组合经理跨多个时期的回报率的来源。

关键要点

- 主动式投资组合管理的基础是以下信念:市场存在无效性,也就是说,存在股票价格未完全反映所有可得信息的情形。
- 采取主动式策略的股票管理人可以采用自上而下法或自下而上法。
- 选股方法有两大类型:基于基本面分析的方法和基于技术分析的方法。
- 基本面分析和技术分析都试图识别以下情形:市场在处理信息时出于某种原因发生了错误,从而导致定价异象的产生。
- 技术分析考察价格和回报率的形态,并假设股票价格和回报率遵循可识别的形态。
- 基本面分析试图从经营的角度评估公司的生存能力,考察公司的财务报表和业务运作。
- 基本面分析的目标是识别将会产生稳健的未来现金流量的公司。
- 基于基本面分析的策略包括盈利意外策略、低市盈率策略、市场中性多空策略和所谓的市场异象策略。
- 市场异象策略基于小公司效应、低市盈率效应、被忽略公司效应和各种日历效应。
- 风格投资是对具有以下目的的投资策略的实施:通过投资因实证观察到的市场异象导致定价错误的股票赚取超额回报。
- 在风格投资中利用的两种主要异象是价值型/成长型和市值,它们通常由知名的晨星风格箱描述。
- 股票市场中的因子投资涉及基于已持续被证明影响股票回报率的因子构建投资组合。
- 因子可被划分为基本面因子、宏观经济因子和/或市场因子。
- 在实践中,用于构建基于因子的投资组合的定量模型为回报率预测因子模型和风险预测因子模型。

- 除了市场因子外,六个最常用的因子为价值、规模、股息率、品质、动量和波动性。
- 回报率预测因子模型可以是多空策略和多头策略。
- 属于回报率预测因子模型的常用多空策略是 Fama-French 三因子模型,其中因子包括市场、规模和价值。
- Fama-French 五因子模型包含盈利能力因子和投资因子。
- 对五因子模型的批评是,两个被加入三因子模型的因子不具有与三因子模型中的因子相同的实证支持。
- 常用的因子模型还包含动量(Carhart 识别出的一个因子)。
- 商业供应商已开发了风险预测因子模型,以控制投资组合对不同因子的风险敞口。
- 责任投资是在投资组合的构建中纳入环境、社会和治理(三大支柱)因素的投资策略。
- 几家 ESG 评分供应商提供对每个支柱的评分及总分。
- 我们难以比较不同供应商的 ESG 评分,因为这三个支柱对于单个 ESG 标准没有标准化因子,也不遵循标准化的方法。
- 在 ESG 投资组合的构建中可以采用的两个策略是市值加权排除策略和最优排除策略。
- 由于以下原因,策略会达到容量:一旦资产管理人实施股票策略,策略的业绩可能会由于多种原因受到侵蚀,因为随着投入这项策略的资产管理规模的上升,实施策略的成本也会上升。
- 交易成本可划分为固定成本和可变成本。
- 固定交易成本独立于交易规模和市场环境等因素,而可变交易成本则依赖于上述部分或全部因素。
- 交易成本还可划分为显性和隐性的交易成本。
- 显性交易成本是可见并且预先已知的成本,如佣金、费用和税收。
- 隐性交易成本是不可见并且事先未知的,它们通常构成了资产管理人面临的交易总成本的绝大部分。
- 两大隐性交易成本是市场冲击成本和机会成本。
- 市场冲击成本指交易价格与在交易未发生的情况下现行的市场(中间)价格的偏差。
- 机会成本,即不交易的成本,一般是由价格风险和市场波动性驱动的。
- 回测是在假设特定条件成立的情况下,对所提议的投资策略将会取得何种业绩的模拟。
- 与回测相关的主要难点在于回测程序中的偏差以及在回测时切合实际地处理实施问题。
- 回测投资策略的三个方法是前向方法、重抽样方法和蒙特卡洛方法。
- 在评估资产管理人的业绩时,我们使用风险调整回报率(即夏普比率、特雷诺比率、索提诺比率和信息比率)。
- 风险调整回报率没有回答两个重要的问题:(1)在根据与所采用的主动式策略相关的风险进行调整后,资产管理人的业绩如何? (2)资产管理人是如何实现所报告的回报率的?
- 回报率归因分析是一个定量框架,它可被用于识别投资组合回报率的来源,从而识别资产管理人基于其决策取得的业绩如何。
- 回报率归因分析将投资组合的回报率进行分解,以做到以下两点:(1)确定优越的回报率是否得以实现;(2)分析投资组合的实际回报率以发现回报率得以实现的原因(即回报率来源）。

● 在 Brinson 模型中，超额回报率是资产管理人作出的两个投资决策的结果：(1)在股票市场不同板块（即金融、公用事业、技术、医疗等）之间的配置；(2)个股的选择。

参考文献

Arbel，A.，S. A. Carvell，and P. Stebel，1983. "Giraffes, institutions and neglected firms," *Financial Analysts Journal*，39(3):57—63.

Aharoni，G.，B. D. Grundy，and Q. Zeng，2013. "Stock returns and the Miller Modigliani valuation formula: Revisiting the Fama French analysis," *Journal of Financial Economics*，110(2):347—357.

Banz，R. W.，1981. "The relationship between return and market value of stocks," *Journal of Financial Economics*，9(1):103—126.

Basu，S.，1977. "Investment performance of common stocks in relation to their price-earnings ratios: A test of the efficient market hypothesis," *Journal of Finance*，32(3):663—682.

Blitz，D.，M. X. Hanauer，M. Vidojevic，and P. van Vliet，2018. "Five concerns with the five-factor model," *Journal of Portfolio Management*，44(4):71—78.

Branch，M.，L. R. Goldberg，and P. Hand，2019. "A guide to ESG portfolio construction," *Journal of Portfolio Management*，45(5):61—66.

Brinson，G. P. and N. Fachler，1985. "Measuring non-US equity portfolio performance," *Journal of Portfolio Management*，11(3):73—76.

Brinson，G. P.，L. R. Hood，and G. L. Beebower，1986. "Determinants of portfolio performance," *Financial Analysts Journal*，42(4):39—44.

Carhart，M. M.，1997. "On persistence in mutual fund performance," *Journal of Finance*，52(1):57—82.

Christopherson，J. A.，and C. N. Williams，1997. "Equity style: What it is and why it matters," in *The Handbook of Equity Style Management*，2nd edition, edited by D. Coggin，F. J. Fabozzi，and R. D. Arnott (pp. 1—20). Hoboken, NJ: John Wiley & Sons.

Chugh，L. and J. W. Meador，1994. "The stock valuation process: The analysts' view," *Financial Analysts Journal*，40(6):41—48.

Dreman，D. N.，1977. *Psychology and the Stock Market: Investment Strategy Beyond Random Walk*. New York: AMACOM.

Dreman，D.，1982. *The New Contrarian Investment Strategy*. New York: Random House.

Fama，E. F. and K. R. French，1993. "Common risk factors in the returns on stocks and bonds," *Journal of Financial Economics*，33(1):3—56.

Fama，E. F. and K. R. French，2015. "A five-factor asset pricing model," *Journal of Financial Economics*，116(1):1—22.

Furdak, R. E., E. Gao, J. Wee, and E. Wu, 2019. "ESG data: Building a solid foundation." Available at https://www.man.com/maninstitute/esg-data-building-a-solid-foundation.

Graham, B. 1973. *The Intelligent Investor*, 4th revised edition. New York: Harper & Row.

Graham, B., D. L. Dodd, and S. Cottle, 1962. *Security Analysis*, 4th edition. New York: McGraw-Hill.

Greenwich Associates, 2018. "ESG investing: The global phenomenon." Summary, methodology, and report, 2018, https://www.greenwich.com/institutionalinvesting/esg-investing-global-phenomenon.

Jacobs, B. I., and K. N. Levy, 1997. "The long and short on long-short," *Journal of Investing*, 6(1):78—88.

Joy, M., R. H. Lizenberger, and R. W. McEnally, 1977. "The adjustment of stock prices to announcements of unanticipated changes in quarterly earnings," *Journal of Accounting Research*, 15(2):207—255.

Levy, H. and Z. Lerman, 1985. "Testing P/E ratio filters with stochastic dominance," *Journal of Portfolio Management*, 11(3):1—41.

Luo, Y., M. Alvarez, S. Wang, J. Jussa, A. Wang, and G. Rohal, 2014. "Seven sins of quantitative investing," White paper, Deutsche Bank Markets Research, September 8.

Novy-Marx, R., 2013. "The other side of value: The gross profitability premium," *Journal of Financial Economics*, 108(1):1—28.

Ratcliffe, R., P. Miranda, and A. Ang, 2017. "Capacity of smart beta strategies from a transaction cost perspective," *Journal of Index Investing*, 8(3):39—50.

Reinganum, M. R., 1981. "Misspecification of capital asset pricing: Empirical anomalies based on earnings yields and market values," *Journal of Financial Economics*, 9(1): 19—46.

Shaw, A. R., 1988. "Market timing and technical analysis," in *The Financial Analyst's Handbook*, edited by S. N. Levine (pp. 944—988). Homewood, IL: DowJones—Irwin.

Schlarbaum, G. G., 1997. "Value-based equity strategies," in *The Handbook Of Equity Style Management*, 2nd edition edited by D. Coggin, F. J. Fabozzi, and R. D. Arnott (pp. 133—150). New York: John Wiley & Sons.

Vangelisti, M., 2006. "The capacity of an equity strategy," *Journal of Portfolio Management*, 32(2):44 50.

White, J. and V. Haghani, 2020. "Smart beta: The good, the bad, and the muddy," *Journal of Portfolio Management*, 46(1):11—21.

14

权益衍生工具在投资组合管理中的运用[*]

学习目标

在阅读本章后,你将会理解:

- 各种类型的权益衍生工具;

- 股指期货产品的类型;

- 股指期货如何被用于控制股票投资组合的风险、针对不利的股价变动进行套期保值以及构建指数化投资组合;

- 什么是权益互换,以及资产管理人对其的潜在运用;

- 两种类型的挂牌权益期权:股票期权和股指期权;

- 如何在风险管理策略、管理策略和收益增强型策略中使用期权;

- 可用于管理对宽基股指之市场波动性敞口的衍生工具;

- 如何用历史(实际)波动率或期权价格隐含的波动率衡量市场波动性;

- 什么是股票市场波动率指数;

- 什么是方差互换。

在第 6 章中,我们回顾了四种类型的衍生工具——期货/远期合约、互换、期权和上限/下限合约——以及衍生工具的基本特征。我们未关注任何具体的标的物或资产管理人是如何利用它们的。当衍生工具的标的物是普通股或某个普通股指数时,衍生工具被称为权益衍生工具。在本章中,我们将描述不同类型的权益衍生工具(股指期货、权益互换、标的物为股票和股指的挂牌期权)以及可被用于取得对市场波动性敞口的衍生工具。接着,我们将举例说明它们是如何在普通股投资组合的管理中被加以运用的。

---

* 本章有部分内容与《投资组合的构建和分析方法》第 17 章的部分内容重合,重合部分的翻译借鉴了《投资组合的构建和分析方法》一书的翻译。——译者注

股指期货

正如我们在第 6 章中描述的那样，我们有期货和远期合约。在普通股投资组合的管理中，远期合约的运用是十分罕见的。[①]相反，常用的衍生工具为股指期货。这些衍生工具使资产管理人能够用单笔交易，而不是个股交易获取对整个市场或板块的敞口（多头或空头）。因此，它们能够以低于个股交易的成本进行交易，是高效的工具。

股指期货产品

股指期货合约的标的物可以是一个宽基股市指数或窄基股市指数。作为期货合约标的物的美国宽基股市指数有标准普尔 500 指数和纳斯达克 100 指数等。窄基股指期货合约建立在宽基股市指数的一个子板块或组成部分（它们包含股票组或一个特定板块）之上。

股指期货合约的美元价值等于期货价格与期货合约指定的一个"合约乘数"的乘积。也就是说：

$$股指期货合约的美元价值＝期货价格×合约乘数$$

例如，假设标准普尔 500 指数期货合约的期货价格为 2 800。有两种股指期货合约的标的物为标准普尔 500 指数。除了合约乘数外，这两种合约完全相同。一种合约的合约乘数为 250 美元，另一种合约的合约乘数为 50 美元。合约乘数为 250 美元的合约被称为完整合约，而合约乘数为 50 美元的合约则被称为迷你合约。于是，这两种合约的美元价值为：

$$完整合约的美元价值：2\,800×250\,美元＝700\,000\,美元$$
$$迷你合约的美元价值：2\,800×50\,美元＝140\,000\,美元$$

股指期货合约是现金交割合约。这意味着在交割日，交易双方将交换现金以结算合约。例如，假如资产管理人以 2 800 的价格购买了标准普尔 500 指数完整期货合约，期货的交割价格为 2 850，那么交割将以如下方式进行。投资者已同意以 2 800 乘以 250 美元，即 700 000 美元的价格购买标准普尔 500 指数期货合约。标准普尔 500 指数期货合约在结算日的价值为 2 850 乘以 250 美元，即 712 500 美元。这种期货合约的卖方必须向投资者支付 12 500 美元（712 500 美元－700 000 美元）。假如结算日的期货价格不是 2 850，而是 2 780，那么标准普尔 500 指数期货合约的美元价值将为 695 000 美元。在这种情形下，投资者必须向合约的卖方支付 5 000 美元（700 000 美元－695 000 美元）。（当然，在实践中，随着头寸的逐日盯市，交易双方将在每个交易日结束时实现收益或损失。）

---

① 此外，也有基于特定股票的单一股票期货，但资产管理人不在下文描述的应用中使用这些衍生工具。在单一股票期货中，标的物是单个公司的股票。合约的基数为 100 股标的股票，在交割日，必须进行股票的实物交割。

股指期货在投资组合中的应用

在本节中,我们将讨论资产管理人可利用股指期货的各种方法。

控制股票投资组合的风险

希望改变对市场的风险敞口的资产管理人可以通过修正投资组合的贝塔值做到这点。这可以通过用将会产生目标贝塔值的股票对投资组合进行再平衡来实现,但投资组合的再平衡涉及相关交易成本。由于期货合约固有的杠杆性,资产管理人可以利用股指期货以显著更低的成本实现目标贝塔值。买入股指期货将会增大投资组合的贝塔值,卖出合约则会减小贝塔值。

针对不利的价格变动进行套期保值

期货市场的主要经济功能是将价格风险从套期保值者手中转移至投机者手中。套期保值是利用期货合约替代在现货市场开展的交易。假如现货市场与期货市场走势相同,那么套期保值者在任一个头寸(无论是现货还是期货)上蒙受的损失都将与其在另一个头寸上实现的利润相抵消。当盈亏大致相等时,套期保值被称为完美套期保值。(完美套期保值应产生无风险利率。)

(1)空头套期保值和多头套期保值。

空头套期保值被用于抵御标的物的现货价格在未来下跌的风险。为了执行空头套期保值,套期保值者出售期货合约。因此,空头套期保值亦称卖出套期保值。通过建立空头套期保值,套期保值者锁定了未来的现货价格,并将标的物所有权的价格风险转移给了期货合约的买方。

作为资产管理人利用空头套期保值的一个例子,考虑一个养老基金经理,他知道基金必须在四个月后向受益人总共支付3 000万美元。这将使基金的普通股投资组合的一部分必须变现。假如管理人为满足未来的支付要求而打算变现的股票在四个月后下跌,那么投资组合的更大部分需要被变现。处理这种情形的最简单的方法是:资产管理人卖出所需金额的股票并将变现收入投资于四个月后到期的国债。然而,假设出于某种原因,资产管理人受限,无法在当前出售股票。那么,他可以利用空头套期保值锁定待变现的股票的价值。

多头套期保值被用于抵御未来打算购买的股票价格上升的风险。在多头套期保值中,套期保值者购买期货合约,因此这种套期保值亦称买入套期保值。再次考虑养老基金经理的例子。这一次,假设资产管理人预期养老金计划发起人将在四个月后注入一大笔资金,而这笔资金将被投资于不同公司的普通股。养老基金经理预计四个月后这笔资金将要投资的股票的市场价格将会上升,因此将承担其未来必须支付更高股票价格的风险。资产管理人可以利用多头套期保值有效地在当前锁定这些股票的未来价格。

(2)套期保值头寸的收益率。

套期保值是控制股票投资组合对不利价格变动的风险敞口的一种特殊情形。在套期保值中,目标是改变当前或预期持有的股票投资组合头寸,以使组合的贝塔值为零。贝塔值为零的投资组合应生成无风险利率。因此,在完全套期保值中,收益率将会等于无风险利率。

更具体而言,它是对应的期限等于距期货合约交割日的天数的无风险利率。

因此,一个与标准普尔 500 指数完全相同的投资组合(即标准普尔 500 指数基金)通过以理论价格卖出一份距交割日 60 天的标准普尔 500 指数期货合约,就可以实现完全套期保值。这个套期保值后的头寸的收益率将为 60 天的无风险利率。注意所完成的交易,假如投资组合经理希望暂时消除所有对标准普尔 500 指数的风险敞口,那么他可以卖出所有股票并将获得的资金投资于短期国债。通过利用股指期货合约,管理人可以通过套期保值消除对标准普尔 500 指数的风险敞口,套期保值后的头寸能够获得与短期国债相等的收益率(减去交易成本)。因此,管理人节约了与出售股票投资组合相关的交易成本。此外,当资产管理人希望重新进入股票市场时,仅需通过买入相同份数的股指期货合约来消除套期保值,而无需承担与购买股票相关的交易成本。

(3)交叉套期保值。

在实践中,套期保值不是一项简单的操作。在用股指期货进行套期保值时,只有在用期货合约套期保值的投资组合产生无风险利率的收益时,才能实现完全套期保值。

股票投资组合套期保值的有效性由以下两个因素决定:

- 现货投资组合与期货合约标的指数的关系;
- 套期保值开始和结束(平仓)时现货价格与期货价格的关系。

现货价格与期货价格之差叫做基差(basis),只有在结算时才能确切地知道基差。期货到期日的基差为零。假如套期保值在期货到期日结束,那么基差是已知的。但是,假如套期保值在任何其他时刻结束,基差是不能提前知道的。在套期保值结束时基差的不确定性叫做基差风险(basis risk)。因此,套期保值涉及用基差风险代替价格风险。

股指期货合约的标的物是一个股票指数。由于资产管理人希望套期保值的投资组合通常与标的股指具有不同特征,因此被套期保值的投资组合与期货合约也有不同的收益率模式。这种操作——使用期货合约进行套期保值,但该期货合约不同于被套期保值的标的物——叫做交叉套期保值(cross hedging)。这会发生在商品期货市场中,例如,一个种植秋葵的农场主用玉米期货合约对秋葵进行套期保值,因为不存在标的物为秋葵的期货合约。在股票市场中,希望对股票投资组合进行套期保值的资产管理人必须选择跟踪效果最好(但并不完美)的股票指数(或股指组合)。

因此,交叉套期保值为基差风险增加了另一个维度,因为投资组合不能完美地跟踪股票指数的收益率。股指期货合约的错误定价是基差风险的重要组成部分,并且在很大程度上是随机的。

我们将在本节后面的例子中更加清晰地说明上述关于套期保值的要点。

(4)套期保值比率。

为了执行套期保值策略,我们不仅必须决定使用哪种股指期货合约,而且还必须决定用多少合约建立头寸(即在空头套期保值中卖出多少以及在多头套期保值中买入多少)。合约数量取决于被套期保值的投资组合与期货合约的收益波动率之比。被套期保值的投资组合与期货合约的收益波动率的比值即为套期保值比率(hedge ratio)。

我们会倾向于将投资组合的贝塔用作套期保值比率,因为它是投资组合收益率对股指收益率的敏感度的指标。于是,这看上去是对被套期保值的投资组合的收益率敏感度进行调整的理想方法。但是,将相对股指的贝塔用作对股指期货合约的敏感度调整,假设该指数和期货合约具有相同的波动性。假如期货合约总是以其理论价格出售,那么这是一个合理的假设。然而,在股指期货合约中,错误定价是波动性的一个额外因素。由于期货合约比标的指数具有更大的波动性,因此将投资组合的贝塔用作敏感度调整会导致投资组合被过度地套期保值。

最准确的敏感度调整为投资组合相对期货合约的贝塔。可以证明,投资组合相对期货合约的贝塔值等于下面两个值的乘积:(1)投资组合相对标的指数的贝塔值,(2)指数相对期货合约的贝塔值[见 Peters(1987)]。两个贝塔值是用回归分析估计的,其中数据为被套期保值的投资组合、股票指数和股指期货合约的历史收益率。

我们估计的第一项回归为:

$$r_P = \alpha_P + \beta_{PI} r_I + e_P$$

其中,r_P 为被套期保值的投资组合的收益率,r_I 为股票指数的收益率,β_{PI} 为投资组合相对股票指数的贝塔值,α_P 为这项关系式的截距,e_P 为误差项。第二项回归是:

$$r_I = \alpha_I + \beta_{IF} r_F + e_I$$

其中,r_F 为股指期货合约的收益率,β_{IF} 为股票指数相对股指期货合约的贝塔值,α_P 为关系式的截距,e_I 为误差项。

在给定 β_{PI} 和 β_{IF} 后,最低风险套期保值比率可被表示为:

$$套期保值比率 = \beta_{PI} \times \beta_{IF}$$

回归的决定系数(即 R^2)可以表明变量的相关程度,从而使资产管理人能够评估所提议的套期保值成功的可能性。

在得出 β_{PI} 和 β_{IF} 的估计值后,所需要的合约数量可以用下面三个步骤计算:

步骤 1:通过将被套期保值的投资组合的市场价值除以期货合约的当前指数价值,确定等价市场指数单位:

$$等价市场指数单位 = \frac{被套期保值的投资组合的市场价值}{期货合约的当前指数价值}$$

步骤 2:将等价市场指数单位乘以套期保值比率,以取得贝塔调整后的等价市场指数单位:

$$贝塔调整后的等价市场指数单位 = 套期保值比率 \times 等价市场指数单位$$

或

$$贝塔调整后的等价市场指数单位 = \beta_{PI} \times \beta_{IF} \times 等价市场指数单位$$

步骤 3:将贝塔调整后的等价单位除以股指期货合约指定的合约乘数:

$$合约数量 = \frac{贝塔调整后的等价市场指数单位}{合约乘数}$$

我们将用两个例子说明套期保值的实施以及与套期保值相关的风险。

(5)空头套期保值举例。

考虑一个在 2009 年 1 月 30 日管理 1 亿美元的投资组合的资产管理人,投资组合的构建目标是跟踪标准普尔 500 指数。资产管理人希望对市场可能下跌的风险进行套期保值。更具体而言,资产管理人希望在 2009 年 2 月 27 日前对投资组合进行套期保值。为了在 2009 年 1 月 30 日至 2009 年 2 月 27 日间针对不利的市场变动进行套期保值,投资组合经理决定采取空头套期保值,出售了在 2009 年 3 月结算的标准普尔 500 指数期货合约。在 2009 年 1 月 30 日,2009 年 3 月到期的期货合约售价为 822.5。

由于被套期保值的投资组合与标准普尔 500 指数完全相同,投资组合相对指数的贝塔值(β_{PI})当然为 1。指数相对期货合约的贝塔(β_{IF})的估计值为 0.745。因此,对 1 亿美元的投资组合进行套期保值所需的合约数量的计算如下:

步骤 1：

$$等价市场指数单位 = \frac{100\ 000\ 000\ 美元}{822.5} = 121\ 581\ 美元$$

步骤 2：

$$贝塔调整后的等价市场指数单位 = 1 \times 0.745 \times 121\ 581\ 美元 = 90\ 578\ 美元$$

步骤 3：标准普尔 500 指数合约的合约乘数为 250。因此,

$$待出售的合约数量 = \frac{90\ 578\ 美元}{250} = 362$$

这意味着期货头寸等于 74 500 000 美元(362×250 美元×822.5)。2009 年 2 月 27 日,套期保值被解除了。跟踪标准普尔 500 指数的投资组合损失了 10 993 112 美元。在套期保值结束的时候,2009 年 3 月到期的标准普尔 500 指数合约的售价为 734.2。由于合约是在 2009 年 1 月 30 日以 822.5 的价格出售,并在 2009 年 2 月 27 日以 734.2 的价格买回的,每份合约将实现 88.3 指数单位的收益。362 份合约的收益总额为 7 997 994 美元(88.3 美元×250×362)。

这导致了 2 995 129 美元的较小损失(期货头寸 7 997 994 美元的收益和投资组合 10 993 122 的损失)。期货头寸的总交易成本会低于 8 000 美元。记住,假如资产管理人不对头寸进行套期保值的话,损失将为 10 993 122 美元。

让我们分析这笔套期保值交易,以理解它为何是成功的,以及它为何不是一个完美套期保值。正如前面解释的那样,在套期保值中,基差风险替代了价格风险。考虑这笔套期保值交易中的基差风险。在套期保值开始时,现货指数为 825.88,期货合约的售价为 822.5。基差等于 3.38 指数单位(现货指数 825.88 减去期货价格 822.5)。同时,基于持有成本计算得出的理论基差为 1.45 指数单位。也就是说,在套期保值开始时期货的理论价格应该是 824.42。因此,根据定价模型,期货合约被错误定价了,理论价格与实际价格之差为 1.92 指数单位。

当套期保值在 2009 年 2 月 27 日收盘时间解除时,现货指数的水平为 735.09,期货合约价格为 734.2。因此,基差从套期保值开始时的 3.38 指数单位变为结束时的 0.89 指数单位(735.09－734.2),其变动值为 2.49 指数单位(3.38－0.89),即每份合约 622.5 美元(2.49 乘以合约乘数 250 美元)。这意味着基差给 362 份合约带来的成本为 225 538 美元(622.5 美元×362)。指数下降了 90.79 指数单位,每份合约的收益为 22 698 美元,或总共为 8 223 532 美元。因此,因基差风险变化导致的期货头寸成本为 225 538 美元,因指数变化实现的收益

为 8 223 532 美元。综合起来,期货头寸实现的收益为 7 997 994 美元。

（6）空头交叉套期保值举例。

我们在第一个例子中考察了基差风险。由于我们在用标准普尔 500 指数期货合约对一个构建目的是复制标准普尔 500 指数的投资组合进行套期保值,因此不存在交叉套期保值风险。然而,大多数投资组合都不是与标准普尔 500 指数匹配的。因此,由于投资组合价格表现可能不像 β_{PI} 的估计值预测的那样,交叉套期保值风险将会产生。

为了说明这种情形,假设资产管理人在 2009 年 1 月 30 日持有道琼斯工业平均指数（DJIA）所含的所有股票。所持投资组合的市场价值为 1 亿美元。我们还假设资产管理人希望用 2009 年 3 月到期的标准普尔 500 指数期货合约对头寸进行套期保值,以抵御股票价格在 2009 年 1 月 30 日至 2009 年 2 月 27 日间下跌的风险。由于管理人在这里使用 3 月到期的标准普尔 500 指数期货合约对 2009 年 2 月 27 日前的 DJIA 投资组合进行套期保值,这是一笔交叉套期保值交易。

上一个例子给出了 2009 年 1 月 30 日套期保值开始时和 2009 年 2 月 27 日套期保值解除时标准普尔 500 现货指数和期货合约的信息。指数相对期货合约的贝塔值（β_{IF}）为 0.745。回归分析发现 DJIA 相对标准普尔 500 指数的贝塔为 1.05（R^2 为 93%）。我们采用上面描述的三个步骤得出待出售的合约数量:

步骤 1:

$$等价市场指数单位 = \frac{100\,000\,000\ 美元}{8\,225} = 121\,581\ 美元$$

步骤 2:

$$贝塔调整后的等价市场指数单位 = 1.05 \times 0.745 \times 121\,581\ 美元 = 95\,106\ 美元$$

步骤 3: 标准普尔 500 指数合约的合约乘数为 250。因此,

$$待出售的合约数量 = \frac{95\,106\ 美元}{250} = 380$$

在套期保值期间,DJIA 事实上损失了 11 720 000 美元。这意味着由 DJIA 成分股组成的投资组合损失了 11.72%。由于资产管理人出售了 380 份标准普尔 500 指数期货合约,每份合约的收益为 88.3 点,因此从期货头寸获得的收益为 8 388 500 美元（88.3 美元×380×250）。这意味着套期保值后的头寸将蒙受 3 331 500 的损失,收益率为 -3.31%。

我们已经分析了为何这不是一个完美的套期保值。在上一个例子中,我们解释了基差的变化如何影响结果。让我们考察 DJIA 与标准普尔 500 指数的关系如何影响结果。如前例所述,标准普尔 500 指数在这段相同时期内下跌了 10.99%。由于投资组合相对标准普尔 500 指数的贝塔值为 1.05,因此标准普尔 500 指数的变动将使得投资组合预期下跌 11.54%（1.05×10.99%）。假如这实际发生的话,DJIA 投资组合的损失就仅是 10 990 000 美元,而不是 11 720 000 美元,套期保值策略的净损失就是 2 601 500 美元（-2.6%）。由于 DJIA 的实际表现与用贝塔预测的结果不同,实际损失与用贝塔预测的损失相差了 730 000 美元。

构建指数化投资组合

正如第 12 章解释的那样,一些机构股票基金是与某个宽基股票市场指数挂钩的。构建复制某个股票指数的投资组合会产生管理费和交易成本。这些成本越高,指数化投资组合与目标指数的表现差异就越大。此外,由于资产管理人在构建指数化投资组合时不会买入宽基股指的所有成分股,因此指数化投资组合面临跟踪误差风险。管理人可以用股指期货而非现货市场来构建指数化投资组合。

让我们举例说明在何种情况下可以用股指期货构建指数化投资组合以及如何构建。如果股指期货的价格与其理论价格相等,那么一个由股指期货多头头寸和短期国债组成的投资组合将会产生与标的现货指数相等的收益。为了说明这点,假设一个指数基金经理希望以标准普尔 500 指数为目标构建一个价值 9 000 万美元的指数化投资组合。我们同时作出如下假设:

- 当前标准普尔 500 指数为 1 200 点。
- 6 个月后到期的标准普尔 500 指数期货目前售价为 1 212。
- 标准普尔 500 指数在未来 6 个月的预期股息率为 2%。
- 当前 6 个月期国债的收益率为 3%。

第 6 章中描述的期货理论价格的公式如下:

$$现货市场价格 + 现货市场价格 \times (融资成本 - 股息率)$$

由于融资成本为 3%,股息率为 2%,期货的理论价格为:

$$1\,200 + 1\,200 \times (0.03 - 0.02) = 1\,212$$

因此,期货的市场价格与理论价格相等。

考虑两种指数基金经理可能选择的策略:

策略一:购买价值 9 000 万美元的股票以复制标准普尔 500 指数的表现。

策略二:以 1 212 的价格购买 300 份 6 个月后到期的标准普尔 500 指数期货合约,并将 9 000 万美元投资于 6 个月期国债。[①]

当合约在 6 个月后到期时,两个策略在不同标准普尔 500 指数数值下的表现将会如何?让我们考察三种情形:

情景一:标准普尔 500 指数上涨至 1 320(上涨 10%)。

情景二:标准普尔 500 指数保持在 1 200。

情景三:标准普尔 500 指数下跌至 1 080(下跌 10%)。

在到期日,期货价格将会收敛至指数值。表 14.1 展示了三种情形下两种策略中的投资组合的价值。我们可以看到,在每种既定情形下,两种策略的表现完全相同。这一结果并不出人意料,因为我们可以通过借取资金购买期货合约的标的工具来复制期货合约。在构建指数化投资组合的情形下,我们通过购买期货合约和投资短期国债来复制标的工具。因此,假如股指期货合约的定价合理,那么指数基金经理可以用股指期货来构建指数基金。

---

① 这里需要注意两点:第一,本例不考虑期货合约对保证金的要求。国债可被用作初始保证金。第二,在这个策略中,之所以选择 300 份合约,是因为我们当前的(假设的)市场指数为 1 200 点,合约乘数为 250,所以 300 份合约的现金价值为 9 000 万美元。

表 14.1　在期货合约公平定价的情况下,购买股票复制指数策略与
期货/短期国债策略的投资组合价值的对比

假设:
1. 投资金额＝9 000 万美元
2. 当前标准普尔 500 指数＝1 200
3. 当前标准普尔 500 指数期货合约的价值＝1 212
4. 预期股息率＝2%
5. 短期国债收益率＝3%
6. 购买的标准普尔 500 指数期货合约数量＝300

策略一:直接购买股票

	到期日指数值		
	1 320	1 200	1 080
指数值变化率	10%	0%	−10%
复制指数的投资组合的市场价值(美元)	99 000 000	90 000 000	81 000 000
股息(0.02×90 000 000 美元)(美元)	1 800 000	1 800 000	1 800 000
投资组合价值(美元)	100 800 000	91 800 000	82 800 000
投资收益额(美元)	1 080 000	180 000	−720 000

策略二:期货/短期国债组合

	到期日指数值[a]		
	1 320	1 200	1 080
300 份期货合约的收益/亏损(300×250×每份合约的收益)(美元)	8 100 000	−900 000	−9 990 000
短期国债的价值(90 000 000 美元×1.03)	92 700 000	92 700 000	92 700 000
投资组合价值(美元)	100 800 000	91 800 000	82 800 000
投资收益额(美元)	1 080 000	180 000	−720 000

注:a 由于期货价格收敛于现货价格,到期日标准普尔 500 指数与股指期货价格将会相同。

　　有几点需要注意。第一,策略一中投资组合复制标准普尔 500 指数的能力取决于投资组合对指数的跟踪程度。另一方面,假设预期的股息得以实现并且期货合约是公平定价的,那么期货/短期国债投资组合(策略二)将能精准复制标准普尔 500 指数的表现。因此,跟踪误差减小了。

　　第二,策略二的交易成本更低。例如,假如一份标准普尔 500 指数期货的交易成本为 15 美元,那么策略二中 9 000 万美元资金的交易成本仅为 4 500 美元。这要大大低于购买并维持一个目的是复制标准普尔 500 指数的广泛分散的投资组合的交易成本。另外,对于希望进行指数化投资的大型基金而言,使用股指期货的市场冲击成本要低于使用现货市场复制指数产生的市场冲击成本。

　　第三,使用股指期货构建的指数基金的保管成本明显更低。第四,合成指数基金的表现取决于变动保证金。

　　在构建合成指数基金的过程中,我们曾假设期货合约是公平定价的。下面我们重新假设股指期货的市场价格低于理论价格(即期货合约偏廉)。在这种情形下,指数基金经理可以通

过购买期货和短期国债提高指数化投资组合的收益率。也就是说,这个由期货和短期国债组成的投资组合的收益率要高于持有标的指数至期货到期日的收益率。

为了理解这点,假设在我们的上一个例子中,当前的期货价格为 1 204,而不是 1 212,于是,期货合约偏廉(即价值被低估)。表 14.1 的三种情形下的期货头寸均会增加 150 000 美元(8 指数单位×250 美元×300 份合约)。因此,在所有三种情形下,期货合约与短期国债构成的投资组合的价值和投资收益额均比直接购买股票高 150 000 美元。

而当期货合约的市场价格高于理论价格时,持有股指期货和短期国债的指数基金经理会将其资产组合换为指数成分股。依据期货合约与现货市场指数的相对价值大小,指数基金经理会在期货/短期国债组合与股票组合之间调换,以增强投资组合的收益率。这种策略叫做股票替换策略(stock replacement strategy),是用于增强指数化投资组合收益率的几种策略之一。

利用收益增强型策略会大幅降低交易成本。只要实际基差与理论基差之间的差异超过交易带来的市场冲击,激进型管理人就应该考虑用期货替代股票,反之亦然。

一旦策略被执行,就可能出现若干后续情形。例如,考虑一个持有股指期货/短期国债投资组合的指数基金经理。情景一:如果期货合约相对于股票价格足够高,基金经理就会卖出期货头寸,同时重新购买股票,并通过程序化交易执行买入委托单。情景二:如果期货合约的价格维持在公允价值水平,基金经理会持有当前头寸直至到期日,并在到期日以现货指数值对期货进行结算且在市场上重新购买股票。情景三:如果指数基金经理持有股票投资组合并且期货合约相对股票偏廉,那么管理人就会卖出股票并买入指数期货合约。

权益互换

我们在第 6 章中回顾了互换。权益互换要求交易双方在指定时期内定期交换现金流,其中至少一方的现金流付款与某个股市指数的表现相关。在最普通的权益互换中,一方同意按照某个股指的总收益率支付金额给另一方,并获取另一种资产的总收益率或固定/浮动利率。所有的现金流付款都是基于同一名义本金,现金流是在一个固定时期内支付的。

权益互换的结构十分灵活,其期限从数个月跨至 10 年不等。几乎任何资产的收益率都可与另一种资产进行互换,而无需发生与现货市场交易相关的成本。现金流支付计划可以用任意一种与股票资产无关的货币单位计价,并且可以每月、每季、每年或在到期时交换现金流。股票资产可以是任一股票指数或任一股票组合,可以用任一货币单位计价,可以是经套期保值或未经套期保值的。

权益互换的应用十分广泛,包括资产配置、进入国际市场、增强权益收益率、对冲权益风险敞口和合成卖空股票。

权益互换的一个例子是 1 年期互换协议,一方同意每季向投资者支付标准普尔 500 指数的总收益率,以换取每个季度以美元计价的 LIBOR。投资者支付的金额为(LIBOR+利差)×91/360×名义金额。这类权益互换在经济上等价于以 LIBOR 加一个利差的利率为标准普尔 500 指数的多头头寸提供资金。使用权益互换的好处包括没有交易成本、没有营业税或股息预扣税,以及没有相对指数的跟踪误差或基差风险。

无论权益互换的结构如何,其基本运作机制都是相同的。然而,交换现金流的规则可能会有所不同。例如,一个希望在国际市场上分散化投资的美国投资者可以加入一笔互换并(根据其投资目标)在货币对冲的基础上交换付款。假如其投资目标是减少美国股票的风险敞口并增加日本股票的风险敞口,那么他可以设计一个用标准普尔 500 指数的总收益率换取日经 225 指数的总收益率的互换。然而,假如其投资目标是进入日本股票市场,那么他可以设计一个用 LIBOR 加一个利差换取日经 225 指数的总收益率的互换。这是在国际市场上分散化投资的一个例子,现金流可以用日元或美元计价。加入权益互换以实现国际分散化投资的好处是:投资者的风险敞口不受跟踪误差的影响,投资者不发生营业税、保管费、预扣费以及与进出市场相关的市场冲击成本。这笔互换在经济上等价于在固定汇率的基础上持有日经 225 指数多头头寸并以 LIBOR 加一个利差融资。

权益互换的应用不胜枚举,但都使用上述基本结构。投资者几乎可以用任意一种金融资产换取一个股票指数、股票组合或单个股票的总收益率。有交易商已准备好开发使投资者能够交换任意两种资产的收益率的互换结构。现金流交换计划是这两种资产的函数。例如,通过购买一只特定债券并用其产生的现金流换取标准普尔 500 总收益率减一个利差,投资者就可以实现超越某一股票基准收益的目标。

权益互换是实施多资产策略或资产配置策略的有用方法。一个例子是用标准普尔 500 指数的总收益率换取德国 DAX 指数的总收益率的资产互换。投资者可以通过权益互换减少美国股票敞口并增加德国股票敞口,从而避免了与现货市场交易相关的成本。

权益期权

期权为资产管理人管理风险和实现理想的投资目标提供了另一种衍生工具。与期货合约相同,期权可以改变投资组合的风险特征,以提高预期收益率,并降低与管理投资组合相关的交易成本。正如第 6 章解释的那样,期权有挂牌期权和交易商期权。我们在这里关注挂牌权益期权。

挂牌权益期权

挂牌期权包括股票期权和指数期权。

股票期权

股票期权是指以个股为标的物的挂牌期权。标的物是 100 股指定股票。美国境内流通的所有挂牌股票期权都可以在到期日前的任意时刻行权,也就是说,它们属于美式期权。既定股票的期权合约的到期日具有周期性,股票的周期一般为 9 个月。对于股票期权,周期是近期两个月份加上 1 月、2 月或 3 月的两个额外月份的季度周期。常见的周期包括 1 月—4 月—7 月—10 月(JAJO)到期的期权、2 月—5 月—8 月—11 月(FMAN)到期的期权,以及 3

月—6 月—9 月—12 月(MJSD)到期的期权。

指数期权

指数期权是标的物为股票指数而非个股的期权。指数看涨期权赋予了期权买方买入标的股指的权利,指数看跌期权则赋予了期权买方卖出标的股指的权利。与股票期权交割股票的行权方式不同,交割股票指数所有成分股这种行权方式极其复杂。因此与股指期货相同,指数期权也是现金交割合约。这意味着如果期权买方执行期权,那么期权卖方仅须支付现金给买方,而无须交割任何股票。

以交易量衡量的最受欢迎的股指期权为标准普尔 500 指数期权(代码为 SPX)、标准普尔 100 指数期权(代码为 OEX)、纳斯达克 100 指数期权(代码为 NDX)、道琼斯工业平均指数期权(代码为 DJX)和罗素 2000 指数期权(代码为 RUT)。指数期权可以欧式方式行权,以现金交割。

所有股指期权都有一个合约乘数。四种最受欢迎的股指期权的合约乘数为 100 美元。这些合约还有"迷你"版本,其标的物为标的指数乘数的十分之一。由于上述股票指数的乘数为 100 美元,因此迷你合约的乘数为 10 美元。

指数期权的标的股指的美元价值等于当前的现货指数值乘以合约乘数(根据是完整合约还是迷你合约,乘数为 100 美元或 10 美元)。也就是说:

$$标的指数的美元价值=现货指数值×合约乘数$$

例如,假设标准普尔 500 指数的现货指数值为 2 800。由于合约乘数为 100 美元,因此 SPX 的美元价值为 280 000 美元(=2 800×100 美元)。

对股票期权而言,期权买方可以购买或出售标的股票的价格为执行价格。对指数期权而言,执行指数是期权买方用来购买或出售股指的指数值。执行指数乘以合约乘数后,就转化为美元价值。例如,若 SPX 的执行指数为 2 790,那么美元价值为 279 000 美元(=2 790×100 美元)。假如投资者购买了一份执行指数为 2 700 的 SPX 的看涨期权,并在指数值为 2 800 点时执行期权。投资者有权以 279 000 美元的价格购买市场价值为 280 000 美元的指数,因此看涨期权的买方将从卖方那里获得 1 000 美元。

挂牌期权在投资组合中的应用

在第 6 章中,我们解释了期权与期货合约的差异在于:前者的收益支付是非线性的,因而会在根本上改变现有投资组合的风险状况。因此,投资者可以使用挂牌期权市场解决各种类型的投资问题。在本节中,我们将在投资过程的背景下考虑如何使用看涨期权、看跌期权及两者的组合,这涉及(1)风险管理,(2)成本管理,(3)收益增强。

风险管理策略

在股票投资组合管理背景下的风险管理主要关注价格风险,因而本节讨论的策略在某种程度上是用来应对价格下跌风险或不利价格变动带来的损失的。期权可以使全部或部分核心股票投资组合拥有不对称的风险敞口。这使资产管理人能够以固定的成本对冲价格下跌风险,并将市场下跌造成的损失限制在一定水平以内。

风险管理的基本目标是创造最优的风险敞口并实现目标收益率,而期权可以通过减少风险敞口来帮助实现这一目标。不同的风险管理策略势必会影响所持头寸的期望收益率——除非存在某种形式的无效性。这可能与当前的风险—回报组合相关,也可能是使用期权的结果。我们将在下面讨论两种风险管理策略:保护性看跌期权和领子期权。[①]

(1) 保护性看跌期权策略。

对于当前持有标的证券多头头寸的资产管理人,或想要通过使用看跌期权取得上涨敞口和下跌保护的投资者来说,保护性看跌期权策略(protective put strategy)是很有价值的。该策略的动机是对冲部分或全部风险。指数看跌期权主要被用来对冲市场风险,而股票看跌期权被用来对冲与特定股票相关的总风险。这使投资组合经理能够用保护性看跌期权策略来分解战术性策略和战略性策略。例如,考虑一个担心外生或非财务事件会增加市场风险水平的资产管理人,并假设这个管理人对核心投资组合的持仓和战略配置很满意。那么看跌期权可被用作一个战术性风险降低策略,目的是保护资本金并维持投资组合收益率的战略目标。

由于这个原因,担心下跌风险的投资组合经理可能会选择使用保护性看跌期权策略。尽管如此,保护性看跌期权策略可能并不适用于所有的投资组合经理。然而,此策略的价值在于使投资者能够在投资波动性强的股票时,得到一定满意程度的风险保障以及在策略存续期内无限的获利可能。

保护性看跌期权需要购买一份看跌期权和持有股票多头头寸。这与持有一份股票看涨期权并购买无风险债券是等价的。事实上,这个组合头寸与第 6 章描述的看涨期权的收益模式相同。看跌期权类似于一份为股票多头头寸签发的保单。

期权价格相当于保险费,期权的虚值量相当于保单的免赔额。与保险相同,期权的免赔额与保险费呈负相关。当执行价格上升时,免赔额也随之降低,这使得看跌期权的实值程度加深或虚值程度减弱。更高的执行价格将导致看跌期权的价格升高,从而保单也更昂贵。

这个策略从开始到结束时的盈利可用下式表达:

$$盈利 = N_s(S_T - S_t) + N_p[\max(0, K - S_T) - \text{Put}]$$

其中,N_s 是股票的股数,N_p 是看跌期权的数量,S_T 为到期日(时刻 T)的股票价格,S_t 为时刻 t 的股票价格,K 为执行价格;Put 为看跌期权价格。

保护性看跌期权的盈利是股票多头头寸和看跌期权的盈利之和。如果我们持有这个组合至到期日,那么其最低价值是执行价格(K),最高价值是股票价格(S_T)。如果股票价格低于看跌期权的执行价格,投资者将会执行期权并将股票以价格 K 出售给期权卖方。如果我们假设股票数量 N_s 与看跌期权的数量 N_p 相等,那么损失为:

$$盈利 = S_T - S_t + K - S_T - \text{Put} = K - S_t - \text{Put}$$

注意,股票的到期日价格并未出现在盈利等式中。

例如,假设初始的股票价格为 100 美元(S_t),执行价格为 95 美元(K),最终的股票价格为 80 美元(S_T),看跌期权费(Put)为 4 美元,则盈利为:

---

① Collins 和 Fabozzi(1999)第 3 章讨论了其他风险管理策略。

$$盈利＝95\ 美元－100\ 美元－4\ 美元＝－90\ 美元$$

如果没有实行对冲,资产管理人的损失将为 20 美元。

另一方面,假如最终股票的价格上升了 20 美元,那么盈利为:

$$盈利＝S_T－S_t－Put＝120\ 美元－100\ 美元－4\ 美元＝16\ 美元$$

保险成本用百分数表示为 4%,这项成本在股价高于执行价格时表现为一项损失。如果加入交易成本,亏损额会略微增加。然而,投资者的最大损失也无非是看跌期权费加上执行价格与原始股价之差(即免赔额)。当资产管理人的业绩是与基准对比时,且未使用的保单所带来的成本导致投资组合的表现低于基准水平,就会产生问题。

股票管理人可以利用股票选择、市场择时以及谨慎使用期权来降低保险成本。股价的收支平衡点为原始股价与看跌期权价格之和。本例中的收支平衡点是 104 美元,这是弥补看跌期权费所需的股票价格。由于表现滞后,看跌期权费永远不能真正得到弥补,这种滞后随着收益的增加变得越发不重要。

图 14.1 提供了保护性看跌期权策略的图形描述。图中显示了股票多头和看跌期权多头各自的影响,以及两者的综合影响——这在本质上是看涨期权多头。最大损失是看跌期权费加上虚值量,即保险费加上免赔额。

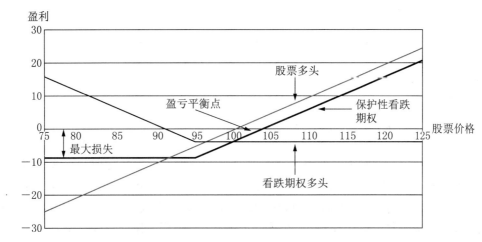

图 14.1　保护性看跌期权策略

(2) 领子期权策略。

保护性看跌期权以外的另一个选择是领子期权。领子期权策略(collar strategy)由股票多头头寸、看跌期权多头头寸和看涨期权空头头寸组成。随着执行价格的变化,下跌保护、成本和上涨潜力三者之间可能会出现各种不同的权衡。当看跌期权多头的成本完全由看涨期权空头弥补时,这种策略叫做零成本领子期权。

领子期权是为那些当前持有股票多头头寸,并且想要在一定程度上降低风险的投资者设计的。看跌期权的执行价格提供了一个最低值,而看涨期权的执行价格提供了一个最高值。图 14.2 显示了由此产生的收益模式。图中包含了策略的各个组成部分以及综合头寸。这是一个接近于零成本的领子期权的例子。为了支付看跌期权的价格,资产管理人卖出了执行价格为 110 美元的看涨期权。出售这种看涨期权所获得的收入支付了看跌期权费，但将上涨收益的上限设定为 10.23%。下限将领子期权的下跌损失限制在看跌期权的虚值量以内。为了提供完全保险，平值看跌期权的成本略微超过 6%，在支付这笔成本后，上涨收益的上限为 5%。资产管理人可以决定采取与其目标相一致的恰当权衡和保护。

领子期权的盈利等式为股票多头、看跌期权多头和看涨期权空头的盈利的简单相加，即：

$$盈利 = N_s(S_T - S_t) + N_p[\max(0, K_p - S_T) - \text{Put}] - N_c[\max(0, S_T - K_c) + \text{Call}]$$

其中，K_p 和 K_c 分别为看跌期权和看涨期权的执行价格，Call 为看涨期权的价格。

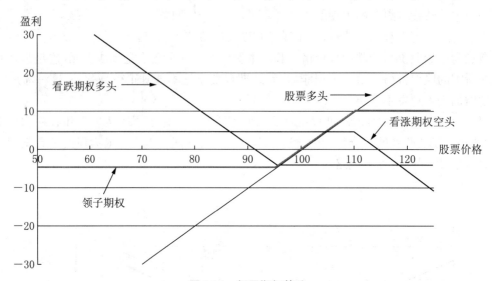

图 14.2 领子期权策略

管理策略

权益期权可以通过多种方式对维持一个股票投资组合进行成本管理。在这些期权策略中，看跌期权空头和看涨期权空头可被用于代替现货市场中的限价委托单。现金担保看跌期权策略（cash-secured put strategy）可被用于以目标价格购买股票，备兑看涨期权（covered call）或覆盖性看涨期权（overwrites）可被用于以目标价格出售股票。目标价格是指与投资组合经理的估值或技术模型相一致的价格，同时也是能产生理想投资收益率的价格。

收益增强型策略

期权可被用于提高收益率。我们在这里描述最受欢迎的一种收益增强型策略：备兑看涨期权策略。其他收益增强型策略还包括备兑组合策略和波动性估值策略。[1]

（1）备兑看涨期权策略。

常被人们所称的备兑看涨期权策略拥有许多变化形式。如果投资组合经理拥有股票并基于该股票卖出一份看涨期权，这种策略被称为覆盖性看涨期权策略。如果这个策略中二者（即买入股票和卖出看涨期权）是同时执行的，那么此策略被称为买入—开立策略（buy-write

---

[1] Collins 和 Fabozzi(1999)描述了这些策略。

strategy）。备兑看涨期权的本质是用价格升值换取收入。此策略适用于那些对股票获利的期望不高、想要获得额外收入的轻度乐观投资者。这些投资者要么愿意在获得有限的下跌保护的基础上限制上涨收益，要么想要管理出售标的股票的成本。此策略的首要动机是通过持有股票获得额外收入。

尽管看涨期权费可以提供一些有限的下跌保护，但这不是一种保险策略，原因是存在显著的下跌风险。因此，投资者在考虑备兑看涨期权时应当谨慎。

由于看涨期权费降低了收支平衡时的股价，备兑看涨期权的风险要低于购买股票的风险。当股价低于执行价格时，这个策略的表现就如同一个股票多头头寸。另一方面，当股价高于执行价格时，这个策略对股价不敏感，因此上涨空间受到限制。最大利润为看涨期权费和看涨期权的虚值量之和。

图 14.3 显示了收益模式图，它包含股票多头、看涨期权空头和备兑看涨期权头寸。

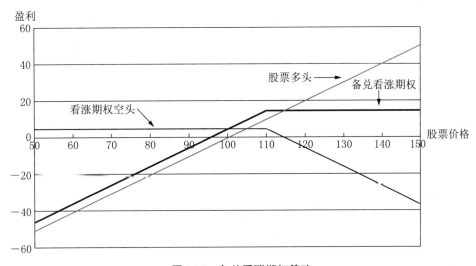

图 14.3 备兑看涨期权策略

市场波动性衍生工具

资产管理人会担心其普通股投资组合的波动性。他们可以使用一些衍生工具买入或卖出市场波动性，以控制投资组合的波动或表达对未来市场波动性的看法。这些工具包括波动性指数衍生工具、股指期权和方差互换。让我们首先考察波动性是如何衡量的。

衡量股市指数波动性

我们有多种方法可以衡量市场对既定宽基股市指数的未来波动性的预期。一个方法是计算指数的实际变动并用这个度量计算标准差。使用股市指数观察值的变动的波动性度量叫做历史波动率或实际波动率。

另一个方法是使用股指期权获得波动率信息。在第 6 章中,我们识别了影响期权价值的因素。其中一个因素是预期波动率。在期权定价模型中,我们将第 6 章中解释的影响期权价值的六个因素输入模型并计算期权的理论价格。或者,我们可以将所观察到的期权价格(即市场价格)和五个其他因素输入期权定价模型。于是,我们可以从模型反推与期权定价模型、观察到的期权价格和五个因素一致的波动率。这个波动率度量叫做隐含波动率。

股票市场波动性指数期货和期权

一个改变投资组合的市场波动性风险敞口的简单方法,是使用标的物为某个股票市场波动性指数的衍生工具。

股票市场波动性指数

第一个被商业化的股票市场波动性指数是芝加哥期权交易所(CBOE)的市场波动率指数(VIX)。这个指数被戏称为"投资者恐慌指数",它是基于还有 30 天到期的标准普尔 500 指数期权计算的。VIX 可被视作标准普尔 500 指数在未来 30 天内的波动率的前瞻性度量。所用的波动率度量为标准普尔 500 指数的隐含波动率。

CBOE 使用为构建 VIX 开发的方法,为道琼斯工业平均指数、纳斯达克 100 指数和罗素 2000 指数创建了市场波动率指数,代码分别为 VXD、VXN 和 RVX。所有这些波动率指数都基于市场指数期权的隐含波动率。

波动率指数的运作机制

所有波动率指数度量都有相应的期货和期权。这些都是现金交割的衍生工具,因为标的物(即波动率指数)是不能交割的。我们在讨论中将使用基于 VIX 的期货和期权。

首先考虑期货产品。合约的买方同意在交割日购买指数值,卖方则同意在交割日出售指数值。期货的价格或价值是双方协定的交易价格。在交割日,期货指数值与合约订立时的期货价格之差反映了一方的利润或亏损。假如这个差额是正数,合约买方将会实现利润;假如这个差额是负数,则卖方将会实现利润。然后,利润的金额(即亏损的一方必须向另一方支付的金额)被乘以某个数值(合约乘数)。VIX 的乘数为 1 000 美元,迷你合约的乘数为 100 美元。

股指期权

我们在上一节中描述了股指期权和策略。我们在第 6 章中讨论影响期权价格的六个因素时,解释了其中一个因素是标的资产的预期波动率。无论期权是看涨期权还是看跌期权,波动率的上升都会导致期权价格的上升。因此,期权的买方是在购买波动率,因为假如预期波动率上升,期权的价值将会上升。相比之下,波动率的下降将导致期权价格的下降,因此备兑看涨期权或有担保看跌期权的卖方在出售波动性。因此,买入或卖出股指期权或标的物为宽基市场指数的期权,将使资产管理人能够改变对市场波动性的风险敞口。

对使用股指期权增加或减少市场波动性风险敞口的顾虑是:标的股指的变动将受到所选

择的执行指数(即执行价格)的影响。有数个方法可以控制这点,但对这些方法的讨论超出了本章的范围。

方差互换

方差互换(variance swaps)是以某个股市指数的实际收益率的年化方差为标的物的远期合约。实际收益率用对数收益率计算。年化方差的计算如下。

首先,按以下方式计算在相关时期内观察到的股市指数的对数收益率:

$$r_i = Ln(L_i/L_{i-1})$$

其中,L_i 为到期日的指数水平,L_{i-1} 为交易日(即投资者订立合约时)的指数水平。

在合约相关期间,计算收益率对数的平方,然后除以相关的天数以取得相关时期内的方差:

$$实际方差 = \frac{\sum_{i=1}^{N}(r_i)^2}{n}$$

计算实际方差的相关天数为自交易日起至互换到期日期间未发生市场扰乱事件的交易日天数,不含交易日,但含互换的到期日。

然后,将实际方差乘以 252 以进行年化。因为 252 是一年内的标准交易日天数,所以这个数字是用于年化实际方差的因子。也就是说:

$$年化实际方差 = V_R = (252) \times 实际方差$$

令 V_0 为双方在交易日同意购买和出售波动率的指定波动率。于是,互换买方和卖方的收益如下所示:

- 假如 $V_R - V_0 > 0$:

    互换买方的收益:10 000 美元$(V_R - V_0)$利润

    互换卖方的收益:$-10\ 000$ 美元$(V_R - V_0)$亏损

- 假如 $V_0 - V_R > 0$:

    互换买方的收益:$-10\ 000$ 美元$(V_0 - V_R)$损失

    互换卖方的收益:10 000 美元$(V_0 - V_R)$利润

- 假如 $V_R = V_0$,那么双方的收益为零。

为何上述收益公式中有 10 000 这个数字?这个 10 000 为合约提供了乘数,就像股指期货合约中的合约乘数那样。在方差互换的情形下,乘数为 100,由于实际方差是一个平方度量,因此我们计算这个乘数的平方(即 $100^2 = 10\ 000$)。

关键要点

- 当衍生工具的标的物是普通股或某个普通股指数时,衍生工具被称为权益衍生工具。

- 股指期货合约的标的物可以是一个宽基股市指数或窄基股市指数。
- 股指期货合约的美元价值等于期货价格与期货合约指定的一个"合约乘数"的乘积。
- 股指期货合约是现金交割合约。
- 股指期货在投资组合中的应用包括控制股票投资组合的风险、针对不利的股价波动进行套期保值,以及构建指数化投资组合。
- 套期保值是使用期货合约替代在现货市场开展的交易。
- 空头套期保值被用于抵御标的物的现货价格在未来下跌的风险;为了执行空头套期保值,套期保值者出售期货合约。
- 多头套期保值被用于抵御未来打算购买的股票价格上升的风险;在多头套期保值中,套期保值者购买期货合约。
- 套期保值是控制股票投资组合对不利价格变动的风险敞口的一种特殊情形。
- 在使用股指期货进行套期保值时,目标是改变当前或预期持有的股票投资组合头寸,以使组合的贝塔值为零。
- 由于贝塔值为零的投资组合应产生无风险利率,在完全套期保值中,收益率将会等于无风险利率,无风险利率对应的期限等于距期货合约交割日的天数。
- 股票投资组合套期保值的有效性由以下两个关系决定:(1)现货投资组合与期货合约标的指数的关系;(2)套期保值开始和结束(平仓)时现货价格与期货价格的关系。
- 现货价格与期货价格之差叫做基差,它只有在结算时才能确切地知道。
- 在套期保值结束时基差的不确定性叫做基差风险,因此套期保值涉及用基差风险代替与标的物相关的价格风险。
- 当资产管理人希望套期保值的股票投资组合与用以套期保值的股指期货的标的股指具有不同特征时,交叉套期保值将会发生。
- 被套期保值的投资组合与期货合约的收益波动率的比值即为套期保值比率,它被用于确定套期保值应使用的合约数量。
- 权益互换要求交易双方在指定时期内定期交换现金流,其中至少一方的现金流付款与某个股市指数的表现相关。
- 在最普通的权益互换中,一方同意按照某个股指的总收益率支付金额给另一方,并获取另一种资产的总收益率或固定/浮动利率。
- 权益互换的应用十分广泛,包括资产配置、进入国际市场、增强权益收益率、对冲权益风险敞口和合成卖空股票。
- 挂牌期权包括股票期权(标的物为个股的期权)和指数期权。
- 指数期权是标的物为股票指数而非个股的期权。
- 指数看涨期权赋予了期权买方买入标的股指的权利,指数看跌期权则赋予了期权买方卖出标的股指的权利。
- 期权可被用于风险管理、成本管理和增强收益。
- 在股票投资组合管理背景下的风险管理主要关注价格风险。
- 期权可以使全部或部分核心股票投资组合拥有不对称的风险敞口,从而使资产管理人能够以固定的成本对冲价格下跌风险,并将市场下跌造成的损失限制在一定水平以内。
- 风险管理的基本目标是创造最优的风险敞口并实现目标收益率;而期权可以通过减少

风险敞口来帮助实现这一目标。

- 保护性看跌期权策略和领子期权策略是两种风险管理策略。

- 当前持有标的股票多头头寸的资产管理人,或想要通过使用看跌期权取得上涨敞口和下跌保护的投资者,可以使用保护性看跌期权策略。

- 保护性看跌期权需要购买一份看跌期权和持有股票多头头寸;看跌期权的期权价格是保险费,期权的虚值量叫做免赔额。

- 保护性看跌期权策略以外的另一个选择是领子期权策略,它由股票多头头寸、看跌期权多头头寸和看涨期权空头头寸组成。

- 在领子期权策略中,随着执行价格的变化,下跌保护、成本和上涨潜力三者之间可能会出现各种不同的权衡。

- 期权可被用于对维持一个股票投资组合进行成本管理;在这些期权策略中,看跌期权空头和看涨期权空头可被用于代替现货市场中的限价委托单。

- 现金担保看跌期权策略可被用于以基于某个估值模型的目标价格购买股票,而备兑看涨期权(或覆盖性看涨期权)可被用于以目标价格出售股票。

- 期权可被用于增强收益率,最受欢迎的一种策略为备兑看涨期权策略。

- 资产管理人可以使用一些衍生工具买入或卖出波动性,以控制投资组合的波动或表达对未来市场波动性的看法。

- 市场波动性衍生工具包括波动率指数衍生工具、股指期权和方差互换。

- 市场波动性衍生工具可以基于实际(历史)收益率或从标的物为某个股市指数的期权取得的隐含波动率。

- CBOE 市场波动率指数(VIX)被戏称为"投资者恐慌指数",它是基于还有 30 天到期的标准普尔 500 指数期权计算的。

- 所有波动率指数度量都有相应的期货和期权。

- 方差互换是以某个股市指数的实际收益率的年化方差为标的物的远期合约。

参考文献

Collins, B. and F. J. Fabozzi, 1999. *Derivatives and Equity Portfolio Management*. Hoboken, NJ: John Wiley & Sons.

Peters, E. E., 1987. "Hedged equity portfolios: Components of risk and return," *Advances in Futures and Options Research* 1, part B:75—92.

第五部分　债券分析方法和投资组合管理

15

债券定价和收益率度量

学习目标

在阅读本章后,你将会理解:

- 债券价格是如何计算的;
- 债券价格与必要收益率的逆相关性;
- 可赎回或可提前偿还的债券的价格如何不同于无期权债券的价格;
- 债券的正凸性特征和负凸性特征的含义;
- 债券的息票率、必要收益率和价格之间的关系;
- 四个常用的债券收益率度量:(1)现时收益率,(2)到期收益率,(3)赎回收益率,(4)回售收益率;
- 收益率度量的局限,以及再投资风险的含义;
- 计算投资组合收益率的不同方法,以及这些度量的局限;
- 总回报率的计算及其在投资期分析中的应用;
- 什么是利率的期限结构;
- 什么是远期利率和即期利率;
- 即期利率和远期利率是如何被用于计算债务工具的无套利价值的。

在第4章中,我们描述了债务工具的基本特征以及在市场中可以找到的类型广泛的此类投资工具。在本章和下一章中,我们将讨论用于评估债券及其潜在表现的分析方法。尽管我们关注的是债券,但此处描述的债券分析方法可同样适用于其他债务工具。在住宅抵押贷款证券的情形下还有一些特殊的考虑。

我们从解释如何确定债券的价格以及价格与收益率的关系开始。接着,我们讨论各种收益率度量及其对评估债券在某个投资期内的潜在表现的含义。我们将特别解释衡量债券收益率的各种惯例,然后展示为何传统的收益率度量不能识别某个投资期内的债券投资所能获得的潜在回报。评估债券投资潜在回报的一个更好的度量是总回报率。我们将说明如何计算某个投资期内的债券投资所能获得的潜在总回报率。在本章最后一节,我们将讨论利率的期限结构,以及如何使用根据期限结构确定的利率为债券定价。在下一章中,我们将解释用于量化利率风险和信用风险的债券分析方法。

债券的定价

在本节中,我们将解释债券的价格是如何确定的。这里讨论的方法是所用的传统方法。在本章末尾讨论利率的期限结构和即期利率(或零息票利率)概念时,我们可以看到计算债券理论价格的恰当方法。在本节开头,先回顾债券是如何报价的。

报价

债券可以具有任意金额的到期值或票面值。因此,在为债券报价时,交易员用票面值的一个比例为债券报价。以票面值出售的债券被报价为 100,即票面值的 100%。折价出售的债券将以低于 100 的报价出售,而溢价出售的债券将以高于 100 的报价出售。

将报价转换为美元价格的程序如下:

$$（每 100 美元票面值的价格/100）\times 票面值$$

例如,假如债券的报价为 $96\frac{1}{2}$,票面值为 100 000 美元,于是美元价格为:

$$（96.5/100）\times 100\ 000\ 美元 = 96\ 500\ 美元$$

假如债券的报价为 $103\frac{19}{32}$,票面值为 100 万美元,则美元价格为:

$$（103.593\ 75/100）\times 1\ 000\ 000\ 美元 = 1\ 035\ 937.50\ 美元$$

正如第 4 章解释的那样,当投资者在两个息票付款日期间购买债券时,投资者必须为应计利息向卖方支付补偿。

无期权债券的定价

任何金融工具的价格都等于来自这种金融工具的预期现金流的现时价值。因此,价格的确定需要:

(1) 预期现金流的估计;

(2) 恰当必要收益率的估计。

一些金融工具的预期现金流很容易计算;对于其他金融工具则较为困难。必要收益率反映了具有类似风险的金融工具的收益率。

确定债券价格的第一步是估计其现金流。我们将考虑一个简单情形:发行人不能选择在既定的到期日前收回债券,债券持有人也未被赋予改变债券现金流的选择权。

没有内嵌期权的债券被称为无期权债券。无期权债券的现金流为:

(1)到期日前的定期息票利息付款;

(2)到期时的票面值。

为简化分析,我们在债券定价的例子中使用了三个假设:

(1)息票付款每 6 个月支付一次。(大多数美国债券事实上是每半年支付一次息票利息的。)

(2)债券的下一笔息票付款将恰好在 6 个月后获取。

(3)息票利息在债券期限内是固定的。

尽管我们在本章中的关注点是无期权债券,但还有为含内嵌期权的债券定价的更为复杂的模型,如 Kalotay、Williams 和 Fabozzi(1993)开发的模型。

因此,无期权债券的现金流由每半年支付一次的固定息票利息付款和票面值(或到期值)组成。例如,对于息票率为 10%、票面值(或到期值)为 100 美元的 20 年期债券,来自息票利息的现金流如下:

$$年度息票利息=100 \text{ 美元} \times 0.10 = 10 \text{ 美元}$$
$$半年度息票利息=10 \text{ 美元}/2 = 5 \text{ 美元}$$

因此,债券有 40 笔 5 美元的半年度现金流和一笔 40 个 6 个月期间的 100 美元的现金流。注意对票面值的处理。它未被当作是在 20 年后获取的,而是按照与半年度息票付款一致的方式处理的。

必要收益率是通过考察市场中的可比债券提供的收益率确定的。在此情形下,可比投资是具有相同信用品质和相同到期日的无期权债券。必要收益率通常是以年利率表示的。当现金流每半年发生一次时,市场惯例是将年利率的二分之一用作折现现金流的定期利率。

在给定债券现金流和必要收益率后,我们就有了债券定价所需的所有信息。由于债券的价格等于现金流的现时价值,它是通过将这两个现时价值相加确定的:

(1)半年度息票付款的现时价值。

(2)到期日的票面值(或到期值)的现时价值。

一般而言,债券的价格可以用以下公式计算:

$$P = \frac{C}{(1+r)^1} + \frac{C}{(1+r)^2} + \cdots + \frac{C}{(1+r)^n} + \frac{M}{(1+r)^n}$$

或

$$P = \sum_{t=1}^{n} \frac{C}{(1+r)^t} + \frac{M}{(1+r)^n} \tag{15.1}$$

其中,P 为价格(以美元为单位),n 为时期数(年数×2),C 为半年度息票付款(以美元为单位),r 为定期利率(必要年收益率/2),M 为到期值,t 为获取付款的时期。

由于半年度息票付款等价于普通年金,息票付款的现时价值可以用以下公式确定:

$$息票付款的现时价值 = C \left[\frac{1 - \dfrac{1}{(1+r)^n}}{r} \right] \qquad (15.2)$$

当投资者购买的债券的下一次息票付款在小于 6 个月的时间内发生时,我们可以修正式(15.1)和式(15.2)以考虑这个因素。

为了举例说明如何计算债券价格,考虑票面值为 100 美元的 20 年期 10% 息票债券。让我们假设该债券的必要收益率为 11%。该债券的现金流如下:(1)40 笔 5 美元的半年度息票付款,(2)在 40 个 6 个月期后获取的 100 美元。半年度利率或定期利率(或定期必要收益率)为 5.5%(11% 除以 2)。用我们的符号表示为:$C = 5$ 美元,$n = 40$,$r = 0.055$。

40 笔 5 美元的半年度息票付款以 5.5% 折现的现时价值为 80.231 美元,其计算方式如下:

$$息票付款的现时价值 = 5 \text{ 美元} \times \left[\frac{1 - \dfrac{1}{(1.055)^{40}}}{0.055} \right] = 80.231 \text{ 美元}$$

40 个 6 个月期后获取的 100 美元票面值或到期值以 5.5% 折现的现时价值为 11.746 美元,其计算方式如下:

$$\frac{100 \text{ 美元}}{(1.055)^{40}} = 11.746 \text{ 美元}$$

于是,债券价格等于这两个现时价值之和:

息票付款的现时价值	=80.231 美元
+票面值(到期值)的现时价值	=11.746 美元
价格	=91.977 美元

因此,债券的报价将为 91.977。

假设必要收益率为 6.8% 而非 11%。债券价格将为 134.704 美元,其计算方式如下:用 3.4% 的定期利率(6.8%/2)折现的息票付款的现时价值为 108.451 美元。40 个 6 个月期后获取的 100 美元以 3.4% 折现的现时价值为 26.253 美元。于是,债券价格为 134.704 美元,即 108.451 美元与 26.253 美元之和。

假如必要收益率等于 10% 的息票率,我们可以证明债券的价格将为其 100 美元的票面值。

零息票债券不支付任何定期息票付款,投资者实现的利息为到期值与购买价格之差。零息票债券的价格是通过用零代替式(15.1)中的 C 计算的:

$$P = \frac{M}{(1+r)^n} \qquad (15.3)$$

式(15.3)表明,零息票债券的价格不过是到期值的现时价值。但是,在现时价值计算中,折现所用的时期数不是距债券到期日的年数,而是年数的两倍。折现率为必要年收益率的二分之一。

无期权债券的价格—收益率关系

债券的一个基本特性是:其价格与必要收益率呈反向变化。原因在于,债券的价格等于现金流的现时价值。随着必要收益率的上升,现金流的现时价值将会下降,从而价格也会下降。

当必要收益率下降时,相反情况将会成立。现金流的现时价值将会上升,因而债券价格也会上升。我们可以通过考察当必要收益率为 11%、10% 和 6.8% 时 20 年期 10% 息票债券的价格看到这点。表 15.1 显示了 20 年期 10% 息票债券在各种必要收益率下的价格。

表 15.1 20 年期 10% 息票债券的价格—收益率关系

收益率	价格(美元)	收益率	价格(美元)
0.045	1 720.32	0.110	919.77
0.050	1 627.57	0.115	883.50
0.055	1 541.76	0.120	849.54
0.060	1 462.30	0.125	817.70
0.065	1 388.65	0.130	787.82
0.070	1 320.33	0.135	759.75
0.075	1 256.89	0.140	733.37
0.080	1 197.93	0.145	708.53
0.085	1 143.08	0.150	685.14
0.090	1 092.01	0.155	663.08
0.095	1 044.41	0.160	642.26
0.100	1 000.00	0.165	622.59
0.105	958.53		

假如我们用图形表示任何无期权债券的价格—必要收益率关系,可以发现它具有图 15.1 显示的弓形形状。这个形状被称为凸性。正如我们在本章后面将要解释的那样,价格—收益率关系的凸性对债券的投资特性具有重要意义。

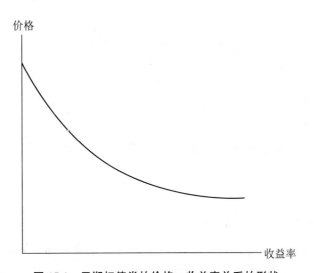

图 15.1 无期权债券的价格—收益率关系的形状

息票率、必要收益率与价格的关系

随着市场收益率的变化,债券的价格也会发生变化。当息票率等于必要收益率时,债券价格将会等于其票面值,正如我们先前说明的那样。

当市场中的收益率在某个特定时刻上升超过息票率时,债券价格就会做出调整,以使得新投资者能够实现额外的利息收入。当债券价格下跌至票面值以下时,这个调整即告完成。通过持有债券至到期日实现的资本增值对新投资者而言是一种形式的利息收入,以补偿低于必要收益率的息票率。当债券售价低于票面值时,我们称它折价出售。在我们先前的债券价格计算中,我们看到当必要收益率高于息票率时,债券价格低于票面值。

当市场中的必要收益率低于息票率时,债券售价一定高于票面值。这是由于有机会以票面值购买债券的新投资者获得的息票率将高于市场所要求的回报。由于债券收益率十分具有吸引力,新投资者将抬高债券的竞买价,直至达到债券提供市场必要收益率的价格为止。我们称价格高于票面值的债券为溢价出售。

息票率、必要收益率与价格的关系可以总结如下:

息票率＜必要收益率:价格＜票面值(折价债券)

息票率＝必要收益率:价格＝票面值

息票率＞必要收益率:价格＞票面值(溢价债券)

在利率不变的情况下债券价格与时间的关系

假如必要收益率在投资者购买债券之日至债券期满日间未发生变化,债券价格将会发生什么? 对于以票面值出售的债券而言,息票率等于必要收益率。随着债券越来越接近到期日,债券将继续以票面值出售。对于溢价或折价出售的债券而言,债券价格将不会保持不变。随着债券逐渐接近期满,假如必要收益率不发生变化,折价债券的价格将会上升。对于溢价债券,随着其逐渐接近期满,价格将会下降。两种债券在期满日的价格都等于票面值。

债券价格变化的原因

债券价格会因以下三个原因中的一个或多个而改变:

(1)因发行人信用品质的变化引起必要收益率的变化。也就是说,由于市场如今将债券的收益率与一组不同的具有相同信用风险的债券的收益率进行比较,必要收益率发生了变化。

(2)在必要收益率未发生变化的情况下,仅仅是因债券逐渐接近期满日而导致溢价或折价出售的债券发生价格变化。

(3)因可比债券的收益率变化而引起必要收益率的变化。也就是说,市场利率发生了变化。

可赎回和可提前偿还的债券的定价

图 15.2 显示了可赎回债券和可提前偿还的证券(如住宅抵押贷款证券)的价格—收益率关系。随着市场利率(收益率)的下降,投资者会担心它们进一步下降,从而发行人将获益于赎回权的执行(即赎回债券)。(对住宅抵押贷款证券而言,投资者担心的是住宅所有人会通

过以更低的利率进行再融资来偿还房产抵押贷款。)投资者在哪个确切的收益率水平认为债券可能将被赎回也许是未知的,但我们确实知道这个利率水平是存在的。在图 15.2 中,当收益率水平位于 y^* 以下时,可赎回债券的价格—收益率关系背离了不可赎回债券的价格—收益率关系。例如,假设市场收益率使无期权债券的出售价格为 105 美元。但是,对于可以票面值(100 美元)赎回的可赎回债券,投资者将因发行人被赋予的赎回权不愿支付 105 美元。假如他们确实支付了 105 美元并且债券被发行人赎回,投资者将从他们用 105 美元购买的债券获得 100 美元(赎回价格)。注意,在图 15.2 中 y^* 以下的一个收益率范围内存在着价格压抑(即随着收益率的下降,价格上升有限)。正如本章后面解释的那样,y^* 以下部分的可赎回债券价格—收益率关系被称为负凸状的(negatively convex)。

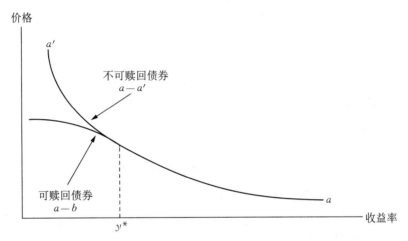

图 15.2 不可赎回债券和可赎回债券的价格—收益率关系

债券收益率和回报分析方法

与债券价格相关的是收益率。债券价格从现金流和必要收益率计算而来。债券收益率从现金流和市场价格加应计利息计算而来。在本节中,我们将讨论各种收益率度量及其对评估债券的相对吸引力的含义。

收益率度量

交易商和投资组合经理通常申报和使用的四个债券收益率度量为:(1)现时收益率,(2)到期收益率,(3)赎回收益率,(4)回售收益率。在下面的说明中,我们假设下一笔息票付款在6 个月后,因此不存在应计利息。

现时收益率

现时收益率将年度息票利息与市场价格关联起来。现时收益率的公式为:

$$现时收益率 = \frac{年度美元息票利息}{价格}$$

例如,售价为 76.940 美元、票面值为 100 美元的 15 年期 7％息票债券的现时收益率为 9.10％,正如以下显示的那样:

$$现时收益率 = \frac{7.00\ 美元}{76.940\ 美元} = 0.091 = 9.1％$$

现时收益率的计算仅考虑了息票利息,而未考虑到其他任何会影响投资者收益率的回报来源。当投资者折价购买债券并持有债券至期满时,现时收益率未考虑到投资者将会实现的资本利得;当投资者持有溢价购买的债券至期满时,现时收益率也未认识到投资者将会实现的资本损失。金钱的时间价值也被忽略了。

到期收益率

到期收益率是使债券现金流(如被持有至期满)的现时价值等于价格(加应计利息,如有)的利率。用数学表示,对于每半年支付一次利息、无应计利息的债券,到期收益率 y 是通过对以下等式求解取得的:

$$P = \sum_{t=1}^{n} \frac{C}{(1+y)^t} + \frac{M}{(1+y)^n} \tag{15.4}$$

由于现金流每 6 个月支付一次,对式(15.4)求解得出的到期收益率 y 是半年到期收益率。这个收益率可以通过两种方法年化:(1)将半年收益率乘以 2,(2)对收益率进行复合。市场惯例是通过简单地将这个数值乘以 2 对半年收益率进行年化。基于这个市场惯例计算的到期收益率叫做债券等价收益率。它亦称为债券等价基础上的收益率。

到期收益率的计算需使用迭代法。在本质上,到期收益率只不过是内部收益率的计算。在实践中,我们可以使用在线计算器和软件来执行计算并报告债券等价收益率。

为了举例说明计算,考虑我们用以计算现时收益率的债券。这种债券的现金流为:(1)30 笔每 6 个月支付一次的 3.50 美元的息票付款,(2)在 30 个 6 个月期后支付的 100 美元。为了得出式(15.4)中的 y,我们需要试用不同的利率,直至现金流的现时价值等于 76.942 美元的价格。当我们使用 5％的半年利率时,现金流的现时价值为 76.942 美元。因此,y 等于 5％,即半年到期收益率。正如上面解释的那样,市场惯例是将半年收益率乘以 2 以取得年化收益率。因此,我们的虚拟债券的债券等价收益率为 10％。

到期收益率计算不仅考虑了当前的息票收入,还考虑了投资者通过持有债券至期满将实现的任何资本利得或损失。此外,到期收益率还考虑了现金流的发生时间。

息票率、现时收益率、到期收益率和债券价格之间具有以下关系:

债券售价	关　系
票面值	息票率＝现时收益率＝到期收益率
折价	息票率＜现时收益率＜到期收益率
溢价	息票率＞现时收益率＞到期收益率

赎回收益率和回售收益率

正如第 4 章解释的那样,发行人可能有权在既定的期满日前赎回债券。发行人为赎回债券而支付的价格被称为赎回价格。一些债券的赎回价格是固定的,无论债券在何时被赎回。其他可赎回债券的赎回价格则取决于债券的赎回时间。也就是说,有一个规定每个赎回日赎回价格的赎回计划。

对于可赎回债券而言,惯例是同时计算到期收益率和赎回收益率。赎回收益率假设发行人会在某个假定的赎回日赎回债券,赎回价格为赎回计划所规定的赎回价格。通常,投资者计算首个赎回日收益率和票面价赎回收益率。首个赎回日收益率假设债券将在首个赎回日被赎回。首个票面价赎回收益率假设当发行人有权以票面值赎回债券时,将在赎回计划表上的首个时间赎回。

计算对于任何假定赎回日的收益率的程序与所有收益率的计算程序相同,即确定使预期现金流的现时价值等于价格加应计利息的利率。在首个赎回日收益率的情形下,预期现金流为截至首个赎回日的息票付款以及赎回价格。对于首个票面价赎回收益率,预期现金流为截至发行人可以票面价赎回债券的首个日期的息票付款。

因此,在式(15.4)中必须作出的调整是两项输入信息。第一项是到期值。这应是根据假定的赎回日确定的赎回价格。第二项信息是时期数。它不是截至期满日的时期数,而是截至假定的赎回日的时期数。我们也可以利用在线软件计算赎回收益率。

对于以溢价出售的可赎回债券,投资者通常同时计算赎回收益率和到期收益率。然后,他们选择两者中的较低者作为收益率度量。基于每个可能的赎回日和到期收益率的最低收益率被称为*最差收益率*。

与计算截至任意赎回日的收益率的方法相同,我们可以对不同回售日计算*回售收益率*。

理解债券收益率度量

债券收益率度量的含义是什么?它是否意味着假如投资者购买到期收益率为 5% 的 10 年期债券,他将实现 5% 的年回报率?答案是否定的,我们在这里解释原因。

购买债券的投资者可以预期从下列一个或多个来源获取美元回报:

(1) 发行人支付的定期息票利息付款。

(2) 定期利息付款的再投资收入(利滚利成分)。

(3) 在债券到期、被赎回或被出售时获得的任何资本利得(或资本损失——负数的美元回报)。

债券的任何潜在收益率度量都应考虑到所有这三种潜在回报来源。现时收益率仅考虑了息票利息付款。它未考虑到任何资本利得(或损失)或利滚利成分。到期收益率考虑了息票利息和所有资本利得(损失)。它还考虑了利滚利成分,但是,到期收益率的计算隐含了息票付款可以按计算的到期收益率被再投资的假设。因此,到期收益率是一种"承诺的"收益率。也就是说,只有在下列条件成立时,承诺的到期收益率才能得以实现:(1)债券被持有至期满,(2)息票利息付款以到期收益率被再投资。假如条件(1)或条件(2)不能成立,那么投资者实现的实际收益率将大于或小于债券购买时的到期收益率。

赎回收益率和回售收益率也考虑了所有三种潜在的回报来源。在这种情况下，假设息票付款可以按计算的赎回收益率或回售收益率被再投资。因此，这两个收益率度量也具有关于息票利息付款的再投资利率隐含假设的内在缺陷。此外，它还假设了债券将被持有至假定的日期，即可赎回债券的赎回日或可回售债券的回售日。

利滚利成分

利滚利成分可能会占债券潜在回报的很大部分。令 i 表示半年再投资利率，我们可以用以下公式求出利滚利成分加息票付款总额[①]：

$$\text{息票利息} + \text{利滚利成分} = C[(1+i)^n - 1]/i \tag{15.5}$$

息票利息总额是通过将半年度息票利息乘以时期数求得的：

$$\text{息票利息总额} = nC$$

利滚利成分为息票利息加利滚利成分与息票利息总额之差，它可表示为：

$$\text{利滚利成分} = C[(1+i)^n - 1]/i - nC \tag{15.6}$$

到期收益率度量假设再投资利率等于到期收益率。例如，让我们以票面值为 100 美元的 15 年期 7% 息票债券，来说明如何计算现时收益率和到期收益率。这种债券的到期收益率为 10%。假设年再投资利率为 10%，或半年再投资利率为 5%，用式(15.5)计算的利滚利成分加息票付款总额为：

$$\text{息票利息} + \text{利滚利成分} = 3.50 \text{ 美元} \times [(1.05)^{30} - 1]/0.05 = 232.536 \text{ 美元}$$

我们用式(15.6)计算利滚利成分如下：

$$\text{息票利息} = 30 \times (3.50 \text{ 美元}) = 105.000 \text{ 美元}$$
$$\text{利滚利成分} = 232.536 \text{ 美元} - 105.000 \text{ 美元} = 127.536 \text{ 美元}$$

到期收益率与再投资风险

让我们考察从持有这种债券至期满获得的潜在美元总回报。正如先前提到的那样，美元总回报来自三个来源。在我们的例子中：

(1) 105.000 美元的息票利息总额(15 年内每 6 个月支付一次 3.50 美元的息票利息)。

(2) 从每 6 个月以 5% 的利率对半年度息票利息付款进行再投资赚取的 127.536 美元的利滚利成分。

(3) 23.060 美元的资本利得(100 美元的票面值减去 76.940 美元的购买价)。

如果息票以 10% 的到期收益率被加以再投资，那么潜在美元总回报为 255.596 美元。

注意，如果投资者将本该用于购买这种债券的资金(76.940 美元)存入储蓄账户，储蓄账户在 15 年内每半年赚取 5%，则储蓄账户的未来价值为：

---

① 这是计算普通年金未来价值的公式。

$$76.940 \text{ 美元} \times (1.05)^{30} = 332.530 \text{ 美元}$$

在 76.940 美元的初始投资上获得的美元总回报为 255.596 美元。

因此,在 15 年内以每年 10% 的利率(5% 的半年利率)对 76.940 美元进行投资的投资者,将在 15 年期末获取 76.940 美元的初始投资加 255.596 美元。这恰好是我们在再投资利率等于 10% 的到期收益率的假设下,通过分解债券的美元回报得出的结果。因此,我们可以看到,为了使债券产生 10% 的收益率,投资者必须通过对息票利息的再投资产生 127.536 美元。这意味着为了产生 10% 的到期收益率,该债券大约一半(127.536 美元/255.596 美元)的美元总回报必须来自息票付款的再投资。

投资者只有在持有债券至期满并且以到期收益率对息票付款进行再投资的情况下,才能实现购买债券时的到期收益率。投资者面临的风险是:未来的再投资利率可能会低于债券购买时的到期收益率。这种风险叫做再投资风险。

债券的如下两个特征决定了利滚利成分的重要性,从而决定了再投资风险的程度:期限和息票。对于既定的到期收益率和既定的息票率,债券的期限越长,为实现债券购买时的到期收益率,债券的美元总回报对利滚利成分的依赖程度就越大。换言之,债券的期限越长,再投资风险就越大。其意义是,长期息票债券的到期收益率度量几乎不能告诉投资者持有债券至期满可实现的潜在收益率的任何信息。长期债券的利滚利成分可能会高达债券潜在美元总回报的 80%。

让我们转向息票率,对于既定的期限和既定的到期收益率,息票率越高,为产生债券购买时预期的到期收益率,债券的美元总回报对息票付款再投资的依赖程度就越大。这意味着当期限和到期收益率保持不变时,溢价债券比以票面价出售的债券更依赖于利滚利成分。折价债券对利滚利成分的依赖程度不如以票面价出售的证券。零息票债券的美元总回报没有任何部分是依赖于利滚利成分的。如果我们持有零息票债券至期满,将不存在任何再投资风险。因此,从持有至期满的零息票债券赚取的收益率等于承诺的到期收益率。

投资组合的收益率度量

从业者采用两个惯例计算投资组合的收益率:(1)加权平均投资组合收益率,(2)内部收益率。

加权平均投资组合收益率

计算投资组合收益率最常用但也最有问题的方法可能是加权平均投资组合收益率。它是用投资组合中所有债券的加权平均收益率计算的。收益率的权重为证券占投资组合的比例。一般而言,如果令:

w_i = 债券 i 的市场价值占投资组合市场价值总额的比例

y_i = 债券 i 的收益率

K = 投资组合中债券的个数

那么加权平均投资组合收益率为：

$$w_1 y_1 + w_2 y_2 + \cdots + w_K y_K$$

例如，考虑表 15.2 中由三种债券组成的投资组合。在这个例子中，投资组合的市场价值总额为 57 259 000 美元，K 等于 3，并且：

$$w_1 = 9\ 209\ 000\ 美元/57\ 259\ 000\ 美元 = 0.161 \qquad y_1 = 0.090$$
$$w_2 = 20\ 000\ 000\ 美元/57\ 259\ 000\ 美元 = 0.349 \qquad y_2 = 0.105$$
$$w_3 = 28\ 050\ 000\ 美元/57\ 259\ 000\ 美元 = 0.490 \qquad y_3 = 0.085$$

于是，加权平均投资组合收益率为：

$$0.161(0.090) + 0.349(0.105) + 0.490(0.085) = 0.092\ 8 = 9.28\%$$

表 15.2　由三种债券组成的投资组合

债券	息票率 （%）	期限 （年）	票面值 （美元）	市场价值 （美元）	到期收益率 （%）
B1	7.0	5	10 000 000	9 209 000	9.0
B2	10.5	7	20 000 000	20 000 000	10.5
B3	6.0	3	30 000 000	28 050 000	8.5
总额			60 000 000	57 259 000	

尽管加权平均收益率度量是最常用的投资组合收益率度量，但它几乎不能对投资组合的潜在回报提供任何深入分析。为了说明这点，考虑一个仅由两种债券组成的投资组合：到期收益率为 11% 的 6 个月期债券和到期收益率为 8% 的 30 年期债券。假设投资组合的 99% 都被投资于 6 个月期债券，1% 被投资于 30 年期债券。这个投资组合的加权平均收益率将为 10.97%。但这个收益率的意义是什么呢？我们在资产/负债框架中如何使用它？这个投资组合在本质上是 6 个月期债券的投资组合，即使它含有 30 年期债券。一个储蓄机构的投资组合经理会有信心提供收益率为 9% 的 2 年期大额存单吗？根据加权平均投资组合收益率，这将意味着投资组合收益率有超过大额存单 197 个基点的利差。由于这个投资组合未来 2 年的收益率将依赖于 6 个月后的利率，因此这是一个鲁莽的政策。

投资组合的内部收益率

用于计算投资组合收益率的另一个度量是投资组合的内部收益率。它是通过先确定投资组合中所有债券的现金流，然后求出使现金流的现时价值等于投资组合市场价值的利率计算的。

为了说明如何计算投资组合的内部收益率，我们将利用表 15.2 中由三种债券组成的投资组合。为了简化这个例子，我们假设每种债券的息票支付日都完全相同。表 15.3 显示了每种债券的现金流和投资组合的现金流。投资组合的内部收益率是使投资组合现金流（表 15.3 的最后一列）的现时价值等于投资组合的市场价值 57 259 000 美元的利率。利率为 4.77%。将这个利率乘以 2 将得出 9.54%，这是投资组合的债券等价基础上的内部收益率。

表 15.3　由三种债券组成的投资组合的现金流

获取现金流 的时期	债券 B1 美元	债券 B2 美元	债券 B3 美元	投资组合
1	350 000	1 050 000	900 000	2 300 000
2	350 000	1 050 000	900 000	2 300 000
3	350 000	1 050 000	900 000	2 300 000
4	350 000	1 050 000	900 000	2 300 000
5	350 000	1 050 000	900 000	2 300 000
6	350 000	1 050 000	30 900 000	32 300 000
7	350 000	1 050 000	—	1 400 000
8	350 000	1 050 000	—	1 400 000
9	350 000	1 050 000	—	1 400 000
10	10 350 000	1 050 000	—	11 400 000
11	—	1 050 000	—	1 050 000
12	—	1 050 000	—	1 050 000
13	—	1 050 000	—	1 050 000
14	—	21 050 000	—	21 050 000

尽管投资组合的内部收益率优于加权平均投资组合收益率,但同样存在先前讨论的收益率度量所共有的问题。它假设现金流以我们计算的收益率被加以再投资。在投资组合内部收益率的情形下,它假设投资者以我们计算的内部收益率对现金流进行再投资。此外,它还假设投资者持有投资组合直至投资组合中期限最长的债券期满为止。例如,假如在我们的例子中有一种债券的期限为 30 年,那么它假设投资者持有投资组合至 30 年后,并以 9.54% 的利率对所有期间的现金流(息票利息和到期本金)进行再投资。

作为收益率度量的总回报率

假如以下两个条件得以满足,投资者在购买债券时有一个承诺的收益率(以到期收益率衡量):(1)债券被持有至期满;(2)所有息票利息付款都以到期收益率被再投资。

我们关注了第二个假设,并说明了利滚利成分可能占债券美元总回报的很大比例。因此,如果我们以低于到期收益率的利率对息票利息付款进行再投资,那么债券收益率将低于既定的到期收益率。

我们不假设息票利息付款以到期收益率被加以再投资,投资者可以基于预期对再投资利率作出清晰的假设。总回报率是一个将对再投资利率的清晰假设包含在内的收益率度量。

让我们仔细考察第一个假设——债券将被持有至期满。例如,假设一个有 5 年投资期的投资者正在考虑表 15.4 显示的四种债券。假设这四种债券都具有相同的信用品质,哪一种债券对这个投资者最具有吸引力? 因债券 C 的到期收益率最高而选择该债券的投资者,未认识到投资期要求他必须在 5 年后出售债券,而售价将取决于届时市场对 10 年期 11% 息票债券所要求的收益率。因此,可能会有资本利得或资本损失使投资回报率高于或低于当前承诺的到期收益率。此外,债券 C 相对其他三种债券的更高息票意味着该债券取决于息票利息付款之再投资的回报部分将更大。

表 15.4　四种债券投资选择

债券	息票率(%)	期限(年)	到期收益率(%)
A	5	3	9.0
B	6	20	8.6
C	11	15	9.2
D	8	5	8.0

债券 A 提供了第二高的到期收益率,但将在投资期结束前到期。表面上看,这只债券似乎尤其具有吸引力,因为它消除了债券必须在到期日前出售时将可能导致资本损失的问题。此外,其再投资风险似乎小于其他三种债券,因为其息票率最低。然而,投资者不会完全消除再投资风险,因为他必须在 3 年后债券期满时对获得的收入进行另外 2 年的投资。投资者实现的收益率将取决于 3 年后当投资者必须对收入进行再投资时 2 年期债券的利率。

到期收益率似乎不能帮助我们识别最佳债券。那我们如何找到最佳债券呢? 答案取决于投资者的预期。具体而言,它取决于息票利息付款在投资者计划的投资期结束前可被再投资的利率。此外,对期限大于投资期的债券而言,它还取决于投资者对市场在计划的投资期末所要求的收益率的预期。因此,这些债券中的任何一种都可能基于某个再投资利率和某个计划的投资期末的未来必要收益率,成为最佳选择。总回报率度量考虑了这些预期,并将基于投资组合经理的预期为投资者确定最佳投资。

计算债券的总回报率

总回报率的基础思路十分简单。目标是先在某个再投资利率的假设下计算从债券投资获得的未来资金总额,然后计算总回报率,它是使初始债券投资增长至我们所计算的未来资金总额的利率。

计算在某个投资期内持有债券的总回报率的程序可以总结如下:

步骤 1:基于假设的再投资利率,用式(15.4)计算息票付款总额加利滚利成分。这种情形下的再投资利率为投资者假设可以从息票利息付款的再投资赚取的年利率的二分之一。

步骤 2:确定在计划的投资期结束时债券的售价预测。售价预测将取决于对投资期结束时的必要收益率的预测,它等于以预测的必要收益率折现的债券剩余现金流的现时价值。

步骤 3:将步骤 1 和步骤 2 计算的数值相加。这个总和是在给定再投资利率假设和对投资期末的必要收益率预测的情况下,从投资获得的未来资金总额。

步骤 4:利用以下公式得出半年总回报率:

$$\left(\frac{\text{未来资金总额}}{\text{债券购买价格}}\right)^{1/h} - 1 \tag{15.7}$$

其中,h 为投资期内的 6 个月期的倍数。

步骤 5:步骤 4 得出的半年总回报率必须被加以年化。我们有两个选择。第一个是简单地将步骤 4 得出的半年总回报率乘以 2。由此得出的利率是债券等价收益率基础上的总回报率。第二个选择是通过复合半年总回报率计算年回报率。其计算方式如下:

$$(1 + \text{半年总回报率})^2 - 1 \tag{15.8}$$

用上述表达式计算的总回报率叫做有效利率基础上的总回报率。

确定如何对半年总回报率进行年化取决于当前的情形。第一个方法不过是市场惯例。假如投资者在对总回报率与收益率在债券等价基础上计算的其他债券或债券指数的回报率进行比较,那么这个方法是恰当的。但是,假如目标是履行机构有义务偿还的负债并且这些负债是基于半年复合的,那么第二个方法是恰当的。

为了举例说明总回报率的计算,假设一个有 3 年投资期的投资者正在考虑以 82.840 美元购买票面值为 100 美元的 20 年期 8%息票债券。这种债券的到期收益率为 10%。投资者预期能够以 6%的年利率对息票利息付款进行再投资,在计划的投资期结束时,当时的 17 年期债券将以 7%的到期收益率的价格在市场中出售。这种债券的总回报率计算如下。

步骤 1:在年再投资利率为 6%(或每 6 个月 3%)的假设下,计算息票付款总额加利滚利成分。息票付款为 3 年(或 6 个时期,即计划的投资期)内每 6 个月 4 美元。将式(15.6)应用于息票利息总额加利滚利成分的计算,结果为 25.874 美元。

步骤 2:假设 17 年期债券的必要到期收益率为 7%,通过计算以 3.5%折现的 34 笔 4 美元的息票付款的现时价值加 100 美元票面值的现时价值,来确定 3 年期末的售价预测。售价预测为 109.851 美元。

步骤 3:将步骤 1 和步骤 2 计算的金额相加,得出 135.725 美元的未来总额。

步骤 4:为了用式(15.7)取得半年总回报率,执行以下计算:

$$\left(\frac{135.725 \text{ 美元}}{82.840 \text{ 美元}}\right)^{1/h}-1=0.085\ 8=8.58\%$$

步骤 5:将 8.58%乘以 2 得出了 17.16%的债券等价基础上的总回报率。我们可以用式(15.8)计算得出有效利率基础上的总回报率:

$$(1.085\ 8)^2-1=17.90\%$$

总回报率的应用(投资期分析)

总回报率度量允许投资组合经理基于计划的投资期以及对再投资利率和未来市场收益率的预期,预测债券的表现。这使投资组合经理能够评估其考虑购买的几种候选债券中哪一种将在计划的投资期内具有最好表现。正如我们已经强调的那样,使用到期收益率不能做到这点。

使用总回报率评估某个投资期内的表现叫做投资期分析。当在某个投资期计算总回报率时,它被称为投资期回报率。在这里,我们交替使用投资期回报率和总回报率这两个术语。

对总回报率度量的一个经常被引用的异议是:它要求投资组合经理制定再投资利率和未来收益率的假设,并且从投资期的角度进行考虑。不幸的是,一些投资组合经理对诸如到期收益率、赎回收益率和回售收益率等度量感到放心,原因仅仅是它们不要求包含任何特定的预期。然而,投资期分析框架使投资组合经理能够在再投资利率和未来市场收益率的不同利率情景下分析债券的表现。这个程序被称为情景分析。只有在考察多种情景后,投资组合经理才能看到债券表现对每个情景的敏感度。

为了举例说明情景分析,考虑一个正在决定是否购买一种每 100 美元票面值的售价为 109.896 美元的 20 年期 9%息票无期权债券。该债券的到期收益率为 8%。我们还假设投资组合经理的投资期为 3 年,并且投资组合经理认为再投资利率的变化范围为 3%至 6.5%,投资期末的收益率预测的变化范围为 5%至 12%。表 15.5 显示了 3 年投资期末的不同收益率预测,面板 B 给出了相应的投资期末债券价格。(这是先前讨论的总回报率计算中的步骤 2。)

例如,考虑投资期末的收益率预测为 10% 的情形。息票率为 9% 的 17 年期无期权债券的价格将为 91.903 5 美元。表 15.5 的面板 C 显示了在各种再投资利率和投资期末收益率预测的情景下 3 年期末的未来资金总额。(这是前面讨论的总回报率计算中的步骤 3。)例如,在再投资利率为 4% 且投资期末的收益率预测为 10% 的情况下,未来资金总额为 120.290 美元。表 15.5 的面板 D 显示了每种情景下有效利率基础上的总回报率。

表 15.5　情景分析

债券:9%息票的 20 年期无期权债券
价格:109.896 美元

到期收益率:8%;投资期:3 年

A. 投资期末的收益率预测

5.00%	6.00%	7.00%	8.00%	9.00%	10.00%	11.00%	12.00%

B. 投资期末的售价预测

145.448	131.698	119.701	109.206	100.000	91.903 5	84.763	78.447 8

C. 未来资金总额

再投资利率	5.00%	6.00%	7.00%	8.00%	9.00%	10.00%	11.00%	12.00%
3.0%	173.481	159.731	147.734	137.239	128.033	119.937	112.796	106.481
3.5%	173.657	159.907	147.910	137.415	128.209	120.113	112.972	106.657
4.0%	173.834	160.084	148.087	137.592	128.387	120.290	113.150	106.834
4.5%	174.013	160.263	148.266	137.771	128.565	120.469	113.328	107.013
5.0%	174.192	160.443	148.445	137.950	128.745	120.648	113.508	107.193
5.5%	174.373	160.623	148.626	138.131	128.926	120.829	113.689	107.374
6.0%	174.555	160.806	148.809	138.313	129.108	121.011	113.871	107.556
6.5%	174.739	160.989	148.992	138.497	129.291	121.195	114.054	107.739

D. 总回报率(有效利率)

再投资利率	5.00%	6.00%	7.00%	8.00%	9.00%	10.00%	11.00%	12.00%
3.0%	16.44	13.28	10.37	7.69	5.22	2.96	0.87	21.05
3.5%	16.48	13.32	10.41	7.73	5.27	3.01	0.92	20.99
4.0%	16.52	13.36	10.45	7.78	5.32	3.06	0.98	20.94
4.5%	16.56	13.40	10.50	7.83	5.37	3.11	1.03	20.88
5.0%	16.60	13.44	10.54	7.87	5.42	3.16	1.08	20.83
5.5%	16.64	13.49	10.59	7.92	5.47	3.21	1.14	20.77
6.0%	16.68	13.53	10.63	7.97	5.52	3.26	1.19	20.72
6.5%	16.72	13.57	10.68	8.02	5.57	3.32	1.25	20.66

注:(1) 9%息票的 17 年期无期权债券(其收益率等于假定的投资期末收益率预测)的价格。

(2) 投资期末的售价预测加息票利息加再投资利率假设下的利滚利成分。

(3) 半年总回报率的计算方式如下:

$$\left(\frac{未来资金总额}{债券购买价格}\right)^{1/6}-1$$

$$总回报率(有效利率)=(1+半年总回报率)^2-1$$

表 15.5 有助于投资组合经理评估债券（或投资组合）在投资期内可能出现的结果。例如，投资组合经理知道表中显示的情景下的最高和最低总回报率分别为 16.72% 和 -1.05%，并且知道实现每种结果所处的情景。

利率期限结构分析

随着市场收益率的变化，债务工具的价格在其期限内也会发生波动。正如第 4 章解释的和下一章将要说明的那样，债券的价格波动性依赖于其期限。更具体而言，如果所有其他因素保持不变，那么债务工具的期限越长，市场利率变化导致的价格波动性就越大。市场的任意两个期限板块之间的利差叫做期限利差。尽管我们可以对市场的任一板块计算期限利差，但最常计算的是国债板块的期限利差。

不同期限的可比证券的收益率之间的关系被称为利率的期限结构。对不同期限的国债的收益率之间关系的图形描述叫做收益率曲线，因此期限利差亦称收益率曲线利差。图 15.3 显示了在美国经常观察到的三种虚拟国债收益率曲线形状。

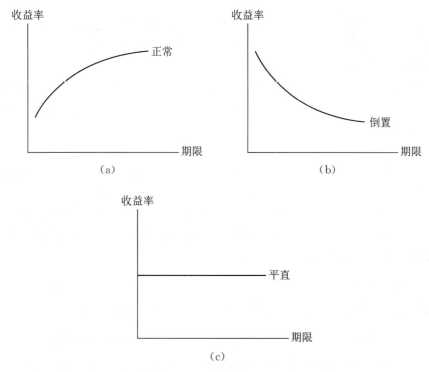

图 15.3 三种观察到的收益率曲线形状

远期利率和即期利率

人们对国债收益率曲线的关注是由于它是设定债务市场众多其他板块的收益率的基准。

但是,基于在国债市场中观察到的收益率得出的国债收益率曲线不能令人满意地衡量必要收益率与期限的关系。关键原因在于:相同期限的证券事实上可能会提供不同的收益率。因此,有必要对国债收益率曲线进行更准确可靠的估计。具体而言,关键是在所发行的证券是零息票证券的假设下,估计美国财政部必须支付的理论利率。由于其复杂性,我们不解释这是如何做到的。在这里,我们仅需知道有一些方法可以估计美国财政部必须为不同期限的零息票债券支付的理论利率或收益率。这些利率叫做国债即期利率。

市场参与者可以从国债即期利率取得极有价值的信息。这些信息包含远期利率。首先,我们将说明如何取得这些利率,然后讨论关于远期利率的决定因素的理论。最后,我们将说明资产管理人在制定投资决策时如何使用远期利率。

远期利率

为了说明远期利率是如何计算的,考虑以下两个国债即期利率。假设 1 年后到期的零息票国债的即期利率为 4%,2 年后到期的零息票国债的即期利率为 5%。让我们从一个希望在未来 2 年投资资金的资产管理人的角度考察这种情形。资产管理人的选择如下:

选择 1:资产管理人购买 2 年期零息票国债。

选择 2:资产管理人购买 1 年期零息票国债,并在 1 年后这种国债到期时购买另一种 1 年期国债。

在选择 1 中,投资者将赚取 2 年期即期利率,这个利率是确定知道的。相比之下,在选择 2 中,资产管理人将赚取 1 年期即期利率,但一年后的 1 年期即期利率是未知的。因此,在选择 2 中,两年内赚取的利率不是确定知道的。

假设这个资产管理人预期一年后的 1 年期即期利率将高于当前的水平。投资者会感到选择 2 是更佳的投资。然而,这并不一定成立。为了理解为何如此,我们必须知道什么是远期利率,让我们接着往下看。

假如这两种选择都在两年的投资期内产生相同的资金总额,那么资产管理人不会认为两者有任何差别。在给定 2 年期即期利率后,存在一个会使投资者不认为这两种选择有任何差别的一年后的 1 年期零息票国债即期利率。我们将这个利率标记为 f。

有了 2 年期即期利率和 1 年期即期利率后,我们可以很容易地计算 f 的数值。假如资产管理人将 100 美元投资于赚取 5% 的 2 年期零息票国债(选择 1),2 年期末产生国债的资金总额(即复合计算的未来价值)为:

$$选择 1 在 2 年期末的资金总额 = 100 美元 \times (1.05)^2 = 110.25 美元$$

以 4% 的利率对 1 年期国债进行投资将在 1 年期末产生以下资金总额:

$$选择 2 在 1 年期末的资金总额 = 100 美元 (1.04) = 104 美元$$

假如一年后的这个金额被再投资于一种期限为一年的零息票国债(我们将其利率标记为 f),那么 2 年期末的资金总额为:

$$选择 2 在 2 年期末的资金总额 = 104 美元 \times (1+f)$$

如果资金总额相等的话,资产管理人将认为这两种选择没有差别。将两个选择在 2 年期末的资金总额的等式设为相等,我们得出:

$$110.25 \text{ 美元} = 104 \text{ 美元} \times (1 + f)$$

对上述等式的 f 求解,我们得出 6%。

资产管理人可以两种方式使用 6% 的远期利率。第一种方式是在债务工具的定价中使用远期利率。我们将在后面解释如何做到这点。第二种方式是在资产管理人对未来利率持有观点并想要基于这个观点选择债务工具时使用远期利率。让我们解释他如何做到这点。假如一年后的 1 年期即期利率低于 6%,那么投资 2 年期零息票国债(选择 1)将在 2 年期末产生更高的资金总额。假如一年后的 1 年期即期利率高于 6%,那么投资于一年期零息票国债并在一年后以当时的 1 年期即期利率对收入进行再投资(选择 2),将会在 2 年期末产生更高的资金总额。当然,假如一年后的 1 年期即期利率为 6%,那么两个选择将在 2 年期末产生相同的资金总额。

例如,假设资产管理人预期一年后的 1 年期即期利率为 5.5%。也就是说,投资者预期一年后的 1 年期即期利率将高于其当前水平。资产管理人应该基于一年后的 1 年期即期利率预期将会上升而选择第 2 种方案吗?回答是否定的。正如我们在上一个段落中解释的那样,假如即期利率低于 6%,那么选择 1 更优。由于资产管理人预期利率为 5.5%,他应该选择第一种方案,尽管资产管理人预期 1 年期利率将会高于当前的水平。

这对于一些资产管理人来说可能是有些出人意料的结果。但其原因在于:市场将投资者对未来利率的预期包含在不同期限的投资所提供的利率的定价中了。这是了解远期利率为何至关重要的原因。一些市场参与者认为远期利率是市场对未来利率的共识。于是,一个自然而然的问题是远期利率预测未来利率的准确度如何。已有研究显示,远期利率在预测未来利率方面的表现不尽如人意。那么,为何资产管理人理解远期利率有这么重要?正如我们在说明如何选择期限不同的两种投资的例子中展示的那样,原因在于远期利率表明为了作出正确决策,资产管理人对未来利率的观点必须如何不同于市场的共识。

在我们的例子中,1 年期远期利率也许不能得以实现。这无关紧要。事实是,1 年期远期利率向资产管理人表明如果对一年后的 1 年期利率的预期低于 6%,那么资产管理人最好选择第一种方案。

由于这个原因,资产管理人不应将远期利率视作市场共识利率,而是应将远期利率解释为可对冲利率(hedgeable rates)。例如,通过投资于 2 年期国债,资产管理人能够对冲一年后的 1 年期利率。

收益曲线的形状

在任何既定时点,如果我们绘制期限结构——连续期限的到期收益率或即期利率——我们将观察到图 15.3 显示的三种形状之一。图 15.3(a)显示了收益率随着期限上升的收益率曲线。这种收益率曲线被称为上倾收益率曲线或正倾收益率曲线。

人们基于收益率曲线的陡度对上倾收益率曲线进行了区分。收益率曲线的陡度通常是以长期收益率与短期收益率的期限利差衡量的。尽管有多种期限的收益率可作为代表长期收益率和短期收益率的候选对象,但许多市场参与者都采用 6 个月期收益率与 30 年期收益率的期限利差。在实践中,对于期限利差是以 6 个月期收益率与 30 年期收益率的利差衡量的上倾收益率曲线,如果利差等于或小于 300 个基点,它被称为正常的收益率曲线。当期限利差大于 300 个基点时,收益率曲线被称为陡峭的收益率曲线。

图 15.3(b)显示了下倾或倒置的收益率曲线,其中收益率总体随着期限的上升而下降。图 15.3 的(c)描述了平直的收益率曲线。尽管图中显示了对于平直的收益率曲线,各种期限的收益率都完全相同,但这不是我们观察到的现象。事实上,所有期限的收益率都是相似的。平直收益率曲线的一个变化形式是:短期和长期国债的收益率相似,但中等期限国债的收益率远高于 6 个月期和 30 年期的收益率。这种收益率曲线被称为隆起的收益率曲线。

期限结构形状的决定因素

人们已发展了两个主要的经济理论来解释我们所观察到的收益率曲线形状:预期理论(expectations theory)和市场分割理论(market segmentation theory)。

预期理论

预期理论有几种形式:纯粹预期理论和有偏预期理论。两种理论都对短期远期利率的表现作出相同的假设,并假设当前长期债券的远期利率与市场对未来短期利率的预期密切相关。但是,这两种理论在是否还有其他影响远期利率的因素以及它们如何产生影响的问题上存在差异。纯粹预期理论假定在预期的未来短期利率以外没有其他系统性因素影响远期利率;而有偏预期理论主张还存在其他因素。[1]

(1)纯粹预期理论。

根据纯粹预期理论,远期利率完全代表了预期的未来利率。因此,既定时点的整个期限结构反映了市场当前对未来短期利率序列的预期。根据这种观点,上升的期限结构[如图 15.3(a)所示]一定表明市场预期短期利率将会在相关的未来时期内上升。同样,平直的期限结构反映了对未来的短期利率将会大致保持不变的预期,而下降的期限结构一定反映了对未来的短期利率将会稳定下降的预期。

纯粹预期理论的一个主要缺陷是,它忽略了债务工具投资内在的风险。假如远期利率能够完美地预测未来利率,那么债券的未来价格将可以确定地知道。在任何投资期内的回报率将会是确定的,并且不受初始购买的债务工具的期限的影响,也不受投资者何时需要卖出债券工具的影响。但是,由于未来利率和未来价格存在不确定性,这些债务工具成了有风险的投资,因为在某个投资期内的回报率是未知的。

同样,从借款人的角度而言,假如借款人未来对债务进行再融资的利率是已知的,那么任何必要融资期内的借款成本都将是确定的,并且借款成本不受债务工具期限的影响。但由于未来利率存在不确定性,假如借款人在最初需要资金的时期内的某个时点必须进行再融资,那么借款成本是不确定的。

(2)有偏预期理论。

有偏预期理论考虑了纯粹预期理论的缺陷。两个理论为流动性理论和优先置产理论。

根据流动性理论(liquidity theory),远期利率不是市场对未来利率的预期的无偏估计,因

---

[1] Lutz(1940)提出了这个理论。

为它们包含了一个风险补偿溢价，这个风险溢价被称为流动性溢价。[1]因此，上倾的收益率曲线可能反映了对未来利率的以下两种预期之一：要么未来利率将会上升，要么未来利率将会持平或甚至下降，但流动性溢价随着期限上升的速度足以形成上倾的收益率曲线。

优先置产理论（preferred habitat theory）也采取期限结构反映了对未来利率路径的预期以及风险溢价的观点。[2]但是，优先置产理论拒绝了风险溢价一定随着期限均匀上升的主张。其提倡者表示，假如所有投资者都打算在最早的可能日期卖出其投资并且所有借款人都迫切地希望长期借款时，那么后面这个结论是可接受的。然而，这个假设可能因多个原因遭到拒绝。这个理论的观点是，不同的金融机构都有不同的投资期，并且对其投资的期限具有偏好。这个偏好建立在其负债的期限之上。为了使金融机构脱离这个期限板块，债务工具必须支付一个溢价。所以，远期利率包含了一个流动性溢价以及为投资者脱离其偏好的期限板块而支付的补偿。因此，远期利率不反映市场对未来利率的共识。

市场分割理论

市场分割理论也认识到投资者拥有其储蓄和投资现金流所决定的期限偏好。这个理论也提出，收益率曲线形状的主要原因在于资产和负债管理限制（监管限制或自我设定的限制）以及债权人（借款人）将其资金出借（融资）限定于特定的期限板块。但是，市场分割理论与优先置产理论不同，因为前者假设投资者和借款人都不愿意从一个期限板块转移至另一个期限板块以利用预期与远期利率的差异所带来的机会。因此，在市场分割理论中，收益率曲线的形状是由每个期限板块内部的证券供求状况决定的。

即期利率与远期利率的关系

我们在前面已看到如何从即期利率推导出远期利率。反之亦成立：我们可以从远期利率推导出即期利率。为了说明即期利率与远期利率的关系，我们将使用表 15.6 显示的虚拟国债即期利率。第一列所含的信息是国债所处的时期。每个时期为 6 个月，因此第二列显示了年数。第三列是基于收益率曲线的年收益率，第四列是年即期利率。

为了说明这项关系，我们需要标记即期利率和远期利率。我们令 z_m 表示时期 m 的即期利率。于是，表 15.6 显示了第一个时期的 6 个月期即期利率（标记为 z_1）为 3%，而第 6 个时期的 6 个月期即期利率（标记为 z_6）为 4.752 0%。对于远期利率，我们将令 f_m 为距今 m 个时期的 6 个月期远期利率。

一般而言，第 m 个时期的即期利率与 6 个月期远期利率的关系如下：

$$z_m = [(1+f_1)(1+f_2)\cdots(1+f_m)]^{1/m} - 1 \tag{15.9}$$

6 个月期远期利率与即期利率的关系为：

$$f_m = \frac{(1+z_m)^m}{(1+z_{m-1})^{m-1}} - 1 \tag{15.10}$$

---

[1]　Hicks(1946:141—145)提出了这个理论。

[2]　Modigliani 和 Sutch(1966)提出了这个理论。

表 15.6　虚拟国债的收益率曲线（即期利率曲线）、即期利率和单期远期利率

| 时　期 | 年　数 | 年收益率 | | 单期远期利率 |
		到期收益率 (BEY)(%)[a]	即期利率 (BEY)(%)[a]	
1	0.50	3.0	3.000 0	3.000
2	1.00	3.3	3.300 0	3.600
3	1.50	3.5	3.505 3	3.920
4	2.00	3.9	3.916 4	5.150
5	2.50	4.4	4.437 6	6.540
6	3.00	4.7	4.752 0	6.330
7	3.50	4.9	4.962 2	6.230
8	4.00	5.0	5.065 0	5.790
9	4.50	5.1	5.170 1	6.010
10	5.00	5.2	5.277 2	6.240
11	5.50	5.3	5.386 4	6.480
12	6.00	5.4	5.497 6	6.720
13	6.50	5.5	5.610 8	6.970
14	7.00	5.6	5.664 3	6.360
15	7.50	5.6	5.719 3	6.490
16	8.00	5.7	5.775 5	6.620
17	8.50	5.7	5.833 1	6.760
18	9.00	5.8	5.958 4	8.100
19	9.50	5.9	6.086 3	8.400
20	10.00	6.0	6.216 9	8.720

注：a 到期收益率和即期利率为年利率，以债券等价收益率的形式报告。我们可以将年收益率或年利率除以 2，以取得半年收益率或半年利率。

让我们用表 15.6 中的即期利率和式(15.10)计算第五年的 6 个月期远期利率：

$$f_4 = \frac{(1+z_5)^5}{(1+z_4)^4} - 1 = \frac{(1.044\ 376)^{54}}{1.039\ 164} - 1 = 0.065\ 4 = 6.54\%$$

表 15.6 的最后一列显示了这个数值和其他远期利率。

为了理解如何用远期利率计算即期利率，我们用式(15.9)计算 5 年期即期利率：

$$z_5 = [(1+f_1)(1+f_2)(1+f_3)(1+f_4) + (1+f_5)]^{1/5} - 1$$
$$= [(1.030)(1.036)(1.039)(1.052)(1.065)]^{1/5} - 1 = 0.044\ 3 = 4.443\%$$

表 15.6 中显示了这个数值。

使用即期利率和远期利率为债务工具估值

我们在本章开头解释了无期权债务工具的估值。使用这个方法可以通过对每笔息票和到期值进行折现来估计既定期限的国债的价值（折现率为相同期限的国债提供的收益率）。

于是,考虑 10 年后到期的 8％息票国债。表 15.6 第三列显示了从我们用以推导即期利率和远期利率的收益率曲线取得的到期收益率。我们可以看到,10 年期国债的收益率为 6％。我们运用本章先前解释和举例说明的方法,对每笔现金流以 6％的利率进行折现。为了计算国债的价值,我们必须计算以下等式:

$$\frac{4.00\ 美元}{1.03} + \frac{4.00\ 美元}{1.03^2} + \frac{4.00\ 美元}{1.03^3} + \cdots + \frac{4.00\ 美元}{1.03^{19}} + \frac{104.00\ 美元}{(1.03)^{20}}$$

8％息票的现金流为每 6 个月 4 美元,从而上述分子为 4 美元,到期值为 104 美元。必要收益率为 6％,从而分母中使用的半年必要收益率为 3％。这种 10 年期的 8％息票国债的价值最后为 114.877 5 美元。由于息票率大于必要收益率,这种国债以溢价交易。

现在,让我们考察在以即期利率折现的情况下这种国债的价值。分子与上述计算中的分子相同,但每个时期的折现率会发生变化。具体计算等式如下:

$$\frac{4.00\ 美元}{1.015\ 0} + \frac{4.00\ 美元}{1.016\ 5^2} + \frac{4.00\ 美元}{1.017\ 5^3} + \cdots + \frac{4.00\ 美元}{1.030\ 4^{19}} + \frac{104.00\ 美元}{(1.031\ 1)^{20}}$$

这里的折现率是表 15.6 显示的即期利率的二分之一。计算得出的这种国债的价值为 115.262 1 美元。这个数值高于仅以 3％的必要收益率计算得出的数值。我们可以看到为何在使用远期利率的时候价值更高。在早期,现金流是以更低的折现率折现的。在后几年中,所用的折现率更高,但这个更高折现率的影响受到了金钱的时间价值的削弱。也就是说,更高的折现率在后期不具有十分显著的影响。

于是,我们应该清晰地看到以即期利率(或远期利率)进行折现将得出一个不同于以单个利率进行折现的数值。这种证券的交易价格应该是多少,114.877 5 美元还是 115.262 1 美元? 使用即期利率或远期利率得出的数值是否仅为纯粹的理论价值? 回答是,价格应在使用即期利率得出的理论价值附近。原因在于,有一个众所周知的机制会迫使价格趋向其理论价值。这个程序叫做拆离和重组程序。在国债市场中,政府会为这个程序提供便利。

拆离(stripping)是在我们的例子中会推动上述国债的价格趋向 115.262 1 美元的程序。有了这个程序后,如果市场中的价格为 114.877 5 美元,那么市场参与者(如交易商)会购买证券,并将每笔现金流当作零息票国债出售,正如第 4 章描述的那样。每笔现金流的出售价格等于以对应于该笔现金流的期限的即期利率折现的现时价值。现金流的出售价值总和将接近于 115.262 1 美元。交易商以低于 115.262 1 美元的价格购买国债的行动将产生套利利润。由于这个原因,用即期(或远期)利率得出的理论价值被称为无套利价值。

假设市场价格高于 115.262 1 美元的理论价值,如 116.000 美元。在这种情形下,交易商将会利用重组(reconstitution)机制将价格推动至 115.262 1 美元。交易商采取的行动是购买与定价错误的国债的现金流相匹配的现金流,并以 116 美元的价格出售现金流组合。这种出售现金流组合的活动将使价格下降至 115.262 1 美元的理论价值。

关键要点

● 任何金融工具的价格都等于其预期现金流的现时价值。

- 确定任意金融工具的价格要求我们估计预期现金流和适当的必要收益率。
- 无期权债券的现金流由两部分组成：(1)到期日前的定期息票利息付款，(2)到期时的票面值。
- 债券的一个基本特性是：其价格与必要收益率呈反向变化。
- 债券价格与必要收益率呈逆相关的原因在于，债券的价格等于现金流的现时价值：随着必要收益率的上升(下降)，现金流的现时价值将会下降(上升)。
- 任何无期权债券的价格—收益率关系都呈凸性。
- 我们称价格高于(低于)票面值的债券以溢价(折价)出售。
- 以票面值出售的债券的息票率等于必要收益率。
- 可赎回和可提前偿还的债券的价格—收益率关系在利率较高的水平呈正凸性，在利率较低的水平呈负凸性。
- 市场中通常申报的四个债券收益率度量为：(1)现时收益率，(2)到期收益率，(3)赎回收益率，(4)回售收益率。
- 现时收益率将年度息票利息与市场价格关联起来。
- 到期收益率是使债券剩余现金流(如被持有至期满)的现时价值等于价格(加应计利息，如有)的利率。
- 到期收益率是一种"承诺的"收益率；也就是说，只有在下列条件成立时，承诺的到期收益率才能得以实现：(1)债券被持有至期满；(2)息票利息付款以到期收益率被加以再投资。假如条件(1)或条件(2)不能成立，那么投资者实现的实际收益率将大于或小于债券购买时的到期收益率。
- 赎回收益率假设发行人会在某个假设的赎回日赎回债券，赎回价格为赎回计划所规定的赎回价格。
- 通常，投资者对可赎回债券计算首个赎回日收益率和票面价赎回收益率。
- 计算对于任何假定赎回日的收益率的程序与所有收益率的计算程序相同，即确定使预期现金流的现时价值等于价格加应计利息的利率。
- 利滚利成分可能会占债券潜在回报的很大部分。
- 使用到期收益率的投资者面临着再投资风险，因为未来的再投资利率可能会低于债券购买时的到期收益率。
- 债券的以下两个特征决定了利滚利成分的重要性，从而决定了再投资风险的程度：期限和息票。
- 对于既定的到期收益率和既定的息票率，债券的期限越长，为实现债券购买时的到期收益率，债券的美元总回报对利滚利成分的依赖程度就越大。
- 长期债券的利滚利成分可能会占债券潜在美元总回报的主要部分。
- 对于既定的期限和既定的到期收益率，息票率越高，为产生债券购买时预期的到期收益率，债券的美元总回报对息票付款再投资的依赖程度就越大。
- 零息票债券的美元总回报没有任何部分是依赖于利滚利成分的，因此如果我们持有零息票债券至期满，将不存在任何再投资风险。
- 从业者采用两个惯例计算投资组合的收益率：(1)加权平均投资组合收益率，(2)内部收益率。

- 加权平均投资组合收益率是用投资组合中所有债券的加权平均收益率计算的。
- 尽管加权平均收益率度量是最常用的投资组合收益率度量,但它几乎不能对投资组合的潜在回报提供任何深入分析。
- 投资组合内部收益率是通过先确定投资组合中所有债券的现金流,然后求出使现金流的现时价值等于投资组合市场价值的利率计算的。
- 尽管投资组合的内部收益率优于加权平均投资组合收益率,但同样存在一般收益率度量所共有的问题:它假设现金流以我们计算的收益率被再投资。
- 我们不假设息票利息付款以到期收益率被再投资,投资者可以基于预期对再投资利率作出清晰的假设。
- 为了计算持有债券的潜在总回报率,目标是先在某个再投资利率的假设下计算从债券投资获得的未来资金总额,然后计算使初始债券投资增长至我们所计算的未来资金总额的利率。
- 总回报率度量允许投资组合经理基于计划的投资期以及对再投资利率和未来市场收益率的预期,预测债券的表现。
- 在利率期限结构分析中,人们对国债收益率曲线的关注是由于它是设定债务市场众多其他板块的收益率的基准。
- 基于在国债市场中观察到的收益率得出的国债收益率曲线不能令人满意地衡量必要收益率与期限的关系。
- 利率的期限结构是不同期限的可比证券的收益率之间的关系。
- 对不同期限的国债的收益率之间关系的图形描述叫做收益率曲线。
- 有一些方法可以估计美国财政部为发行不同期限的零息票债券必须支付的理论利率或收益率;这些利率叫做国债即期利率。
- 市场参与者可以从国债即期利率取得极有价值的信息;这些信息包含远期利率。
- 资产管理人不应将远期利率视作市场共识利率,而是应将远期利率解释为可对冲利率。
- 收益率曲线可以有不同形状:上倾收益率曲线(正倾收益率曲线)、下倾收益率曲线(倒置的收益率曲线)、平直收益率曲线和隆起的收益率曲线。
- 人们已发展了两个主要的经济理论来解释我们所观察到的收益率曲线形状:预期理论和市场分割理论。
- 预期理论有几种形式:纯粹预期理论和有偏预期理论。
- 两种预期理论都对短期远期利率的表现作出相同的假设,并假设当前长期债券的远期利率与市场对未来短期利率的预期密切相关。
- 两种收益率曲线形状的预期理论在是否还有其他影响远期利率的因素以及它们如何产生影响的问题上存在差异。
- 纯粹预期理论假定在预期的未来短期利率以外没有其他系统性因素影响远期利率。
- 有偏预期理论主张还存在其他因素。
- 有偏预期理论考虑了纯粹预期理论的缺陷。
- 两个有偏预期理论为流动性理论和优先置产理论。
- 市场分割理论也认识到投资者拥有其储蓄和投资现金流所决定的期限偏好。
- 我们可以从收益率曲线计算即期利率和远期利率。

- 我们应该使用即期利率或远期利率折现债务工具的现金流。
- 用即期利率或远期利率折现的国债的价值叫作无套利价值。
- 由于国债市场中可以利用的拆离和重组程序,国债的市场交易价格应在其无套利价值附近。

参考文献

Hicks,J. R.,1946. *Value and Capital*,2nd edition. London:Oxford University Press.

Kalotay,A. J.,G. O. Williams,and F. J. Fabozzi,1993. "A model for the valuation of bonds and embedded options," *Financial Analysts Journal*,49:35—46.

Lutz,F. 1940. "The structure of interest rates," *Quarterly Journal of Economics*,55(1):36—63.

Modigliani,F. and R. Sutch,1966. "Innovation in interest rate policy," *American Economic Review*,56:178—197.

16

利率风险和信用风险度量

学习目标

在阅读本章后,你将会理解:

- 影响债券利率风险的债券特征和利率环境;
- 利率风险的度量:一个基点的价格值和久期;
- 久期和凸性的组合是如何量化债券和债券投资组合的利率风险的;
- 对利率平行移动的各种久期度量:美元久期、修正久期、麦考利久期和有效久期;
- 如何计算投资组合久期以及对投资组合久期的贡献;
- 关键利率久期是如何衡量对收益率曲线变化的风险敞口的;
- 不同的信用分析方法度量;
- 什么是违约风险,以及信用评级机构为债务工具评定的信用评级;
- 美国的破产程序和债权人权利;
- 什么是违约损失率,以及如何衡量回收率;
- 在公司债券评级中考虑的因素:借款人品质、偿还能力、抵押担保和债券契约条款;
- 什么是信用评级下调风险,以及评级转换表的含义;
- 什么是信用利差风险和利差久期。

上一章是关于债券分析方法的两章中的第一章。在上一章中,我们解释了债务工具的定价和各种收益率度量。在本章中,我们将描述涉及利率风险分析方法和信用风险分析方法的债券分析方法。

利率风险分析方法

正如上一章解释的那样,债券的一个基本特性是:债券的价格与债券的必要收益率呈反向变化。这个特性从以下事实推导而来:债券的价格等于其预期现金流的现时价值。尽管当必要收益率变化时,所有债券的价格都会发生变化,但它们不会变动相同的比例。例如,当两种债券的必要收益率都上升 100 个基点时,一种债券的价格可能会下降 15%,而另一种债券的价格可能仅下降 1%。为了有效地实施债券投资组合策略,我们必须理解为何债券对利率变化的反应不同。此外,我们还必须量化债券价格是如何对收益率变化作出反应的。理想情况下,投资组合经理希望有一个表明必要收益率的变化与债券价格变化的关系的度量。也就是说,投资组合经理希望知道如果收益率变化(如 100 个基点),债券的价格预期将如何变化。

在第 4 章中,我们说明了影响债券价格波动性的债券价格的特征。在这里,我们提供两个用于量化债券价格波动性的度量。其中一个度量是久期。但是,久期仅提供了对价格将如何变化的近似。我们将要讨论的另一个度量可以对久期提供补充,即凸性。久期和凸性一起可以有效地估计收益率变化时债券价格的变化。

无期权债券的价格波动性特性

表 16.1 显示了在各种必要收益率变化的情况下,票面值为 100 美元、以 9% 的收益率交易的六种虚拟债券的价格变化百分比。例如,考虑 9% 息票的 25 年期债券。如果这种债券以 9% 的收益率出售,其价格将为 100。如果必要收益率下降至 8%,这种债券的价格将为 110.741。因此,收益率从 9% 下降至 8% 将使价格上升 10.74%[(110.741−100)/100],这与表 16.1 显示的数值是一致的。

对该表格的考察揭示了无期权债券之价格波动性的数个特性。

- **特性 1**:对于必要收益率十分微小的变化,无论必要收益率是上升还是下降,既定债券的价格变化百分比都大致相同。
- **特性 2**:对于必要收益率大幅的变化,必要收益率上升时的价格变化百分比将不同于必要收益率下降时的价格变化百分比。
- **特性 3**:对于大幅的基点变化,价格的百分比升幅要大于价格的百分比跌幅。这个特性的含义是:假如投资者拥有一种债券,那么当必要收益率下降时实现的价格涨幅要大于当必要收益率上升相同基点数时导致的资本损失。

对债券价格波动性的这三个特性的解释在于价格—收益率关系的凸形形状。我们将在本章后面更详尽地考察这点。

表 16.1 六种虚拟债券的即时价格变化百分比

六种虚拟债券,初始价格提供 9% 的收益率

9% 息票,5 年期,价格 = 100.0000
9% 息票,25 年期,价格 = 100.0000
6% 息票,5 年期,价格 = 88.1309
6% 息票,25 年期,价格 = 70.3570
0% 息票,5 年期,价格 = 64.3928
0% 息票,25 年期,价格 = 11.0710

必要收益率变化至	基点变化	9%/5	9%/25	6%/5	6%/25	0%/5	0%/25
7.00	−200	8.32	23.46	8.75	25.46	10.09	61.73
8.00	−100	4.06	10.74	4.26	11.60	4.91	27.10
8.50	−50	2.00	5.15	2.11	5.55	2.42	12.72
8.90	−10	0.40	1.00	0.42	1.07	0.48	2.42
8.99	−1	0.04	0.10	0.04	0.11	0.05	0.24
9.01	1	−0.04	−0.10	−0.04	−0.11	−0.05	−0.24
9.10	10	−0.39	−0.98	−0.41	−1.05	−0.48	−2.36
9.50	50	−1.95	−4.75	−2.05	−5.09	−2.36	−11.26
10.00	100	−3.86	−9.13	−4.06	−9.76	−4.66	−21.23
11.00	200	−7.54	−16.93	−7.91	−18.03	−9.08	−37.89

影响债券价格波动性的因素

在第 4 章中,我们说明了无期权债券有两个特征决定了其价格波动性,即息票和期限。此外,债券交易价格提供的收益率水平也会影响其价格波动性。我们可以通过考察表 16.1 看到息票率和期限是如何影响价格波动性的。

考虑三种 25 年期债券。对于既定的收益率变化,零息票债券的价格波动性最大,而息票率最高的债券(9% 息票债券)的价格波动性最小。这对三种 5 年期债券亦是如此。一般而言,对于既定的期限和初始收益率,息票率越低,债券的价格波动性就越大。

现在,考虑两种 9% 息票债券。对于既定的收益率变化,25 年期债券的价格波动性最大,而期限最短的债券(5 年期债券)的价格波动性最小。这对两种 6% 息票债券和两种零息票债券亦是如此。一般而言,对于既定的息票率和初始收益率,期限越长,债券的价格波动性就越大。

债券的价格波动性也受到经济环境中的利率水平的影响。具体而言,收益率水平越高,价格波动性就越低。为了说明这点,让我们比较以两个收益率水平(7% 和 13%)交易的 9% 息票 25 年期债券。假如收益率从 7% 上升至 8%,债券的价格将下跌 10.3%;但假如收益率从 13% 上升至 14%,则债券的价格下跌 6.75%。

利率风险的度量

利率变化时的债券价格波动表明了债券的利率风险。利率风险有两个度量:(1)一个基

点的价格值;(2)久期和凸性。然而,两个度量都存在一个问题:它们仅衡量了对利率平行移动的风险敞口。也就是说,它们假设投资者持有的所有债券的利率都会变动相同的基点数。有一些度量可被用于评估对收益率曲线变化的风险敞口,我们将在本章后面讨论这点。

一个基点的价格值作为利率风险度量

一个基点的价格值(price value of a basis point,PVBP)亦称一个基点的美元价值(dollar value of an 01,DV01),它衡量了在必要收益率变动一个基点时,债券价格发生的变化。注意,这个价格波动度量表明了美元价格波动,而不是百分比价格波动(作为初始价格的一个百分比的价格变化)。通常,一个基点的价格值是以价格变化的绝对值表示的。由于价格—波动性关系的特性1,无论必要收益率是上升还是下降一个基点,价格波动都是相同的。

为了举例说明这项计算,让我们计算以 9% 的收益率出售的 25 年期 6% 息票债券的PVBP。这种债券的价格为 70.357 0 美元。如果收益率上升一个基点至 9.01%,价格将会下跌至 70.282 4 美元。两个价格之差为 0.074 6 美元,即 PVBP。

久期和凸性作为利率风险的度量

衡量投资组合或交易头寸的利率风险敞口最常用的方法,是用久期近似利率变化对债券或债券投资组合的影响。为了改进这项近似而估计的第二个度量被称为凸性。我们在这里解释如何估计债券和投资组合的久期。单个债券和投资组合有不同类型的久期度量。我们还将解释久期的局限。然后,我们讨论如何用一个叫做凸性的度量改进久期度量。

(1) 久期。

以证券当前价格的一个百分比衡量价格对利率变化的敏感度的最显而易见的方法是,将利率变动(即冲击利率)很少的基点数,并以当前价格的一个百分比计算证券的价值将如何变化。用于指称近似的价格变化百分比的常用名称是久期(duration)。

我们可以用以下公式估计证券的久期:

$$久期 = \frac{V_- - V_+}{2V_0 \Delta y} \tag{16.1}$$

其中,Δy 是利率的变动(或冲击)点数(以小数形式表示),V_0 为债券的当前价格,V_- 为利率下降 Δy 时的债券价格估计,V_+ 为利率上升 Δy 时的债券价格估计。

本章中,我们将交替使用"利率变化"和"收益率变化"。

我们必须理解,式(16.1)的分子中的两个数值是从估值模型取得的估计值。因此,久期度量的精确度受到用于取得式(16.1)中估计值的估值模型的精确度的限制。估计债券价值的难度越大,投资组合经理对久期估计的信心就越小。我们将看到投资组合的久期不过是构成投资组合的债券的久期的市值加权平均。因此,投资组合的久期对单个债券的久期估计是敏感的。

为了举例说明久期的计算,考虑以下无期权债券:以票面值交易、收益率为 6% 的 6% 息票 5 年期债券。当前价格为 100 美元。假设收益率变动 50 个基点。于是,$\Delta y = 0.005$,$V_0 = 100$ 美元。这种债券在利率或收益率变动时的估值十分简单。如果收益率下降至 5.5%,这种债券的价格将为 102.160 0 美元。如果收益率上升至 6.5%,这种债券的价值将为 97.894 4 美元。也就是说,$V_- = 102.160\,0$ 美元,$V_+ = 97.894\,4$ 美元。代入式(16.1),我们取得:

$$久期 = \frac{102.160\,0\ 美元 - 97.894\,4\ 美元}{2(100\ 美元)(0.005)} = 4.27$$

从业者对债券久期的含义有多种解释方式。我们认为最有用的方式是将债券的久期视作在利率变动100个基点时债券价格的近似变化百分比。于是,久期为5的债券的价格将在利率变动100个基点(即假如这种债券的必要收益率变动100个基点)时大约变化5%。对于50个基点的利率变动,债券价格将大约变化2.5%;对于25个基点的利率变化,债券价格的变化为1.25%,以此类推。

在估计债券价格对利率变化的敏感度时,我们考察了价格变化百分比。然而,对于久期相同但交易价格不同的两种债券,美元价格的变化将不会相同。为了看到这点,假设我们有两种债券 B_1 和 B_2,它们的久期都等于5。进一步假设 B_1 和 B_2 的当前价格分别为100美元和90美元。100个基点的利率变化将使两种债券的价格都大约变化5%。这意味着 B_1 的价格变化为5美元(5%乘以100美元),B_2 的价格变化为4.5美元(5%乘以90美元)。

下面说明了我们可以如何用久期近似价格变化,以及这种近似的精确度如何。用久期得出的债券的近似价格变化百分比如下所示:

$$近似价格变化百分比 = -久期 \times (\Delta y) \times 100 \tag{16.2}$$

其中,Δy 为利率的变化(或冲击)(以小数表示)。式(16.2)的右侧有负号的原因是价格变化与收益率变化的逆相关性。

例如,考虑以 $70.357\,0$ 的价格交易、收益率为9%的6%息票25年期债券,我们可以证明这种债券的久期为10.6。当收益率上升10个基点(即 $\Delta y = +0.001$)时,近似价格变化百分比为:

$$近似价格变化百分比 = -10.6 \times (+0.001) \times 100 = -1.06\%$$

这个近似的精确度如何?实际的价格变化百分比为 -1.05%(如表16.1中收益率上升至9.10%时的情况所示)。这个例子中的久期确实相当出色地估计了价格变化百分比。

如果我们用久期估计收益率下降10个基点($\Delta y = -0.001$)时的价格变化百分比,将会得出相同结论。在这个例子中,近似的价格变化百分比将为 $+1.06\%$(即价格变化的方向相反,但变化幅度相同)。表16.1显示了实际的价格变化百分比为 $+1.07\%$。

让我们考察在收益率上升200个基点而非10个基点的情况下,久期估计价格变化百分比的精确度如何。在这种情形下,Δy 等于 $+0.02$。代入式(16.2),得出:

$$近似价格变化百分比 = -10.6 \times (+0.02) \times 100 = -21.2\%$$

这个估计有多精确?我们从表16.1看到,当收益率上升200个基点至11%时,实际的价格变化百分比为 -18.03%。因此,这里的估计不如我们在收益率仅变动10个基点时,用久期来近似价格变化百分比那么精确。那么在收益率下降200个基点时,我们用久期近似价格变化百分比的精确度如何?这种情景下的近似价格变化百分比为 $+21.2\%$,但表16.1所示的实际价格变化百分比为 $+25.46\%$。

我们还需注意,在我们使收益率变动200个基点的两种情景下,近似的价格变化百分比高估了在收益率上升 200 个基点时债券价格的实际降幅,并低估了在收益率下降 200 个基点时债券价格的实际升幅。情况永远如此。

我们将在后面看到如何用所称的凸性调整改进近似的价格变化。

(2) 美元久期。

债券的美元价格变化可以通过将久期乘以美元价格和收益率变动的基点数(用小数表示)来衡量,它被称为美元久期(dollar duration)。也就是说:

$$美元久期 = 久期 \times 美元价格 \times 用小数表示的利率变动$$

利率变化 100 个基点时的美元久期为:

$$美元久期 = 久期 \times 美元价格 \times 0.01$$

于是,对于债券 B_1 和 B_2,利率变动 100 个基点时的美元久期如下:

$$对于债券 B_1:美元久期 = 5 \times 100 \ 美元 \times 0.01 = 5.0 \ 美元$$
$$对于债券 B_2:美元久期 = 5 \times 90 \ 美元 \times 0.01 = 4.5 \ 美元$$

知道美元久期能够帮助投资组合经理化解债券头寸的风险。例如,考虑债券 B_2 的头寸。假如交易员想要消除这种债券的利率风险敞口(即对冲风险敞口),交易员将希望建立另一种金融工具(如第 18 章描述的利率衍生工具)的头寸,这个头寸的价值将与债券 B_2 的价格呈反向变化,变化幅度等于 4.5 美元。因此,假如交易员持有 B_2 的多头头寸,那么当利率上升 100 个基点时,头寸的价值将减少 4.5 美元。为了对冲这项风险敞口,交易员可以建立另一种在利率上升 100 个基点时价值也会上升 4.5 美元的金融工具的头寸。

我们在不知道债券久期的情况下也可以计算美元久期。这是通过简单地考察当利率上升或下降相同基点数时债券的平均价格变化做到的。我们可以很容易地对利率衍生工具做到这点。例如,我们可以通过改变利率并确定衍生工具的价格平均而言会如何变化,来计算利率期货合约和利率互换的美元久期。这点十分重要,因为投资组合经理或风险经理在试图控制头寸的利率风险时会使用利率衍生工具。

(3) 修正久期、麦考利久期和有效久期。

从业者使用的一种常见形式的久期为修正久期。修正久期(modified duration)是在当利率变化时债券现金流不发生改变的假设下,在利率变动 100 个基点时的债券价格的近似变化百分比。这意味着在计算久期公式的分子所用的数值时,我们假设用于计算当前价格的现金流不受利率变化的影响。因此,当利率变化少量基点数时,债券价值的变化完全是因以新的收益率水平进行折现引起的。

修正久期与债券市场中有时参考的另一个度量相关,这个度量被称为麦考利久期(Macaulay duration)。这个度量的公式首先由 Macaulay(1938)运用,实践中则很少使用,因此我们在这里不提供这个公式。对于每半年支付一次息票利息的债券而言,修正久期与麦考利久期的关系如下:

$$修正久期 = 麦考利久期 / (1 + 收益率 / 2)$$

其中,收益率为债券的到期收益率(用小数表式)。就实际而言,修正久期和麦考利久期两者的计算值差异极小。

现金流在利率变化时不发生改变的假设对于无期权债券是合理的,因为发行人的本息支付在利率变化时不会改变。但对于可赎回债券、可回售债券以及住宅抵押贷款证券等证券化产品,情况并非如此。对于这些证券,利率的变化可能会改变预期的现金流。

对于含内嵌期权的债券,有一些估值模型考虑了利率变化会如何影响现金流。当式(16.1)的分子所用的数值是从一个同时考虑了以不同的利率折现现金流和现金流如何发生变化的估值模型取得的时,由此得出的久期被称为有效久期(effective duration)或期权调整久期。

(4) 投资组合久期和对投资组合久期的贡献。

我们可以通过计算投资组合中债券久期的加权平均,得出投资组合的久期。权重为证券占投资组合的比例。在数学上,投资组合的久期可以被计算为:

$$投资组合久期 = w_1 D_1 + w_2 D_2 + \cdots + w_N D_N \tag{16.3}$$

其中,w_i 为债券 i 的市场价值/投资组合的市场价值,D_i 为债券 i 的久期,N 为投资组合中的债券个数。*

为了举例说明这项计算,考虑表 16.2 显示的价值为 240 220 000 美元、由 10 种债券组成的投资组合。表中显示了每种债券的市场价值、每种债券占投资组合的比例,以及每种债券的久期。第五列给出了权重与久期的乘积。该列的最后一行显示了投资组合的久期为 5.21。

表 16.2 投资组合久期和对投资组合久期的贡献的计算

债 券	市场价值 (美元)	占投资组合 的百分比	久期	对投资组合久期 的贡献ª(美元)	美元久期 (美元)
1	10 000 000	4.162 9	4.70	0.20	470 000
2	18 500 000	7.701 3	3.60	0.28	666 000
3	14 550 000	6.056 9	6.25	0.38	909 375
4	26 080 000	10.856 7	5.42	0.59	1 413 536
5	24 780 000	10.315 5	2.15	0.22	532 770
6	35 100 000	14.611 6	3.25	0.47	1 140 750
7	15 360 000	6.394 1	6.88	0.44	1 056 768
8	26 420 000	10.998 3	6.50	0.71	1 717 300
9	40 000 000	16.651 4	4.75	0.79	1 900 000
10	29 430 000	12.251 3	9.23	1.13	2 716 389
投资组合	240 220 000	100.000 0		5.21	12 522 888

注:a 对投资组合久期的贡献 = 久期 × 占投资组合的比例。

投资组合的久期为 5.21 意味着假如 10 种债券的收益率都变动 100 个基点,那么投资组合的市场价值将大约变化 5.21%。但请记住,所有 10 种债券的收益率都必须变动 100 个基点,才能使久期度量最为有用。所有利率都必须变化相同基点数的假设是一个重要至极的关键假设。市场从业者称之为"收益率曲线平行移动假设"。

投资组合久期还可用美元久期计算。这是通过计算投资组合中每种债券的美元久期来实现的。表 16.2 的第六列给出了投资组合中每种债券的美元久期。表中第六列的最后一行

---

* i 代表 1 到 N 之间的整数。——译者注

显示的投资组合久期为 12 522 888 美元。这意味着对于 100 个基点的利率变化,投资组合价值的变化将大约为 12 522 888 美元。由于投资组合的市场价值为 240 220 000 美元,这意味着对于 100 个基点的利率变化,投资组合价值的变化百分比为 5.21%(12 522 888 美元/240 220 000 美元)。由于久期是在利率变化 100 个基点时的近似价值变化百分比,我们可以看到投资组合的久期为 5.21%,与我们用式(16.3)取得的久期相同。

为了充分理解为何知道投资组合的美元久期是有帮助的,假设投资组合经理想要将这个含 10 种债券的投资组合的久期从当前的 5.21 降低至 4。这意味着投资组合经理想要的美元久期为 240 220 000 美元的 4%,或 9 608 800 美元。但当前的投资组合久期为 12 522 888 美元。为了将投资组合的久期降低至 4,投资组合经理必须减少 2 914 088 美元(12 522 888 美元-9 608 800 美元)。为了做到这点,如果投资组合经理获有授权可以使用利率衍生工具的话,他将建立美元久期为-2 914 088 美元的一种或多种衍生工具的头寸。

投资组合经理通常以债券占投资组合的比例评估其对该债券的风险敞口。一个衡量单个债券对利率变化的风险敞口的更佳度量是其对投资组合久期的贡献。这是通过将单个债券占投资组合的比例乘以单个债券的久期得出的。也就是说:

$$对投资组合久期的贡献 = \frac{债券的市场价值}{投资组合的市场价值} \times 债券的久期$$

注意,对投资组合久期的贡献仅仅是式(16.3)给出的投资组合久期公式的单个成分。表 16.2 的第五列显示了每种债券对投资组合久期的贡献。

尽管我们说明了如何计算投资组合中每种债券对投资组合久期的贡献,但同样的公式可被用于确定投资组合所包含的每个债券板块对投资组合久期的贡献。

(5)凸性、凸性度量和凸性调整。

正如我们先前说明的那样,久期近似表明了无论利率是上升还是下降,近似价格变化百分比都是相同的。然而,这与债券价格波动性的特性 3 不符。具体而言,尽管对于微小的收益率变化,收益率上升或下降时的价格变化百分比将会相同,但对于大幅的收益率变化情况则并非如此。这提示了久期仅在收益率小幅变化的情况下是价格变化百分比的良好近似。

原因在于:久期事实上是在收益率小幅变化的情况下的一阶近似。我们可以用一个二阶近似来改进一阶近似。这个二阶近似被称为"凸性"。行业中使用这个术语是不幸的,因为凸性这一术语亦被用于描述上一章中图 15.1 显示的价格—收益率关系的形状或曲度。我们可以用证券的凸性度量近似不能由久期解释的价格变化。

我们可以用以下公式近似债券的凸性度量:

$$凸性度量 = \frac{V_+ + V_- - 2V_0}{2V_0(\Delta y)^2} \tag{16.4}$$

其中,变量标记与先前式(16.1)给出的久期公式使用的标记相同。

对于我们的以 9% 的收益率出售的 6% 息票 25 年期虚拟债券,我们从表 16.1 知道当收益率变化 10 个基点时($\Delta y = 0.001$):$V_0 = 70.357\ 0$,$V_- = 71.110\ 5$,$V_+ = 69.616\ 4$。将这些数值代入式(16.4)给出的凸性度量,我们得到:

$$凸性度量 = \frac{69.616\ 4 + 71.110\ 5 - 2(70.357\ 0)}{2(703\ 570)(0.001)^2} = 91.67$$

我们将很快看到如何使用这个凸性度量。在此之前,我们需要注意三点:第一,与久期不同,凸性度量没有简单的解释。第二,市场参与者更加普遍地将式(16.4)计算的数值称为"债券的凸性",而非"债券的凸性度量"。第三,交易商和软件销售商对无期权债券报告的凸性度量有所不同。这是因为我们后面将要解释的原因,从式(16.4)得出的数值需按比例进行缩放。

计算投资组合的凸性度量的程序与投资组合久期的计算程序相同。也就是说,我们计算投资组合中每种债券的凸性度量。然后,我们计算投资组合中债券的凸性度量的加权平均,以取得投资组合的凸性度量。

有了凸性度量后,因债券凸性引起的近似价格变化百分比调整值(即久期未能解释的价格变化百分比)为:

$$价格变化百分比的凸性调整值＝凸性度量×(\Delta y)^2×100$$

例如,对于以 9% 的收益率出售的 6% 息票 25 年期债券,在收益率从 9% 上升至 11% 的情况下,对基于久期的价格变化百分比的凸性调整值为 $91.67×(0.02)^2×100＝3.67\%$。如果收益率从 9% 下降至 7%,对基于久期的近似价格变化百分比的凸性调整值也是 3.67%。

同时基于久期和凸性调整的近似价格变化百分比是通过将这两个估计值相加得出的。于是,假如收益率从 9% 变动至 11%,价格变化百分比的估计值将为:

$$久期近似的变化估计值＝-21.20\%$$
$$凸性调整值＝+\ \ 3.66\%$$
$$价格变化百分比总估计值＝-17.54\%$$

从表 16.1 得出的实际价格变化百分比为 -18.03%。因此,近似得到了改进。

如果收益率从 9% 下降 200 个基点至 7%,近似的价格变化百分比将如下所示:

$$久期近似的变化估计值＝+21.20\%$$
$$凸性调整值＝+\ \ 3.66\%$$
$$价格变化百分比总估计值＝+24.86\%$$

我们可以从表 16.1 看到,实际价格变化百分比为 $+25.46\%$。我们再次看到了久期与凸性调整值的组合能够较好地估计债券价格对大幅收益率变化的敏感度。

注意,当凸性度量为正数时,我们得到了先前描述的情形,即对于既定的大幅利率变化,收益大于损失。正如上一章解释的那样,当债券(或债券投资组合)呈现这种行为时,我们称它呈现正凸性。我们可以从上述例子看到这点。然而,假如凸性度量为负数,我们将得到损失大于收益的情形。当损失大于收益时,我们称债券呈现负凸性。

我们可以从第 15 章中的图 15.1 和图 15.2 看到正凸性。图 15.1 显示了无期权债券的价格—收益率关系。这种债券在所有的收益率水平都呈现正凸性。图 15.2 显示了可赎回债券或可提前偿还的证券的价格—收益率关系。这种类型的债券在收益率高于 y^* 表示的收益率时呈现正凸性。然而,当收益率低于 y^* 时,可赎回债券或可提前偿还的证券呈现负凸性。

(6)标准凸性和有效凸性。

我们可以通过假设当收益率变化时,预期现金流不发生或发生改变来取得计算凸性度量的式(16.4)中所使用的价格。在前一种情形下,由此得出的凸性被称为标准凸性(实际上在行业中,凸性不符合形容词"标准")。相比之下,有效凸性假设当收益率变化时,现金流也确实发生变化。这与对久期所作的区分相同。

与久期相同,对于含内嵌期权的债券,标准凸性与有效凸性的计算值可以有相当大的差异。事实上,对于所有的无期权债券,这两个凸性度量都具有正值。对于含内嵌期权的债券,当标准凸性的计算值是正数时,有效凸性的计算值可能会是负数。

衡量对收益率曲线变化的风险敞口:关键利率久期

正如前面解释的那样,久期假设了当利率变化时,收益率曲线上的所有收益率都变化相同的基点数。当我们使用通常会包含不同期限的债券的投资组合的久期时,就会存在问题。因此,我们必须能够衡量债券或债券投资组合对收益率曲线变化的风险敞口。有几个方法可以衡量收益率曲线风险。一个方法是简单地考察投资组合的现金流。最常用的度量是 Ho (1992)提出的关键利率久期(key rate duration)。[1]

关键利率久期的基本原理是:在保持所有其他收益率不变的假设下,改变收益率曲线上的某个特定期限的收益率,并确定单一债券或投资组合对该收益率变化的敏感度。债券价值或投资组合价值的变化对特定期限收益率的变化的敏感度叫做利率久期(rate duration)。收益率曲线上的每一点都有一个利率久期。因此,不存在单个利率久期,而是存在一组代表收益率曲线上的每个期限的久期。如果所有利率都变动相同的基点数,那么债券或投资组合的价值变化总额就是债券或投资组合的久期。

Ho 的方法关注国债收益率曲线上的 11 个关键期限。这些利率久期叫做关键利率久期。衡量关键利率久期所采用的即期利率曲线上的具体期限为 3 个月、1 年、2 年、3 年、5 年、7 年、10 年、15 年、20 年、25 年和 30 年。位于两个关键利率之间的利率的变化是用线性近似计算的。

我们应当按以下方式解释某个特定投资组合期限的关键利率久期:假设所有其他期限的收益率不变,关键利率久期是在单个标的期限(这个期限的利率被改变)的收益率变化 100 个基点的情况下,投资组合(或债券)价值的近似变化百分比。因此,关键利率久期是通过改变相关标的期限的收益率并确定价值或价格如何变化来量化的。事实上,关键久期是用式(16.1)计算的。等式中 V_- 和 V_+ 表示的价格是通过保持所有其他利率固定不变,并改变我们希望求出关键利率久期的标的期限的收益率计算而来的单种债券(在单一证券情况下)的价格或投资组合(在债券投资组合情况下)的价值。

信用分析方法

信用风险包含两种形式的风险:违约风险和信用利差风险。违约风险是发行人不能履行按期还本付息义务的风险。为了估测违约风险,投资者依赖于信用评级机构评定的信用评级。信用利差风险(credit spread risk)是因信用利差的上升导致的债券损失或表现欠佳。

---

[1] Klaffky、Ma 和 Nozari(1992)以及 Dattatreya 和 Fabozzi(1995)提出了收益率曲线风险的其他度量。

违约风险

我们以对美国破产程序、债权人权利、公司债券的违约率和回收率的简要描述开始对违约风险的讨论。接着,我们解释评级机构在评定信用评级时考虑的因素,以及债券分析师在估测公司债券的违约风险时考虑的因素。

美国的破产程序和债权人权利

在公司破产的情形下,公司债务工具的持有人优先于股权持有人。一些债权人会优先于其他债权人。在这里,我们将提供破产程序的概观,然后考察在破产时债权人实际上发生了什么。有一项联邦法律管辖美国境内的破产,该法律定期被加以修订。破产法的一个目的是制定公司清算或重组的规则。

公司的清算意味着所有资产都将被分配给公司索偿权的持有人,并且公司主体将不复存在。在重组中,一个新的公司主体将会产生。破产公司的一些索偿权持有人将用其索偿权换取现金,其他持有人可能会获得重组所产生的公司的新证券,还有一些持有人则可能会获得现金和重组后公司的新证券的组合。

美国破产法由 15 个章节组成,每个章节都涉及特定类型的破产。我们尤其关注的是第 7 章和第 11 章。第 7 章与公司的清算有关,第 11 章与公司的重组有关。

当公司被清算时,债权人在还有可用资产的前提下基于绝对优先次序规则(absolute priority rule)获得分配。绝对优先次序规则是优先级债权人在次级债权人获得分配前先全额得以偿付的原则。对于有抵押和无抵押的债权人而言,绝对优先次序规则确保了他们优先于股权持有人。在清算中,绝对优先规则一般是成立的。相比之下,有大量文献论证:法院和证券交易委员会都未维持严格的绝对优先次序。对破产法第 11 章管辖的破产实际重组案例的研究发现,违反绝对优先次序是普遍规律,而不是例外。

因此,尽管公司债务的投资者可能会感到他们优先于股权持有人和其他级别的债权人,但破产的实际结果可能与债务协议规定的条款大相径庭。

违约损失率和回收率

信用评级机构和学术界发表了大量关于违约率的研究。从投资的角度来看,违约率就其本身而言并不十分重要:只要一个公司债券投资组合的收益率差高到足以抵消违约损失,那么它完全有可能在发生违约的同时超越国债的表现。此外,由于违约债券的持有人通常能够回收其投资面额的一定比例,因此违约损失率可能会显著低于违约率。违约损失率被定义为:

$$违约损失率 = 违约率 \times (100\% - 回收率)$$

例如,5% 的违约率和 30% 的回收率意味着违约损失率仅为 3.5%(5% 的 70%)。

因此,完全将注意力集中于违约率只会突出一个分散化投资的公司债券组合可能会发生的最坏结果,并假设所有违约债券都将彻底一文不值。

有几项研究考察了违约率,尤其是高收益率公司债券的违约率,所报告的结果有时看上去差异显著。所报告的违约率的差异是由研究者采用不同的方法衡量违约率导致的。一旦这些研究使用的方法被标准化后,所报告的违约率就并不如它们最初看上去的那样迥异了。

几项研究发现,回收率与债券的优先级别密切相关。然而,优先级别不是影响回收价值的唯一因素。一般而言,回收率会根据资产类型和公司的竞争力状况,以及破产时的经济环境而有所不同。此外,不同行业的回收率也会存在差异。

在为公司债券评级时考虑的因素

信用评级机构和债券分析师在开展公司债券的考察时,会考虑信用的四个 C:借款人的品质(character)、偿还能力(capacity)、抵押担保(collateral)和契约条款(covenants)。每一项的含义如下:

- 品质是健全信用的基础。这包括董事会、管理层和高级主管的道德声誉、业务资质和经营记录,这些人士对使用借款和偿还资金负有责任。
- 偿还能力是发行人偿还债务的能力。
- 抵押担保的评判依据不仅是传统意义上为担保债券而抵押的资产,而且包括发行人控制的未抵押资产的质量和价值。在这两种意义上,抵押物都能为债券和债券持有人提供额外的辅助、宽慰和支持。资产组成了产生现金流的基础,这些现金流能够维持债务,无论是在景气还是萧条时期。
- 契约条款规定了对管理层如何运营公司和开展经济活动的限制。它可以限制管理层的自由裁量权。对任何契约条款的违约或违背都可能会发出有意义的早期警示信号,使投资者能够在情况进一步恶化前采取积极的纠正措施。由于契约条款在债权人风险最小化中发挥了重要作用,它们是有价值的。它们有助于防止公司违背道德地将财富从债务持有人转移给股权持有人。

品质分析涉及对管理层素质进行分析。例如,穆迪在评估管理层素质时,会考察管理层制定的经营战略和政策。以下是考虑因素:(1)战略方向,(2)财务原则,(3)保守程度,(4)业绩记录,(5)继任规划,以及(6)内控体系。

分析师在评估发行人的偿还能力时,会开展财务报表分析。除了管理层素质外,穆迪考察的因素为:(1)行业趋势,(2)监管环境,(3)基本的运营状况和竞争地位,(4)财务状况和流动性来源,(5)公司结构(包括优先/次级结构的划分和索偿权的优先地位),(6)母公司的支持协议,以及(7)特殊事件风险。

在考虑行业趋势时,信用评级机构会考察公司对经济周期的脆弱性、进入壁垒和公司对科技变化的风险敞口。信用评级机构还会考察公司取得额外融资和备用信贷安排的能力。备用信贷安排有多种形式。

公司债务可以是有担保或无担保的。在我们先前对破产情况下债权人权利的讨论中,我们解释了在清算中,破产收入是基于绝对优先次序规则分配给债权人的。然而,在重组中,绝对优先次序规则很少成立。也就是说,无担保的债权人可能会获得其全部索偿权金额的分配,普通股股东也可能会获得一些分配,而有担保的债权人则仅可能获得其索偿权的一部分。原因在于:重组要求获得所有各方的许可。因此,为了取得对重组计划的许可,有担保的债权人愿意与无担保的债权人和股东进行协商。

契约条款规定了对借款人活动的限制和约束。正面限制条款(affirmative covenants)要求债务人承诺履行某些职责。负面限制条款（negative covenants）则要求借款人不采取某些行动。

信用评级下调风险

投资者通过考察信用评级机构对债券评定的信用评级估测债券的违约风险。评级机构在对债券评定信用评级后，会监测发行人的信用品质，并且可能会重新评定一个不同的信用评级。如果债券或发行人的信用品质有所改善，那么将会获得更佳的信用评级，这被称为信用评级上调。如果债券或发行人的信用品质恶化，那么就会受到被评定一个更差信用评级的惩罚，这被称为信用评级下调。债券或发行人的实际或预期的信用评级下调会加大信用利差，从而导致该债券或发行人债券的价格下跌。这个风险被称为信用评级下调风险，与信用利差风险密切相关。信用评级机构可能会预先公告它正在审查某个信用评级，并可能会进一步声明该审查预示着可能的信用评级下调或上调。这个公告被称为"将债券置于信用观察之下"。

发行人偿还本息的能力有时会因不可预见的事件发生严重和意外的变化。这可能包括任何数量的公司或行业特有的特殊事件，如自然事故或行业事故、流行病、监管变化、收购或公司重组，或甚至是公司欺诈。这种风险一般被称为事件风险，将导致信用评级机构下调发行人的信用评级。由于该主体的证券的价格通常会急剧变化或发生跳跃，这种风险有时被称为跳跃风险。

评级迁移（转换）表。

信用评级机构定期以表格的形式发布其评级的债券如何随着时间发生评级变化的信息，这个表格被称为评级迁移表（rating migration table）或评级转换表（rating transition table），对资产管理人评估评级下调的可能性（从而评估信用评级下调风险）和评级上调的可能性十分有用。评级迁移表可以跨不同的时间长度。表 16.3 显示了一个 1 年期的虚拟评级迁移表。第一列显示了年初的评级，其他各列显示了年末的评级。

表 16.3 虚拟的 1 年期评级迁移表

年末评级	AAA	AA	A	BBB	BB	B	CCC	D	总和
AAA	93.20	6.00	0.60	0.12	0.08	0.00	0.00	0.00	100
AA	1.60	92.75	5.07	0.36	0.11	0.07	0.03	0.01	100
A	0.18	2.65	91.91	4.80	0.37	0.02	0.02	0.05	100
BBB	0.04	0.30	5.20	87.70	5.70	0.70	0.16	0.20	100
BB	0.03	0.11	0.61	6.80	81.65	7.10	2.60	1.10	100
B	0.01	0.09	0.55	0.88	7.90	75.67	8.70	6.20	100
CCC	0.00	0.01	0.31	0.84	2.30	8.10	62.54	25.90	100

让我们对其中一个数字进行解释。考察年初评级是 AA 并且年末评级也是 AA 的单元格。该单元格代表了年初评级为 AA 的债券中在 1 年期间评级未发生变化的债券所占的比例。也就是说，信用评级未被上调或下调。我们可以看到，年初评级为 AA 的债券中有 92.75％的债券在年末的评级仍为 AA。现在，考察年初评级为 AA 并且年末评级为 A 的单元格。这显示了年初评级为 AA 的债券中年末评级下调至 A 的债券所占的比例。在虚拟

1 年期评级迁移表中,这个比例为 5.07%。我们可以将这个数字视为概率,它是一种评级为 AA 的债券在年末评级将下调至 A 的概率。

评级迁移表还显示了评级上调的可能性。让我们再次用表 16.3 考察年初评级为 AA 的债券的那一行,以及考察年末评级为 AAA 的那一列中的单元格,其中数字为 1.60%。这个数字代表了年初评级为 AA 的债券中年末评级上调至 AAA 的债券所占的比例。

一般而言,实际的评级迁移表有下列事实。首先,投资级债券评级下调的概率远高于上调概率。其次,迁移期越长,发行人保持其原始评级的概率就越低。也就是说,1 年期评级迁移表中某个评级下调或上调的概率要低于 5 年期评级迁移表中同一个评级下调或上调的概率。

信用利差风险

信用利差是市场为承担某种信用风险敞口所要求的高于美国国债收益率的溢价。基准通常是既定期限的新上市美国国债。假设所有其他因素固定不变,信用评级越高,与基准利率的信用利差就越小。信用利差风险是因在债务工具的逐日盯市中所使用的信用利差水平的变化而导致经济损失的风险。市场信用利差的变化会影响投资组合的价值,并且可能会导致交易员蒙受损失和投资组合经理的业绩不如基准。

利差久期

久期是对利率变化时债券价值变化的度量。被假设发生变化的利率为国债利率。然而,对于非国债而言,收益率等于国债收益率加一个相对国债收益率曲线的利差。即便国债的收益率不发生变化,由于市场所要求的利差的变化,具有信用风险敞口的债券的价格也可能会发生变化。衡量非国债债券的价格在市场要求的利差变化的情况下如何变化的度量叫做利差久期(spread duration)。我们也可以在式(16.3)中用债券的利差久期计算其对投资组合利差久期的贡献。例如,证券的利差久期为 2.2 意味着如果国债利率不发生变化但利差变动 100 个基点,证券的价格将大约变动 2.2%。

利差久期可以用与计算久期的式(16.1)相同的公式计算。我们也可以用与本章先前解释的计算投资组合久期和对投资组合久期的贡献相同的计算方式,来计算投资组合的利差久期和对投资组合利差久期的贡献。

关键要点

- 对于必要收益率十分微小的变化,无论必要收益率是上升还是下降,既定债券的价格变化百分比都大致相同。
- 对于必要收益率大幅的变化,必要收益率上升时的价格变化百分比将不同于必要收益率下降时的价格变化百分比。
- 对于大幅的基点变化,无期权债券的百分比价格升幅要大于百分比价格跌幅。

- 影响债券利率风险的两个特征是息票率和期限。
- 债券的价格波动性受到经济环境中的利率水平的影响：收益率水平越高，债券的价格波动性就越低。
- 假设利率在不同期限平行变化，有两种衡量利率风险的方法：(1)一个基点的价格值；(2)久期和凸性。
- 一个基点的价格值衡量了在必要收益率变化一个基点的情况下，债券价格发生的变化。
- 久期是衡量投资组合或交易头寸的利率风险敞口的最常用的度量。
- 久期是在利率变化的情况下债券价值或债券投资组合价值的变化百分比的一阶近似。
- 美元久期是债券的美元价格变化，可以通过将久期乘以美元价格和收益率变化幅度来衡量。
- 修正久期是在当利率变化时债券现金流不发生改变的假设下，利率变动 100 个基点时的债券价格的近似变化百分比。
- 修正久期与麦考利久期相关，就实际而言，修正久期和麦考利久期两者的计算值差异极小。
- 对于在利率变化时现金流可能会发生改变的含内嵌期权的债券而言，我们应使用的久期度量为有效久期。
- 我们可以通过计算投资组合中债券久期的加权平均，得出投资组合的久期。
- 为了评估投资组合中债券的利率风险敞口，我们使用对投资组合久期的贡献的度量。
- 久期和凸性度量的组合可以改进对债券或投资组合如何对利率变化作出反应的近似。
- 为了衡量债券或债券投资组合对收益率曲线变化的风险敞口，我们可以使用利率久期。
- 关键利率久期衡量了债券或债券投资组合对收益率曲线上的关键利率变化的风险敞口。
- 信用风险包含了两种形式的风险：违约风险和信用利差风险。
- 违约风险是发行人不能履行按期还本付息义务的风险。
- 为了估测违约风险，投资者依赖于信用评级机构开展的分析和评定的信用评级。
- 有一项联邦法律管辖美国境内的破产，它包括公司的清算和重组。
- 公司的清算意味着所有资产都将被分配给公司索偿权的持有人，并且公司主体将不复存在。
- 在重组中，一个新的公司主体将会产生。破产公司的一些索偿权持有人将用其索偿权换取现金，其他持有人可能会获得重组所产生的公司的新证券，还有一些持有人则可能会获得现金和重组后公司的新证券的组合。
- 当公司被清算时，债权人在还有可用资产的前提下基于绝对优先次序规则获得分配。
- 绝对优先次序规则是优先级债权人在次级债权人获得分配前先全额得以偿付的原则。
- 对于有抵押和无抵押的债权人而言，绝对优先次序规则确保了他们优先于股权持有人。
- 在清算中，绝对优先规则一般是成立的；而在重组中，法院未维持严格的绝对优先次序。
- 违约债券的持有人通常能够回收其投资面额的一定比例；违约损失率可能会显著低于违约率。
- 违约损失率被定义为违约率与(1−回收)的乘积。
- 信用评级机构和债券分析师在开展公司债券的考察时，会考虑"信用的四个 C"：借款人的品质、偿还能力、抵押担保和契约条款。

- 品质分析涉及对管理层的素质进行分析。
- 契约条款规定了对借款人活动的限制和约束:正面限制条款要求债务人承诺履行某些职责,而负面限制条款则要求借款人不采取某些行动。
- 评级机构在对债券评定信用评级后,会监测发行人的信用品质,并且可能会重新评定一个不同的信用评级。
- 当信用评级机构降低债券的信用评级时,信用评级下调将会发生。
- 信用评级下调风险是债券信用将被降级的风险。
- 评级迁移表是信用评级机构定期发布的表格,它显示了在一段时间内评级被上调、下调和保持不变的债券的比例。
- 评级迁移表对资产管理人评估评级下调的可能性,从而评估信用评级下调风险十分有用。
- 信用利差是市场为承担某种信用风险敞口所要求的高于美国国债收益率的溢价。
- 信用利差风险是因信用利差的加大而导致债券发生损失或表现不佳的风险。
- 利差久期是衡量非国债的价格在市场要求的利差变化的情况下如何变化的度量,它是信用利差风险的代表指标。

参考文献

Dattatreya, R. E. and F. J. Fabozzi, 1995. "The risk point method for measuring and controlling yield curve risk," *Financial Analysts Journal*, 51(4):45—54.

Ho, T. 1992. "Key rate durations measures of interest rate risks," *Journal of Fixed Income*, 2(2):29—44.

Klaffky, T. E., Y. Y. Ma, and Ardavan Nozari, 1992. "Managing yield curve exposure: Introducing reshaping durations," *Journal of Fixed Income*, 2(3):1—15.

Macaulay, F., 1938. *Some Theoretical Problems Suggested by the Movement of Interest Rates, Bond Yields, and Stock Prices since 1856*. New York: National Bureau of Research.

17

债券投资组合策略[*]

学习目标

在阅读本章后，你将会理解：

- 债券投资组合管理策略系列；
- 与根据指数管理投资组合相关的风险因子；
- 债券指数化策略的难点；
- 不同形式的增强型指数化策略；
- 多因子风险模型如何被用以管理债券投资组合；
- 什么是债券投资组合管理中的增值策略；
- 不同类型的增值策略：利率预期策略、收益率曲线策略，以及板块间或板块内的配置策略；
- 什么是杠铃型投资组合、梯型投资组合和子弹型投资组合；
- 不同类型的负债驱动型策略。

在本章中，我们将利用第 15 章和第 16 章描述的投资组合分析方法，讨论债券投资组合策略。我们从策略体系开始。

债券投资组合策略系列

理解债券投资组合策略系列和每种策略的关键要素的一个良好方法是与客户设定的基

---

　　* 本章有部分内容与《投资组合的构建和分析方法》第 13 章和第 15 章的部分内容重合，重合部分的翻译借鉴了《投资组合的构建和分析方法》一书的翻译。——译者注

准进行比较,如图 17.1 所示。此图由先锋集团的 Volpert(1997)开发,显示了债券投资策略相对基准的风险和回报。他将策略划分为以下类型:

- 纯债券指数匹配;
- 增强型指数化/匹配主要风险因子方法;
- 增强型指数化/轻微风险因子错配;
- 主动式管理/更大风险因子错配;
- 主动式管理/完全的主动式管理。

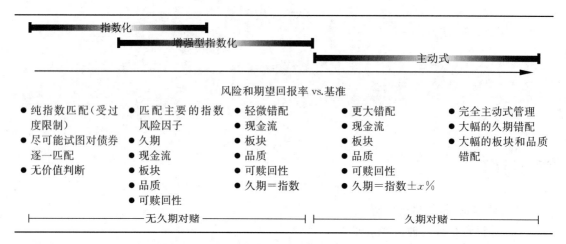

图 17.1　债券管理风险系列

资料来源:Volpert(1997:192)中的图 1。

指数化策略和主动式管理的差异在于投资组合可以偏离影响指数表现的主要风险因子的程度。

与指数相关的主要风险因子如下所示:

- 指数的久期;
- 现金流的现时价值分布;
- 板块和品质所占的比例;
- 板块对久期的贡献;
- 信用品质对久期的贡献;
- 板块/息票/期限单元权重;
- 发行人风险敞口的控制。

第一个主要风险因子与指数数值对利率平行移动的敏感度有关。上面列举的前三种策略不允许债券的投资组合久期偏离指数的久期。后两种策略则允许投资组合的久期偏离指数。也就是说,这两种债券投资组合策略允许久期对赌。第二个因子对控制与指数相关的收益率曲线风险十分重要。

纯债券指数化策略

从风险和回报来看,纯债券指数化策略的表现不如指数的风险最低。几个因素解释了债券指数化策略为何如此受到欢迎。第一，实证证据表明在历史上，主动型债券管理人的总体业绩差强人意。第二，指数化投资组合的咨询管理费低于主动式管理。主动型管理人收取的咨询费一般在 15 至 50 个基点之间。相比之下，指数化投资组合的咨询费范围为 1 至 20 个基点(此区间的上端代表了后面讨论的增强型指数化策略的费用)。一些养老金计划发起人已决定取消咨询费并采取指数化策略来内部管理部分或全部资金。债券指数化策略受到欢迎的第三个解释是：非咨询类费用(如托管费)更低。

指数化策略的批评者指出，尽管指数化策略与某个指数的表现相匹配，但该指数的表现并不一定代表了最优表现。此外，匹配指数不意味着管理人将能满足客户的回报目标要求。例如，假如一家人寿保险公司或养老基金的目标是拥有足够的资金以履行预定的负债义务，指数化策略只是减少了业绩不会明显差于指数的可能性。指数的回报率不一定与负债相关。

纯债券指数化策略涉及构建投资组合以复制组成指数的债券。这意味着指数化投资组合是指数的镜像。然而，采取这种策略的管理人会在构建指数化投资组合时遭遇几个逻辑上的问题。首先，发布指数的机构对每种债券使用的价格也许不是管理人可以取得的交易执行价格。事实上，它们可能与一些交易商提供的价格显著不同。此外，报告指数值的机构所使用的价格基于竞价。然而，交易商的要价才是管理人在指数化投资组合的构建和再平衡中执行交易所必须接受的价格。因此，在指数与指数化投资组合的业绩之间存在等价于买卖价差的偏差。

此外，在债券市场的某些板块还存在独特的逻辑问题。首先考虑公司债券市场。宽基债券市场指数的公司债券板块通常大约有 5 000 种债券。由于其中许多债券都缺乏流动性，不仅发布指数的机构所使用的价格可能不可靠，而且许多债券甚至可能根本无法购买。下面考虑房产抵押贷款板块。该板块有超过 800 000 种联邦机构过手证券。发布指数的机构将所有这些证券综合成数百个类别证券。于是，管理人面临的艰难任务是寻找与这些虚拟的类别证券具有相同的风险—回报特征的联邦机构过手证券。

最后，让我们回想在第 15 章中，总回报率依赖于在月末前获得的期间现金流可以取得的再投资利率。如果发布指数的机构定期高估再投资利率，那么指数化投资组合的业绩可能会不如指数。

增强型指数化/匹配主要风险因子方法

增强型指数化策略可以被用来构建投资组合以匹配主要风险因子，而无需购买指数所含的每种债券。由于我们难以购买指数中的所有成分债券，这是一个基金常用的策略。一般而言，用于复制指数的债券数量越少，因交易成本产生的跟踪误差也越小，但因难以完美地匹配主要风险因子引起的跟踪误差就越大。相比之下，为复制指数购买的债券越多，因交易成本产生的跟踪误差也越大，但因指数化投资组合与指数的主要风险因子错配引起的跟踪误差就越小。

有两个方法可被用于构建投资组合以复制指数：分层抽样法和优化法。两个方法都假设单个债券的表现不仅依赖于多个影响所有债券表现的系统性因子，也依赖于该单个债券独有的因子。最后一个风险是可分散风险。两个方法的目标是构建一个指数化投资组合以消除这种可分散风险。

（1）分层抽样法。

在指数化策略的分层抽样法（亦称单元复制法）中，指数被划分成代表主要风险因子的单元。目标是从指数包含的所有债券中，选择每个单元中可被用于代表整个单元的一种或多种债券。从每个单元购买的债券的美元总额将基于该单元占指数市场价值总额的比例。例如，假如指数所有成分债券的市场价值的 $X\%$ 是由公司债券构成的，那么指数化投资组合的市场价值的 $X\%$ 亦应由公司债券构成。

指数化策略执行者使用的单元数量将取决于待指数化的投资组合的美元金额。例如，在对低于 5 000 万美元的投资组合进行指数化时，使用大量的单元将会要求购买非整数单位的债券。这会增加购买债券以代表单元的成本，从而会加大跟踪误差风险。为克服这个问题减少单元数量也会导致跟踪误差风险的上升。这是由于指数化投资组合的主要风险因子也许会在实质上不同于指数的主要风险因子。

（2）优化法。

在优化法中，管理人会寻求设计一个指数化投资组合以像我们刚才描述的那样匹配细分的单元并满足其他约束条件，但同时也会优化某个目标。目标也许是凸性最大化、期望总回报率最大化或跟踪误差的最小化。匹配细分单元以外的其他约束条件也许包括不购买超过指定金额的同一发行人的债券或同一板块中超过指定金额的一组发行人的债券。

在这个方法中用于对指数化问题推导最优解的计算技术是数学规划。[①]当管理人寻求优化的目标函数是线性函数时，他会采用线性规划（一种具体形式的数学规划）。假如目标函数是二次函数，那么所采用的特定数学规划技术为二次规划。当目标是在指数化投资组合的构建中最小化跟踪误差时，由于跟踪误差是一个二次函数（基准回报率与指数化投资组合回报率之差的平方），故采用二次规划求得最优指数化投资组合。

尽管在表面上，分层抽样法比优化法更容易使用，但当大型的多元化投资组合被用作基准时，分层抽样法的实施极度困难。在这种情形下需要划分多个单元，问题会变得复杂。此外，由于为匹配每个单元而对债券的选择是主观的，因此可能会产生较大的跟踪误差。当采用定义明确的约束条件时，数学规划会降低问题的复杂度，从而使管理人能够最佳地分析大量数据。

增强型指数化／轻微风险因子错配

另一个增强型策略是使构建的投资组合与影响指数业绩的风险因子有轻微偏差。例如，对于管理人认为具有相对价值的某些债券或板块，管理人也许会设定略微更高的权重。然而，我们必须指出，所构建的投资组合的久期与指数的久期是匹配的。

主动式管理／更大风险因子错配

主动式债券策略试图通过有意识地构建投资组合超越市场表现，这个投资组合将具有较增强型指数化策略更大的指数错配。采取主动式策略或说服客户要求投资组合经理采取主

---

① 见本书配套册的第 6 章。

动式策略的决策,必须基于这些高成本的努力可以产生某种收获的信念。为了实现收获,市场必须存在定价的无效性。特定策略的选择取决于为何投资组合经理相信情况如此。

Volpert(1997)将主动式策略划分为两种类型。在两种主动式策略的更保守的一者(即主动式管理/更大风险因子错配)中,投资组合经理在风险因子方面采取更大的相对指数的错配。这包括微小的久期错配。通常,久期的错配程度会有一个限制。例如,投资组合经理也许会受到投资组合久期必须在指数久期±1的范围以内的限制。于是,如果指数的久期为4,那么投资组合经理的久期可以在3至5之间。为了利用预期的收益率曲线形状的改变,指数和管理人构建的投资组合两者之间可能会有显著不同的现金流分布。作为另一个例子,如果投资组合经理认为在公司债券板块评级为A的债券的表现将会超越评级为AA的债券,那么他会增加A级债券的权重并降低AA级债券的权重。

主动式管理/完全主动式管理

在完全主动式管理的情形下,投资组合经理可以在没有任何约束的情况下对久期进行大量的对赌。投资组合经理可以实现零久期(即全部为现金),或对投资组合采取杠杆以使实现的久期为指数久期的一个高倍数。投资组合经理可以决定不对宽基债券市场指数中的一个或多个主要板块进行投资,也可以将大量资金配置给指数不包含的板块。例如,大量资金可被配置给非联邦机构房产抵押贷款证券。我们将在下一节中讨论各种用于主动式投资组合管理的策略。

用因子模型管理债券投资组合

基于因子的投资常被用于股票投资组合管理,而在较少程度上被用于债券投资组合管理。因子模型使资产管理人能够基于指定度量和约束条件构建最优投资组合、控制因子风险敞口,以及对投资组合进行再平衡以将交易成本最小化。[1]本书配套册的第16章提供了在债券投资组合管理中使用因子模型的一个例子。

因子模型识别了债券投资组合中的共同(或系统性)风险因子。系统性风险因子未捕捉的风险叫做特质风险因子或证券特有风险。系统性风险因子被划分为影响所有债券的风险和影响某个资产类别中特定板块的风险。例如,收益率曲线风险会影响整个债券资产类别。相比之下,提前还款风险仅影响证券化产品。

在股票因子模型中,有几种方法可以估计证券对风险因子的敏感度。在债券因子模型中,对风险因子的敏感度通常是用债券的横截面回报率数据估计的。投资组合的风险预测是相对客户选择的基准衡量的。第一步是考察投资组合中一种债券的风险敞口和基准中相同债券的风险敞口。两者风险敞口之差被用作计算债券对每个风险因子的风险敞口的权重。

---

[1] 对于在债券投资组合管理中使用多因子模型的更详尽的描述见 Lazanas、Baldaque da Silva、Gǎbudean 和 Staal (2011)。

对于既定的风险因子,我们计算投资组合中所有债券对该因子的风险敞口总和。这给出了投资组合对该风险因子的风险敞口。我们对每个风险因子都执行这项操作。在确定投资组合对每个风险因子的风险敞口时考虑的因素还包括该因子的波动率以及风险因子之间的相关系数。

在给定投资组合的总风险和系统性风险后,我们可以计算投资组合的特质风险。由于被用作基准的指数也许包含 5 000 多种债券,而投资组合仅包含数量远远更少的债券,特质风险可能很高。特质风险可能是因对特定公司或特定板块的高度风险敞口引起的。

基于因子模型的投资组合风险敞口是以跟踪误差衡量的。例如,指数化投资组合的跟踪误差会接近于零。因子模型可被用于构建对每个风险因子具有理想风险敞口的投资组合。

增值策略

主动式债券投资组合策略和增强型指数化/轻微风险因子错配策略追求风险调整后的额外回报。这个额外的回报率被普遍称为阿尔法。我们将这些策略称为增值策略。这些策略可被划分为战略性策略和战术性策略。

战略性策略有时被称为自上而下的增值策略,具有以下分类:
- 利率预期策略;
- 收益率曲线策略;
- 板块间与板块内配置策略。

战术性策略有时被称为相对价值策略,是短期交易策略,包括:
- 基于高/低估值分析的策略;
- 收益率曲线交易策略;
- 利用期货和期权的回报增强型策略。

我们将在下面讨论这些策略。此外,还有一些策略涉及利用期货和期权以增加可能的增量回报。

为了有助于理解战略性策略,我们将使用投资组合经理正在考虑构建的拟议的债券投资组合。表17.1 显示了这个拟议的投资组合。注意,投资组合不是以市场价值而是以美元久期显示的,我们在第 16 章中描述了这个分析度量。基准是一个宽基债券市场指数。

利率预期策略

那些认为自己可以精确预测未来利率水平的投资组合经理会根据其预测来改变投资组合的久期。由于久期是利率敏感度的度量,它涉及当预计利率下降时提高投资组合的久期,以及当预计利率上升时降低投资组合的久期。对于那些采用债券市场指数作为基准的投资组合经理,这意味着在预计利率下降时增加投资组合相对于基准指数的久期,且在预计利率上升时减小久期。所管理的投资组合的久期被允许与基准指数偏离的程度,可能会受到客户的限制。利率预期策略通常被称为久期策略。

表 17.1　拟议的债券投资组合（基于久期加权的数值）

基准：宽基投资级债券市场指数
投资组合久期：4.91　　指数久期：4.81
投资组合利差久期：3.80　　指数利差久期：3.66

近似期限/久期	各久期范围的市场价值比例													对久期的贡献						
	0—2		2—4		4—7		7—9		9+		总和		%增加权重（+）/减少权重（-）	有效久期			利差久期			%增加权重（+）/减少权重（-）
	指数	投资组合	指数	投资组合	指数	投资组合	指数	投资组合	指数	投资组合	指数	投资组合		指数	投资组合	差额	指数	投资组合	差额	
国债	5.96	5.05	4.40	0.00	5.67	8.34	2.67	2.38	3.25	1.52	21.95	17.29	-21	1.11	0.95	-0.16	0.00	0.00	0.00	—
联邦机构证券	3.55	0.00	3.08	5.37	2.17	4.64	0.60	0.84	0.50	0.00	9.89	10.85	10	0.35	0.43	0.09	0.35	0.40	0.05	16
房地产抵押贷款过手证券	2.95	0.05	16.72	14.16	19.29	29.70	0.00	0.00	0.00	0.00	38.95	43.91	13	1.62	1.99	0.37	1.58	2.04	0.46	29
商业房产抵押贷款债券	0.47	0.00	1.18	0.00	3.35	5.02	0.02	0.00	0.00	0.00	5.02	5.02	0	0.24	0.32	0.09	0.23	0.31	0.08	36
资产支持证券	0.24	0.38	0.31	0.27	0.16	0.09	0.06	0.03	0.01	0.00	0.78	0.78	0	0.03	0.02	-0.28	1.48	1.03	-0.45	-30
信用债券	2.00	5.78	6.23	6.85	7.16	5.29	2.90	1.15	5.11	3.11	23.41	22.17	-5	1.47	1.19	-0.28	1.48	1.03	-0.45	-30
总和	15.16	11.26	31.92	26.64	37.80	53.07	6.25	4.41	8.87	4.63	100.00	100.00		4.81	4.91	0.10	3.66	3.80	0.15	4
%增加权重（+）/减少权重（-）	-26		-17		40		-29		-48											

投资组合的久期在现货市场中可以通过以下方式改变：用投资组合中的已有债券来与其他可以达到目标投资组合久期的债券进行交换。或者，一个更有效的改变债券投资组合久期的方法是利用利率期货合约或利率互换。正如我们将在第 18 章中解释的那样，购买期货会增加投资组合的久期，而卖出期货则会减小久期。

当然，这个主动式策略的关键在于预测未来利率走势的能力。学术文献并不支持利率可以被预测，所以可以持续地实现风险调整后超额回报的观点。对赌未来利率是否将会提供一个持续性高回报是令人怀疑的。

对于表 17.1 中的拟议投资组合，投资组合的久期为 4.91，指数的久期为 4.81。也就是说，投资组合的久期是指数久期的 1.02％，因此被推荐的投资组合基本上是市场中性的。

收益率曲线策略

美国国债的收益率曲线显示了期限与收益率之间的关系。收益率曲线的形状会随着时间发生变化，它的移动是指对于每一个国债期限收益率的相对变化。收益率曲线的平移代表所有期限的收益率变化幅度是相同的。收益率曲线的非平行移动意味着每个期限的收益率没有发生同等基点数量的变化。

自上而下的收益率曲线策略涉及使投资组合能够从预期的国债收益率曲线的形状变化中获利。收益率曲线策略有三种：(1)子弹型策略，(2)杠杆型策略，(3)梯型策略。在子弹型策略(bullet strategy)中，投资组合的构建使得其所含债券的期限高度集中于收益率曲线的某一点上。在杠铃型策略(barbell strategy)中，投资组合所含债券的期限集中于两个极端期限。事实上，在实际应用中当管理人提到杠杆型策略时，是相对于子弹型策略而言的。例如，子弹型策略或许是构建一个期限集中于 10 年左右的投资组合，而相应的杠杆型策略也许是一个含 5 年期和 20 年期债券的投资组合。在梯型策略(ladder strategy)中，投资组合的构建使得每个期限的债券的投资额大致相等。因此，举例来说，一个投资组合可能在 1 年期、2 年期等债券上有相同的投资额。

当收益率曲线移动时，这些策略都会导致不同的表现。实际业绩表现依赖于移动的类型和幅度。因此，对最优的收益率曲线策略并不存在一般性的描述。

当基准为宽基债券市场指数的投资组合经理应用这个策略时，在一个或多个债券板块可能会存在相对于指数的期限错配。我们可以从表 17.1 看到这点，拟议的投资组合降低了期限小于 4 年和大于 7 年的板块的权重。也就是说，收益率曲线的长期端和短期端相对于指数的权重较低。4 至 7 年期的板块被赋予了更高的权重。拟议的投资组合相比指数更像是一个子弹型投资组合。

板块间和板块内配置策略

管理人在主要债券板块上对资金配置的方式可能与基准指数不同。这被称为板块间配置策略。例如，表 17.2 显示了拟议的投资组合与指数在不同板块中的基于久期加权的配置的比较。我们可以看到，国债板块和信用债券板块的权重减少了，而联邦机构证券和房产抵押贷款板块的权重则增加了。在商业房产抵押贷款债券和资产支持证券板块，投资组合相对于

表 17.2　以对利差久期的贡献衡量的拟议的债券投资组合的公司债券板块配置

	Aaa-Aa			A			Baa			总和			%增加权重(+)/减少权重(-)
	指数	投资组合	差额	指数	投资组合	差额	指数	投资组合	差额	指数	投资组合	差额	
利差久期													
0～3	0.11	0.06	-0.05	0.03	0.07	0.04	0.02	0.03	0.00	0.17	0.16	-0.01	-6
3～5	0.09	0.07	-0.02	0.07	0.20	0.13	0.07	0.06	-0.01	0.23	0.32	0.10	43
5～7	0.07	0.00	-0.07	0.10	0.15	0.05	0.10	0.03	-0.07	0.27	0.18	-0.09	-33
7～10	0.10	0.18	0.08	0.08	0.06	-0.02	0.08	0.00	-0.08	0.26	0.24	-0.02	-6
10+	0.11	0.02	-0.10	0.24	0.22	-0.01	0.20	0.09	-0.11	0.55	0.33	-0.22	-40
总和	0.48	0.32	-0.16	0.52	0.70	0.18	0.47	0.20	-0.27	1.47	1.23	-0.24	-16
%增加权重(+)/减少权重(-)			-33			35			-57			-16	
板块													
金融	0.22	0.05	-0.17	0.19	0.16	-0.03	0.05	0.00	-0.05	0.46	0.21	-0.25	-55
公用事业	0.22	0.05	-0.17	0.19	0.16	-0.03	0.05	0.00	-0.05	0.046	0.21	-0.25	-55
工业	0.06	0.09	0.03	0.25	0.41	0.15	0.29	0.12	-0.17	0.61	0.62	0.01	2
非公司债券	0.12	0.18	0.06	0.03	0.01	-0.01	0.03	0.08	0.05	0.18	0.28	0.10	52
总和	0.41	0.32	-0.08	0.52	0.71	0.18	0.47	0.20	-0.27	1.40	1.23	-0.17	-12
%增加权重(+)/减少权重(-)			-21			35			-57			-12	

指数是中性的。

我们在第 16 章中讨论并在表 17.2 中显示的几个久期度量为我们提供了关于利差风险敞口水平的信息。首先是指数的利差久期（3.66）与拟议的投资组合的利差久期（3.80）的差异。拟议的投资组合的利差久期是指数利差久期的 104%。其次是指数中每个板块对利差久期的贡献与拟议的投资组合中相应板块的利差久期贡献的差异。

在板块内配置策略中，投资组合经理在板块内部的资金配置不同于指数。假设信用债券板块（公司债券板块）的板块内配置如表 17.2 所示。表中的数值是对利差久期的贡献，它们按信用品质和行业板块（金融、公用事业、工业和非公司债券）进行显示。

下面，我们将讨论管理人在进行板块间和板块内配置时考虑的因素。

板块间和板块内配置中的考虑因素

在进行板块间和板块内配置时，投资组合经理是在预测利差将如何变化。利差反映了信用风险、赎回风险（或提取还款风险）以及流动性风险的差异。当预期某个板块或子板块的利差将会降低或"变窄"时，投资组合经理可能会决定增加该板块或子板块的权重。如果投资组合经理预期利差增加或"变宽"时，则将减少权重。

信用利差变化源自经济前景的预期变化。国债与非国债的信用利差会在经济下行或紧缩时变宽，并在经济扩张时变窄。其中的经济原因是在经济下行或紧缩时，企业会经历收入和现金流的减少，使得企业发行人难以履行其债务合约。为了吸引投资者持有非国债债券，相对于国债的收益率必须变宽。相反，在经济扩张或在活跃的经济活动中，收入和现金流将会改善，从而提高了企业发行人有能力履行其债务合约的可能性。国债与联邦机构证券之间的收益率差依赖于投资者对政府隐性担保得以兑现的前景的预期。

因此，投资组合经理可以在信用利差预测的开发中利用经济预测。同时，一些投资组合经理根据历史信用利差来进行预测。其潜在的原则是存在一个"常态"信用利差关系。如果市场上的当前信用利差显著不同于"常态"信用利差，那么投资组合经理应该对投资组合进行定位以便从信用利差回归"常态"中获利。其中的假定是"常态"信用利差是某类平均或均值，并且均值回归将会发生。如果事实上市场发生了结构性转变，这也许不会发生，因为"常态"利差可能发生了变化。

投资组合经理也会考虑技术因素以评估相对价值。例如，投资组合经理或许会分析新发行债券的预期供求对单一板块或发行人的利差影响，以确定是否应该增加或减少权重。这个常用的战术性策略被称为一级市场分析。

现在，让我们考察因赎回风险或提前还款风险引起的利差。关于这些利差将如何变化的预期会影响在国债和具有赎回风险的利差产品之间进行板块间配置的决策。公司债券和联邦机构债券有可赎回和不可赎回两类，所有的房产抵押贷款都可以提前偿还，资产支持证券中某些产品是可以提前偿还的，但借款人不太可能执行提前还款期权。因此，由于板块具有不同程度的赎回风险或提前还款风险，关于利差将如何变化的预期也会影响板块内配置的决定。它们会影响：（1）在公司债券板块内可赎回债券和不可赎回债券之间的配置；（2）在联邦机构债券、公司债券、房产抵押贷款债券和资产支持证券板块内，对溢价（即高息票）、平价和折价（即低息票）债券的配置。

由赎回风险导致的利差随着以下预期的变化而变化：（1）利率变化的方向，（2）利率波动性。预期的利率水平的下降将会扩大可赎回债券与不可赎回债券之间的收益率差,因为发行人执行赎回期权的可能性上升了。反之亦然:如果预计利率将会上升,那么利差将会变窄。利率波动性的增加会提高内嵌赎回期权的价值,从而扩大以下利差:(1)可赎回债券与不可赎回债券的利差,(2)溢价债券与折价债券的利差。投资组合经理预期因单一债券或板块的内嵌期权而出现更好的业绩表现的交易,被称为结构化交易。

单个债券选择策略

一旦作出对一个板块或子板块的配置决策后,投资组合经理就必须决定特定债券的选择。这是因为投资组合经理通常不会对板块或子板块中的所有债券进行投资。相反,基于投资组合的规模,投资组合经理会选择一些具有代表性的债券。

正是在这个阶段,投资组合经理作出对特定债券进行板块内配置的决策。投资组合经理可能会认为子板块内的一些证券有错误定价并因此将会在投资期间有超出同板块其他证券的业绩表现。投资组合经理采用多种主动式策略来识别具有错误定价的证券。识别被低估债券的最常见的策略源自:(1)其收益率高于同等评级债券的收益率;(2)其收益率预计将会下降(从而价格上升),因为信用分析显示其评级将会上调。

一旦构建投资组合后,投资组合经理就可能会采取互换交易,用一种债券换取另一种具有相似息票、期限和信用品质,但提供更高收益率的债券。这被称为替代互换(substitution swap),并且基于资本市场的不完全性。由于市场暂时的不平衡性和非国债债券市场的碎片化特征,这些情况有时会在债券市场发生。投资组合经理在开展替代互换时面临所购买的债券可能与所交换的债券并不完全相同的风险。此外,通常债券会有相似但不等同的期限和息票。这将会导致两种债券的凸性不同。

评估任何潜在互换的关键是比较具有相同美元久期的头寸。为了便于理解原因,考虑两种债券 X 和 Y。假设债券 X 的价格为 80,久期为 5;债券 Y 的价格为 90,久期为 4。由于久期是收益率每变化 100 个基点时价格变化百分比的近似,债券 X 的收益率变化 100 个基点将导致其价格大约变化 5%。基于其价格为 80,那么其价格将会按照每 80 美元的市价变化大约 4 美元。因此,对于 100 个基点的收益率变化,其美元久期对每 80 美元市价为 4 美元。同样,对于债券 Y 来说,对于 100 个基点的收益率变化,相对每 90 美元的市价可以确定其美元久期。在这个例子中,它为 3.6 美元。因此,如果考虑债券 X 和债券 Y 为替代投资或者处于某笔并非基于对利率变化预期的互换交易中,那么所涉及的每种债券的额度应该使两种债券具有相同的美元久期。

为了说明这一点,假设投资组合经理拥有票面价值为 1 000 万美元的债券 X,其市价为 800 万美元。基于 800 万美元的市价,对于收益率每 100 个基点的变化,债券 X 的美元久期为 40 万美元。进一步假设该投资组合经理在考虑用债券 Y 替换其投资组合中持有的债券 X。如果投资组合经理希望债券 Y 具有与其目前所持债券 X 一样的利率敞口(即美元久期),那么他将需要购买相同美元久期所对应数量的债券 Y。如果投资组合经理购买了 1 000 万美元票面价值的债券 Y,因此,该投资组合经理就购买了 900 万美元市价的债券 Y,那么对于收益率每 100 个基点的变化,其价格将仅变化 36 万美元。相反,如果投资组合经理购买了市价为 1 000 万美元的债券 Y,那么对于收益率每 100 个基点的变化,其美元久期将为 40 万美元。因为债券 Y 的交易价格为 90,所以必须购买票面值为 1 111 万美元的债券 Y 以保证债券 Y

头寸的美元久期与债券 X 的相同。

　　未能调整互换以致不能保持美元久期相同,意味着回报不仅会受利差的预期变化的影响,而且会受收益率水平变化的影响。因此,投资组合经理将会作出有意识的对利差的对赌,并且可能无意识地对利率水平的变化对赌。

负债驱动型策略

　　至此为止,本章讨论的债券投资组合策略关注相对一个基准来管理资金。在负债驱动型策略中,目标是管理资金以履行契约性负债义务。从过去来看,保险公司为其销售的某些产品采取负债驱动型策略。两个策略是免疫和现金流匹配。给付确定型养老金计划的发起人使用了这些策略。我们在本章的最后讨论了多种类型的负债驱动型策略。

单期负债的免疫策略

　　免疫是一种兼具主动式和被动式策略元素的混合策略。在经典免疫策略(classical immunization strategy)中,所构建的债券投资组合能够在无论利率如何变化的情况下,在指定时期内拥有确保的回报率。简而言之,以下是这个策略的重要特征:(1)一个指定的时间期限;(2)在固定到期日之前的持有期间,有一个确保的回报率;(3)到期日的投资组合价值不受潜在不利利率变化的影响。

　　免疫的基本原理在于投资组合的结构。它平衡了投资组合在投资期限到期日的价值的变化与投资组合现金流(息票付款和到期证券)的再投资回报。也就是说,免疫策略要求对冲利率风险和再投资风险。为了达到上述平衡,需要控制久期。通过设定投资组合的久期等于预期的投资组合期限,在某些特定情况下可以确保正负增量回报来源相抵消。这是有效地实施投资组合免疫策略的一个必要条件。图 17.2 总结了经典免疫策略的一般原则。

目标:无论利率在投资期内如何变化,锁定最低目标回报率和目标投资价值
利率变化时的风险:(1)再投资风险;(2)利率风险或价格风险
原则:
　　情景 1:利率上升
　　　　含义:
　　　　(1)再投资收入将会增加
　　　　(2)投资组合中期限大于投资期的债券的价值将会下降
　　　目标:再投资收入的增加=投资组合价值的损失
　　情景 2:利率下降
　　　　含义:
　　　　(1)再投资收入将会减少
　　　　(2)投资组合中期限大于投资期的债券的价值将会上升
　　　目标:再投资收入的损失=投资组合价值的增加
假设:收益率曲线平行移动(即所有收益率都上升和下降同等幅度)

图 17.2　经典免疫策略的一般原则

　　投资组合应多频繁地开展再平衡以调整其久期？一方面,经常性调整会导致交易成本上升,因而会降低达到目标回报的可能性。另一方面,不常调整投资组合会导致投资组合的久期偏离目标久期,这也会降低达到目标回报的可能性。因此,投资组合经理面临着一个权衡:为避免投资组合久期过度偏离其目标,必须接受一些交易成本,但是也必须容忍投资组合久期的一些偏差,否则交易成本将会十分高昂。

　　在建立免疫投资组合的实际操作中,投资范围的选择极其重要。所考虑的证券的信用品质越低,潜在的风险和回报就越大。免疫理论假设了无违约,并且证券仅仅对利率的整体变化作出反应。投资组合内允许的债券信用评级越低,这些假设无法得到满足的可能性就越大。此外,含内嵌权(如赎回特征和房产抵押贷款证券的提前还款)的证券会使分析复杂化,甚至可能导致无法准确估算现金流和久期,这使得免疫策略的基本要求无法达到。最后,流动性也是免疫投资组合需要考虑的因素,因为如上所述,在投资期限内必须对投资组合开展再平衡。

　　对经典免疫策略的最关键假设涉及关于利率变化类型的假设。经典免疫投资组合的一个特性是:如果收益率曲线平行移动,投资组合的目标价值将是投资组合到期日价值的下限。这看上去会是一个不切实际的假设。根据理论,如果利率变化不与这种保持形状的移动相对应(即不同期限的利率不发生同等变化),将久期与投资期进行匹配不再能确保免疫的有效性。

　　一个对经典免疫利率的自然延伸是修正收益率曲线平行移动假设的技术。一个方法是可以应对任意利率变化,从而无需规定一个替代久期度量的策略。Fong 和 Vasicek(1984)提出的方法引入了针对任意利率变化的免疫风险度量。这个度量在投资组合的久期等于投资期限的约束下被最小化,其结果是一个对任意利率变化都敞口极小的投资组合。

　　图 17.3 显示了将免疫风险最小化的一个方法。图中两栏中的刻度代表了投资组合的实际现金流。高刻度表示到期证券的实际现金流,低刻度代表息票付款。投资组合 A 和投资组合 B 都由两种债券组成,投资组合的久期等于投资期限。投资组合 A 实质上是一个杠铃型投资组合——投资组合包含长期和短期的到期日以及期间的息票收入。在投资组合 B 中,两种债券的到期日与投资期限十分接近,投资期间的息票收入是微不足道的。正如本章先前解释的那样,具有这种特征的投资组合叫做子弹型投资组合。

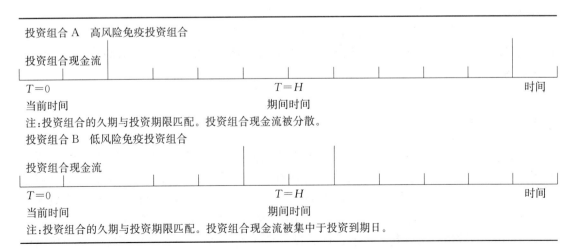

图 17.3　免疫风险度量

我们不难看出为何杠铃型投资组合应该比子弹型投资组合更具风险。假设两种投资组合的久期都等于投资期限,从而两个投资组合都不受利率平移变化的影响。这个免疫可以通过再投资利率变化的影响与投资组合市场价值变化的影响的抵消来实现。其中,再投资利率是对投资期限内获得的款项的再投资利率,投资组合市场价值是在投资期限到期日投资组合仍持有的部分。但是,当利率以任意非平行的方式变化时,其对两个投资组合的影响差别甚远。例如,假设短期利率下降而长期利率上升。两个投资组合在投资到期时的价值都将下降至目标投资价值以下,因为它们都经历了资本损失和再投资利率的下降。然而,由于两个原因,杠铃型投资组合的价值会下降得明显更多。第一个原因是,相比子弹型投资组合,杠铃型投资组合在更长的期限内面临更低的再投资利率,因此机会损失远远更大。第二个原因是,在投资到期时,杠铃型投资组合仍持有的投资部分比子弹型投资组合更多,这意味着对于相同的利率升幅,它会导致更大的资本损失。因此,子弹型投资组合对利率结构变化的风险敞口低于杠铃型投资组合。

从上述分析可以清楚看出,免疫风险实际上是再投资风险。再投资风险最小的投资组合将具有最低的免疫风险。当现金流在到期日附近高度分散时,如在杠铃型投资组合中那样,投资组合将具有更高的再投资风险。但是,当现金流集中在到期日附近时,如在子弹型投资组合中那样,投资组合面临的再投资风险极低。

或有免疫策略

经典免疫策略有几种变化形式。或有免疫策略(contingent immunization strategy)包括确定两个回报率:一个可取得的免疫目标回报率和一个可使客户最低限度满意的较低安全网水平回报率。投资组合经理可以继续采取主动式策略,直至不利的投资经历将当时可获得的潜在回报率——主动回报率(来自实际的历史经历)和免疫回报率(来自预期的未来经历)的组合——推至安全网水平。在这个时点,投资组合经理有义务对投资组合完全免疫并锁定安全网水平的回报率。

只要这个安全网未被突破,投资组合经理就可以继续对投资组合进行主动式管理。一旦免疫模式因安全网遭到突破而被启动,投资组合经理将不能再回到主动模式,除非放弃或有免疫计划。

实施或有免疫策略的关键考虑因素为:(1)基于市场利率制定准确的初始目标回报率和投资期内的目标回报率,(2)确定合适和可免疫的安全网,以及(3)实施有效的监测程序以确保安全网不被突破。

现金流匹配策略

前面描述的免疫策略被用于为满足未来单期负债所创建的投资组合的免疫,使其免受不利利率变化的影响。然而,更常见的情形是拥有多期负债。一个例子是养老基金的负债结构。另一个例子是人寿保险年金合同。当存在多期未来负债时,我们可以将免疫原则延伸至这种情形。但是,在实践中更常见的方法是利用现金流匹配策略(cash flow matching strategy)。这个策略被用于构建具有以下目标的投资组合:它可以从投资组合回报和资产价值中为负债偿还计划提供资金,在偿还最后一笔负债后,投资组合价值为零。

　　现金流匹配策略在直观上可以下列方式描述。选择一种其期限匹配最后一笔负债的债券。然后将与最后一笔负债相等的本金投资于这种债券。剩下的负债流被该债券的息票支付减少,然后另一种债券又被用来偿还倒数第二笔负债,并根据第一种债券的息票付款而调整。按时间倒序,这个序列一直持续到所有的负债都与投资组合选择的债券的偿付相匹配。图 17.4 提供了一个用 5 年期负债流说明这个程序的简单例子。优化技术可被用于从可接受的债券范围来构建一个成本最低的现金流匹配投资组合。

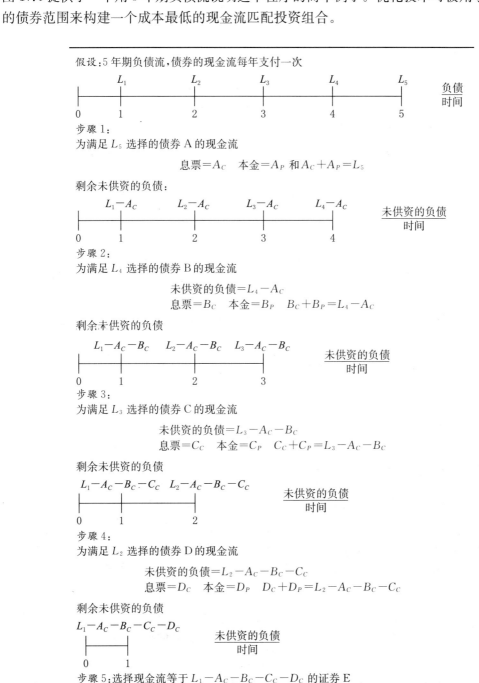

图 17.4　现金流匹配程序的举例说明

给付确定型养老金计划的负债驱动型策略

尽管一些给付确定型养老金计划的发起人曾使用现金流匹配策略,但由于利率的大幅下降,这个策略的使用频率较低。此外,使用传统的现金流匹配策略的问题在于:由于计划发起人提供的合同给付会发生变化、计划受益人可能会决定提前退休,以及通货膨胀会影响给付等因素,负债是不确定的。

养老基金表现的一个度量是供资比率(funding ratio),其公式为:

$$供资比率 = \frac{养老金计划资产的市值}{养老金计划负债的价值}$$

基金负债的价值等于使用合适的折现率折现的负债现金流量(即负债的现时价值)。

尽管供资比率十分重要,但从过去来看,计划发起人关注基金的资产并用市场基准衡量基金的业绩表现,而不考虑计划的负债状况与市场基准的关系。

从过去来看,一个常用的配置是传统的 60/40 的股票/债券组合。如今,另类资产等其他资产类别也被包含在内。对计划发起人在将计划资金配置给不同资产类别时应使用何种投资策略有两种观点:纯债券观点和多资产类别观点。纯债券观点的支持者偏好前面讨论的现金流匹配策略。多资产类别观点的支持者则论证,养老基金的负债特征要求对所有资产类别都有敞口。然而,两个观点都同意基准应该是负债,而不是使用过于频繁的资产类别之一般市场基准。

在本质上,支持多资产类别观点的人士认为计划发起人应使用经典的均值—方差优化框架,但负债基准必须被纳入分析。正如第 8 章描述的那样,在均值—方差优化中,投资组合经理确定有效边界。有效边界是有效投资组合的集合,其中有效投资组合是指在既定风险水平具有最高期望回报率的投资组合。为了确定选择哪个有效投资组合,我们采用夏普比率。正如第 7 章解释的那样,夏普比率等于投资组合的超额回报率除以超额回报率的标准差。超额回报率是投资组合的期望回报率与无风险利率之差,其中无风险利率为一个国债利率。多资产类别观点的支持者论证,我们不应该用无风险利率之类的基准衡量超额回报率,基准应该是一个反映养老金计划的负债结构的指标。

Ross、Bernstein、Ferguson 和 Dalio(2008)提议对养老金计划使用以下负债驱动型策略,其中包括两个步骤。在第一步中,计划发起人在与其顾问商讨后,构建一个现金流匹配策略,以对冲因利率变化引起的与负债风险敞口相关的不利结果。在第二步中,计划发起人在与其顾问商讨后,与资产管理人一起构建生成的回报率超过免疫投资组合回报率的投资组合。这种投资组合被称为"超额回报投资组合"。于是,养老金计划的总回报率为:

$$计划总回报率 = 负债免疫投资组合的回报率$$
$$+ 超额回报投资组合的回报率$$
$$- 负债的回报率$$

负债的回报率为负债现时价值的变化。如果适当地构建免疫投资组合,其回报率应与负债的回报率十分接近。(让我们回想一下,完全免疫不是一项简单的任务。)因此,负债的波动性在很大程度上被化解了。于是,剩下的是超额回报投资组合的回报率。

关键要点

- 债券投资组合策略系列和每种策略的关键要素可以通过将策略的风险和回报与客户设定的基准进行比较来进行理解。
- 策略可以被划分为:(1)纯债券指数匹配;(2)增强型指数化/匹配主要风险因子方法;(3)增强型指数化/轻微风险因子错配;(4)主动式管理/更大风险因子错配;(5)主动式管理/完全的主动式管理。
- 指数化策略和主动式管理的差异在于投资组合可以偏离与指数相关的主要风险因子的程度。
- 与指数相关的主要风险因子为:(1)指数的久期;(2)现金流的现时价值分布;(3)板块和品质所占的比例;(4)板块对久期的贡献;(5)信用品质对久期的贡献;(6)板块、息票或期限的单元权重;(7)发行人风险敞口的控制。
- 纯债券指数匹配策略的表现不如指数的风险最低,它涉及构建投资组合以复制组成指数的债券。
- 采取纯债券指数匹配策略的投资组合经理会在构建指数化投资组合时遭遇几个引起跟踪误差的逻辑上的问题。
- 增强型指数化策略可以用来构建投资组合以匹配主要风险因子,而无需购买指数所含的每种债券。
- 有三个方法可被用于构建投资组合以复制指数:分层抽样法或单元复制法、优化法和最小方差法。
- 增强型指数化/轻微风险因子错配策略是一种使构建的投资组合与影响指数业绩的风险因子有微小偏差的增强型策略,但所构建的投资组合的久期与指数的久期相匹配。
- 主动式债券策略试图通过有意识地构建投资组合超越市场表现,这个投资组合将具有较增强型指数化策略更大的指数错配。
- 投资组合经理可以采取的一项主动式债券策略涉及在风险因子方面与指数有更大的错配,包括微小的久期错配。
- 在完全主动式管理的情形下,投资组合经理可以在没有任何约束的情况下对久期进行大量的对赌,也可以将大量资金配置给指数不包含的板块。
- 在债券投资组合管理中,因子模型可被用于构建最优投资组合、控制因子风险敞口,以及对投资组合进行再平衡。
- 因子模型使资产管理人能够识别对系统性风险因子和特质风险的风险敞口。
- 增值策略寻求相对指数增强回报,可以是战略性策略或战术性策略。
- 战略性策略包括利率预期策略、收益率曲线策略,以及板块间和板块内配置策略。
- 战术性策略是短期交易策略,包括基于高/低估值分析的策略、收益率曲线交易策略,以及利用期货和期权的回报增强型策略。

- 利率预期策略涉及基于预期的利率变化相对指数调整投资组合的久期。
- 自上而下的收益率曲线策略包括使投资组合能够从预期的国债收益率曲线的形状变化中获利,它包括子弹型策略、杠杆型策略和梯型策略。
- 板块间配置策略包括投资组合经理在主要债券板块上对资金进行配置。
- 在进行板块间和板块内配置时,投资组合经理预测因信用风险、赎回风险(或提取还款风险)以及流动性风险的差异引起的利差变化。
- 在开展潜在的互换以通过板块内配置增强回报时,关键是必须构建交易以使美元久期与初始头寸相同,从而避免无意识地对利率进行对赌。
- 在负债驱动型策略中,目标是管理资金以履行契约性负债义务。
- 免疫是一种兼具主动式和被动式策略元素的混合策略。
- 在经典免疫策略中,所构建的债券投资组合能够在无论利率如何变化的情况下,在指定时期内拥有确保的回报率。
- 免疫的基本原理在于构建一个使利率风险和再投资风险相抵消的投资组合结构。
- 为了保护免疫投资组合不受利率平行移动的影响,投资组合的久期必须等于预期的投资组合期限。
- 经典免疫策略的一个关键假设是利率以平行方式移动;对经典免疫理论的一个延伸是可以应对任意利率变化的策略。
- 应对任意利率变化的一个方法是使用一个免疫风险度量并将这个度量最小化。
- 或有免疫策略包括确定两个回报率:一个可取得的免疫目标回报率和一个可使客户最低限度满意的较低安全网水平回报率。
- 现金流匹配策略被用于构建具有以下目标的投资组合:它可以从投资组合回报和资产价值中为预期的未来负债偿还计划提供资金,在偿还最后一笔负债后,投资组合价值为零。
- 给付确定型养老金计划的负债结构是不确定的。
- 给付确定型养老金计划包括两种负债驱动型策略。
- 一个方法论证只应购买债券并利用专门的债券投资组合策略;另一个方法是利用所有资产类别,但在确定最佳资产配置时将负债用作基准的负债驱动型策略。

参考文献

Fong, H. G. and O. A. Vasicek, 1984. "A risk minimizing strategy for portfolio immunization," *Journal of Finance*, 30:1541—1546.

Lazanas, A., A. Baldaque da Silva, R. Găbudean, and A. D. Staal, 2011. "Multifactor fixed income risk models and their applications," in *The Theory and Practice in Investment Management: Second Edition*, edited by F. J. Fabozzi and H. M. Markowitz, Chapter 21(pp.585—622). Hoboken, NJ: John Wiley & Sons, 2011.

Ross, P., D. Bernstein, N. Ferguson, and R. Dalio, 2008. "Creating an optimal portfolio to fund pension liabilities," in *Handbook of Finance*, vol. 2, edited by F. J. Fabozzi (pp.463—484). Hoboken, NJ: John Wiley & Sons.

Volpert, K. E., 1997. "Managing indexed and enhanced indexed bond portfolios," in *Managing Fixed Income Portfolios*, edited by F. J. Fabozzi(pp.191—211). Hoboken, NJ: John Wiley & Sons.

18

衍生工具在债券投资组合管理中的运用[*]

学习目标

在阅读本章后,你将会理解:
- 不同类型的利率期货合约;
- 资产管理人可以运用的两种利率期货合约:基于国债的期货和欧洲美元期货;
- 利率期货如何被用于控制利率风险;
- 什么是多头(买入)套期保值和空头(卖出)套期保值;
- 什么是套期保值比率,以及其计算方式;
- 用基于国债的期货进行套期保值的复杂化问题;
- 什么是在交易所交易的期货期权,以及这种衍生工具的运作机制;
- 如何在保护性看跌期权买入策略和备兑看涨期权卖出策略中运用国债期货期权;
- 什么是利率互换,以及其利率敏感度;
- 如何用利率互换进行套期保值;
- 什么是信用违约互换,以及两种类型的信用违约互换;
- 如何建立信用违约互换的头寸以购买或出售信用保险。

对于许多投资组合策略,衍生工具提供了一种为实现资产管理人追求目标可采用的更有效的工具。我们在第 14 章中解释了如何在股票策略中做到这点。在本章中,我们将解释如何在债券投资组合管理中运用利率衍生工具——期货、期权和互换——和信用衍生工具。

---

[*] 本章有部分内容与《投资组合的构建和分析方法》第 18 章的部分内容重合,重合部分的翻译借鉴了《投资组合的构建和分析方法》一书的翻译。——译者注

利率期货合约

与第 14 章描述的股指期货相同,利率期货为资产管理人提供了实施投资策略和控制风险的机会。在本节中,我们将描述主要的利率期货合约,并说明如何在资产管理中运用其中一种合约。

利率期货的类型

资产管理人使用两种类型的利率期货合约:基于国债的期货合约和欧洲美元期货合约。下面描述了这两类合约。

基于国债的期货

基于国债的期货合约有三种:长期国债期货、中期国债期货和超长期国债期货。长期国债期货合约的标的工具是一种票面值为 100 000 美元的虚拟 20 年期 6％息票债券。这种虚拟债券的息票率叫做名义息票率(notional coupon)。中期国债期货合约有三种:10 年期、5 年期和 2 年期。这三种合约都以长期国债合约为模板。10 年期中期国债期货合约的标的工具是票面值为 100 000 美元的虚拟 10 年期 6％息票中期国债。对于长期国债期货,可接受的交割物是期限至少为 15 年,但不超过 25 年的债券。超长期国债期货合约的交割物规定要求可接受的债券的期限至少为 25 年。该合约的所有其他规定都与长期国债期货合约相同,因此我们在这里的讨论中使用这种国债期货合约。

国债期货合约的交割月有 3 月、6 月、9 月和 12 月。期货价格是以 100 的票面值报价的。由于长期国债期货合约与中期国债期货合约十分相似,在接下来的讨论中,我们主要集中于长期国债期货合约。

我们称标的工具为一种虚拟的长期国债。尽管某些利率期货合约只能以现金结算,但其他一些合约是以实物交割的。因此,长期国债期货合约的卖方(空头方)在交割日必须交割某种长期国债,除非他选择在到期日前通过买回期货合约进行平仓。这也随之引出了一个问题:"交割哪种长期国债呢?"执行这些合约交易的交易所——芝加哥商品交易所(CME)——允许卖方从 CME 指定的可用于交割的长期国债中选择一种进行交割。卖空某种特定债券的交易员总是担心无法获得足够的债券以填平空仓的风险。

满足某一特定合约的交割要求的债券被称为可交割债券。CME 从所有在交割月首日起,至少还有 15 年到期的国债中挑选出可用于交割的国债。为了交割目的,CME 规定给定债券的到期期限按完整的 3 个月的增量(即完整的季度)来计算。例如,如果一种债券的实际到期期限为 15 年零 5 个月,它将被取整下调至 15 年零 1 个季度(3 个月)。此外,卖方交割的所有国债都必须是同一种债券。

记住,尽管此合约的标的长期国债是一种虚拟债券,因此本身无法用以交割期货合约,但长期国债期货并非现金交割合约。结清长期国债期货合约的唯一方法或是创建相反方向的期货头寸,或是用可交割债券之一进行交割。

交割过程如下：在交割日，期货合约的卖方(空头方)须向买方(多头方)交割票面值为100 000美元的20年期6%息票国债。如我们指出的那样，这种债券并不存在，因此卖方必须选择一种可交割的债券向多头方交割。假设卖方选择了20年期5%息票国债用于交割期货合约。由于这种债券的息票率低于6%的名义息票率，对于按合同约定应获得面值为100 000美元的20年期6%息票债券的买方而言，这将是无法接受的。或者，假设卖方不得不用20年期7%息票债券进行交割。因为这种债券的息票率高于6%的名义息票率，这对于卖方而言是不能接受的。考虑到可交割债券的息票率和期限与6%的名义息票率不同，交易所应该如何作出调整呢？

为了使交割对交易双方来说都是公平的，CME公布了转换因子用来调整既定合约的每种可交割债券的价格。在给定可交割债券的转换因子和期货价格的情况下，通过将转换因子与期货价格相乘可以得到调整后的价格。这个调整后的价格被称为转换价格。也就是说：

$$转换价格＝合约规模×期货结算价格×转换因子$$

例如，假设一种长期国债期货合约的结算价格为110，空头方选择的可交割债券的转换因子为1.25。已知合约规模为100 000美元，则可交割债券的转换价格为：

$$100\,000\,美元×1.10×1.25＝137\,500\,美元$$

当可交割债券被交割时，买方必须向卖方支付的价格被称为发票价格。发票价格等于转换价格与可交割债券的应计利息之和。也就是说，发票价格为：

$$发票价格＝合约规模×期货结算价格×转换因子＋应计利息$$

在选择用于交割的债券时，空头方会从所有可交割债券中选择能够使买现卖期策略(cash-and-carry strategy)收益最大化的债券。对长期国债期货而言，买现卖期策略是指用借来的资金购买可用于交割的现货债券，与此同时卖出长期国债期货合约。购买的债券可用于交割以满足期货空头头寸。因此，通过买入可用于交割的国债并卖出期货，投资者实际上就以交割价格(即转换价格)卖出了这种债券。

这种策略的收益率可以计算得出。此收益率被称为隐含回购利率。一旦每种可交割债券的隐含回购利率被计算得出，那么被选出用于交割的债券将是具有最高隐含回购利率的债券(也就是说，能使买现卖期策略收益最大化的债券)。收益率最高的债券被称为最廉价交割债券(CTD债券)。最廉价交割债券在国债期货合约的定价和套期保值策略的开发中扮演着重要角色。①

除了有权选择哪一种可交割国债进行交割——有时被称为质量选择权或互换选择权，CME的交割准则还赋予了空头方至少两项其他选择权。空头方有权决定在交割月份中的哪一个具体时间进行交割。这被称为时间选择权。在期货结算价格确定的当天，空头方还拥有在交易所闭市(芝加哥时间下午3:15)后，直至芝加哥时间晚上8:00前，发出交割意向通知的权利。这项选择权被称为外卡选择权(wildcard option)。质量选择权、时间选择权和外卡选择权——合称为交割选择权——意味着期货多头方永远无法确定哪一种国债将得以交割，以及债券何时将得以交割。

----

① 虽然某一特定长期国债在今天可能是最廉价交割债券，但一些因素(如利率变动)可能会导致另一种债券在未来时间成为最廉价交割债券。我们可以开展敏感性分析以确定收益率变化如何影响最廉价交割债券。尤其是，敏感性分析识别了继各种收益率曲线冲击后，哪种可交割债券是最廉价交割债券。

欧洲美元期货

欧洲美元期货被用于建立收益率曲线短期端的头寸。资产管理人发现它在多种套期保值情形下是一个有效工具。

在欧洲美元期货合约中，交易方承诺每季支付/获取根据 3 个月期 LIBOR 水平确定的利息付款。合约基于 100 万美元的名义本金。欧洲美元期货合约有多个季度结算日，可以延伸至 10 年。欧洲美元期货合约是现金交割合约。

这种合约以指数价格为基础交易。合约报价的指数价格基础等于 100 减去年化的期货 LIBOR。例如，97.50 的欧洲美元期货价格意味着 3 个月期 LIBOR 为 2.5%。由于这种合约的最低价格波动为 0.01（或以 LIBOR 表示为 0.000 1），其一个基点的价格值为 25 美元，计算方式如下。100 万美元在 90 天内的单利等于 1 000 000 美元 × (LIBOR × 90/360)。如果 LIBOR 变动一个基点（0.000 1），那么 1 000 000 美元 × (0.000 1 × 90/360) = 25 美元。

国债期货在债券投资组合管理中的应用

除了对利率的变化进行投机外，资产管理人可以用多种方式利用利率期货合约。在引进长期国债和中期国债期货合约以前，投资者使用国债。在描述如何利用国债期货以前，我们首先介绍为何投资者如今使用这些期货合约，而不是国债。

有四个原因使投资者更偏好利用国债期货，而不是国债。第一，国债期货的流动性远远大于国债，因此在国债期货市场执行交易的交易成本更低。第二，在建立国债的头寸时，如果用于控制利率风险的工具是"特价"国债或者需要利用发行较久的国债，那么成本通常可能较为高昂。在这种情形下，建立国债头寸的成本高昂的原因是逆回购利率较低或买卖价差较大。第三，建立期货头寸的保证金要求不如以保证金融资购买国债的保证金要求那么严苛。第四，如果所要求建立的头寸涉及市场中的空头头寸，那么卖空国债期货要比卖空国债远更容易。

控制投资组合的利率风险

资产管理人可以利用利率期货改变投资组合对利率的敏感度，或久期。对于那些对未来利率走势有很强预期的资产管理人，他们会调整投资组合的久期以从这一预期获利。具体而言，预期利率会上升的资产管理人将会降低久期；而预期利率下降的资产管理人则会提高久期。尽管资产管理人可以利用现货市场工具来调整其投资组合的久期，但使用期货合约为调整久期提供了一种更快、成本更低的途径（无论是在短期基础上还是长期基础上）。

为调整投资组合的久期至某个目标久期值，一个近似所必需的期货合约数量的公式为：

$$\frac{投资组合的目标美元久期 - 投资组合的当前美元久期}{期货合约的美元久期}$$

第 16 章描述了美元久期。期货合约的美元久期是期货合约的美元价格对利率变化的敏感度。

注意，如果资产管理人希望提高投资组合的当前久期，那么公式的分子是一个正数。这意味着需要买入期货合约。也就是说，买入期货合约会提高投资组合的久期。反之亦然，如果投资目标为降低投资组合的当前久期，那么公式的分子为负数，这意味着必须卖出期货合约。因此，卖出期货合约会降低投资组合的久期。

套期保值

套期保值是风险控制的一个特例,其中目标久期值为零。如果现货价格与期货价格走势相同,那么套期保值者在一个头寸(无论是期货还是现货)遭受的损失将被另一个头寸的获利所抵消。当所持头寸的净盈利或净亏损使得在套期保值期内从头寸赚取的收益率等于无风险利率时,这种套期保值被称为完美套期保值,正如第 14 章解释的那样。

在实践中,套期保值不像第 14 章陈述的股指期货的例子那么简单。在债券投资组合管理中,被套期保值的债券与期货合约的标的债券往往不同,因此存在交叉套期保值。这可能会产生很大的基差风险。

从概念上看,交叉套期保值要比可交割证券的套期保值更为复杂,因为前者包括两层关系。对长期国债期货合约而言,第一层是最廉价交割债券与期货合约之间的关系,第二层是被套期保值的证券与最廉价交割债券之间的关系。

在交叉套期保值中,使风险最小化的关键在于选择正确的套期保值比率。套期保值比率取决于波动率权重,或用价值相对变化率加权计算。套期保值的目的是利用期货头寸的盈亏来抵消证券的目标出售价格与实际出售价格之差。

因此,选取套期保值比率的目的在于使长期国债期货合约的波动率(即金额变化)与被套期保值的债券的波动率相匹配。因此,债券的套期保值比率如下:

$$
套期保值比率 = \frac{被套期保值的债券的波动率}{长期国债期货合约的波动率} \tag{18.1}
$$

为了达到套期保值的目的,我们需要从绝对美元金额的角度关注波动率。为了计算债券的美元波动率,我们必须知道计算波动率的确切时点(因为随着债券到期日的临近,其波动率一般会下降),以及计算波动率所选用的价格或收益率(因为对于给定的收益率变动,收益率升高通常会降低美元波动率)。在债券的存续期内计算波动率时,相关时点是套期保值结束的时点。在其他任何时点,波动率实际上是不相关的,这是因为目标是仅锁定在特定日期的价格或收益率。类似地,用于计算初始波动率的相关收益率应为目标收益率。因此,式(18.1)中提到的套期保值比率中的"被套期保值的债券的波动率"是指套期保值交割日的债券的一个基点的价格值。

例证:我们将用一个例子说明如何计算套期保值比率,然后证实它能够有效地对债券头寸进行套期保值。假设在 2007 年 12 月 24 日,一个债券投资组合经理希望对宝洁公司于 2037 年 3 月 5 日到期的 5.55%息票债券的头寸进行套期保值,投资组合经理预期将于 2008 年 3 月 31 日卖出这种债券。[①]宝洁债券的票面值为 1 000 万美元。投资组合经理决定将利用 2008 年 3 月到期的长期国债期货对债券头寸进行套期保值,她可以在 2008 年 3 月 31 日交割该头寸。由于投资组合经理的目的是防范宝洁债券在 2007 年 12 月 24 日至预期出售日期间价值下跌的风险,她将卖空(出售)一定数量的于 2008 年 3 月到期的长期国债期货合约。由于被套期保值的债券是一种公司债券,而套期保值工具是长期国债期货合约,因此这是交叉套期保值的一个例子。

2007 年 12 月 24 日,宝洁债券的售价为 97.127,提供的收益率为 5.754%。由于投资组合持有的宝洁债券的票面值为 1 000 万美元,因此债券的市场价值为 9 712 700 美元(97.127×

---

① 我们感谢 Peter Ru 提供了这个例子。

10 000 000 美元)。2008 年 3 月到期的长期国债期货合约于 2007 年 12 月 24 日的价格为 114.375。投资组合经理决定了 2023 年 8 月 15 日到期的 6.25％息票国债是 2008 年 3 月到期的长期国债期货合约的最廉价交割债券。该国债的价格为 117.719(收益率为 4.643％)，转换因子为 1.024 6。宝洁债券与最廉价交割债券的收益率差为 111.1 个基点(5.754％ 至 4.643％)。为了简化这项分析，投资组合经理假设在债券的套期保值期内，这 111.1 个基点的收益率差将保持不变。

投资组合经理在追求为宝洁债券锁定什么样的目标价格? 我们也许会认为它是宝洁债券的当前市场价格 97.127。然而，这是不正确的。目标价格由被卖空的 2008 年 3 月到期的长期国债期货合约决定。我们需要进行一些计算以确定目标价格。我们从确定最廉价交割债券的目标价格开始。在给定最廉价交割债券的转换因子(1.024 6)和 2008 年 3 月到期的合约的期货价格(114.375)后，最廉价交割债券的目标价格是通过将这两个数值相乘得到的。也就是说，最廉价交割债券的目标价格为 117.188 6。

但这种最廉价交割债券有一个与 117.188 6 的价格相对应的目标收益率。对于 2023 年 8 月 15 日到期的 6.25％息票国债，如果 2008 年 3 月 31 日(交割日)的价格为 117.188 6，那么收益率为 4.670％。因此，最廉价交割债券的目标收益率为 4.670％。

在给定最廉价交割债券 4.670％的目标收益率后，投资组合经理可以计算宝洁债券的目标收益率。在这里，投资组合经理利用了宝洁债券与最廉价交割债券的收益率差保持在 111.1 个基点水平的假设。投资组合经理在最廉价交割债券 4.670％的目标收益率上添加 111.1 个基点的利差，得出宝洁债券的目标收益率为 5.781％。估计宝洁债券在 2008 年 3 月 31 日的目标价格的最后一步是基于 5.781％的目标收益率，确定宝洁债券在交割日的价格。有了宝洁债券的息票率和到期日后，这是一项简单的计算。目标价格为 96.788。对于 1 000 万美元票面值的宝洁债券头寸，投资组合经理追求的目标市场价值大约为 9 678 800 美元。

为了计算套期保值比率，投资组合经理需要知道 2008 年 3 月到期的长期国债期货合约的波动率。幸运的是，在知道被套期保值的债券的波动率对最廉价交割债券的波动率的比率，以及最廉价交割债券的波动率对期货合约的波动率的比率后，我们可以按以下方式修正式(18.1)给出的套期保值比率:

$$套期保值比率 = \frac{被套期保值的债券的波动率}{最廉价交割债券的波动率}$$
$$\times \frac{最廉价交割债券的波动率}{长期国债期货合约的波动率} \tag{18.2}$$

上述第二个比率可被证明等于最廉价交割债券的转换因子。假设被套期保值的债券与最廉价交割债券有一个固定的收益率差，式(18.2)可被重新表述为:

$$套期保值比率 = \frac{被套期保值的债券的 PVBP}{最廉价交割债券的 PVBP}$$
$$\times 最廉价交割债券的转换因子 \tag{18.3}$$

其中，PVBP 为一个基点的价格值。正如第 16 章解释的那样，PVBP 是通过将债券收益率变动一个基点并确定债券价格的变化计算的。它是价格对利率变化的波动率的度量，与久期相关。

投资组合经理可以通过债券在交割日的目标收益率和目标价格来计算宝洁债券和最廉价交割债券的 PVBP。最廉价交割债券的 PVBP 为 0.120 7，宝洁债券的 PVBP 为 0.136 3。

将这两个数值和最廉价交割债券的转换因子(1.024 6)代入式(18.3),得到:

$$套期保值比率 = \frac{0.136\,3}{0.120\,7} \times 1.024\,6 = 1.157$$

在给定套期保值比率后,必须卖空的合约数量按以下方式确定:

$$合约数量 = 套期保值比率 \times \frac{被套期保值的票面值}{期货合约的票面值}$$

由于被套期保值的金额为 1 000 万美元,每份长期国债期货合约的票面值为 100 000 美元,这意味着必须卖空的期货合约数量为:

$$合约数量 = 套期保值比率 \times \frac{10\,000\,000\ 美元}{100\,000\ 美元}$$

$$= 1.157 \times 100 = 116\ 份合约(四舍五入)$$

表 18.1 显示,假如我们在本例中为计算套期保值比率所作的简化假设得到满足,那么卖空 116 份期货合约的期货套期保值几乎锁定了 1 000 万美元票面值的宝洁债券的目标市场价值 9 678 800 美元。我们可以对套期保值程序进行一些修正,以改进套期保值效果。然而,这对基本理解利用长期国债期货合约开展套期保值是不重要的。

表 18.1　用 2008 年 3 月到期的长期国债期货合约对票面值为 1 000 万美元、2037 年 3 月 5 日到期、息票率为 5.55% 的宝洁债券进行套期保值,交割日为 2008 年 3 月 31 日

宝洁债券的实际售价	出售时的收益率(%)	国债的收益率[a](%)	国债的价格	期货价格[b]	116 份合约的收益(损失)	有效售价[c]
8 000 000	7.204	6.093	101.544	99.106	1 771 194	9 771 194
8 200 000	7.010	5.899	103.508	101.023	1 548 862	9 748 862
8 400 000	6.824	5.713	105.438	102.907	1 330 323	9 730 323
8 600 000	6.645	5.534	107.341	104.764	1 114 875	9 714 875
8 800 000	6.472	5.361	109.224	106.601	901 748	9 701 748
9 000 000	6.306	5.195	111.071	108.404	692 606	9 692 606
9 200 000	6.144	5.033	112.914	110.203	484 008	9 684 008
9 400 000	5.989	4.878	114.714	111.960	280 164	9 680 164
9 600 000	5.838	4.727	116.504	113.707	77 476	9 677 476
9 800 000	5.691	4.580	118.282	115.442	(123 809)	9 676 191
10 000 000	5.550	4.439	120.021	117.139	(320 633)	9 679 367
10 200 000	5.412	4.301	121.755	118.831	(516 925)	9 683 075
10 400 000	5.278	4.167	123.469	120.505	(711 032)	9 688 968
10 600 000	5.149	4.038	125.149	122.144	(901 256)	9 698 744
10 800 000	5.022	3.911	126.832	123.787	(1 091 785)	9 708 215
11 000 000	4.899	3.788	128.490	125.405	(1 279 473)	9 720 527
11 200 000	4.780	3.669	130.120	126.996	(1 464 047)	9 735 953
11 400 000	4.663	3.552	131.749	128.586	(1 648 452)	9 751 548
11 600 000	4.550	3.439	133.347	130.145	(1 829 358)	9 770 642

注:a 根据假设,最廉价交割债券(2023 年 8 月 15 日到期的 6.25% 息票债券)的收益率比宝洁债券的收益率低 111.1 个基点。

b 根据价格收敛,期货价格等于最廉价交割债券的价格除以 1.024 6(转换因子)。

c 忽略交易成本和保证金现金流的融资成本。

利率期权在债券投资组合管理中的运用

利率期权可以基于债券或利率期货合约。前者叫做实物期权（options on physicals），后者叫做期货期权（futures options）。流动性最强的交易所交易债券期权是在 CME 交易的国债期权。基于利率期货的期权比实物期权远更受到欢迎。[①]然而，投资组合经理已越来越多地利用场外期权。通常，希望对冲与某一特定证券或指数相关的风险的机构投资者会购买它们。除了以固定收益证券为标的物的期权外，还存在以收益率曲线的形状或两种证券之收益率差为标的物的场外期权。对这些场外期权的讨论不在本章讨论范围以内。

在交易所交易的期货期权

期货期权赋予了买方以执行价格从卖方买入或向卖方卖出一个指定期货合约的权利。如果期货期权是看涨期权，那么期权买方有权以执行价格买入指定的期货合约。也就是说，买方有权获得指定期货合约的多头头寸。如果买方执行看涨期权，卖方相应地获得期货合约的空头头寸。

期货合约的看跌期权赋予了买方以执行价格向卖方出售指定期货合约的权利。也就是说，期权买方有权获得指定期货合约的空头头寸。如果看跌期权被执行，卖方相应地获得指定期货合约的多头头寸。

这些头寸的总结如下：

类　型	买方的权利	如果期权被执行，卖方拥有的头寸	如果期权被执行，卖方向买方支付的款项
看涨期权	以执行价格购买一份期货合约	期货合约空头头寸	当前期货价格—执行价格
看跌期权	以执行价格出售一份期货合约	期货合约多头头寸	执行价格—当前期货价格

CME 的国债期货合约的交割月份为 3 月、6 月、9 月和 12 月。所有基于国债的期货合约都有期货期权。

期货期权的交易机制

由于当期货期权被执行时，交易双方将分别成为期货合约的多头方和空头方，那么问题是，期货价格将是多少？也就是说，多头方需要以何种价格购买期货合约的标的工具？空头方需要以何种价格出售期货合约的标的工具？

期权一经执行，期货合约的期货价格将被设定等于执行价格。交易双方的头寸会按照那时的当前市场价格迅速作出价格调整。因此，交易双方的期货头寸将处于当时的市场价格。

[①]　期货期权被认为是"更干净的"工具，因为其受到交割逼仓的可能性更小。

同时,期权的买方将从卖方处获得执行期权带来的经济利益。对看涨期货期权而言,期权卖方必须向期权买方支付当前期货价格与执行价格之差。对看跌期货期权而言,期权卖方必须向期权买方支付执行价格与当前期货价格之差。前面表格中的最后一列总结了期货期权交易双方的头寸。

例如,假设一个投资者买入了一份执行价格为 85 的某期货合约的看涨期权。再假设期货价格为 95 并且买方执行了此看涨期权。在期权被执行时,看涨期权买方以 85 的价格获得了期货合约的多头头寸,看涨期权卖方以 85 的价格获得了相应的期货空头头寸。交易所立刻按市价调整买方和卖方的期货头寸。由于期货的当前价格为 95,而期权的执行价格为 85,因此期货的多头头寸(看涨期权买方的头寸)会获得 10 的收益,而期货合约的空头头寸(看涨期权卖方的头寸)则会蒙受 10 的损失。看涨期权的卖方向交易所支付 10,看涨期权的买方从交易所获得 10。看涨期权的买方如今持有价格为 95 的期货头寸,他可以 95 的价格对期货头寸进行平仓,也可以继续持有这一期货多头头寸。如果采取前一种做法,看涨期权买方将以 95 的现行期货价格出售期货合约。

对期货头寸进行平仓不会产生任何收益或损失。总体而言,看涨期权买方实现了 10 的收益。选择持有期货多头头寸的看涨期权买方将面临与其他持有相同头寸的投资者同样的风险与回报,但仍然从看涨期权的行权中获得了 10 的收益。

相反,假设这个期货期权是看跌期权而非看涨期权,且当前的期货价格为 60 而非 95。如果此看跌期权的买方执行期权,他将以 85 的价格获得期货合约空头头寸;期权卖方则以 85 的价格获得期货合约的多头头寸。交易所会对双方头寸按那时的当前期货价格 60 进行调整,导致看跌期权的买方获得 25 的收益,看跌期权的卖方则蒙受相同金额的损失。看跌期权的买方如今拥有价格为 60 的期货空头头寸,可以通过以 60 的现行期货价格买入期货合约对期货空头头寸进行平仓,也可以继续持有这一期货空头头寸。不管采取哪一种做法,看跌期权的买方都会从看跌期权的行权中获得 25 的收益。

在债券投资组合管理中的应用

在关于如何在股票投资组合管理中运用期权的解释中,我们解释了期权是如何被用于风险管理和增强收益的。在这里我们不再重复解释这些应用,相反,我们将举例说明如何用期货期权来套期保值和增强收益。更具体而言,我们将说明购买保护性看跌期权策略(在风险管理中的应用)和出售备兑看涨期权策略(在收益增强中的应用)。正如我们将看到的,由于这种期权不是基于实物,而是基于期货的期权,应用变得复杂了。

期货期权的购买保护性看跌期权策略

购买国债期货的看跌期权是购买防范利率上升风险的保护的最简单方法之一。正如第 14 章解释的那样,这一策略叫做购买保护性看跌期权策略。为了举例说明这个策略,我们使用本章前面用到的宝洁债券展示如何在套期保值中运用长期国债期货。我们还比较了用国债期货与用国债期货期权两者的套期保值效果。

在我们的例子中,我们假设投资组合经理持有票面值为 1 000 万美元、到期日为 2037 年 3 月 5 日、息票率为 5.55% 的宝洁债券,并利用长期国债期货锁定这些债券在期货交割日的出售价格。宝洁债券以 5.74％的收益率出售。用于套期保值的具体合约是交割日在 2008 年 3 月的长期国债期货合约。这种长期国债期货合约的最廉价交割债券是到期日为 2023 年 8 月 15 日、息票率为 6.25％、以 4.643％的收益率出售的国债。

现在,我们希望说明投资组合经理如何使用长期国债期货期权,而不是长期国债期货来防范利率上升的风险。在这个例子中,我们假设投资组合经理运用标的物为 2008 年 3 月到期的长期国债期货合约的看跌期权。这种合约的看跌期权的到期日为 2008 年 2 月 22 日。为简化说明,我们假设最廉价交割债券与宝洁债券的收益率差保持为 111.1 个基点不变。

为了利用基于长期国债期货的看跌期权进行套期保值,投资组合经理必须确定宝洁债券的最低价格。在这个例子中,我们假设每份债券的最低价格为 96.219,或对于 1 000 万美元的票面值是 9 621 900 美元。于是,96.219 变成宝洁债券的目标价格。然而,问题是投资组合经理未购买基于宝洁债券的看跌期权,而是购买基于长期国债期货合约的看跌期权。因此,套期保值程序要求投资组合经理确定基于长期国债期货合约的看跌期权的执行价格,这个执行价格应等价于宝洁债券 96.219 的执行价格。

这个程序涉及几个步骤。图 18.1 显示了这些步骤。由于宝洁债券的最低价格为 96.219(图 18.1 中的方框一),这意味着投资组合经理寻求将最大收益率设定为 5.821％。我们知道这点的原因是:在给定债券的价格、息票和期限的情况下,可以很容易地计算收益率。这将我们带到图 18.1 的方框二。现在,我们必须利用宝洁债券与最廉价交割债券的收益率差为 111.1 个基点的假设。通过从 5.821％的最大收益率中减去这个收益率差,我们得出最廉价交割债券的最大收益率为 4.710％。这将我们带到了图 18.1 中的方框三。

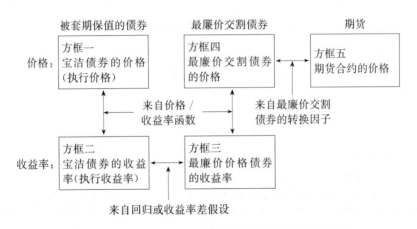

图 18.1 计算用期货进行套期保值的等价价格和收益率

现在,让我们看看图 18.1 中的方框四。在给定最廉价交割债券 4.710％的收益率后,我们可以确定最低价格。由于最廉价交割债券为 2023 年 8 月 15 日到期的 6.25％息票国债,4.710％的收益率意味着该债券的目标价格为 116.804 4。对应的期货价格是通过将最廉价交割债券的价格除以转换因子得到的。这将我们带到了图 18.1 中的方框五。最廉价交割债券的转换因子为 1.024 6。因此,期货价格大约为 114.373(116.804 4 除以 1.024 6)。现在,投资组合经理必须考察期权市场以确定可以取得哪些执行价格,因为交易所提供的执行价格数目有限。在这个例子中,我们将假设投资组合经理可以取得的长期国债期货合约的看跌期权的执行价格为 114。这意味着执行价格为 114 的长期国债期货合约的看跌期权大致等价于执行价格为 96.219 的宝洁债券看跌期权。

图 18.1 和上文描述的步骤对于确定看跌期货期权的合适的执行价格总是必需的。这个过程仅涉及：(1)价格与收益率之间的关系；(2)被套期保值的债券与最廉价交割债券之间假定的收益率差的关系；(3)最廉价交割债券的转换因子。与本章先前说明的用国债期货进行套期保值的情况相同，这个套期保值策略的成功取决于：(1)最廉价交割债券是否会随着市场收益率的变化而改变；(2)被套期保值的债券与最廉价交割债券的收益率差。

由于我们将假设被套期保值的债券与最廉价交割债券的收益率差固定不变，套期保值比率是用式(18.3)确定的。为了计算套期保值比率，投资组合经理必须计算在期权到期日(假设为 2008 年 2 月 22 日)对应于 114 的期货执行价格的收益率水平(最廉价交割债券的收益率为 4.710%，宝洁债券的收益率为 5.821%)的一个基点的价格值。宝洁债券和最廉价交割债券每 100 美元票面值的一个基点的价格值分别为 0.135 3 和 0.120 8。这使保护性看跌期权套期保值的套期保值比率为 1.148，或四舍五入为 1.15。由于期货期权的票面值为 100 000 美元，被保护的票面值为 1 000 万美元，因此应购买 115 份长期国债期货合约的看跌期权。在套期保值时，即 2007 年 12 月 24 日，这种看跌期权的报价为 1.972。这意味着每份期权的美元成本为 197.2 美元。由于必须购买 115 份合约，看跌期权的总成本(忽略佣金)大约为 22 678 美元。

为了建立一个保护性看跌期权套期保值的表格，我们可以使用表 18.1 中的一些数字。表 18.2 的第一列复制了表 18.1 第一列中的数字；表 18.2 的第二列是表 18.1 第五列中期货价格的重新计算。表 18.2 其他各列的数字都是计算得出的。表中第三列显示的看跌期权价值很容易计算，因为每份期权在到期日的价值等于期货期权的执行价格(114)减去期货价格(如果这个差额是负数，则期权价值为零)。然后将差额乘以 1 000 美元。让我们考察与 99.139 的期货价格对应的第一行，看看为何如此。由于看跌期权的执行价格为 114，看跌期权的价值为每 100 美元票面值 14.861(114.000－99.139)。由于长期国债期货合约的票面值为 100 000 美元，14.861 必须乘以 1 000 美元。因此，合约的价值为 14.861 乘以 1 000 美元，或 14 861 美元。为这个策略购买的 115 份看跌期权的价值总额为 1 709 015 美元。第三列显示的 115 份看跌期权的价值为 1 709 040 美元，25 美元的差异是由于先前计算中的四舍五入。

表 18.2　利用保护性看跌期权策略对票面值为 1 000 万美元、到期日为 2037 年 3 月 5 日、息票率为 5.55% 的宝洁债券进行套期保值

宝洁债券的 实际出售价格	期货价格[a]	115 份看跌期权 的价值[b]	115 份看跌期权 的成本	有效出售 价格[c]
8 000 000	99.139	1 709 040	22 678	9 686 362
8 200 000	101.054	1 488 827	22 678	9 666 149
8 400 000	102.946	1 271 207	22 678	9 648 529
8 600 000	104.812	1 056 651	22 678	9 633 973
8 800 000	106.647	845 619	22 678	9 622 941
9 000 000	108.469	636 036	22 678	9 613 358
9 200 000	110.265	429 516	22 678	9 606 838
9 400 000	112.042	225 118	22 678	9 602 440

续表

宝洁债券的 实际出售价格	期货价格	115 份看跌期权 的价值	115 份看跌期权 的成本	有效出售 价格
9 600 000	113.787	24 502	22 678	9 601 824
9 800 000	115.519	0	22 678	9 777 322
10 000 000	117.237	0	22 678	9 977 322
10 200 000	118.938	0	22 678	10 177 322
10 400 000	120.608	0	22 678	10 377 322
10 600 000	122.269	0	22 678	10 577 322
10 800 000	123.908	0	22 678	10 777 322
11 000 000	125.522	0	22 678	10 977 322
11 200 000	127.135	0	22 678	11 177 322
11 400 000	128.721	0	22 678	11 377 322
11 600 000	130.303	0	22 678	11 577 322

注:a 由于期货的交易价格单位为偶数个三十二分之一,这些数字是近似值。
b 来自 $115 \times 1\,000 \times \max[(114 - 期货价格), 0]$。
c 不包含交易费用或期权头寸的融资成本。

表 18.2 的倒数第二列显示了 115 份看跌期权的成本。然后,我们可以计算宝洁债券的有效出售价格。它等于宝洁债券的实际市场价格与 115 份看跌期权的到期日价值之和,再减去 115 份看跌期权的成本。表中最后一列显示了有效出售价格。这个有效出售价格永远不会低于 9 601 824 美元。回想一下,我们设定了 9 621 900 美元的最低价格。这个最低有效出售价格是可以在实施套期保值前计算出来的。注意,随着价格的下跌,有效出售价格事实上略微超出了预测的有效最低出售价格。这是由于四舍五入,以及尽管套期保值比率计算包含的一个基点的价格值的比率会随着收益率的变化而变化,但套期保值比率被保持不变的事实。然而,随着价格的上升,宝洁债券的有效出售价格也出现上升;与表 18.3 显示的期货套期保值不同,购买保护性看跌期权的策略能使投资组合经理防范利率上升的风险,并使其能够在利率下降时获利。

表 18.3 对卖空长期国债期货的套期保值策略与购买保护性看跌期权的套期保值策略进行了比较。

表 18.3 用长期国债期货合约与用购买保护性看跌期权策略进行套期保值的比较

宝洁债券的 实际出售价格	用期货套期保值的 有效出售价格	用保护性看跌期权套期 保值的有效出售价格
8 000 000	9 767 401	9 686 362
8 200 000	9 745 273	9 666 149
8 400 000	9 725 761	9 648 529
8 600 000	9 709 339	9 633 973
8 800 000	9 696 472	9 622 941
9 000 000	9 685 066	9 613 358
9 200 000	9 676 751	9 606 838

宝洁债券的 实际出售价格	用期货套期保值的 有效出售价格	用保护性看跌期权套期 保值的有效出售价格
9 400 000	9 670 575	9 602 440
9 600 000	9 668 215	9 601 824
9 800 000	9 667 281	9 777 322
10 000 000	9 668 034	9 977 322
10 200 000	9 670 700	10 177 322
10 400 000	9 676 990	10 377 322
10 600 000	9 684 253	10 577 322
10 800 000	9 694 165	10 777 322
11 000 000	9 706 975	10 977 322
11 200 000	9 719 797	11 177 322
11 400 000	9 735 913	11 377 322
11 600 000	9 752 347	11 577 322

期货期权的出售备兑看涨期权策略

为了理解用期货期权出售备兑看涨期权是如何运作的,我们假设投资组合经理持有我们上一个例子中的宝洁债券。由于期货的售价为 114.375 左右,执行价格为 120 的看涨期货期权也许是合适的。执行价格为 120、到期日为 2008 年 2 月 22 日的看涨期权的价格为 0.512。与先前一样,我们假设宝洁债券与最廉价交割债券的收益率差保持为 111.1 个基点不变。出售的期权合约数量将与在购买保护性看跌期权策略中相同,为 115 份。

表 18.4 显示了在上述假设下,出售备兑看涨期权策略取得的结果。为了计算出售备兑看涨期权策略中的有效出售价格,我们在债券的实际销售价格上添加出售看涨期权获得的期权费,并从中扣除与看涨期权空头头寸相关的负债。与每份看涨期权相关的负债等于期货价格减去 120 的执行价格(如果这个差额为负数,则义务为零),所有数值都被乘以 1 000 美元。表中的中间一列不过是这个数值乘以 115,即期权的出售数量。

与在购买保护性看跌期权策略中能够预先计算得出最低有效出售价格相同,出售备兑看涨期权策略也可预先计算得出最大有效出售价格。最大有效出售价格将等于与所出售的看涨期权的执行价格对应的宝洁债券价格,再加上所获得的期权费。在本例中,看涨期货期权的执行价格为 120。120 的期货价格对应于最廉价交割债券 122.952 0 的价格(120 乘以转换因子 1.024 6),对应的收益率为 4.126%。

宝洁债券的等价收益率比此高出 111.1 个基点,为 5.327 1%,对应的价格为 103.273。加上所获得的期权费 0.512,最大有效出售价格将大约为 103.785 或 10 378 500 美元。尽管我们不在这里进行具体说明,但我们可以证明如果宝洁债券确实像假设的那样以高出最廉价交割债券 111.1 个基点的收益率交易,那么宝洁债券的最大有效出售价格事实上略微高出这个金额。表中显示数字的差异是由于四舍五入,以及尽管一个基点的价格值的比率随着收益率的变化而变化,但头寸却未被加以调整的事实。

表 18.4　利用看涨期货期权对票面值为 1 000 万美元、到期日为 2037 年 3 月 5 日、
息票率为 5.55% 的宝洁债券进行套期保值

宝洁债券的 实际出售价格	期货价格[a]	115 份看涨期权 的义务[b]	115 份看涨期权 的期权费	有效出售 价格[c]
8 000 000	99.139	0	5 888	8 005 888
8 200 000	101.054	0	5 888	8 205 888
8 400 000	102.946	0	5 888	8 405 888
8 600 000	104.812	0	5 888	8 605 888
8 800 000	106.647	0	5 888	8 805 888
9 000 000	108.469	0	5 888	9 005 888
9 200 000	110.265	0	5 888	9 205 888
9 400 000	112.042	0	5 888	9 405 888
9 600 000	113.787	0	5 888	9 605 888
9 800 000	115.519	0	5 888	9 805 888
10 000 000	117.237	0	5 888	10 005 888
10 200 000	118.938	0	5 888	10 205 888
10 400 000	120.608	69 902	5 888	10 335 986
10 600 000	122.269	260 978	5 888	10 344 910
10 800 000	123.908	449 427	5 888	10 356 461
11 000 000	125.522	635 003	5 888	10 370 885
11 200 000	127.135	820 568	5 888	10 385 320
11 400 000	128.721	1 002 866	5 888	10 403 022
11 600 000	130.303	1 184 850	5 888	10 421 038

注:a 由于期货的交易价格单位为偶数个三十二分之一,这些数字是近似值。
b 来自 115×1 000×max[(期货价格−120),0]。
c 不包含交易费用或期权头寸的融资成本。

利率互换在债券投资组合管理中的运用[①]

　　在第 14 章中,我们解释了权益互换。权益互换的使用远不如利率互换那样常见。在本节中,我们将解释债券投资组合经理如何运用利率互换控制利率风险。尽管利率互换有不同的类型,比如基本型互换、基差互换、指数摊还互换和可赎回互换,但我们的关注点是将一般利率互换用作套期保值工具。

　　我们从简要地描述利率互换的特征,以及如何将互换看作有融资的债券头寸开始。这种观点对于理解利率互换如何能被用于控制利率风险尤其有用。然后,我们将重点放在互换对利率的敏感度上,并阐述套期保值比率和使用互换的套期保值策略。正如我们将说明的那样,用互换进行套期保值与用国债和利率期货合约进行套期保值十分类似。我们提供了为公

---

　　①　本节与 Shrikant Ramamurthy 合作撰写。

司债券构建套期保值的一个例子。

利率互换的特征

利率互换的最基本形式是交易双方约定定期交换现金流。在基本型互换中,交易一方基于一个名义金额向另一方支付固定利率,另一方基于相同的名义金额向此方支付浮动利率。这些现金流在互换期限内定期交换。一般来说,双方在互换开始和结束时都不会交换本金。

互换使用的固定利率通常被设定为一个使互换现金流在合约开始时的净现值为零的利率。这种类型的互换被称为面额互换,固定利率被称为互换利率。互换利率与期限相同的国债收益率之间的差额被称为互换利差。

从过去来看,互换使用的浮动利率以一个货币市场利率为基准,通常为 LIBOR。[①]在基本型互换中,浮动利率为 3 个月期 LIBOR,每季重设并按实际天数/360 的日计数基础[②]递延支付[③]。固定利率每半年支付一次,这与公司债券市场中的惯例相似。[④]

在概念上,从固定利率获取方(浮动利率支付方)的角度来看,利率互换头寸可被视作以短期利率(如定期回购利率或 LIBOR)融资的固定利率债券多头头寸。在一个完全基于融资的债券多头头寸中,固定利率的利息定期收到,浮动利率的融资成本定期支付,并且用债券的最后一笔本金付款来偿还购买债券的初始融资金额。从净值角度来看,这种完全基于融资的债券头寸与互换一样是零成本的,同时各期的现金流复制了互换的现金流。事实上,从固定利率获取方的角度来看,互换是一个融资利率等于互换浮动利率的完全杠杆化的债券头寸。因此,从固定利率获取方的角度认识利率互换很有吸引力,因为它意味着互换可以作为替代国债和期货合约的套期保值工具被用于利率风险管理。

固定利率支付方(浮动利率获取方)的头寸等价于卖空固定利率债券,并将收入投资于浮动利率债券。同样,它也有吸引力,因为它表明互换可以被用作替代的利率风险管理工具。

互换对利率的敏感度

尽管互换的价值同时依赖于债券的多头头寸和空头头寸,但它仍对利率的变化十分敏感。图 18.2 显示了一种当前以面额定价的互换在利率变化时的价格状况。该互换的期限为 2 年,互换利率(即固定利率)为 6.225%,每半年支付一次;参考利率为 3 个月期 LIBOR,每季支付一次。名义金额为 100 美元。为便于比较,图中还显示了组成等价投资组合的固定利率债券和浮动利率债券的价值。

---

① LIBOR 是伦敦的大型银行愿意为相互拆借支付的银行间利率的平均值。LIBOR 有七个期限:隔日(1 天)、1 周、1 个月、2 个月、3 个月、6 个月和 12 个月。由于已确定存在一些报告 LIBOR 的银行误报利率以从中获利的情况,在美国和英国,LIBOR 将于 2021 年 12 月以前停止使用。

② 债券市场中在计算债务工具的利息时对假设的一个月中的天数以及一年中的天数具有惯例。这些被称为日计数惯例。互换市场中采用的日计数惯例为 30/360,这意味着 1 个月中有 30 天,1 年中有 360 天。

③ 每季递延支付意味着发行人在每季度首日支付的利息付款为对刚结束的季度支付的利息。

④ 递延支付意味着某个季度的浮动利率是在季度初设定的,而相关的现金流是在季度末交换的。

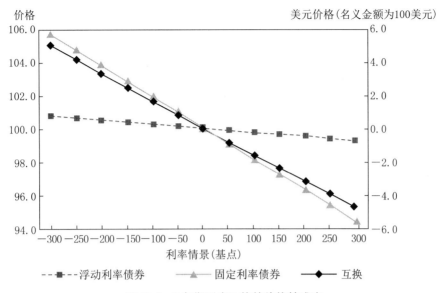

图 18.2　2 年期利率互换的价格敏感度

注:浮动利率债券的定价假设了第一个时期的息票已经设定。

互换当前没有价值,固定利率债券和浮动利率债券都是以票面值定价的。随着利率的下降,互换的价值将会上升,因为获取的固定利率现金流在低利率环境下变得更有价值。互换的价值升幅不如固定利率债券,因为在利率下降的情景下互换的价值升幅受到浮动利率债券价值升幅的限制。然而,在给定浮动利率债券的价值升幅极小的情况下,互换价值的变化与固定利率债券价值的变化是相似的。在利率上升的情景下,互换的价值像固定利率债券的价值那样下降,但价值降幅被浮动利率债券的空头头寸略微抵消了。

与固定利率债券相同,利率互换呈现正凸性,正如第 16 章解释的那样,这意味着在利率下降时互换的价值升幅要大于在利率上升相同幅度时的相关损失。指出固定利率债券与互换的这种相似价格特征十分重要,因为正是这种相似性使得互换成为一种有效的债券套期保值替代工具。

互换的 PVBP

正如第 16 章解释的那样,互换的一个基点的价格值(PVBP)衡量了互换对利率变化的美元敏感度。互换的 PVBP 是利率变化一个基点时互换价值的变化。与使用国债期货和期权进行套期保值相同,PVBP 是在使用利率互换时推导套期保值比率的关键度量

互换的 PVBP 可以用下式计算:

$$PVBP(互换)＝PVBP(固定利率债券)－PVBP(浮动利率债券) \qquad (18.4)$$

使用式(18.4)的 PVBP 通常是基于 100 万美元的名义金额计算的。不言而喻的是,PVBP 的计算假设了利率是平行移动的,整个收益率曲线以相同方式变化。一般而言,PVBP 是用 10 至 25 个基点的增量计算的。由于 PVBP 是用利率上升和下降的情景计算的,PVBP 的计算是一个平均敏感度度量,不会确切地衡量在利率上升或下降情景中的敏感度。

我们可以证明这个互换的 PVBP 为 160.71 美元——略低于 2 年期固定利率债券的 185.36 美元的 PVBP。互换的 PVBP 略低于固定利率债券的原因是需要考虑浮动利率债券的空头头寸，它的 PVBP 为 24.65 美元。

式 (18.4) 提供了互换的 PVBP。一般而言，互换的 PVBP 近似等于固定利率债券的 PVBP，其中固定利率债券的期限为下一个重设日至互换的到期日。5 年期互换的 PVBP 与 4.75 年期固定利率债券的 PVBP 相似；而 2.25 年期互换的 PVBP 与 2 年期固定利率债券的 PVBP 相似。

尽管互换的 PVBP 与期限稍短的固定利率债券相似，但互换的 PVBP 随着时间的变化会不同于固定利率债券的 PVBP 的变化。在套期保值的背景下指出这点十分重要。在重设日前，互换的 PVBP 将与固定利率债券的 PVBP 完全相同，因为在这个时刻，浮动利率债券的 PVBP 为零。但是，紧接在重设日后，浮动利率债券的 PVBP 将与固定利率债券的 PVBP 相似，直至下一个重设日。

因此，就在重设日后，互换的 PVBP 将立即下降，下降幅度为浮动利率债券的 PVBP。在两个重设日期间，互换的 PVBP 不会发生太大变化，因为固定利率债券的 PVBP 与浮动利率债券的 PVBP 都会下降类似的幅度。这与固定利率债券的 PVBP 有显著不同，后者会随着时间持续下降。

用利率互换套期保值

用利率互换对债券进行套期保值与本章先前说明的用国债期货合约对债券进行套期保值相似。为了对债券多头头寸进行套期保值，资产管理人需要建立一个支付固定利率的互换头寸，因为互换的价值变化与被套期保值的债券的价值变化呈逆相关。回想一下，在支付固定利率的互换头寸中（这与债券空头头寸相似），资产管理人支付固定利率并获取浮动利率。在设计使用利率互换的套期保值时，利率互换的期限应与被用作待套期保值证券的定价参考的债务工具的期限相匹配。这与在国债市场中的套期保值相似。

例如，假如 2 年期公司债券相对 2 年期国债进行定价，随着收益率差的变化和 2 年期国债收益率的变化，公司债券的价格会发生变化。适合用于对这种公司债券进行互换套期保值的是 2 年期互换，因为它也是相对 2 年期国债定价的。随着互换利差的变化和 2 年期国债收益率的变化，2 年期互换的价值会发生变化。作为使用 2 年期互换对公司债券进行套期保值的结果，归因于 2 年期国债收益率变化的 2 年期公司债券的利率风险被降低了。如果 2 年期公司债券的收益率差与 2 年期互换利差相关，信用利差风险亦可被降低。

套期保值比率

使用利率互换对债券进行套期保值的套期保值比率，是互换和被套期保值的证券的 PVBP 的函数，它可被表示为：

$$\text{套期保值比率} = \frac{\text{被套期保值的证券的 PVBP}}{\text{互换的 PVBP}} \tag{18.5}$$

回想一下，利率互换的 PVBP 类似于固定利率债券的 PVBP，其期限为互换的下一个重设日至互换到期日。因此,使用利率互换的套期保值比率一般会略高于使用国债的套期保值比率。

公司债券互换套期保值举例

表 18.5 描述了一项在 1997 年 6 月 16 日对到期日为 2002 年 4 月 15 日、息票率为 9.25% 的 TCI 公司的债券多头头寸的套期保值。由于 TCI 的债券是相对 5 年期国债利率定价的, 合适的互换套期保值工具是一种 5 年期利率互换,该互换也类似地受到 5 年期收益率变化的 影响。使用互换的套期保值比率为 1.061,这意味着为了对 100 万美元的 TCI 公司债券进行 套期保值,必须出售大约 106.1 万美元名义金额的 5 年期互换。如果以 5 年期国债作为替代, 那么套期保值比率将略低,因为 5 年期国债的 PVBP 更高。

表 18.5 使用利率互换对公司债券进行套期保值

目标:使用 5 年期利率互换,对票面金额 1 005 美元、息票率 9.25%、2002 年 4 月 15 日到期的 TCI 公司债券进行套期保值

证券	息票率互换利率(%)	到期日	价格	收益率(%)	利差(基点)	每 100 万美元面值的 PVBP(美元)
TCI 公司债券	9.25	04/15/02	107.915	7.27	+100	420.27
5 年期互换	6.53	06/19/02	0.000	—	+26	396.20

$$套期保值比率 = \frac{420.27}{396.20} = 1.061$$

投资组合的价值变化[a]

	未套期保值的投资组合	被套期保值的投资组合
利率上升 50 个基点	1 058 390 − 1 079 150 = −20 760	(1 058 390 − 1 079 150) − 1 061(−19 550) = 17.45
利率下降 50 个基点	1 100 420 − 1 079 150 = 21 270	(1 100 420 − 1 079 150) − 1.061(20 080) = −34.88

注:a 1997 年 6 月 16 日的价格。

假如 TCI 的头寸未被套期保值,对于 50 个基点的利率变化,投资组合可能会实现大约 21 000 美元的收益或损失。相比之下,经套期保值的投资组合很大程度上规避了利率变化风 险。如果利率变动 50 个基点,经套期保值的投资组合仅发生极小的价值变化。这项分析假 设收益率差保持不变,并且未考虑市场中的任何买卖价差。如果公司债券头寸的利差变化伴 随有 5 年期互换的类似利差变化,那么互换套期保值还会消除信用利差风险。如果公司债券 的利差与互换利差呈负相关,那么基于互换的套期保值将会加入信用利差风险敞口。但一般 而言,互换利差会与公司债券的利差同向变化,并提供防范公司债券利差总体变化的保护。 当然,基于互换利差的一般属性,它们永远也不能提供防范特定公司债券的特质信用风险的 保护。

在将互换用作套期保值工具时需要指出的一点是:互换的 PVBP 会在重设日下降。这意 味着在互换重设日,可能需要通过卖空具有相同剩余期限的额外互换来调整现有的互换头 寸,以与被套期保值的证券的 PVBP 相匹配。

运用信用违约互换管理信用风险

至此为止,我们关注了运用衍生工具控制利率风险。债券投资组合面临的另一种主要风险敞口是信用风险。有一些衍生工具可被用于提供信用保护或取得信用敞口。这些类型的衍生工具的一般名称为信用衍生工具。最常用的一种信用衍生工具是信用违约互换(credit default swap, CDS)。在这里,我们将仅关注这种类型的信用衍生工具。重要的是,我们需强调 CDS 是一种场外工具。因此,尽管这种衍生工具可被用于控制信用风险,但 CDS 交易也具有我们必须考虑的对手风险。

CDS 分为两种:单一名称 CDS 和信用违约互换指数。我们将描述这两种信用违约互换的特征,以及它们如何被用于管理信用风险。

单一名称 CDS

CDS 被用于将信用风险敞口转移给信用保护的出售方。仅涉及转移单个主体的信用保护的 CDS 被称为单一名称 CDS(single-name credit default swap)。合约的标的主体被称为参考主体或参考债务。参考主体是债券的发行人,因此亦称参考发行人。例如,参考发行人可以是宝洁公司。单一名称 CDS 的标的物可以不是参考主体,而是特定的债券。在这种情形下,标的物被称为参考债务。例如,宝洁公司有多种未偿债券。其中任意一种债券都可以是单一名称 CDS 的参考债务。一般而言,涉及公司主体的单一名称 CDS 的标的物是参考主体。

单一名称 CDS 的运作机制如下。合约涉及两个交易方:CDS 的买方和卖方。CDS 的买方是寻求针对参考主体的信用保护的一方。CDS 的卖方是向 CDS 买方提供针对参考主体的保护的一方。信用保护所针对的是信用事件的发生。也就是说,如果有关参考主体的信用事件发生,保护出售方(即 CDS 的卖方)必须向保护购买方(即 CDS 的买方)支付补偿。为了理解合约的机制,我们需要理解:(1)什么是信用事件;(2)合约双方可能发生的现金流会如何。

信用事件

我们也许会认为信用事件是指参考主体的违约或破产。但情况并非如此。违约和破产仅是两种信用事件。CDS 交易的法律文件中定义了信用事件的构成。这份文件是国际互换与衍生工具协会(ISDA)制定的 CDS 交易的标准合约,它定义了八种信用事件,这些事件试图捕捉可能会导致参考主体的信用品质恶化,或引起参考主体的债务价值下跌的所有类型的情形。这八种事件包括:(1)破产,(2)无力偿债,(3)拒绝履行/延期偿付,(4)信用评级下调,(5)重组,(6)兼并时的信用事件,(7)交叉加速,以及(8)交叉违约。[①]在具体 CDS 交易的法律文件

---

① 1999 年的《ISDA 信用衍生工具定义》更详尽地规定了每种信用事件的定义,2001 年的《1999 年 ISDA 信用衍生工具定义的重组补充》对这份文件进行了修正,2003 年的《2003 年 ISDA 信用衍生工具定义》再次对之进行了修正。

中,交易双方可用复选框规定适用的信用事件。

现货债券市场中的等价经济头寸

现在,让我们考察单一名称 CDS 交易的现金流,目标是理解所建立的 CDS 头寸如何等价于一个在现货债券市场中的头寸。保护购买方向信用保护的出售方定期支付(通常为每季支付)保费,以换取在参考主体发生信用事件时获得款项支付的权利。保费叫做互换付款(swap payment)。如果在合约期限内无信用事件发生,那么信用保护购买方支付款项至合约的到期日。在这个时点,合约终止。如果信用事件发生,那么信用保护的购买方有责任支付应计保费直至信用事件发生日,信用保护出售方则必须根据法律文件规定的结算程序履行合约义务。在信用事件发生后,合约即告终止。

资产管理人使用单一名称 CDS 的最显而易见的方式是,为其在投资组合中持有的一个信用名称购买信用保护。问题是,资产管理人为何不直接出售债券?有两个原因。首先,公司债券的市场不十分具有流动性。资产管理人在流动性较差的情形下会发现购买保护对其有利,而不是出售债券。其次,这种做法可能是出于税收原因。例如,资产管理人也许不得不再将公司债券持有(例如)2 个月的时间,以获利于有利的资本利得税收待遇。单一名称 CDS 可被用于在这 2 个月的时期内提供防范信用风险的保护。

假如资产管理人希望购买一家公司主体的债务(即取得多头敞口),那么最显而易见的方式是在现货市场购买债券。但是,正如刚才指出的那样,由于公司债券市场缺乏流动性,通过 CDS 市场的交易可能会取得更好的执行。更具体而言,出售一家公司主体的信用保护提供了对该主体的多头信用敞口。为了理解其原因,考虑在资产管理人出售对参考主体的信用保护时会发生什么。资产管理人会获取互换保费,假如无信用事件发生,他将在 CDS 合约的整个期限内获取互换保费。然而,这与购买该公司主体的债券是等价的。资产管理人获取的不是息票利息付款,而是互换保费付款。假如信用事件发生,那么根据 CDS 的条款,资产管理人必须向信用保护购买方支付一笔款项。然而,这与在购买债券的情形下所实现的损失是等价的。因此,通过单一名称 CDS 出售信用保护在经济上等价于持有参考主体的多头头寸。

假设由于资产管理人认为一家公司将经历信用事件从而引起债券价值的下跌,他希望卖空该公司的债券。在没有 CDS 的情形下,资产管理人将不得不在现货市场卖空债券。但是,卖空公司债券极度困难。如果使用流动性较强的单一名称 CDS,那么资产管理人可以很容易地有效卖空公司主体的债券。记住,卖空债券涉及向另一方支付款项,并在投资者的预期正确且债券价格下跌的情况下,以更高的价格出售债券(即实现收益)。这完全是在购买单一名称 CDS 的情形下发生的事情:投资者支付款项(互换保费付款),并在信用事件发生时实现收益。因此,通过单一名称 CDS 购买信用保护等价于卖空债券。

最后,如果资产管理人希望建立公司债券的杠杆化头寸,那么可以通过出售信用保护实现这点。正如刚才指出的那样,出售信用保护与参考主体的多头头寸是等价的。此外,与其他衍生工具相同,CDS 使其能够以杠杆化的方式实现这点。

信用违约互换指数

与单一名称 CDS 不同,信用违约互换指数(credit default swap index,CDX)是标准化的一篮子参考主体。标准化的 CDX 由道琼斯编制和管理。公司债券指数中有单独的投资级公司主体的指数,交易最活跃的是北美投资级指数(标记为 DJ. CDX. NA. IG)。顾名思义,这个指数的参考主体为具有投资级评级的公司。该指数包含北美的 125 家公司名称,每家公司名称在指数中具有均等权重(0.8%)。道琼斯每半年更新一次该指数。

CDX 的运作机制与单一名称 CDS 有所不同。两种类型的 CDS 都有定期支付的互换保费。如果信用事件发生,在单一名称 CDS 的情形下,互换保费将会停止支付,合约将会终止。相比之下,在 CDX 中,信用保护买方将继续支付互换付款。但是,每季支付的互换保费金额将会降低。这是由于参考主体的信用事件导致了名义金额的减少。

例如,假设投资组合经理是 DJ. CDX. NA. IG 的保护购买方,名义金额为 1 亿美元。前面给出的每季互换保费付款的公式被用于计算 CDX 的付款。在 CDX 交易的起始时间(在信用事件发生前),保费将基于 1 亿美元的名义金额计算。如果参考主体之一发生了信用事件,计算未来互换保费的名义金额将减少 800 000 美元(0.8% 乘以 1 亿美元)[1]至 99 200 000 美元。

我们先前描述的资产管理人如何运用单一名称 CDS 的方式同样适用于 CDX。但是,CDX 并非管理对单一主体的敞口,而是使投资组合经理能够减少对一个多元化投资级公司债券投资组合的敞口。因此,寻求对投资组合中投资级公司债券板块的信用保护的资产管理人,可以通过购买 CDX 取得这种保护。这与减少对该板块的信用风险敞口是相同的。寻求增加对投资级公司板块的敞口的资产管理人,可以通过出售 CDX 做到这点。

关键要点

- 资产管理人利用两种类型的利率期货合约:基于国债的期货合约和欧洲美元期货合约。
- 基于国债的期货合约有三种:长期国债期货、中期国债期货和超长期国债期货。
- 基于国债的期货的标的物是一种虚拟的国债,它赋予了合约的卖方(空头方)交割数种国债的选择权,这个选择权被称为质量选择权或互换选择权。
- 对特定国债期货合约交割的最佳的国债被称为最廉价交割债券,是隐含回购利率最大的债券。
- 除了可以选择交割哪种可接受的国债外,空头方还可以决定在交割月份的哪个时间交割(叫做时间选择权),以及选择在交易所闭市后直至芝加哥时间晚上 8:00 前发出交割意向通知(叫做外卡选择权)。
- 质量选择权、时间选择权和外卡选择权——合称为交割选择权——意味着多头方永远无法确定哪一种国债将得以交割,以及债券何时将得以交割。
- 欧洲美元期货被用于建立收益率曲线短期端的头寸。
- 资产管理人发现欧洲美元期货合约在多种套期保值情形下是一个有效工具。
- 在欧洲美元期货合约中,交易方承诺每季支付/获取根据 3 个月期的 LIBOR 水平确定

---

[1] 由于指数中有 125 家公司,剔除一家意味着名义金额降低了 1/125,或 0.8%。

的利息付款,该合约是以指标价格基础报价的。

- 资产管理人可以利用利率期货改变投资组合对利率的敏感度,或久期。
- 买入基于国债的期货合约会提高投资组合的久期;卖出基于国债的期货合约则会降低投资组合的久期。
- 套期保值是风险控制的一个特例,其中资产管理人的目标久期值为零。
- 使用基于国债的期货合约进行交叉套期保值要比可交割证券的套期保值更为复杂,因为前者涉及两层关系:(1)最廉价交割债券与期货合约之间的关系;(2)被套期保值的证券与最廉价交割债券之间的关系。
- 在交叉套期保值中,使风险最小化的关键在于选择正确的套期保值比率。
- 套期保值比率取决于波动率权重,或用价值相对变化率加权计算。
- 利率期权可以基于固定收益证券(实物期权)或利率期货合约(期货期权)。
- 期货期权赋予了买方以执行价格从卖方买入或向卖方卖出一个指定期货合约的权利。
- 如果期货期权是看涨期权,期权买方有权以执行价格买入指定的期货合约(即买方有权获得指定期货合约的多头头寸);如果买方执行看涨期权,卖方相应地获得期货合约的空头头寸。
- 期货合约的看跌期权赋予了买方以执行价格向卖方出售指定期货合约的权利(即期权买方有权获得指定期货合约的空头头寸);如果看跌期权被执行,卖方相应地获得指定期货合约的多头头寸。
- 期货期权被用于购买保护性看跌期权策略(在风险管理中的应用)和出售备兑看涨期权策略(在增强收益中的应用)。
- 利率互换的最基本形式是交易双方约定定期交换现金流。
- 在基本型互换中,交易一方基于一个名义金额向另一方支付固定利率,另一方基于相同的名义金额向此方支付浮动利率。
- 信用违约互换是提供信用保护或取得信用敞口的最常用的一种信用衍生工具。
- 两种类型的 CDS 为单一名称 CDS 和信用违约互换指数。
- 通过单一名称 CDS 出售信用保护在经济上等价于持有参考主体的多头头寸;通过单一名称 CDS 购买信用保护等价于卖空参考主体。
- 寻求对投资级公司债券板块的信用保护的资产管理人,可以使用信用违约互换指数。

19

多资产投资组合策略

学习目标

在阅读本章后,你将会理解:

- 什么是平衡型基金策略;
- 对平衡型基金投资工具的批评;
- 什么是多资产基金,以及为何多资产策略如今受到欢迎;
- 不同类型的多资产策略;
- 不同类型的资产配置策略:战略资产配置、战术资产配置和动态资产配置;
- 风险平价配置和基于因子的配置;
- 被动式资产配置策略与主动式资产配置策略的差异;
- 传统战略配置、风险平价配置与基于因子的配置的差异;
- 多资产策略的特征;
- 多资产基金的投资目标。

实现多元化投资的常用策略曾一度是平衡型基金策略(balanced fund strategy),其目标是获取收入和资本升值。这个策略是以共同基金的形式提供给投资者的,投资于美国股票和美国债券。平衡型基金策略——亦称混合型基金策略和配置型基金策略——的关键是在这两个资产类别之间的配置。在这个策略中,基金经理有一个目标配置,即"股票/债券组合"。晨星公司根据股票占基金的比例将平衡型基金划分为五个类别:(1)15％至30％,(2)30％至50％,(3)50％至70％,(4)70％至85％,(5)85％以上。

人们对将平衡型基金作为投资工具提出了批评。Lustig(2017)总结了对平衡型基金的三项主要批评:

(1)尽管"平衡"一词出现在一些基金的名称中,但它们对股票市场的风险敞口解释了其90％以上的风险和回报——几乎没有平衡。

（2）一些基金的生硬资产配置缺乏活力，因为它主要是由长期的战略配置驱动的，不能灵活地在各个市场之间进行转换（通常被称为"战术定位"或"市场择时"）。

（3）一些基金包含的资产类别范围局限于传统的股票和债券，对另类投资和复杂的投资方法没有足够的敞口。

由于这些原因，人们对平衡型基金的兴趣有所减弱。如今，一个构建良好的多元化投资组合需要涉足股票和债券以外的领域。这种包含债券和股票以外的多种资产类别的基金叫做多资产基金（multi-asset funds）。这些投资组合的管理人采取的策略叫做多资产策略。这些策略在两个方面不同于平衡型基金策略。首先，为了提供更好的多元化，多资产策略覆盖远远更多的资产类别，如全球股票、全球债务工具、商品、外汇和房地产。其次，多资产策略在构建投资组合时远更复杂，它们利用战术资产配置等系统性策略以及对冲尾部风险（即市场严重下跌的风险）的风险控制策略。

多资产基金如今是投资领域中的一个重要特色。它们提供了多元化的好处以及增强风险调整回报的机会，并使基金经理能够定制策略以满足类型广泛的投资目标。

根据 Cao（2015），在 2008—2009 年的全球金融危机以前，多资产策略极少存在。一个明显的原因是投资者认识到在股票和债券以外进行扩展，对提供更好多元化的重要性。Cao 提供了多资产策略发展兴起的两个其他原因。其中一个原因是：资产管理行业需要创建不同于那些向客户提供的传统产品的新产品。第二个原因是：继全球金融危机后，战术资产配置策略变得受到欢迎，正如本章后面解释的那样，这为基金经理在资产配置的选择中提供了远远更大的灵活性。

在本章中，我们将描述多资产策略的大类，以及它们如何不同于传统平衡型基金采用的策略。由于所有多资产投资组合的管理人都使用各种资产配置策略，我们从描述这些策略开始。

资产配置策略

在第 1 章中，我们简要描述了两项研究，它们展示了当资产管理人仅主要投资于两个资产类别（股票和债券）时，资产配置决策的重要性。多资产基金的目标是使用资产配置策略专门驱动回报。在这里，我们将描述不同的资产配置策略。它们包括以下策略：

- 战略资产配置。
- 战术资产配置。
- 动态资产配置。

我们在第 1 章中简要描述了这些资产配置策略。

战略资产配置

战略资产配置是一种长期资产配置决策，它利用自上而下的方法确定一个长期"常态"资产组合，这个组合为实现投资目标提供了最佳的强劲长期回报前景。战略资产配置策略亦称政策资产配置,通常使实际的资产配置只能在一个较窄范围内偏离对每个资产类别指定的配置比例。然而,一旦投资组合处于这个范围以外,基金经理就必须对投资组合的配置进行再平衡,以使资产配置重新符合规定。

除了考虑客户的风险容忍度外,配置决策的基础是资本市场对三项主要输入信息的预测:每个资产类别的平均长期回报率、每个资产类别的平均回报率之波动率,以及每对资产类别的平均回报率相关系数。战略资产配置的关键问题是预测这些输入信息。这不是一项简单任务。正如第 8 章提到的那样,这些在均值—方差分析中使用的输入信息可能会在不同输入值的假设下,导致显著不同的战略资产配置。均值—方差分析假设输入信息的平均值不随时间变化,并忽略了在市场承受压力时期平均值不能实现(正如我们在全球金融危机时期观察到的那样)的事实。此外,由此产生的配置通常高度集中于资产类别的一个子集。

在战略配置中,有多种策略可被用于决定资产配置。传统方法基于对每个资产类别的历史回报率、方差和相关系数等输入资本市场的信息。正如第 8 章解释的那样,即便是在均值—方差框架内,也没有唯一的配置,而是针对每个风险水平(方差或标准差)都有一个配置。在既定风险水平提供最大回报的投资组合叫做有效投资组合。最常见的有效投资组合是具有全局最小方差的有效投资组合。然而,正如我们刚才指出和第 8 章更详尽地解释的那样,这个方法存在局限。克服这个与传统战略资产配置有关的问题的常用方法是风险平价配置和基于因子的配置。在引入多资产策略后,市场重点从传统的资产配置转移到了基于风险的配置或基于因子的配置上。

风险平价配置

在传统的战略资产配置中,输入信息是期望回报率、方差和相关系数,并利用均值—方差分析确定资产配置。利用风险平价配置(risk parity allocation)的战略资产配置是完全基于对每个资产类别设定同等的风险贡献,而忽略期望回报率和相关系数的。这个方法亦称等量加权风险配置,[①]它使用杠杆以使每个资产类别在投资组合中具有相等的风险权重。这是通过选择波动性最低的资产类别(即政府债券),并对其风险敞口采用杆杆做到的。政府债券的杠杆化头寸对投资组合风险的贡献与投资组合中其他资产类别的非杠杆化头寸的波动性敞口相似。杠杆化政府债券头寸和资产类别的非杠杆化敞口的组合,可以使所生成的投资组合呈现低于非杠杆化投资组合的波动性。

每个资产类别的风险贡献计算如下。首先,将资产类别 i 的市场价值除以投资组合的总价值。这是资产类别 i 的权重。其次,通过小幅变动资产类别 i 的配置比例并确定投资组合的总风险如何变化,计算边际风险贡献。最后,资产类别 i 的权重与边际风险贡献的乘积给出了资产类别 i 的风险贡献。基于风险贡献的配置被称为风险预算。当风险预算建立于对各资产类别同等配置风险之上时,它被称为风险平价。

基于因子的配置

战略资产配置假设资产类别的属性应被用作构建多资产投资组合的基础。然而,自 21

---

① 支持等量加权风险配置的实证证据可见 Maillard、Roncalli 和 Teiletche (2010)。

世纪初以来,研究已显示构建投资组合的一个更好的基础构件是利用因子,而不是资产类别。[1]这些研究论证,基于因子的配置策略是捕捉基金经理已识别的风险溢价的最佳方法。[2]基本思路是将配置建立在共同风险因子的基础之上,然后识别对这些风险因子具有最优敞口的资产类别。实施这项策略不仅涉及识别因子,而且需取得对期望因子回报率、因子方差和因子回报率的相关系数的准确预测。这与传统战略资产配置方法受到的批评相同。

战术资产配置

寻求采取战略资产配置策略的客户可能会不允许基金经理偏离所规定的固定资产组合(或突破对具体资产类别设定的界线)。也就是说,一旦对每个资产类别做出配置后,配置不允许发生变化。因此,未赋予基金经理任何修正初始资产配置灵活度的战略资产配置策略是一种被动式资产配置策略。然而,投资者可能会允许基金经理偏离对某个资产类别的固定配置,以通过从既定资产类别获取的短期收益增强期望回报。这个资产配置策略被称为战术资产配置。基金经理认为存在的短期收益可以通过我们在前几章中描述的多种策略实现。

战术资产配置不是一个单一、定义明确的策略。战术配置策略的制定涉及许多变化和细微的差异。由于该策略的目标是寻求短期的回报增强机会,它被称为一种主动式资产配置策略。这种资产配置策略的风险是可能会遭受相当大的短期损失,从而导致战略资产配置策略不能实现投资目标。

动态资产配置策略

对战略资产配置策略的一个批评是,它仅在投资期起始时考虑资本市场状况,从而不能适应资本市场状况的变化。与战略资产配置策略相比,在动态资产配置策略中,资产组合(即在不同资产类别间的配置)会随着资本市场状况的变化机械性地发生改变。此外,与战略资产配置策略不同,每个资产类别没有事先设定的固定配置比例。基金经理可以基于对每个资产类别表现的预期随意改变资产组合。基金经理将资金移出预期表现较差的资产类别,并投入那些预期表现最佳的资产类别。当然,投资组合的业绩取决于基金经理评估每个资产类别的未来表现的技能。此外,动态资产配置策略的交易成本要高于战略资产配置策略,因为它需要对投资组合开展再平衡以从各资产类别的预期表现中获利。

与战术资产配置策略相同,动态资产配置策略是一种主动式资产配置策略。这两种主动式资产配置策略的差异在于:战术资产配置策略要求基金经理恢复战略资产配置策略规定的固定配置;而采取动态资产配置策略的基金经理则没有必须遵守的资产类别固定配置。

---

[1]　例如,见 Bender、Sun 和 Thomas(2019),Clarke、de Silva 和 Murdock(2005),以及 Page 和 Taborsky(2011)。

[2]　Bergeron、Kritzman 和 Sivitsky(2018)提出了一个将传统资产配置与基于因子的投资整合起来的模型。Bass、Gladstone 和 Ang(2017)提出了一个战略因子配置框架。Greenberg、Babu 和 Ang(2016)提出了一个将因子风险敞口映射到不同资产类别的方法。

多资产策略的特征

多资产策略具有以下特征[①]：
- 基金经理的投资委托书（即管理基金的指令）十分宽泛。
- 宽泛的投资指令使基金经理可以灵活地投资具有各种风险/回报特征的广泛资产类别。
- 由于投资指令十分宽泛，基金经理构建的投资组合所包含的投资工具可以包括低风险政府债券，以及新兴市场股票、低评级固定收益证券或高股息股票等高风险投资工具。
- 基金经理通过持有相关性较低的资产类别以及高流动性的资产类别，来实现多元化投资。
- 宽泛的投资指令与高流动性一起，使基金经理能够通过调整资产配置来利用其认为存在的机会。
- 可能会存在一个基于资产类别基准的组合的基准，或更常见的是，不存在基准，而是存在一个预期在经济周期内赚取的绝对回报率。

多资产策略的一般分类

有多种方法可用于对类型广泛的资产策略进行分类。我们在这里描述两个分类体系。

多资产策略的美世分类

2014 年，咨询公司美世（Mercer）跟踪了 400 多种策略，并提供了四大类的多资产策略：
- 核心策略；
- 风险平价策略；
- 多元化通货膨胀策略；
- 特质策略。[②]

我们已经讨论了风险平价策略，因此在下文中讨论其他三种多资产策略。

核心策略

核心策略（core strategies）包含基金的大部分增长依赖于市场回报率的策略。该策略或是为股票/债券组合建立一个长期目标战略资产配置，或是采取一个隐含的组合。动态资产

---

① https://www.aegonaassetmanagement.com/netherlands/news-and-insights/Multi-asset-an-all-weather-investment-solution/.

② 下文讨论的一般框架取自 Mercer，"Multi-Asset Strategies：The Choices Available—A Guide"，2014 年 10 月。

配置策略被用于使基金经理能够改变对资产类别的配置。这通常是用衍生工具和交易所交易基金实施的，以使投资组合的再平衡能够以具有成本有效性的方式执行。

基金经理寻求通过配置其他资产类别增强回报。根据美世跟踪的策略，这包含对高收益率债券和新兴市场债券等异型信用、房产抵押贷款证券以及另类投资工具的敞口。

一般而言，资产管理公司会使用内部能力管理其对股票和投资级债券的敞口，但会聘请一家或多家附属顾问以管理对异型投资产品的敞口。因此，这个策略是由多家资产管理人管理的。

多元化通货膨胀策略

多元化通货膨胀策略（diversified inflation strategy）的重点是利用可以产生增长，但对通货膨胀高度敏感的资产类别。所包含的资产类型为具有流动性的实物资产和对通货膨胀敏感的债券，这两种资产被组合起来，以实现基金增长与防御通货膨胀定位之间的平衡。具有流动性的实物资产为商品期货、自然资源类股票和房地产投资信托（REITS）等在交易所交易的产品。对通货膨胀敏感的债券主要包括美国通货膨胀保值国债（TIPS），在某些情形下包括与通货膨胀挂钩的公司债券。

特质策略

特质策略（idiosyncratic strategy）是一种不依赖于传统的市场回报率的多资产策略，它们关注从战术资产配置和/或特定交易产生的回报。在四个类别中，这是最宽泛的多资产策略类别。根据美世的报告（第 13 页），它可以包含以下类型的交易：

- 一篮子聚焦于特定板块、市场或股票类型（如新兴市场消费类股票）的股票。
- 不同国家（如法国与德国）股票市场之间的相对价值交易。
- 不同国家政府债券市场之间的相对价值交易。
- 运用跨多个资产类别的主题（通过股票、货币和/或利率聚焦于欧洲外围地区的市场）。
- 间接对冲的交易（如日本股票与黄金头寸的组合）。
- 对替代风险溢价的战术性利用（如隐含波动率对实际波动率的交易）。

多资产策略的贝莱德分类

大多数资产管理公司都有其自己的多资产策略分类方法。根据贝莱德金融管理公司——全球最大的资产管理公司，多资产基金有三个主要类别：

全球宏观配置策略：这些多资产基金为投资者提供了跨多种资产类别的广泛多元化。它们以灵活方式开展资产交易，以适应宏观经济环境的变化。

风险容忍度策略：这些基金根据目标风险水平（无论是保守、中性或激进的）量身定制其资产配置。

目标日期策略：这些多资产基金通常面向退休投资，会逐渐调整其配置以与特定的投资期进行匹配。[1]

---

[1] https://www.blackrock.com/us/individual/education/mulit-asset-strategies.

多资产投资策略目标的例子

为了理解资产管理公司对其发行的共同基金可以采取的不同目标,表19.1提供了多资产共同基金的一些例子及其既定的投资目标。面板A显示了Lazard资产管理公司管理的三只

表 19.1 多资产基金的既定投资目标和策略/概观

面板 A:Lazard 资产管理公司管理的基金

基金名称:全球动态多资产基金(Global Dynamic Multi-Asset)

既定投资目标和策略/基金概观:"利用一个为控制市场波动性和降低出现极端结果的概率设计的程序产生稳定的回报模式。多资产团队将该策略项下的资产配置给 Lazard 的证券精选师管理的各种全球股票和固定收益证券的组合。随着市场环境和波动性预期的变化,团队会动态地转换策略的配置。"

资料来源:https://www.lazardassetmanagement.com/us/en_us/investments/strategy/global-dynamic-multi-asset-strategy/S205/。

基金名称:机会主义策略基金(Opportunistic Strategies)

既定投资目标和策略/基金概观:"专门投资于全球资本市场,这些投资提供独特的投资特征、庞大的取得超额回报的机会,以及相关性或风险的益处。这些投资所投向的领域可以是股票、债券、商品、实物资产、货币或市场套期保值工具。通常,这些投资没有明确规定的资产配置限制,并且在区域、规模或风格方面不受约束。这个策略可用于全球和全球(英国)的实施。"

资料来源:https://www.lazardassetmanagement.com/us/en_us/investments/strategy/capital-allocation-series---opportnistic-strategies/S51/。

基金名称:Lazard 实物资产和定价机会基金(Lazard Real Assets and Pricing Opportunities)

既定投资目标和策略/基金概观:"这个策略旨在提供应对不同的通货膨胀力量的多方面方法,并同时实现当前收入和资本升值。这个策略投资于高流动性的实物资产,包括房地产投资信托(REITs)、基础设施领域上市公司、商品期货、受商品价格和更广泛的通货膨胀趋势影响的公司,以及与通货膨胀挂钩的全球债券。"

资料来源:https://www.lazardassetmanagement.com/us/en_us/investments/strategy/real-assets-and-pricing-opportunities-strategy/S193/。

面板 B:太平洋投资管理公司(PIMCO)管理的基金

基金名称:通货膨胀反应多资产基金(Inflation Response Multi-Asset Fund)

既定投资目标和策略/基金概观:"通过投资于通货膨胀相关策略的混合,这个策略寻求帮助保持和提高购买力、提高投资组合的多元化程度,以及防范不同通货膨胀环境中的市场冲击。"

资料来源:https://www.pimco.com/en-us/investments/mutual-funds/inflation-response-multi-asset-fund/inst。

基金名称:多策略另类基金(Multi-Strategy Alternative Fund)

既定投资目标和策略/基金概观:"投资于跨 PIMCO 的所有高流动性的另类策略,目标是在各种市场环境下取得具有吸引力的风险调整回报,并同时潜在地在股票市场或债券市场出现重大修正期间限制投资组合的损失。"

资料来源:https://www.pimco.com/en-us/investments/mutual-funds/multi-strategy-alternative-fund/inst。

基金名称:全球核心资产配置基金(Global Core Asset Allocation Fund)

既定投资目标和策略/基金概观:"旨在提供一个灵活、全面的资产配置解决方案。它寻求获益于全球机会,但同时也限制因如今不断变化、有时甚至是动荡的市场导致的损失风险。"

资料来源:https://www.pimco.com/en-us/investments/mutual-funds/global-core-asset-allocation-fund/inst。

多资产基金,面板 B 显示了太平洋投资管理公司(PIMCO)管理的三只多资产基金。表 19.1 显示的基金仅为例子,并非作者的推荐。[1]

关键要点

- 平衡型基金亦称混合基金,投资于美国股票和美国债券,是以共同基金的形式提供给投资者的。
- 平衡型基金的投资目标是获取收入和资本升值。
- 基金经理有一个股票/债券组合的目标配置。
- 对平衡型基金的批评降低了投资者对这类投资工具的兴趣。
- 如今,一个构建良好的多元化投资组合需要投资于美国股票和美国债券以外的领域,它们被称为多资产基金。
- 多资产基金管理人采取的策略在两个方面不同于平衡型基金策略:(1)它们提供更佳的多元化;(2)它们在构建投资组合时远更复杂,因为它们利用战术资产配置等系统性策略以及对冲市场严重下跌风险的风险控制策略。
- 资产管理行业创建不同于那些向客户提供的传统产品的新产品的需求驱动了多资产基金,继全球金融危机后,战术资产配置策略变得受到欢迎,为资产管理人在资产配置组合的选择中提供了更大的灵活性。
- 资产配置策略包含战略资产配置、战术资产配置和动态资产配置。
- 战略资产配置是一种长期资产配置决策,它利用自上而下的方法确定一个长期"常态"资产组合,这个组合为实现投资目标提供了最佳的强劲长期回报前景。
- 通常,战略资产配置允许在一个较窄范围内偏离对每个资产类别指定的配置比例。
- 在战略资产配置策略中,配置决策的基础是资本市场对每个资产类别的平均长期回报率、每个资产类别的平均回报率之波动率,以及每对资产类别的平均回报率相关系数的预测。
- 由于与传统战略资产配置相关的问题,市场重点转移到了基于风险的配置或基于因子的配置上。
- 利用风险平价配置的战略资产配置是完全基于对每个资产类别设定同等的风险贡献,而忽略期望回报率和相关系数的,它是通过对波动性最小的资产类别(即政府债券)采取杠杆实现的。
- 在采用基于风险的资产配置时,杠杆化政府债券头寸和资产类别的非杠杆化敞口的组合,可以使所生成的投资组合呈现低于非杠杆化投资组合的波动性。
- 一些研究论证,基于因子的配置策略是捕捉基金经理已识别的风险溢价的最佳配置方法。
- 基于因子的配置策略的基本思路是,将配置建立在投资组合对共同风险因子的敞口之上,然后识别对这些风险因子提供最优敞口的资产类别。

---

[1]　这里未包含贝莱德的共同基金,因为作者之一是该资产管理公司的多资产策略基金的受托人。

- 实施基于因子的配置策略不仅要求识别因子,而且需取得对期望因子回报率、因子方差和因子回报率的相关系数的准确预测。
- 在战术资产配置策略中,基金经理可以偏离战略资产配置策略规定的固定配置,以通过从既定资产类别获取的短期收益增强期望回报。
- 未赋予基金经理任何修正初始资产配置的灵活度的战略资产配置策略是被动式资产配置策略,而战术资产配置策略是主动式资产配置策略。
- 与仅考虑投资期起始时的资本市场状况并忽略资本市场状况变化的传统战略资产配置策略不同,在动态资产配置策略中,资产组合会随着资本市场状况的变化机械性地发生改变,基金经理无需对每个资产类别遵守固定配置。
- 动态资产配置和战术资产配置是主动式资产配置策略。
- 动态资产配置策略与战术资产配置策略的差异在于:在后者的管理中,基金经理必须恢复战略资产配置策略规定的固定配置,而在前者中基金经理则没有必须遵守的资产类别固定配置。
- 由于多资产基金的投资指令十分宽泛,基金经理可以灵活地投资于具有各种风险/回报特征的资产类别。
- 在多资产基金中,可能会存在一个基于资产类别基准的组合的基准(该基准被用以评估基金经理的业绩),或更常见的是,不存在基准,而是存在一个预期在经济周期内赚取的绝对回报率。
- 一家咨询公司提供了四大类别的多资产策略:核心策略、风险平价策略、多元化通货膨胀策略和特质策略。
- 在核心策略中,基金的大部分增长依赖于市场回报率。
- 多元化通货膨胀策略的重点是利用可以产生增长,但对通货膨胀高度敏感的资产类别。
- 特质策略不依赖于传统的市场回报率,而是关注从战术资产配置和/或特定交易产生的回报。
- 一家大型资产管理公司将多资产策略划分为全球宏观配置策略、风险容忍度策略和目标日期策略。

参考文献

Bass, R., S. Gladstone, and A. Ang, 2017. "Total portfolio factor, not just asset, allocation." *Journal of Portfolio Management*, 43(5):38—53.

Bender, J., J. L. Sun, and R. Thomas, 2019. "Asset allocation vs. factor allocation—Can we build a unified method?" *Journal of Portfolio Management*, 45(2):9—22.

Bergeron, A., M. Kritzman, and G. Sivitsky, 2018. "Asset allocation and factor investing: An integrated approach," *Journal of Portfolio Management*, 44(4):32—38.

Cao, L., 2015. "Multi-asset strategies: A primer," CFA Institute Bogs. Available at https://blogs.cfainstitute.org/investor/2015/03/03/multi-asset-strategies-a-primer/.

Clarke, R. G., H. de Silva, and R. Murdock, 2005. "A factor approach to asset allocation,"

Journal of Portfolio Management，32(1):10—21.

Greenberg，D.，A. Babu，and A. Ang，2016. "Factors to assets: Mapping factor exposures to asset allocations," *Journal of Portfolio Management*，42(5):18—27.

Lustig，Y.，2017. "Asset allocation: The battle of the multi-asset strategies: Balanced vs. absolute return," T. Rowe Price. Available at https://www4.troweprice.com/gis/content/dam/tpd/Articles/PDFs/231903_GAF_vs_Absolute_Return.pdf.

Maillard，S.，T. Roncalli，and J. Teïletche，2010. "The properties of equally weighted risk contribution portfolios," *Journal of Portfolio Management*，36(4):60—70.

Page，S.，and M. A. Taborsky，2011. "The myth of diversification: Risk factors versus asset classes: Invited editorial comment," *Journal of Portfolio Management*，37(4): 1—2.

图书在版编目(CIP)数据

机构资产管理基础/(美)弗兰克·J.法博齐,
(美)弗朗西斯科·A.法博齐著;俞卓菁译.—上海:
格致出版社:上海人民出版社,2022.12
(高级金融学译丛.法博齐精选系列)
ISBN 978 - 7 - 5432 - 3406 - 2

Ⅰ.①机⋯　Ⅱ.①弗⋯ ②弗⋯ ③俞⋯　Ⅲ.①资产管
理-研究　Ⅳ.①F20

中国版本图书馆 CIP 数据核字(2022)第 230733 号

责任编辑　张宇溪　程　倩
装帧设计　储　平

高级金融学译丛
机构资产管理基础
[美]弗兰克·J.法博齐　弗朗西斯科·A.法博齐 著
俞卓菁 译

出　　版　格致出版社
　　　　　上海人民出版社
　　　　　(201101　上海市闵行区号景路 159 弄 C 座)
发　　行　上海人民出版社发行中心
印　　刷　浙江临安曙光印务有限公司
开　　本　787×1092　1/16
印　　张　24.5
插　　页　1
字　　数　584,000
版　　次　2022 年 12 月第 1 版
印　　次　2022 年 12 月第 1 次印刷
ISBN 978 - 7 - 5432 - 3406 - 2/F・1473
定　　价　108.00 元

Fundamentals of Institutional Asset Management
By Frank J. Fabozzi, Francesco A. Fabozzi

本书根据 World Scientific Publishing 2021 年英文版译出
2022 年中文版专有出版权属格致出版社
本书授权只限在中国大陆地区发行
版权所有　翻版必究

上海市版权局著作权合同登记号:图字 09-2022-0264 号